dtv

Daß sich Männer und Frauen körperlich und seelisch ergänzen, ist eine alte Erkenntnis. Daß sie beide auch Elemente des jeweils anderen in sich tragen, hat uns die Psychoanalyse gelehrt. Das Geschlecht zu wechseln und tatsächlich im Körper des anderen zu leben, seine Gefühle und seine Erfahrungswelt kennenzulernen, ist dem Menschen aber nicht möglich. Transsexualität ist eine Schimäre, und für die meisten von uns sind die Liebespartner stets nur ein geheimes Spiegelbild, an dem wir uns messen. Ist es wahr, daß Frauen bei der Liebe zehnmal mehr Lust empfinden als Männer? Was finden wir, wenn wir die Grenze zum anderen Geschlecht überschreiten? Wen finden wir? Angela Carter, Fay Weldon, Ruth Rendell, Joyce Carol Oates, Patricia Duncker, Neil Gaiman, Geoff Ryman und andere bekannte Autoren haben eine Antwort versucht. 22 erotische, geistreiche und witzige Geschichten hat Lisa Tuttle hier versammelt, die uns ahnen lassen, was uns auf der »anderen« Seite erwartet. Eine außergewöhnliche Anthologie zu einem faszinierenden Thema.

Der heimliche Spiegel

Erotische Erzählungen

Herausgegeben von Lisa Tuttle

Deutscher Taschenbuch Verlag

Für Colin

Deutsche Erstausgabe
Januar 2000
Deutscher Taschenbuch Verlag GmbH & Co. KG,
München

Titel der englischen Originalausgabe: ›Crossing the Border‹
(Indigo/Victor Gollancz Ltd., London)

(siehe auch Quellenhinweise S. 361 ff.)
Umschlagkonzept: Balk & Brumshagen
Umschlagfoto: © Christina Hope/Graphistock, N. Y.
Gesetzt aus der Sabon 10/11,75· (QuarkXPress)
Satz: KCS GmbH, Buchholz/Hamburg
Druck und Bindung: C. H. Beck'sche Buchdruckerei,
Nördlingen
Gedruckt auf säurefreiem, chlorfrei gebleichtem Papier
Printed in Germany · ISBN 3-423-20295-5

Inhalt

Vorwort

Vor langer Zeit, als Teiresias ein junger Mann war, traf er auf zwei große, einander umwindende Schlangen. Er schlug mit seinem Stock auf sie ein und tötete das Weibchen. In diesem Moment verwandelte er sich in eine Frau, ging weiter nach Theben und wurde eine berühmte heilige Hure. Sieben Jahre später sah sie an der gleichen Stelle abermals zwei einander umwindende Schlangen, schlug wieder zu und wurde in einen Mann zurückverwandelt. Jahre später wurde Teiresias gerufen, um einen Streit zwischen Zeus und Hera darüber zu schlichten, welches Geschlecht größeren Genuß beim Liebesakt empfände. Die Antwort des Sehers, der sowohl Frau als auch Mann gewesen war, lautete, daß der Genuß der Frau neunmal größer sei als der des Mannes. Wegen dieser Antwort schlug Hera ihn mit Blindheit, Zeus jedoch verlieh ihm die Gabe der Prophetie.

Teiresias taucht in anderen griechischen und römischen Erzählungen als weiser alter Prophet auf, und seine Weisheit stammt zweifellos von seiner einzigartigen Perspektive. Er hatte die Grenze zwischen den Geschlechtern zweimal überschritten, hatte sowohl als Mann wie als Frau gelebt: Er wußte natürlich, worauf es ankam.

In Tim Parks' Roman *Europa* äußert der männliche Erzähler den Wunsch, »einen Tag oder eine Woche lang« eine Frau zu sein. Er ist sich genau bewußt, daß dies keine abartige Veranlagung seiner Psyche ist, sondern die Reflexion eines universellen Sehnens, »der Begierde, alles zu tun, zu sein, zu haben«.

Von Geburt an (wenn nicht schon vorher) fällt jeder von uns in die Kategorie männlich oder weiblich. Und in den seltenen Fällen, wo die Form der sichtbaren Geschlechtsorgane Zweifel zuläßt, wird dem Kind nie erlaubt (ganz im Gegensatz zu dem königlichen Hermaphroditen in Stella Duffys Buch *Singling Out the Couples*), »ein pralles Baby Beides« zu sein, sondern es wird durch Operationen oder Namensgebung in das eine oder andere Lager gedrängt. Junge oder Mädchen. Rosa oder Hellblau. Es ist ein Club mit lebenslanger Mitgliedschaft, die durch die Anatomie bestimmt wird.

Dennoch gab es im Lauf der Geschichte in den meisten Kulturen immer wieder Individuen, die sich gegen das ihnen ursprünglich zugedachte Geschlecht auflehnten – aber nur, wenn sie das Aussehen, die Fähigkeit und das Glück hatten, als Angehörige des anderen Geschlechts »durchzugehen«. Noch haben wir die Zukunft, die sich ein paar Science-fiction-Autoren ausgemalt haben, nicht erreicht, in der geschlechtsverändernde Operationen so leicht und schmerzlos sind, daß man sich auch vorübergehend darauf einlassen kann – »einfach um zu sehen, wie es ist«. Dennoch gibt es Menschen wie diesen modernen Teiresias, der 1992 in der *Phil Donahue Show* in Amerika auftrat und einem gierigen Publikum erzählte, wie es ist, als Frau geboren zu sein, nach einer Operation zum Mann zu werden, nach einer weiteren Operation wieder Frau zu sein, nur um dann wieder Mann zu werden. Vielleicht paßte weder Frau noch Mann hundertprozentig ... Aber nur zwischen diesen beiden gibt es, bis jetzt, eine Wahl. Trotz Kate Bornsteins Versuch in *Gender Outlaw*, dem binären Konzept zu trotzen und das Geschlecht als ein ganzes Spektrum an Möglichkeiten zu sehen, scheinen die meisten Menschen die Entweder-oder-Sachlage zu akzeptieren. Wenn sie sich an der Beschränkung, nur eines von beiden sein zu können, wundreiben, dann können Phantasie und Fiktion eine zeitweilige Ausflucht bieten.

Schriftsteller konnten seit jeher das Leben aus der Perspektive des »anderen« erkunden – und ermöglichten es so auch den Lesern und Zuschauern. Und Werke, die ganz offensichtlich für heterosexuelle Männer verfaßt wurden, müssen nicht einmal von der Zielgruppe selbst unbedingt durch simple Identifikation mit dem männlichen Protagonisten erfahren werden.

In *Vice Versa: Bisexuality and the Eroticism of Everyday Life* fragt Marjorie Garber im Zusammenhang mit dem Mythos von Teiresias, ob der »erotische Reiz der Bisexualität« nicht teilweise darauf beruht, »*der andere zu sein,* sei es durch ausdrücklich gespielte Rollen, Erinnerung, Phantasie oder den erotischen Effekt der Grenzüberschreitung«.

Ich glaube, allein in der Tatsache sexueller Ambiguität liegt ein erotischer Schauer. Sie kann sowohl beängstigend als auch erregend sein. Nicht zu wissen, ob jemand Mann oder Frau ist, verstört die meisten Menschen. Manchmal ist Wut die Antwort – die homophobe Panik, die manche Männer mit Gewalt auf jede mögliche Bedrohung ihrer eigenen heterosexuellen Identität reagieren läßt. Aber wenn sie nicht auf ihr eigenes, verbotenes Verlangen nach dem weiblichen Mann oder der männlichen Frau reagieren, wo liegt dann die Bedrohung? Die Beliebtheit eines Films wie *The Crying Game* oder eines Musicals wie *Miss Saigon*, in denen es sich beide Male um die Leidenschaft eines angeblich heterosexuellen Mannes für einen anderen Mann dreht, den er versehentlich für eine Frau hält, wie auch die weitverbreitete Akzeptanz von Entertainern, die in den Kleidern des anderen Geschlechts auftreten, lassen darauf schließen, daß sich viele Menschen zu einer Sexualität hingezogen fühlen, welche die Grenzen überschreitet, und welche den alten Gedanken in Frage stellt, männlich und weiblich seien entgegengesetzte, einander ausschließende Kategorien.

Jeanette Wintersons Weigerung, sich festzulegen, ob der Erzähler von *Auf den Körper geschrieben* Mann oder Frau ist, erhöht die erotische Kraft des Romans. Virginia Woolfs *Orlando* erfreut sich seit langem großer Beliebtheit wegen seines/ihres ungreifbaren Geschlechts; Orlando wurde von einer verheirateten Frau geschaffen, die eine leidenschaftliche Affäre mit einer anderen verheirateten Frau hatte, welche sich gern als junger Mann kleidete, den sie »Julian« nannte. Hielt man früher alle Männer in Frauenkleidern für Fummeltrinen, so können sie jetzt amerikanische Footballspieler sein, die ihre feminine Seite ausleben. Das Tragen von Kleidern und Schminke hat Eddie Izzard für die Frauen in seinem Publikum eher noch attraktiver gemacht.

Das Auftauchen virtueller Realitäten und Begegnungen im Cyberspace hat neue Möglichkeiten für sexuelle Rollenspiele und die Erforschung der Bedeutung des Geschlechts eröffnet. Nie war es einfacher, seine Identität zu wechseln, ohne seine Persönlichkeit durch irgendwelche physischen, sichtbaren Kennzeichen zu verraten. Sherry Turkle schreibt in ihrer faszinierenden soziologischen Studie *Liebe im Netz. Identität in Zeiten des Internet*: »Wenn wir durch den Bildschirm virtuelle Gemeinschaften betreten, errichten wir unsere Identität auf der anderen Seite des Spiegels neu.« Virtueller Geschlechterwechsel ist alltäglich. Aber obwohl es ganz leicht ist – man tippt einfach eine verbale Beschreibung ein, und schon wird aus einem fettleibigen, dreiundsechzigjährigen, heterosexuellen Mann eine schlanke, athletische, achtzehnjährige Lesbe –, kann das Ergebnis außerordentlich kompliziert sein; es kommt nicht nur zu heißem Bildschirmsex, sondern auch zu tiefgreifenden psychologischen Veränderungen, Ehescheidungen, schockierenden Horror-Zusammenkünften im wirklichen Leben und teuren Gerichtsverfahren.

Mit dieser Anthologie wollte ich der Erotik sexueller Ambiguität auf die Spur kommen und dem Traum, beides zu sein, und über die binäre Struktur hinaus ein Reich betreten, wo das Geschlecht nicht Entweder-Oder ist, sondern fließend und vielfältig ineinander übergeht, mit verschiebbaren Grenzen. Mein Ziel war es, Geschichten zusammenzutragen, die die Erfahrungen eines modernen Teiresias widerspiegeln, die Androgynie neu definieren, mit Maskerade und Verkleidung spielen, mit dem Beugen und Verschmelzen starrer Geschlechterdefinitionen, mit sowohl absichtlicher wie auch unerwarteter sexueller Ambiguität.

Ursprünglich hatte ich die Absicht, dieses Buch *Der Heimliche Spiegel* zu einem Panoptikum brandneuer Geschichten zu machen, darin eingebettet die Nachdrucke einiger meiner Lieblingsgeschichten. Aber wie immer waren viele der Autoren, die ich fragte, mit anderer Arbeit zu beschäftigt und schlugen mir vor, schon erschienene Werke zu verwenden. Es paßt vielleicht ganz gut, daß *Der heimliche Spiegel* die Grenze zwischen Nachdruck und Original überschreitet; es ist weder ganz Original noch ganz Nachdruck, weder Mann noch Frau. Die Geschichten an sich variieren von solchen mit einem realen Hintergrund (*Freiraum* und *James Miranda Barry*), bis virtuell real (*Pinkland* und *Virtuelle Talente*), von zeitgenössisch britisch (*Nackt zum Mond*, *Zu Fall gekommen*, *Die neue Freundin*) und amerikanisch (*Süßer Lohn*, *Jack*, *Was heißt schon normal?*) bis zu einer phantastischen Zukunft (*Hyänenwinter*, *Omnisexuell*), von einem Portugal der Phantasie (*Der heimliche Spiegel*) zum alten Griechenland (*Hermaphrodite*), durch den Spiegel (*Reflexionen*) und bis in die seltsamsten Winkel der menschlichen Seele. Irgendwo zwischen all diesen Träumen und Möglichkeiten finden Sie vielleicht das Echo, den Schatten oder das Spiegelbild Ihrer eigenen uneingestandenen Wünsche.

Lisa Tuttle
Argyll
April 1998

Poppy Z. Brite

Freiraum

(mit der Bitte um Entschuldigung an Mr. Rabelais
und Mrs. Parker)

Schnappschuß, eine Stunde alt: gerade aus der Gebärmutter gekrochen, flaches, rotes Gesicht, dreieinhalb Kilo schwer, ein dickes Büschel pechschwarzer Haare auf dem Kopf. Ich werde mit großem Tamtam begrüßt.

Meine Mutter sagt: »Geht's ihr gut?«

Mein Vater sagt: »Du hast dein Mädchen.«

Schnappschuß, 3 Jahre alt: Ich sitze am Küchentisch und esse Vanilleeis. Heute oder vor ganz kurzer Zeit habe ich auf eine vage, theoretische Art etwas über das Aussehen und die ungefähre Funktion des menschlichen Penis erfahren. Das Bild, das ich mir davon mache, geht mir nicht aus dem Kopf: rosa und rund, wie ein seltsamer Käse, aus dem phantastische, große Kaulquappen tropfen. Er zieht mich an und verstört mich. Mein Eis schmilzt in der Hitze des Sommernachmittags in New Orleans. Ich stelle mir vor, daß Spermien darin herumschwimmen, und schiebe die halbvolle Schale weg. Aber nach ein paar Minuten fange ich wieder an zu essen.

Einige Jahre meines Lebens wollte ich die Leute glauben machen, daß ich etwas war, das ich ganz bestimmt und allem Anschein nach nicht war: ein großer, maskuliner Schwuler.

Wer davon gehört hatte, erwartete, daß ich als Lesbe im Lederfummel auftauchen würde, aber so funktionierte das nicht. Ich versuchte noch nicht mal, wie ein Mann auszusehen. Da ich mit Socken kaum einen Meter fünfzig groß bin, babyweiche Haut und einen großen, breiten Hintern habe, schien das nicht viel Sinn zu haben. Ich fühlte mich männlich genug, daß ich nicht wie ein Mann aussehen mußte.

1993 zog ich ins Französische Viertel, eine Schwulengemeinde, in der Aussehen mehr zählt als sonst irgendwo auf der Welt. Ich wurde depressiv, da ich nachts nicht ausgehen und eingefettete Männerärsche in irgendeinem Hinterzimmer ficken konnte. Ich war zutiefst unglücklich, weil niemand den strammen Ledermacker in mir sah, wenn ich die Bourbon Street hinunterlief.

Meine sexuelle Verstimmung brachte mich dazu, meine – geistige und körperliche – Gesundheit zu gefährden und die meines Lebensgefährten C. Der Drang, im richtigen Kontext gesehen zu werden, brachte mich fast um. Der Herdentrieb, zwar tief vergraben, aber dennoch präsent in meinem rebellischen Herzen, trieb mich dazu, mich bloßzustellen und in Verlegenheit zu bringen, in der Hoffnung, Gleichgesinnte zu finden, die es nicht gab. Und wofür das alles? Um zu dem »Schluß« zu kommen (das ist ein sehr relativer Ausdruck), daß ich nicht weiß, was zum Teufel ich bin – geschlechtsmäßig, triebmäßig, kategoriemäßig.

Das Komische daran ist, daß ich mich sehr viel ruhiger fühle, seit ich zu diesem Schluß gekommen bin.

Schnappschuß, 5 Jahre alt: Wir leben in einer Doppelhaushälfte im Osten von New Orleans, ein Viertel, das sich später mal in einen ausgebrannten Schießplatz verwandeln wird, aber während des Ölbooms 1972 ist es noch ein respektables Retortenviertel. Die Familie in der anderen Hälfte hat einen kleinen Jungen, David, genau in meinem Alter. Das erste Mal, als ich ihn sah, pinkelte er gerade in die Auffahrt, und meine Großmutter schrie ihn an, aber jetzt spielen wir fast jeden Tag zusammen. Davids Vater ist ein Muskelprotz (ich stelle mir vor, daß er so aussieht wie Marlon Brando in *Endstation Sehnsucht*, obwohl das wahrscheinlich nicht stimmt), der den nackten Hintern seines Sohnes oft mit einem Ledergürtel auspeitscht. Eines Tages soll David gerade verprügelt werden, und ich folge ihnen ins Schlafzimmer. Niemand hält mich auf.

Das Schreien, das Weinen, das Klatschen des Leders auf der Haut, das wohl erfolgte – all das ist verschwommen. Glasklar ist jedoch der kleine harte Knoten von Davids Pimmel und Eiern, ungeschützt und haarlos, während er sich unter dem niedersausenden Leder windet, und die plötzliche Erkenntnis, die mich bei diesem Anblick überkam.

(Erkenntnis? Was meinen Sie mit Erkenntnis?)

Ich meine, *Ich will das.*

(Sie wollten mit fünf einen Schwanz?)

Ich wollte ihn nicht *in* mir, sondern *an* mir.

(*An* sich???)

An mir *dran.* So wie am Ende dieses Bongwater-Songs *Nick Cave Dolls*, wo Ann Magnusson jammert, *»I waaaant one«*, Sie wissen schon. Nein? Na ja, jedenfalls genauso habe ich mich gefühlt.

Die schauerlichsten Machwerke meiner sexuellen Verstimmung sind die Interviews, die ich auf meiner ersten Reise nach London gegeben habe. Mein britischer Verleger hatte mich rüberfliegen lassen, um für einen Roman Werbung zu machen, so daß ich nicht nur eingeschüchtert und verwirrt war, sondern auch noch einen dicken Kopf hatte.

Was die Journalisten angeht, so wollten sie nur über Sex reden. Warum hatte ich, eine junge Frau von zweifelhafter

Moral, aber vorteilhaftem Aussehen, ein lüsternes Buch voller männlicher, schwuler Figuren geschrieben?

»Biologisch bin ich eine Schriftstellerin«, erzählte ich dem *Independent* fröhlich, »aber so habe ich mich selbst nie gesehen. Seit ich alt genug bin, um zu wissen, was Schwule sind, habe ich mich selbst als einen Schwulen betrachtet, der zufälligerweise in einem Frauenkörper geboren wurde, das ist die Perspektive, aus der ich komme.« Damit noch nicht zufrieden, plapperte ich weiter: »Ich kenne keine Tabus. Sie können alles abdrucken, was ich sage ... Ich lebe mit zwei Partnern zusammen. Sie sind beide bisexuell, und wir leben in einer Dreierbeziehung.«

(Das war eine besonders kurzlebige und unbedachte Phase. Einer dieser »Bisexuellen« war mein leidgeprüfter Partner, C., mit dem ich jetzt monogam lebe. Der andere war ein schöner, im wesentlichen schwuler, kanadischer »Sklave«, dessen IQ vielleicht größer war als sein Penis, aber nicht viel. Mein IQ war auch nicht viel größer, zumindest, wenn Sklave und sein Penis in der Nähe waren: Ich heiratete ihn sogar, damit ich ihn leichter importieren konnte.)

Und das alles erklärte ich ganz glücklich in London. Immer und immer wieder. Und wieder. Das Satiremagazin *Private Eye* verlieh mir später einen Platz in seiner »Pseudos«-Rubrik für meine »5.233.677ste Versicherung, daß [ich] ein schwuler Mann in einem Frauenkörper [war]«, oder etwas in der Art.

Und das Schlimmste ist, es stimmte alles, oder ich glaubte es zumindest wirklich. Innerlich *war* ich eine Schwuchtel. Die Schwuchtel ist immer noch in mir. Das Peinliche war meine Naivität; ich glaubte, daß die Leser meine Erklärungen für bare Münze nehmen würden: »Oh, sie ist wirklich ein Schwuler! Das erklärt alles!«

Ich lebte meine Phantasien aus, indem ich mit einer Reihe von schönen, bisexuellen Jungen ungeschützten Sex hatte, alle viel jünger als ich, geschmeidig, gepierct, fröhlich und mit einem ungeheuren Appetit. Der letzte, mit dem ich eine Affäre gehabt hatte, war ein kleiner, glatzköpfiger, alter Schriftsteller, und darüber wußte *jeder* Bescheid; also verbreitete ich mit Begeisterung überall, daß ich mir jetzt diese süßen jungen Dinger angelte und sie dann wie alte Taschentücher wegwarf. Ich hielt mich ja für so einen Sexprotz.

C. sah sich das geduldig mit an, ein Mann, der sich nicht so ohne weiteres in Verlegenheit bringen ließ, und kümmerte sich keinen Deut darum, daß jeder dachte, er sei nur ein Schlappschwanz, der sich von einer Pussy peitschen ließ. Er wartete einfach darauf, daß ich erwachsen wurde. Ich hatte mich mit Wein zu drei Dollar die Flasche zugedröhnt und mit meinen Schuhen Fensterscheiben eingeschlagen, als er mich kennenlernte; also wußte er, daß ich noch einen weiten Weg vor mir hatte.

Schnappschuß, 7 Jahre: Meine Eltern sind frisch geschieden. Eigentlich traf meine Mutter die Entscheidung, nach North Carolina zu ziehen, und ich sollte die Einzelheiten der Seitensprünge meines Vaters erst viel später erfahren, aber zu jener Zeit dachte ich, er hätte uns im Stich gelassen und weit fortgeschickt. Nach der Schule bleibe ich bei einer Familie, deren böser kleiner Junge (ein weiterer David) mir Schimpfwörter beibringt (und manchmal falsche: zwei Jahre lang glaubte ich, daß »Schmu« ein Slangwort für Penis sei). Keines davon scheint meine Mutter aus der Ruhe zu bringen, bis ich sie eines Nachts frage, was »ficken« bedeutet. Sie bittet mich mit sehr ernster Stimme, dieses Wort nie wieder zu benutzen. Sie erklärt mir, daß es ein schönes Wort sein sollte, aber daß es zu einem häßlichen geworden ist. Mir scheint es beinahe, als würde sie weinen. Ich versinke in der tiefen, verständnislosen Verlegenheit, die nur Kinder kennen. Ich sage nie wieder »ficken« in Hörweite meiner Mutter.

Warum bestand ich darauf, ein Mann zu sein? Warum konnte ich mich nicht als starke, schwulenfreundliche Frau sehen und es dabei belassen?

Meine einzige Erklärung, ungenügend wie immer, war, daß ich mich einfach nie als Frau fühlte.

Tja, wie soll sich eine »Frau« denn fühlen? Hieß das nicht, daß ich Frauen in Klischees preßte, sie zu einem minderwertigen Brei verklumpte und mich davon distanzierte?

Ich könnte höchstens sagen, daß sich manche Leute anscheinend sehr mit dem ihnen angeborenen Geschlecht identifizieren und daß ich nicht zu ihnen gehörte. Mir gefiel es nicht, ein Mädchen zu sein. Ich war aber auch kein Wildfang; ich war ein Kind, das Entschuldigungen fälschte, um nicht am Schulsport teilnehmen zu müssen; ich las lieber neben dem Spielfeld ein Buch aus der Bücherei, während die anderen kleinen Wilden um irgendeinen lächerlichen Ball kämpften. Und die ersten zwei Platten, in die ich mich verliebte – mit drei Jahren –, waren von zwei Broadway-Revuen, *Camelot* und *Man of La Mancha*.

Wenn ich so zurückblicke, scheint es offensichtlich, daß ich von Anfang an eine kleine Tunte war.

Über Homosexualität wurde ich mir zum erstenmal durch eine Fernsehkomödie namens *Three's Company* bewußt. Die männliche Hauptfigur gab vor, schwul zu sein, damit er mit zwei Mädchen zusammenziehen konnte, und natürlich gehörte da viel Lippenschürzen, Handwedeln und Herumtänzeln in der Unterwäsche der Mädchen dazu – besonders gerne vor dem Hausbesitzer, dessen Gesicht sich zu einer Miene so tiefsitzenden Abscheus verzog, daß sie keiner weiteren Erklärung bedurfte. Die Botschaft war klar und deutlich: Das war etwas, was man nicht sein wollte.

Also, warum sah ich mir die Serie jede Woche an, wie gebannt von John Ritters Parodie einer Schwuchtel? Mein zehnjähriges Herz war gleichzeitig tief betroffen von der beiläufigen Grausamkeit des Ganzen und belebt von der Tatsache, daß es eine Alternative zu Junge-plus-Mädchen gab. Aber warum hatte ich zehn Jahre ohne dieses Wissen gelebt, und warum brauchte es solchen Schund wie *Three's Company*, um es mir zu zeigen? Meine Eltern hatten nichts gegen Schwule und hielten mich auch nie davon ab, das zu lesen, was ich wollte, aber Homosexualität war kein Teil unserer Welt. Ich vermute, daß sie einfach nicht daran dachten, es zu erwähnen – genauso, wie sie nie daran dachten, sich zu fragen, ob ich etwas anderes war als das kleine Mädchen, das sie sich gewünscht hatten.

Das ist keine Kritik. Warum hätten sie so eine offensichtliche Tatsache in Frage stellen sollen?

Schnappschuß, 13 Jahre: Werde von den anderen Kindern erwischt, wie ich ein Buch über die Geschichte der Schwulen und Lesben im Schulbus lese. Es ist schon bekannt, daß ich ein Außenseiter bin. Jetzt werde ich zu einem schwulen Außenseiter. Die nächsten vier Jahre sind eine Teenagerhölle auf Erden. Zu sagen »Für mich ist das keine Beleidigung« hilft überhaupt nichts; zu erklären »Ich bin keine Lesbe, ich bin eine Schwuchtel« hilft noch weniger. Das Ganze gipfelt darin, daß ich mir im Abschlußjahr den Arm aufschneide und mein (ja höchstwahrscheinlich AIDS-verseuchtes) Blut vergieße, um einen Footballspieler, der mich angegriffen hat, abzuwehren.

Sechzehn Jahre später lese ich eine Kritik meines letzten Romans, in der ein Mensch mit dem androgynen Namen Kim Newman meine Geschichte und Sexualität für ungültig erklärt, weil ich während meiner Kindheit nicht litt, wie es echte Schwule tun. Fick dich ins Knie, Kim, ich habe darum *gebeten*, daß man mich beschimpfte.

Ich war überhaupt nicht vorbereitet auf die Leute, die dachten, daß meine Sexualität eine Art Werbetrick sei, aber ich versuchte mir vorzumachen, daß ich auf die vorbereitet sei, die sie wie Ms./Mr. Newman einfach ärgerlich, anstößig oder unverständlich fanden. Ich dachte, ich sei bereit, eine »Hette mit Penisneid« genannt zu werden, aber ich war es nicht.

Ich konnte mich gegen diese Ausdrücke nicht verteidigen. Ich konnte sagen, so oft ich wollte, daß »Hetten« wohl eher Frauen waren, die mit schwulen Männern schliefen und sie »bekehrten«, und das tat ich nie; ich konnte meine Penissehnsucht statt »Neid« treffender »Verehrung« oder »gottgegebenes Recht« nennen. Aber niemand verstand den Unterschied so richtig, und je mehr ich versuchte, es zu erklären, um so unsicherer wurde ich, ob ich selbst es überhaupt verstand.

Ich wollte eigentlich nur, daß meine Leser, vor allem meine schwulen Leser, besser verstanden, warum ich die Dinge so schrieb, wie ich es tat. Mit ein paar Ausnahmen ignorierte mich die schwule Presse jedoch. Schließlich war ich eine »Horror-Autorin« und keine »Schwulen-Autorin«. Schon wieder diese Kategorien.

Schnappschuß, 27 Jahre alt: Sklave bettelt immer darum, daß ich ihm Arme und Füße fessle, heißes Kerzenwachs auf ihn tropfen lasse, irgendwelches Zeug seinen Arsch hochschiebe, ihn schlage. Unsere Beziehung ist merklich abgekühlt, und je mehr er eine solche Behandlung will, um so langweiliger ist es, sie ihm zu geben.

Eines Nachts jedoch ärgert er mich wegen irgendeiner trivialen Sache, und anstatt ihn wie gewöhnlich durch den verbalen Fleischwolf zu drehen, schmeiße ich ihn aufs Bett, schnappe mir eine schwere Versandrolle aus Karton und verpasse ihm eine kräftige, lange, gründliche Tracht Prügel. Wir ficken, und er verschwindet.

Ich höre tagelang nichts von ihm. Schließlich erzählt mir ein gemeinsamer Freund, daß Sklave sauer ist, weil ich ihn geschlagen habe. Letzte Woche war er sauer, weil ich ihn *nicht* geschlagen habe. Es wird mir klar, daß diese verwirrte Kreatur der einzige Mensch ist, der je wirklich geglaubt hat, ich sei ein Mann.

1996 hat man mich gebeten, für eine Anthologie mit dem Namen *Einen Schwanz für einen Tag* zu schreiben. Ausgangspunkt: was würden verschiedene Autorinnen, Künstlerinnen und Medien-Miezen machen, hätten sie einen ... na, lesen Sie einfach den Titel. Mein kleines Werk ist hier in voller Länge abgedruckt. Ich glaube immer noch, daß es die am wenigsten großkotzige und ehrlichste Erklärung ist, die ich je für eine im Grunde unerklärliche Tatsache zustande gebracht habe.

In meinen Träumen habe ich einen Schwanz. Nicht in allen, nur in den guten. Nicht nur für einen Tag, sondern für immer.

Das erste Mal träumte ich mit sieben davon, einen Schwanz zu haben. Ich stand im Bad, trug große, weiße Boxershorts, und an meinem Körper war ein neues Organ befestigt, voll herrlicher Empfindungen. Die Sinnlichkeit des Traums wurde nur leicht durch die Tatsache getrübt, daß ich Tom Bosley aus der Fernsehserie *Happy Days* war.

Ich habe immer gewußt, daß ich schwul war, aber der Satz »Ich bin keine Lesbe, ich bin ein schwuler Mann in einem Frauenkörper« hilft einem auf der High-School nicht viel. Also verbrachte ich meine Abende daheim, träumte und schrieb schließlich später vom heißen Sexleben schwuler Kerle. 1995 erfuhr ich aus Kate Bornsteins Buch *Gender Outlaw* von dem befreienden Ausdruck »nicht-aktive Transsexuelle«.

Einen Schwanz für einen Tag? Ich würde den ganzen Tag in Anbetung verbringen, wie es Schwanzbesitzer gerne tun, und dem Pimmel das Denken überlassen, wie das Pimmel gerne tun. Ich würde ihn den Mündern und Händen und Arschlöchern von so vielen verlockenden Männern anvertrauen, wie ich nur kriegen könnte. Ich wäre die schlimmste schwule Schlampe, die man je gesehen hat. Und zum ersten Mal im Leben würde ich den Einbruch der Nacht betrauern.

Ja, es war befreiend, eine »nicht-aktive Transsexuelle« zu sein – ungefähr einen Monat lang. Diese glückliche Selbstzufriedenheit wurde von einer unbestreitbar *aktiven* Transsexuellen zerschlagen, die ihre Operation zwar noch nicht hinter sich hatte, aber dennoch so fraulich war, wie man es nur sein konnte, eine große, geschmeidige Raubkatze, mit blutigen Zähnen und Klauen. Sie war die Art Mensch, die mit der richtigen Technologie nicht nur ein *Mädchen* werden würde; sie würde eine *Löwin* werden.

Symmetrischerweise kamen wir uns nahe, nachdem ich sie aus den Fängen meines kleinen, glatzköpfigen, alten Ex-Liebhabers befreit hatte, der sie dazu bringen wollte, mit einem Gemeinschaftswerk seiner flauen Karriere neues Leben einzuhauchen. Ja, sie war eine Raubkatze, aber nur, wenn man dumm genug war, ihr keine Alternative zu lassen. Er war noch nicht ganz so dumm, aber er arbeitete daran.

Daß ich sie vor einer möglicherweise schmerzhaften, schmierigen Geschichte bewahrt hatte, weckte meinen Beschützerinstinkt. Sie ließ mich den Helden für sie spielen und fing sogar an, mich »Sir« zu nennen. Zum ersten Mal in meinem Leben dachte ich, ich würde vielleicht die Gelegenheit bekommen zu sagen: »Laß meine Freundin in Ruhe, oder ich tret dir in den Arsch.« Aber Mr. Ex belästigte sie nie wieder. Und sie war so klug und schön und exotisch ...

Seltsamerweise implodierte ungefähr um diese Zeit mein sexuelles Selbstbild, sozusagen. Ich hatte endlich herausgefunden, was ich war: ein Mann, ein Schwuler. Ich war innerlich ein Mann, und ich mochte Männer, die äußerlich Männer waren. Ich hatte es aus Naivität und aus dem Wunsch heraus, mein Werk denen zu erklären, die sich dafür interessierten, an die Öffentlichkeit gebracht. Ich hatte ihre Verachtung von mir abprallen lassen. Ich hatte Sklave über Bord geworfen. Jeder, der mich überhaupt kannte, wußte, daß ich eine leicht frauenfeindliche Tunte war.

Und jetzt hatte ich eine Freundin mit einem Schwanz. Obwohl ich sie innig liebte, war es einfach zuviel. Leichter zu erschütternde Männer, das muß ich zu meiner Verteidigung vorbringen, hätten sich vielleicht schon viel eher geschlagen gegeben.

Ich entschuldigte mich bei meiner Löwin, und sie reagierte auf meine Verwirrung mit einer Freundlichkeit, die aus langer Erfahrung stammte. Ab sofort schlief ich nur noch mit C. und wies alle Kategorien von mir.

Natürlich entdeckte mich die zuvor so desinteressierte Schwulenpresse sofort. Ich hatte es gerade geschafft, daß ein Roman sowohl von meinen amerikanischen wie auch meinen englischen Verlegern abgelehnt wurde, da er »zu extrem« sei, »ein ungerechtfertigtes Blutbad«. (Fürs Protokoll: die meisten Figuren des Romans waren HIV-positiv, und als ich das Buch anfing, hatte ich noch nie einen AIDS-Test gemacht. Ich fühlte mich absolut nicht in der Lage, einen durchführen zu lassen, bis ich das Buch zwei Jahre später beendet hatte. Ich war sicher, daß er positiv sein würde. Er war es nicht.) Als das Buch bei neuen Verlegern herauskam, trat ich wieder in den Teufelskreis meiner traurigen Berühmtheit.

»Sie haben gesagt, Sie seien ein schwuler Mann, gefangen in einem Frauenkörper«, fingen diese neuen Reporter an.

»Nicht *gefangen*«, sagte ich, »ich habe nie das Wort *gefangen* benutzt, man hat es mir in den Mund gelegt.« Aber vielleicht hatten sie recht; ich glaube, sie hatten recht: Ich fühlte mich manchmal *gefangen*, aber ich wollte meine Leser nie wissen lassen, wie unwohl ich mich in meinem eigenen Körper fühlen konnte.

»Das Ganze ist immer vollkommen falsch interpretiert worden«, sagte ich.

»Ich mag das Wort ›Homo‹, da es zu denen unter uns paßt, die sich nicht so leicht in Kategorien zwängen lassen«, sagte ich.

»Ich habe beschlossen, daß das Z kein Initial ist; es ist ein Chromosom«, sagte ich.

»Ich habe keine Ahnung mehr, was zum Teufel ich eigentlich bin«, sagte ich immer und immer wieder, bis es schließlich nichts mehr zu sagen gab.

Filmrolle voller Schnappschüsse, einen Monat vor dreißig: Kürzlich habe ich aus einer Laune heraus mein Haar ganz kurz scheren lassen. Es ist jetzt schon wieder nachgewachsen, aber es ist immer noch kürzer, als ich es je zuvor hatte. Ich kaufte mir das letzte Mal, als ich in Amsterdam war, ein Paar Diamantohrstecker, einfach weil ich sie haben wollte, und seitdem trage ich kaum anderen Schmuck mehr. Jetzt wo ich nicht länger darauf bestehe, ein Junge zu sein, sehe ich vielleicht mehr denn je wie einer aus.

C. und ich wollen einem Freund auf Besuch die berühmten Friedhöfe von New Orleans zeigen. Während wir durch ein Neubauviertel abkürzen, entdeckt ein junger Mann an einer Straßenecke mein geschorenes Haar und brüllt: »Hey, weißer Mann!« Ich grinse, aus reiner Freude, aber ich mache mir nicht länger vor, daß es auch im Französischen Viertel passieren könnte.

Weil ich es will, und weil es ein mageres Jahr war, mache ich Aufnahmen für zwei Pornomagazine. In *Rage*, einem Unternehmen von Larry Flynt, befingere ich meine Muschi auf einem Friedhof. In *Blue Blood*, einem Grufti-Sex-Stück, habe ich einen großen schwarzen Dildo umgeschnallt. Auf einigen der Photos bedrohe ich meine Männlichkeit mit einem von C.s Metzgermessern.

Sie können sich vielleicht denken, welche Photos ich am liebsten mag.

Das Telefon klingelt. Es ist meine beste Freundin, die Löwin. Im Laufe unserer Unterhaltung fragt sie mich, ob mir das Werk eines anderen Autors gefiele. »Ich steh nicht auf ihn«, höre ich mich sagen.

Es wird wohl immer dasein, dieses stehende Phantom, auf das ich Anspielungen mache, ohne darüber nachzudenken. Das ist gut so. Aber ich muß es bei weitem nicht mehr so laut herausschreien wie früher.

Graham Joyce

Pinkland

Die beiden waren seit fast sechs Monaten ein ätherisches Liebespaar, als Nat Sammy gestand, eine Frau zu sein. Da mußte Sammy raus, einfach nur, um sich, na ja, etwas Luft zuzufächeln, tief Atem zu holen, sich hinzuhocken und über der Ironie des Ganzen zu brüten. Als Sammy soweit war, den schier berstenwollenden Kopf wieder hineinzustecken, wartete Nat noch immer auf irgendeine Antwort. Blinzelnd blinkend, gewissermaßen.

>Willst du mich noch treffen?< fragte Nat.

Mit wirbelnden Gedanken und zitternden Fingern tippte Sammy: >Ja, natürlich will ich dich treffen. Was spricht dagegen?<

Eine Frau! Eine *Frau*! Sammy wußte um einige der Gefahren, die eine Beziehung im Netz barg. Ehrlichkeit mußte bei jeder länger anhaltenden Geschichte als erstes dran glauben. Man trifft irgend jemanden in einem Chatroom, legt ein paar Daten fest und wechselt leichtfüßig zu neuen Themen. Nat (Natalie? Nathaniel?) hatte als Antwort auf anfängliche Fragen einfach im Telegrammstil getippt: männlich, 31, Single. So ist es immer: man vermutet, erwartet und fördert sogar manchmal die Maskerade im Laufe der Zeit – na und, dachte Sammy, darum ging es nun einmal in der modernen Kommunikation, oder etwa nicht? –, aber nach dem sechsmonatigen Ausspinnen eines ernsthaften elektronischen

Paarungsspiels war sich Sammy sicher gewesen zu wissen, wer und was das andere Ende der Leitung in Schwingungen versetzte.

Irrtum! Doppelter und dreifacher Irrtum!

Wozu hatte Nat dieses verdammte Spielchen betrieben? All diese vergeudete Zeit, Netzflirten und Quatschen über Musik, ja, Mann, das mußt du hören, und Filme, den darfst du nicht verpassen, und den auch nicht; und was ist dein Lieblingsgetränk, sagen wir Daiquiri, um rätselhaft zu bleiben. Aber Nat hatte Sammy dazu gebracht, laut loszuprusten, als er – Mist, sie – den präkoitalen Kakao genannt hatte. All das war lange vor ihrem ersten nervösen, zögerlichen Internet-Kuß.

Laut Nat war Sammy ein Naturtalent. Ein Linguist.

>Du gibst einen zungenfertigen Linguisten ab<, tippte Nat.

>Schleckend schlüpfende Zunge<, lautete Sammys getippte Antwort. >Feuchte, heiße, pelzige, schlüpfrige, schwach-salzige, spermaschwangere ...<

>Halt, halt, halt!< unterbrach Nat bei diesem ersten Mal, >du machst mich ganz scharf, und ich war nicht mehr scharf seit ...<, blinkend verharrte der Cursor, >... Jahren.<

Dann begann eine neue Zeitrechnung, Stunden über Stunden eingeloggt, damit beschäftigt, zusammen das eigene Website-Zuhause zu schaffen, getauft auf den Namen Pinkland; sorgfältig das Dekor auswählen, natürlich *nouveau* (Nat); dann die Zusammenstellung der Lieblingsbücher, nichts Postmodernes (ebenso Nat); Einrichtung der Kunstgegenstände, Hauptsache abstrakt (Sammy). Sie schufen sich ein gemeinsames Leben, und die ganze Zeit wand sich Sammy, tippte, becircte und betörte Nat, sich doch auszuziehen, doch dann war schließlich Schluß mit den Andeutungen:

>Nackt. Bloß. Ausgezogen. Splitterfasernackt. Adamskostüm. Hüllenlos. Nackt bis auf die Haut.<

Das war es doch schließlich, worum es bei einer Internetbeziehung ging. Nackte Haut. Während sie Pinkland schufen, wurde es zur Regel, sämtliche Kleidungsstücke an der virtuellen Tür abzulegen, auf einem ordentlich festgelegten Haufen. Zumindest Sammy saß immer, wie vereinbart, nackt an der Tastatur.

Und eines Tages präsentierte Nat, ganz ohne Vorspiel, die silbernen Handschellen.

>Siehst du, wie sie im blauen Licht blitzen? Nimm die Hände auf den Rücken, Liebling. So ist es gut. Macht dich dieser eisige Hauch des kalten, kalten Stahls nicht ganz wild, dieses leise Klicken, wenn die Fessel zuschnappt? Schrei jetzt nicht. Ich werde dich jetzt wie ein wildes Tier von hinten nehmen.<

Und genau das tat Nat. Rückblickend, nun, da Nat gebeichtet hatte, eine Frau zu sein, konnte Sammy darin keinen Reiz mehr erkennen und fühlte sich verraten, weil Nat es in der *beschränkten Zeit* nicht tun konnte. (Sammy und Nat bezogen sich nie auf *wirkliche Zeit*. War die Zeit im Netz nicht auch wirklich? War ihre Beziehung nicht eine zwischen wirklichen Menschen? Es war ja nicht so, fanden sie übereinstimmend, als ob das Netz nur ein Traum oder so etwas war.)

Aber jetzt hatte Sammy eingewilligt, Nat zu treffen, ihr im Orbit Café in South Kensington gegenüberzutreten. Sammy wollte die Schadenfreude genießen, keine Sekunde von Nats Reaktion verpassen. Man darf nicht vergessen, daß Natalie, auch nach ihrer eigenen Beichte, Sammy noch immer für einen Mann hielt.

Nicht daß Sammy ihr eins auswischen wollte oder so. Sie hatten sich gegenseitig belogen, das war alles. Keiner hatte das Recht, wütend zu sein. Oder gekränkt. Oder sich betrogen zu fühlen. Oder sonst irgend etwas.

Gekleidet in einen femininen, engen Satinrock und eingehüllt in eine Wolke blumigen Parfums, traf Sammy absichtlich eine halbe Stunde zu früh ein und ging in Stellung. Der Laden war wie ausgestorben. Er schimmerte im goldgelben

Licht und der verrauchten Einsamkeit des Nachmittags. Einige Pärchen hatten die Köpfe zusammengesteckt, und zwei männliche Singles saßen alleine, einer an der Bar und der andere an einem der Tische im Zwielicht. Sammy war drauf und dran, es sich anders zu überlegen.

Angeblich besaß Sammy eine Vorliebe für Brandy Alexander, hatte aber eigentlich gar keine Ahnung, wie so etwas schmeckte, trank prinzipiell keinen Alkohol und bestellte deshalb eine Cola. Eine Dreiviertelstunde später hatte sich Nat immer noch nicht blicken lassen. Sammy fing an, die beiden einzelnen Männer unter die Lupe zu nehmen. Vielleicht hatte Nat wieder gelogen und war doch ein Mann, war als erster hergekommen, um sich diesen kleinen Vorteil zu verschaffen.

Sammy holte tief Luft und trat zum Mann an der Bar. >Trinken Sie Daiquiri?<

>Was meinst du wohl, was das hier ist?<

Nie würde Sammy einen Daiquiri erkennen, noch nicht einmal, wenn er aus einer Brustwarze tropfte, aber es war genau die Art ausweichender Antwort, wie Nat sie geben würde.

>Sieht so aus, als ob du vor mir da warst.< Sammy fuhr sich mit einer außergewöhnlich beweglichen Zunge über die Lippen, wußte genau, daß Nat das wild machte.

>Willst du ficken?<

Nur Nat konnte so direkt sein. Sammy wußte, daß er es war.

>Darf ich erst noch austrinken?< In diesem Spiel war es wichtig, cool zu erscheinen. So hatten es Nat und Sammy ganz am Anfang schon gemacht, immer noch cooler als der andere sein, so cool wie der zuckerbesetzte Rand eines Cocktailglases aus dem Eisfach. Sammy unterließ jeden Kommentar zu Nats Lüge, eine Frau zu sein, und Nat äußerte sich nicht zu der plötzlichen Entdeckung, daß Sammy in Wirklichkeit eine Frau war. Verrückt, aber aufregend. Keiner

erwähnte die Tatsache, daß sie sich seit einem halben Jahr aus dem Netz kannten. Sie spielten das Fremden-Spiel: Wer aus der Rolle fällt, verliert.

Als sie die Gläser geleert hatten, nahm Nat Sammy mit zu sich nach Hause, in ein heruntergekommenes Ein-Zimmer-Apartment. Auch nicht annähernd vergleichbar mit der Penthouse-Suite mit Blick über die Themse, die er so oft beschrieben hatte, während sie Pinkland einrichteten. Sammy wollte gerade protestieren, wurde dann aber ziemlich unsanft gegen die Wand gedrückt.

Sammy atmete ihn tief ein, inhalierte, leckte ihn geradezu. Er roch gut, erdig, natürlich. Kein Zeichen von Widerstand, als Nat Sammys Hemd hochschob und über die kleinen, knabenhaften Brüste herfiel. Die Brustwarzen wurden sofort hart, als er sie mit seiner Zunge bearbeitete. Das zustimmende Flüstern schien ihn in rasende Erregung zu versetzen. Er schob Sammys Rock hoch und entblößte den glatten Bauch und das Schamdreieck. Sammy hatte nie Unterwäsche getragen, wenn sie Internetsex hatten, aber dieses Mal schien Nat etwas überrascht. Sammy fühlte seine tastenden Finger, wie sie eindrangen, tief, bis zum dritten Knöchel. Dann sackte Nat auf die Knie und ließ seine Zunge dahin gleiten, wo seine Finger gewesen waren. Dabei schwankte er leicht, als ob ihm durch den Schwefel-und-Honig-Geruch des Sex schwindelig geworden wäre.

Die Luft war gesprenkelt, durchzogen und getränkt mit Genitalparfum. Sie hatten verantwortungslosen und rauschhaften, ungeschützten Sex, auch wenn Sammy, inzwischen ohne jede Kontrolle und mit den Fingern verfangen in schweißgetränkten Haaren, sich beschwerte, daß Nat Sammys Kopf unachtsam gegen die Wand drückte, als er ejakulierte. >Vorsicht, Nat<, sagte Sammy. >Vorsicht.<

Er blinkerte, während er allmählich wieder zu Atem kam. Sobald er in der Lage war zu sprechen, fragte er: >Wer zum Teufel ist Nat?<

Sammy beeilte sich, zum Orbit Café zurückzukehren. Es füllte sich langsam, aber inzwischen saß weder ein Mann noch eine Frau allein, ohne Begleitung, da. Es gab keine Alternative, als eine Weile rumzuhängen, sich naiv und gedemütigt zu fühlen und sauer auf Nat zu sein.

Das nächste Mal, als sie zusammen *online* waren, machte Sammy ihm (oder ihr, jetzt war es nicht mehr möglich, Nat auch nur ein einziges Wort zu glauben) die Hölle heiß. >Du hättest mir wenigstens eine Nachricht hinterlassen können, daß du nicht kommst.<

>Tut mir leid. Es ist etwas dazwischengekommen. Ich habe es nicht geschafft.<

>Du hast mich in Schwierigkeiten gebracht!<

>Warum? Was ist passiert?<

>Nichts ist passiert. Vergiß es.<

>Bist du sicher, daß nichts passiert ist?<

>Ich hab gesagt, du sollst es vergessen.<

>Ich verspreche dir, daß ich das nächste Mal da bin.<

>Das nächste Mal? Es gibt kein nächstes Mal. Hör mal zu, Nat, nach dem, was mir passiert ist, kann ich dir nie wieder vertrauen. Basta.<

Aber das war alles nur Gerede. Sammy wollte nicht Schluß machen. Was Nat von dieser Beziehung hatte, war ein Geheimnis; aber Sammy bekam einen Einblick, Sammy gewann Erfahrung, und vor allem *Sprache*, von jener exotischen Art, die man wie Brandteig auf der Zunge zerdrücken kann oder die einen scharfen Nachgeschmack hinterläßt wie Lakritze.

Nat beklagte immer wieder die Defizite der englischen Sprache. >Ich weiß nicht, wie man mit diesen unzulänglichen Werkzeugen erotisch sein soll. Ich meine, wie erotisch ist eine Sprache, in der es kein Wort für die zarteste und erogenste Zone des Beines gibt? Oder für das natürliche Genitalparfum einer frisch gewaschenen Frau? Ich weiß nicht, warum ich mir überhaupt die Mühe mache.<

Aber Nat machte sich die Mühe, und Sammy lernte, daß die Deutschen ein Wort für die Rückseite des Knies hatten, die *Kniekehle*, diese erotische Höhlung, die Nat gemeint hatte; und auch die Franzosen hatten keine Angst, das *Cassolette* zu benennen, das er so wundervoll fand. Und zu dem Zeitpunkt, als Nat anfing, einen schmutzigen Sprachschatz einzubringen, fremdartig schmutzig, himmlisch schmutzig, da wußte Sammy, daß sie kurz davor standen, Internetsex zu haben.

Was Sammy wirklich schätzte, war Nats Sensibilität, sein Wissen, wann Zärtlichkeit gefragt und wann eine härtere Gangart angemessen war. Seine Wortgewandtheit beeindruckte Sammy mächtig, Nats verbale Liebkosungen waren wie eine sexgeladene Englischstunde, die Demonstration eines Virtuosen im übergangslosen Wechsel der Register, trotz seiner Klagen über die Defizite der Sprache, zwischen den mehrsilbigen Streicheleinheiten der romanischstämmigen Worte und dem guten alten, knallharten Angelsächsischen.

Nat war der perfekte Internetliebhaber. Eine Hand auf der Tastatur, die andere versenkt zwischen den Schenkeln, brauchte Sammy nie lang, um zu kommen. Komischerweise roch Sammy immer an den Tastaturfingern für das Nachspiel im Anschluß an das eigentliche Geschehen.

Dort war für Sammy der vorgestellte Duft von Nat noch stundenlang wahrnehmbar. Es gab nichts von der sogenannten postkoitalen *Tristesse* nach dem Internetsex. Nur Verlangen. Und ein Brausen im Hinterkopf, wie das Ächzen des Windes auf seinen erdumschlingenden Bahnen.

Und natürlich willigte Sammy ein weiteres Mal ein, Nat zu treffen, wenn auch unter kategorischer Verweigerung des Orbit Cafés als Treffpunkt, in der Überzeugung, daß der rauhe Liebhaber in genau diesem Moment dort war, lachte, die Kellner und Kunden köstlich unterhielt und die Wünsche der Naiven und Verzweifelten als Feuerwerk in die Lüfte jagte.

Nat, wie sollte es anders sein, hatte sich einen Spaß erlaubt und war doch ein Mann. Dieses Mal trafen sie sich in einer Hotellobby. Sammy gab aus Rache vor, ein Mann zu sein. Es war leicht, Nat auszumachen, weil er wieder und immer wieder Männer ansprach.

Es war ein köstlicher Spaß, zu erleben, wie er sich an Fremde wandte, die zufällig vorbeikamen. >Sind Sie Sammy?<

>Nein. Nee. Nö. Nein, Sir. O nein, meiiin Herr.<

Sammys Grinsen reichte von einem Ohr zum anderen. Nat suchte einfach nicht nach einer Frau.

Schließlich gab ihm Sammy einen Wink. In dem Versuch, cool zu bleiben, zog Nat nur eine Augenbraue in die Höhe. Nach sechs Monaten im Netz war er der Belächelte. Sammy umarmte ihn mit langen, schlanken Armen und atmete seinen Duft ein.

>Du riechst gut<, sagte Sammy. >Genau so, wie ich es mir vorgestellt habe.<

>Wie rieche ich denn?<

>Nach süßen Mandeln; Litschis; feuchter Erde. Ehrlich gesagt riechst du so, wie dein Sperma schmeckt.< (Das hatte der rauhe Liebhaber aus dem Orbit Café gesagt: eben diese Worte.)

>Höchst poetisch. Sollen wir uns ein Zimmer nehmen?<

>Nein. Ich will es hier und jetzt tun.< Das war die Wahrheit. Das war es, was Sammy wollte, trotz der leichten Schmerzen aufgrund der kürzlich gemachten Erfahrung. Sammy sehnte sich aber nach Ausschweifung und war immer noch darauf aus, etwas Rache zu üben. Mit einer geschickten Bewegung zog Sammy Nats Reißverschluß auf, ließ die Hose fesselgleich um seine Fußgelenke fallen und war mit einer Hand in seinen Boxershorts. Erst als sich Sammys Mund um Nats anschwellenden Schwanz schloß, bemerkten sie beide, daß die Unterhaltungen um sie herum in der Lobby verstummt waren.

>Können wir uns nicht auf ein Zimmer zurückziehen?< jammerte Nat.

>Wozu?<

>Ich kann das nicht<, antwortete Nat.

>Entspann dich.<

>Mir ist das zu grotesk. Ich verschwinde.< Und loggte sich aus. Ließ Sammy so zurück, mit den Knien auf dem virtuellen Teppich, an der Luft saugend, in einer Lobby voller blasierter Zuschauer, die an öffentlichen Geschlechtsverkehr gewöhnt waren. Sammy begriff, daß sich Nat zurückgezogen hatte, loggte sich ebenfalls aus und stellte den Computer ab.

Es dauerte Tage, bis Sammy wieder mit Nat sprach, jetzt bereits zum zweiten Mal in einer peinlichen und ziemlich lächerlichen Situation gestrandet. Das Vertrauen war dahin. Sammy machte sich Gedanken über Pinkland, inspizierte die Bücher und die Musik und die Kunstwerke, die dort zu finden waren, zog in Erwägung, alles mit einem Tastendruck zu löschen, als Nat in einer Instant-Message-Box auftauchte.

>Mit dir bin ich fertig<, tippte Sammy.

>Warum? Bist du in Pinkland?<

>Ja. Du nimmst diese Beziehung nicht ernst.<

>Ich rufe Pinkland auf. Wie kannst du so etwas sagen? Wir sind jetzt seit über sechs Monaten zusammen. Wir haben da eine gute Sache am Laufen, oder nicht?< Dann tippte er ein >g<, was in der Sprache des Netzes »Grinsen« bedeutete, und das fand Sammy so richtig zum *Kotzen.*

>Du läßt dich nicht blicken, wenn wir eine Verabredung haben. Du loggst dich aus, wenn wir gerade so richtig dabei sind. Warum vergessen wir die ganze Geschichte nicht einfach?<

>Sammy, manchmal glaube ich, du nimmst das alles zu ernst. Es ist doch nur ein Spiel.<

>ES IST KEIN SCHEISS-SPIEL!<, alles in Großbuchsta-

ben, obwohl es im Internet nicht gerne gesehen wurde, wenn man schrie. Sammy wollte schreien. Schreien. Statt dessen begann er, Musikstücke zu löschen, die sie sorgfältig in ihr Zimmer in Pinkland heruntergeladen hatten. Die Pet Shop Boys. Gelöscht. Tom Jones. Gelöscht. Die Monkees. Gelöscht.

>Was machst du da?<

>Was glaubst du denn? Ich beende diese Geschichte. Wenn das alles nur ein beschissenes Spiel ist, das ich eh nicht gewinnen kann, dann schmeiße ich eben das Spielbrett um.<

Das war ihr erster echter Internet-Streit. Dann, kurze Zeit später, begann Nat mit Besänftigungen und murmelte schließlich *Kniekehle* und brachte damit unbegreiflicherweise Sammy noch einmal dazu, von vorne zu beginnen; obwohl sich Sammy das Versprechen geben ließ, daß die Monkees gelöscht blieben. Immerhin war es Sammys Lieblings-Internet-Sex-Spiel, Nat raten zu lassen, was wohl das momentane Geschlecht sein könnte. Schon oft hatten sie gemeinsam beschlossen, sich außerhalb der Sicherheit und Exklusivität der Instant Message oder des privaten Chatrooms zu treffen, auf einer zuvor bestimmten Seite im Internet, wo sich auch andere Netzbenutzer jeder Couleur herumtrieben, und so zu tun, als ob sie sich zum allerersten Mal treffen würden.

Der Sinn dieses Spiels war es, den Reiz des Neuen zu bewahren. Obwohl sie sich nun schon vor sechs Monaten im Netz kennengelernt hatten, konnten sie sich auf diese Weise doch immer wieder von neuem überraschen. Sie konnten so tun (und taten es auch), als ob sie jemand vom anderen Geschlecht wären. Beide.

Im tiefsten Herzen glaubte Sammy, daß Nat eine Frau war.

Sammy hatte in den letzten Wochen versucht, versteckte Hinweise zu entdecken. Kleine Unstimmigkeiten, unsensibles Verhalten, Wissenslücken, Dinge, die eine Frau wissen sollte, aber kein Mann. Aber das Netz bot so viel Improvisationsspielraum, daß man seine Persönlichkeit leicht dem Alter ego unterordnen konnte. Immer und in jedem lauerte der Schatten, der nur darauf wartete, zum Spielen herausgelassen zu werden, die Lederhosen oder das Rüschenkleidchen anzuziehen, die Peitsche zu spüren, die Pillen zu schlucken, den Riemen zu schnüren, den Samen zu schmecken, die Glocken zu schlagen, nacktes Fleisch zu züchtigen und sich nach der zischenden Sense des Todes zu recken.

Sammys Vorliebe war es, sich als Mann zu geben, sich von einer kleinen Gruppe zügelloser Frauen stimulieren, der Kleider berauben und belästigen zu lassen, um dann in nuttenhafte Frauenklamotten gesteckt zu werden, bevor sie mit einer systematischen, sanften Beleidigungstour begannen, die Sammy ächzend und schmerzend und ausgelaugt zurückließ.

Selbst im Netz war es nicht so leicht, sich diese Phantasie erfüllen zu lassen.

Aber dann schockte Nat Sammy. >Ich spreche nicht mehr von einem Treffen im Netz.<

>Wann du willst, wo du willst<, antwortete Sammy und tat, als wäre die Bedeutung dessen, was Nat eben vorgeschlagen hatte, nicht klar. Ein Treffen im *wirklichen* wirklichen Leben. Hinter dem Cyberspace lag eine fremde Welt.

>Hör auf damit!< schnauzte Nat. >Tu nicht so, als ob du nicht kapiert hättest, wovon ich spreche. Wir sind an einem Scheideweg angelangt, das mußte früher oder später passieren, und das weißt du selbst. Das ist doch auch der Grund für all das Beleidigtsein und das Gejammere. Wenn du willst, daß das eine echte Beziehung ist – und damit meine ich eine körperliche, physische, *offline*-Geschichte, eine fürsorgliche Beziehung, in der 'ja' auch 'ja' bedeutet und 'nein' 'nein', in der Menschen Erkältungen bekommen und morgens Mundgeruch haben, in der wir die schlechten Launen des anderen

ertragen müssen, und all das nehmen wir auf uns, weil wir uns aufrichtig lieben –, dann müssen wir uns treffen. Verantwortung übernehmen. Wir müssen uns gegenseitig fühlen, Sammy. Fühlen.<

Liebe? grübelte Sammy. Wer hatte etwas von Liebe gesagt? Jetzt wurde es doch unheimlich. Es bedurfte doch noch vorbereitender Maßnahmen, bevor das Ganze körperlich werden konnte. Das Übermitteln von Daten hier und da; ein Telephonanruf; der Austausch jener Art von Post, für die man einen Postboten brauchte, der sich pfeifend dem Haus näherte; der Austausch von Photos; möglicherweise sogar von Geschenken. Liebe gehörte nicht zu den Dingen, die man einfach herunterladen konnte.

Aber Nat war noch nicht fertig. >Nur um das klarzustellen, ich spreche nicht davon, wieder und wieder und immer wieder zu täuschen. Ich habe eine ganze Weile darüber nachgedacht. Ich weiß nicht, was mit und bei dir passiert, wenn du *offline* gehst, aber ich, ich bin dann allein und rätsele, ob das alles wirklich nur ein Spiel ist. Völlig allein. Ich sehne mich nach dir. Und wenn du in der letzten Zeit das Gefühl hattest, ich ziehe mich zurück, dann deshalb. So, jetzt ist es raus.<

Eine lange Pause entstand, in der Sammys Cursor blinkte und auf die Antwort wartete. >Können wir nicht alles so lassen, wie es ist? Wir haben da eine gute Sache am Laufen, oder nicht?< Sammy war beim Tippen dieser Wörter klar, daß sie ein lahmes Echo von Nats früheren Bemerkungen waren. Selbst in Druckschrift war es möglich, Wörter sich winden und jammern zu lassen. >Können wir nicht einfach in Pinkland bleiben? Bist du hier nicht glücklich?<

>Mach was du willst mit Pinkland. Aber allein. Wenn wir uns nicht treffen, dann war's das zwischen uns. So sehe ich es. Das ist es, was es mir bedeutet.<

Nat war nicht bereit zu diskutieren, und da sie beide in London lebten, gab es keine echten Hindernisse. Er schlug vor, das erste Rendezvous in Fleisch und Blut am folgenden Samstag in einer Bar am Rand von Soho stattfinden zu lassen, die, wie er sagte, ruhig war und die er manchmal auch allein besuchte. Er versicherte, daß er dasein würde, egal ob Sammy käme oder nicht.

>Ich logge mich jetzt aus. Die Entscheidung liegt bei dir. Auf immer, Sammy.<

>Aber wie soll ich diese Bar finden?<

>Du hast doch einen Mund zum Fragen, oder? Du kannst doch sprechen?< Der spöttische Ton machte Sammy angst.

>Halt, halt, wie erkenne ich dich?<

>Du wirst mich erkennen.<

>Ich weiß ja nicht einmal, ob du ein Mann oder eine Frau bist!<

Eine Pause. >Du wirst mich erkennen.<

Sammy litt Höllenqualen bei dem Gedanken, dort hinzugehen. Zu oft hatten sie dieses Spiel im Netz gespielt, mit äußerster Konsequenz, als daß es jetzt einfach nur interessant sein konnte.

Die U-Bahn-Fahrt war furchtbar. Sammys Puls beschleunigte und verlangsamte sich mit dem Eintreffen und Abfahren der Züge. Im Internet gab es immer die Möglichkeit, auf eine Taste zu drücken, sich von einem auf den anderen Moment zurückzuziehen. Das wirkliche Leben reagierte nicht auf Tastendruck. Die Kehle trocken, die Hände zitternd, fragte sich Sammy immer und immer wieder, was es bei dieser Geschichte überhaupt zu gewinnen gab. Aber die Antwort blieb dieselbe. Sammy wollte Nat nicht verlieren. Der Gedanke an ein Leben ohne ihn war schlimmer als der Gedanke, ihn zu treffen.

Nicht nur, daß Nat Sammys dämonischer Liebhaber war, Nat war auch der allerbeste beste Freund. Nat war der einzige Mensch, der Sammy an der Tastatur jederzeit dazu bringen konnte, vor Lachen vom Stuhl zu fallen. Sammy hatte noch keinen auch nur halb so geistreichen und lustigen

Menschen kennengelernt. Mit einem Problem konfrontiert, wußte Nat immer einen Rat für Sammy. Als Sammys Vater in der fünften Woche ihrer Beziehung starb und Sammys Mutter zu nichts zu gebrauchen und sehr distanziert war, wurde Nat in dieser schwierigen Phase zum Wegbegleiter. Zuweilen gab es sogar Tränen am Computer; und Sammy vermutete, daß auch Nat an seinem Ende weinte. Nat war der einzige auf der ganzen Welt, der Sammy als erwachsenen Menschen behandelte, mit Respekt, mit Anerkennung, mit Verbindlichkeit.

Als Sammy vor der besagten Bar stand, kam die Unsicherheit wieder auf, der Versuch, einen Blick durch das matte Glas zu werfen, war erfolglos; schließlich spannte Sammy jeden Muskel an und fand den Mut, einzutreten. Drinnen war es düster, die zwei Tischreihen wurden von einem sanften gelben Licht beleuchtet. Auf jedem Tisch brannte eine Kerze.

Ein nervendes Pärchen, hoffnungslos verliebt, saß händchenhaltend in einer Ecke. Abgesehen vom Barmann, der hinter der Theke eine krachende Eismaschine bediente, war nur noch eine einzige Person im düsteren, hinteren Winkel der Bar. Sammy wußte sofort, daß es Nat war.

Nat blickte zu Sammy auf und blies eine dichte blaue Wolke Zigarettenrauch aus. Ohne sich zu erkennen zu geben, steuerte Sammy schnurstracks auf die Theke zu und bestellte einen Daiquiri. Der Barmann drehte sich langsam um und zog eine Augenbraue hoch, weit hoch. Sammy versuchte, ihn niederzustarren. Der Barmann zog seine Augenbraue noch ein Stückchen höher. Sammy wurde rot und murmelte, daß er ja auch eine Cola nehmen könnte.

Mit der Cola in der Hand setzte sich Sammy an einen der leeren Tische und versuchte, einen Schluck zu trinken, wobei Glas und Zähne kollidierten. Nat sammelte Zigaretten, Feuerzeug, Getränk und Handtasche ein, in der eindeutigen Absicht, herüberzukommen. Für Sammy spielte sich alles in Zeitlupe ab.

Nat war sehr hoch aufgeschossen. Sammy sah mit fasziniertem Schrecken die außergewöhnliche Länge von Nats Beinen. Die Wadenmuskeln waren zu ausgeprägt. Durch Pfennigabsätze und einen extrem kurzen Rock wurden sie noch stärker betont. Selbst bei diesem Licht konnte Sammy erkennen, daß Nat zuviel Make-up trug.

Als sich Nat auf den Nachbarstuhl gleiten ließ, glaubte Sammy, am Duft billigen Parfüms ersticken zu müssen. Gehetzt blickte sich Sammy um, nach der Tastatur, nach der *Escape*-Taste. Aber in dieser Situation gab es keinen Ausweg. Nat zündete sich eine weitere Zigarette an, hielt Sammy eine zum Ablehnen hin, bevor die ausgestreckte Hand erschien, die geschüttelt werden wollte. Sammy ergriff die Hand. Sie war sehr groß, mit hervorstehenden blauen Adern, eingehend manikürt und mit leuchtend lackierten Fingernägeln.

»Sammy?«

Als Antwort nickte Sammy. Nat hatte eine ziemlich rauhe Stimme.

»Weiß deine Mutter, daß du nicht zu Hause bist?«

»Sie glaubt, daß ich bei einem Freund bin.«

»Ich dachte, du hättest keine Freunde.«

»Ich habe einen erfunden.«

»Das kann man wohl sagen.« Nat stieß gleichzeitig ein Seufzen und eine Lunge voller Rauch aus, eine Wolke, auf der ein *Mein Gott* aus Nats Mund schwebte. Dann: »Es erstaunt mich, daß sie dich hier überhaupt hereinlassen. Hätte ich das gewußt, hätte ich einen Treffpunkt in einer Milchbar oder so vorgeschlagen. Hast du für die Fahrt den Kindertarif bekommen?«

»Es tut mir leid.«

»Das war's dann ja wohl. Vorbei, bevor es begonnen hat.« Ruckartig zog Nat einen Taschenspiegel aus seiner Handtasche, glättete eine Augenbraue und zupfte an irgend etwas im Augenwinkel.

»Ist das eine Perücke? Du bist ein –«

»Nicht!« stieß Nat scharf hervor. Dann etwas sanfter: »Das sind nur Worte. Und ich kann alles sein, was ich will.«

Sammy sah, wie das Kerzenlicht in Nats Augen in einer Milchstraße zu explodieren schien. »Bist du enttäuscht?«

»Enttäuscht? Hör zu, Kindchen, ich bin schon von den Allerbesten enttäuscht worden. Es braucht mehr als einen beschissenen kleinen Teenie, um mich zu enttäuschen.«

»Soll ich gehen?«

»Ja. Verschwinde. Verschwinde, verdammt noch mal.«

Sammy erhob sich von seinem Stuhl. Er streckte die Hand zum Abschied aus, aber Nat ignorierte sie. Er sah ihm noch nicht einmal in die Augen. Schließlich verließ Sammy sehr schnell die Bar. Er trank nicht einmal seine extrem teure Cola aus.

Die Rückfahrt war ein Alptraum. Sammy hatte seinen Kopf während der gesamten Fahrt von Leicester Square bis Hounslow zwischen den Beinen und preßte seine Hände gegen die brennenden Wangen. Die anderen Passagiere hielten ihn bloß für einen kranken Jungen.

Sammy wußte, was er verloren hatte. Außerdem hatte er das Gefühl, daß er sich selbst auf eine unbestimmbare Art und Weise enttäuscht hatte. Und gleichzeitig wußte er, daß es hoffnungslos war. Er hatte während ihres kurzen Treffens einen verstohlenen Blick auf Nats Kniekehle geworfen. Die blaue Vene in der Höhlung an der Rückseite des Knies hatte fast schon bedrohlich pulsiert. Ganz und gar nicht erotisch. Ehrlich gesagt war ihm ein bißchen schlecht geworden. Und auch bei dem Gedanken an Nats *Cassolette* wäre er beinahe in Ohnmacht gefallen.

Einige Tage später beschloß er, den Versuch zu starten, eine neue Beziehung einzugehen, und dieses Mal nicht im Netz. Aber das wirkliche Leben war anders. Es war unmöglich, auf dieselbe Art und Weise zu kommunizieren. Mit einem Mädchen in seinem Alter stellte er fest, daß gewöhnliche Beziehungen oft darin bestanden, über längere Zeit überhaupt nichts zu sagen; wohingegen die Konventionen im Netz darin bestanden, immer irgend etwas zu sagen. Selbst wenn es gar nichts besagte.

Von Zeit zu Zeit streunte er nachts wieder durch die Chatrooms im Netz, in der Hoffnung, über Nat zu stolpern. Er ging davon aus, daß Nat aufgegeben oder sich einen anderen Bildschirmnamen zugelegt hatte. Das eine oder andere Mal glaubte er, daß Nat ihn neckte, versteckt hinter einer neuen Persönlichkeit. Aber falls dem so war, so gab sich Nat nie zu erkennen. Später ließ es Sammy einfach sein, hörte auf zu suchen. Doch ihm war permanent bewußt, daß er getestet worden war, direkt an der Schnittstelle von Technologie und greifbarer Wirklichkeit, und er hatte versagt.

Es kam immer wieder vor, daß Sammy nachts von Geistern im Netz träumte, aber nach dem Aufwachen waren sie bedeutungslos. Es gibt keine Geister von Geistern, dachte er. Oft machte er sich Gedanken über Pinkland, erwog, all die Musikstücke, Bilder und Bücher zu löschen. Aber er tat es nie, obwohl ihn der Gedanke an das leere, unbewohnte Pinkland schmerzte, das bis in alle Ewigkeit als seltsamer Schatten im Netz bestehen bleiben würde.

Angela Carter

Reflexionen

An einem Tag im späten Frühling ging ich durch den Wald. Wolken jagten im schauergetrübten Sonnenlicht, der Himmel stellenweise klar und blau – das Wetter kühl, hell, vibrierend. Eine Singdrossel auf einem mit knospendem Maigrün geschmückten Zweig tirilierte, als würden die Perlen einer Kette nacheinander zu Boden fallen; ich war allein in dem vom Frühling verzauberten Wald. Ich peitschte das hohe Gras mit meinem Stock, schreckte hier und da Waldbewohner auf, Ratten oder Kaninchen, die vor mir flüchteten, im Grasdickicht verschwanden, wo Gänseblümchen und die dünnen Stengel von Butterblumen ihr verborgenes Dasein führten. Die leuchtenden Stengel waren noch feucht vom Regen der letzten Nacht, der den ganzen Wald überspült und erfrischt, ihm diese triste Transparenz verliehen hatte, diese einzigartige Trostlosigkeit regnerischer Länder, die einen alles wie durch einen Tränenschleier sehen läßt.

Die kühle Luft duftete nach nassem Gras und frischer Erde. Das Jahr pendelte an den göttlichen Scharnieren der Sonnenwende, doch ich war sorglos und spürte keine drohende Gefahr in der magischen Stille des raschelnden Laubs.

Dann hörte ich ein junges Mädchen singen. Ihre Stimme trällerte vollendete Koloraturen, weit hinreißender als die der Drossel, die sogleich verstummte, als sie den Gesang hörte, weil sie sich nicht messen konnte mit der sinnlichen

Geschmeidigkeit einer Stimme, die die Sinne ihrer Zuhörer durchbohrte wie ein Pfeil im Traum. Sie sang; und ihre Worte ließen mich erschauern, denn sie schienen eine Bedeutung zu haben, die nichts mit dem zu tun hatte, was ich unter Bedeutung verstand.

»Unter dem Laub«, sang sie, »und dem Laub des Lebens –« Dann brach der Gesang unvermittelt ab. Ich war so verblüfft, daß ich nicht mehr auf meine Umgebung achtete, und plötzlich stieß ich mit dem Fuß gegen etwas, das im Gras verborgen lag, und stürzte zu Boden. Ich war erschrocken und atemlos, obwohl ich in das nasse, weiche Gras gefallen war. Die betörende Musik hatte ich schon vergessen. Während ich das Hindernis verfluchte, suchte ich zwischen den bleichen, erdverkrusteten Wurzeln danach, und dann umschlossen meine Finger ausgerechnet eine Muschel. Eine Muschel, so weit entfernt vom Meer! Als ich versuchte, sie aufzuheben, um sie genauer zu betrachten, stellte sich dies als unerwartet schwierig heraus, was meine Entschlossenheit, sie an mich zu nehmen, nur noch verstärkte. Gleichzeitig lief mir ein Angstschauer über den Rücken, denn sie war so überaus schwer und so eisig, daß ein kalter Schock durch meinen Arm schoß, wie ein Stromschlag, der von der Muschel ausging und mich direkt ins Herz traf. Mich überkam große Angst; die Muschel verwirrte mich zutiefst.

Ich sagte mir, es müsse sich um eine Muschel aus einem tropischen Ozean handeln, denn sie war wesentlich größer und kunstvoller gewunden als die Muscheln, die ich an den Küsten des Atlantiks gefunden hatte. Ihre Form hatte etwas undefinierbar Fremdartiges, das ich nicht gleich einordnen konnte. Sie schimmerte im Gras wie ein Kegel eingesperrten Mondlichts, obwohl sie so kalt und schwer war, daß es mir schien, als hätte sich die gesamte Schwerkraft in ihr konzentriert. Meine Furcht vor der Muschel wuchs; ich glaube, ich schluchzte. Und doch war ich so entschlossen, sie dem

Boden abzuringen, daß ich mit aller Kraft und zusammengebissenen Zähnen zog und zerrte. Schließlich gab sie nach, und als sie sich löste, purzelte ich rückwärts ins Gras. Aber ich hielt meine Beute in den Händen, und zumindest für den Augenblick war ich zufrieden.

Bei genauerem Hinsehen erkannte ich, worin die aufreizende Fremdartigkeit bestand, die mir zunächst aufgefallen war: Die Windungen der Muschel liefen falsch herum. Die Spiralen waren spiegelverkehrt. Sie sah aus wie das Spiegelbild einer Muschel, und deswegen hätte es sie eigentlich außerhalb eines Spiegels nicht geben dürfen; in dieser Welt konnte sie außerhalb eines Spiegels nicht existieren. Und doch hielt ich sie in meiner Hand.

Die Muschel war so groß wie meine Handfläche und so schwer wie der Tod.

Ich beschloß, sie trotz ihres ungeheuren Gewichts durch den Wald in die nahe gelegene Stadt zu tragen, um sie in das dortige kleine Museum zu bringen; dort würde man sie unter die Lupe nehmen und erforschen und mir dann sagen können, um was für eine Muschel es sich handelte und wie sie an die Stelle gekommen war, an der ich sie gefunden hatte. Doch als ich mich mit der Muschel in den Armen auf den Weg machte, zog ihr Gewicht mich so stark nach unten, daß ich mehrmals beinahe auf die Knie gesunken wäre, als wolle die Muschel mich nicht zu Boden, sondern in die Erde hinein zerren. Und dann, wie um mich vollends zu verwirren, ertönte wieder diese betörende Stimme.

»Unter dem Laub –«

Diesmal jedoch wurde der Gesang durch ein Keuchen unterbrochen, und die Stimme nahm einen herrischen Ton an.

»Faß ihn!« befahl sie. »Faß ihn!«

Ich warf einen Blick in die Richtung, aus der die Stimme kam, doch bevor ich Zeit hatte zu reagieren, schwirrte eine Kugel über meinen Kopf hinweg und bohrte sich in den

Stamm einer Ulme, wo sie eine ganze Schar Krähen aufschreckte, die sich wie ein Wirbelsturm aus ihren Nestern in den oberen Ästen erhoben. Ein riesiger schwarzer Hund kam so plötzlich aus dem Unterholz auf mich zugestürzt, daß ich nur seinen weit aufgerissenen roten Rachen und die heraushängende Zunge sah, bevor ich bäuchlings unter ihm zu Boden ging. Ich war vor Schreck wie von Sinnen. Der Hund besabberte mich mit seinem Geifer, und bevor ich wußte, wie mir geschah, wurde ich von einer Hand an der Schulter gepackt und grob herumgedreht.

Sie hatte den Hund zurückgerufen, der nun hechelnd dasaß und mich mit scharfen roten Augen beobachtete. Er war so schwarz wie Kohle, irgendein Jagdhund, mit Eiern so groß wie Pampelmusen. Das Mädchen und der Hund betrachteten mich mit Blicken, die keine Milde verrieten. Sie trug Jeans und Stiefel, einen breiten Gürtel mit einer großen, provozierenden Schnalle und ein grünes Sweatshirt. Ihr verfilztes braunes Haar fiel ihr in gewollter Unordnung über die Schultern. Ihre dunklen Augenbrauen waren vollkommen gerade und verliehen ihren harten Gesichtszügen eine Schwere, die ebenso schrecklich war wie die der Muschel in meiner Hand. Ihre blauen Augen, die Art, von der die Iren sagen, sie wurden mit rußigen Fingern eingesetzt, zeigten weder Wohlwollen noch Mitgefühl für mich, denn es waren die Augen, die Justitia hätte, wenn sie nicht blind wäre. Sie trug ein Sportgewehr über der Schulter, und ich wußte sofort, daß der Schuß aus diesem Gewehr abgefeuert worden war. Vielleicht war sie die Tochter des Försters, doch nein, sie war viel zu stolz: Sie war eine wilde und strenge Forstaufseherin.

Ich weiß nicht, warum, aber mein Instinkt riet mir, die Muschel zu verbergen, und ich drückte sie an mich, als hinge mein Leben daran; dabei war sie so schwer, und sie begann so heftig zu pulsieren, daß es mir schien, die Muschel habe meinen Herzschlag aus dem Rhythmus gebracht oder sei zu meinem unregelmäßig schlagenden Herzen geworden. Doch meine rauhbeinige Fängerin stieß mir so grob gegen die Hand, daß meine geschundenen Finger die Muschel fallen ließen. Sie beugte sich vor, so daß ihr Hexenhaar mein Gesicht streifte, und hob die Muschel mit erstaunlicher Leichtigkeit auf.

Nachdem sie sie einen Augenblick lang prüfend betrachtet hatte, warf sie sie wortlos ihrem Jagdhund zu, der sie mit seinem Maul aufschnappte, bereit, sie für sie zu tragen. Der Hund begann, mit dem Schwanz zu wedeln. Das rhythmische Rascheln, das sein Schwanz im Gras verursachte, war das einzige Geräusch, das auf der Lichtung zu hören war. Selbst die Bäume hatten aufgehört zu raunen, als hätte ein heiliger Schrecken sie verstummen lassen.

Sie bedeutete mir aufzustehen, und als ich mich erhoben hatte, drückte sie mir den Gewehrlauf ins Kreuz und führte mich mit vorgehaltener Waffe durch den Wald, während der Hund mit der Muschel im Maul neben ihr hertrottete. Dies alles geschah in absoluter Stille, nur durchbrochen durch das heisere Hecheln des Hundes. Die Kohlweißlinge flatterten in der unbewegten Luft, als wäre nichts Außergewöhnliches vorgefallen, während immer noch herrliche violette und aprikosenfarbene Wolken einander vor der Sonne jagten, den gleichgültigen Gesetzen des Himmels folgend. Die Wolken wurden von einem heftigen Wind getrieben, der so hoch über dem Wald wütete, daß alles um mich herum so still und ruhig war wie Wasser in einer Schleuse und meiner inneren Unruhe spottete.

Schon bald erreichten wir einen überwucherten Pfad, der uns zu einem Tor in einer Gartenmauer führte. Dort hing ein altmodischer Glockenzug, und darüber baumelte eine mit Moos und Rost bedeckte Glocke. Das Mädchen mit dem Gewehr läutete diese Glocke, bevor sie das Tor öffnete, als wollte sie, falls jemand zu Hause war, unseren Besuch ankündigen. Wir betraten einen anmutig verwilderten, von einer Mauer umgebenen Garten, wo die Blumen des Frühsommers, Hibiskus, Kletterpflanzen, Rosen, ihre üppige Pracht entfalteten. Ich entdeckte eine bemooste Sonnenuhr und die kleine steinerne Statue eines nackten Jünglings, der seine Arme aus einem Harnisch aus Efeu emporstreckte. Doch obwohl die Bienen zwischen den Blüten summten, war das Gras hier so hoch wie im Wald und ebenso durchsetzt mit Gänseblümchen und Butterblumen. In den Beeten hatte der Löwenzahn schon duftige Samenstände gebildet; Kuckucksnelken und Zwergholunder bemühten sich gemeinsam, die immergrünen Gewächse von den Beeträndern zu verdrängen, und auf allem lag eine gewisse Schwermut, die nicht nur den Garten, sondern auch das Backsteinhaus wie mit einer unsichtbaren Staubschicht bedeckte. Das alte, beinahe gänzlich mit Kriechpflanzen überwucherte Haus, das in dem Garten schlummerte, ein halbverfallenes Gebäude mit orakelhaft dunklen, von Ranken und Blüten überwachsenen Fenstern. Das Dach war über und über mit Flechten bewachsen, so daß es aussah, als hätte es einen glatten, grünen Pelz. Dennoch herrschte kein Friede in diesem anmutigen Chaos; selbst die Pflanzen, die dort wuchsen, schienen in einer seltsam angespannten Erwartungshaltung zu verharren, als wäre der Garten ein Wartezimmer. Ein paar bröckelige Stufen führten zu einer verwitterten Eingangstür, die weit offenstand wie die Tür zu einem Hexenhaus.

Ich blieb unwillkürlich vor der Tür stehen; mir wurde schrecklich schwindelig, als stünde ich am Rand eines Abgrunds. Seit ich die Muschel aufgehoben hatte, schlug mein Herz viel zu heftig und zu schnell, und jetzt schien es vor lauter Anspannung schier zu bersten. Ich fühlte mich erschöpft, und Todesangst überkam mich; doch das Mädchen stieß mir brutal den Gewehrlauf in die Hinterbacken, führte mich mit Gewalt in die Diele des Landhauses. Die dunklen, fleckigen Bodendielen, der Perserteppich und eine Eichentruhe, auf der eine antike Schale stand, sahen aus, als wären sie seit Jahren, seit Jahrzehnten nicht mehr berührt worden. Staubkörnchen tanzten in dem Sonnenstrahl, der die stickige Luft durchbrach, als wir das Haus betraten. Jede Ecke war mit Spinnennetzen verhangen, und die fleißigen Spinnen hatten überall zwischen den zerfallenden Möbelstücken Bänder aus geometrisch gemusterter Spitze gewebt. Ein süßlicher, ranziger Geruch von Feuchtigkeit und Verfall erfüllte das ganze Haus; es war kalt und dunkel. Die Tür schwang hinter uns zu, fiel jedoch nicht ins Schloß. Wir stiegen eine wurmstichige Eichentreppe hinauf, ich voran, sie hinter mir, und dann der Hund, dessen Pfoten auf dem nackten Holz trappelten.

Anfangs dachte ich, die Spinnen hätten ihre Netze zu beiden Seiten der Treppe gespannt, doch dann bemerkte ich, daß das Kunstwerk, das sich um die innere Seite der Treppe wand, nicht von den Spinnen stammte, denn obwohl es dieselbe Farbe hatte wie die Spinnenfäden, wies dieses Netz ein regelmäßiges Muster auf, ähnlich dem Lochstrickmuster des federleichten, zarten Gewebes, aus dem die Bettjäckchen von Kurtisanen gemacht werden. Dieses Strickwerk war Teil eines unendlichen Schals, der vor meinen Augen mit der Langsamkeit einer Kletterpflanze allmählich die Treppe hinunter bis in die Diele kroch. Meter um Meter lag dieser Schal auf dem Absatz in luftigen Falten, und dort hörte ich das leise Klappern von Stricknadeln, die ganz in der Nähe ihr monotones Werk taten. Der Schal kam aus einer Tür, die ebenso wie die Haustür einen Spaltbreit offenstand; wie eine dünne Schlange wand er sich durch den Türspalt.

Nachdem sie mir mit dem Gewehrlauf bedeutet hatte, beiseite zu treten, klopfte meine Bewacherin kräftig an die Tür.

Aus dem Zimmer war ein trockenes Husten zu hören, dann rief eine Stimme: »Herein!«

Es war eine weiche, knisternde, gelangweilte, beinahe tonlose, müde, schwach duftende Stimme, wie ein uraltes Taschentuch, das vor ganz langer Zeit zusammen mit getrockneten Rosenblättern weggelegt und vergessen worden war.

Meine Bewacherin schubste mich vor sich her durch die Tür; in ihrer Nähe bebten meine Nasenflügel vom beißenden Geruch ihrer Haut. Es war ein großer Raum, halb Wohnzimmer, halb Schlafzimmer, denn das Wesen, das darin lebte, war verkrüppelt. Sie, er oder es – wer oder was immer mein Gastgeber oder meine Gastgeberin gewesen sein mag – lag in einem altmodischen Rohrstuhl aus Korbgeflecht neben einem rissigen, mit Girlanden und Putten verzierten Kamin aus Marmor. Ihre weißen Hände endeten in Fingern, die so unanständig lang waren, so weiß und durchscheinend, daß sie lüsterne Gedanken an Kerzen und weibliche Selbstbefriedigung auslösten. Diese spitzen Finger waren die Quelle des seltsamen Schals, denn sie hielten zwei Stricknadeln aus Elfenbein und waren unaufhörlich in Bewegung.

Das duftige Strickwerk, das sie produzierten, bedeckte den ganzen teppichlosen Boden und war an manchen Stellen so hoch aufgetürmt, daß es an die verkrüppelten Knie seiner Schöpferin reichte. Zahllose Meter, vielleicht sogar Kilometer, füllten den Raum, und ich setzte meine Füße mit äußerster Vorsicht, schob das Gespinst hin und wieder mit den Zehen beiseite, um an die Stelle zu gelangen, an die das Mädchen mich mit seinem Gewehr gewiesen hatte, und mich wie ein Bittsteller vor den Rollstuhl zu knien. Kinn und Mund des verkrüppelten Wesens in dem Stuhl waren so königlich geformt, wie man es sich nur denken kann, und sie strahlten den traurigen Stolz eines Königs aus, der über ein regnerisches Land herrscht. Sie besaß das Profil einer schönen Frau und das Profil eines schönen Mannes. Es ist ein Mangel unserer Sprache, daß sie keine Worte für solche undefinierbaren und unbeschreiblichen Wesen kennt. Doch obwohl das Wesen kein erkennbares Geschlecht aufwies, werde ich es »sie« nennen, denn sie trug ein Frauengewand, ein weites Negligé aus spinnennetzfarbener Spitze, oder sie spann und webte, wie die Spinnen, ihren eigenen Faden und hatte sich auf diese Weise bekleidet, denn auch ihr schattenhaftes Haar hatte dieselbe Farbe wie das Strickwerk, an dem sie arbeitete, und es war so hauchzart, daß es sich aus eigener Kraft in der Luft um ihren Kopf herum zu bewegen schien. Ihre Augenlider und ihre tiefen Augenhöhlen waren voll silberner Pailletten, die im Licht schimmerten, in dem seltsamen, unterwasserartigen, ertrinkenden Licht, das durch die schmutzverklebten, von Ranken bedeckten Fenster hereinfiel und den Raum erfüllte. Hellsichtiges Licht, das durch den riesigen Spiegel im rissigen Goldrahmen an der Wand gegenüber dem Kamin auf unheimliche Weise verstärkt wurde. Wie der Mond schien dieser Spiegel das Licht, das er uns spendete, aus eigener Kraft auszusenden.

Mit rührender Genauigkeit verdoppelte der Spiegel das Zimmer und alles, was sich darin befand, den Kamin, die fleckige weiße Tapete mit dem grünen Rankenmuster, jedes einzelne alte, mit Goldbronze bemalte Möbelstück. Wie erleichtert war ich doch, als ich feststellte, daß meine Erlebnisse mich nicht verändert hatten. Allerdings hatte mein alter Tweedanzug Grasflecken abbekommen, mein Stock war weg, liegengeblieben, wo ich ihn im Wald fallen gelassen hatte. Und mein Gesicht voller Schmutz. Aber es war, als würde ich mich in einem Waldteich spiegeln anstatt in einer mit Silber beschichteten Glasscheibe, denn die Oberfläche des Spiegels sah aus wie die Oberfläche eines stillen Gewässers oder wie Quecksilber, als würde eine große Menge Flüssigkeit durch eine Art Umkehrung der Schwerkraft gehalten, was mich an das Gewicht der Muschel erinnerte, die in diesem Augenblick aus dem Maul des Hundes und vor die Füße des androgynen Wesens fiel. Ohne ihre Strickarbeit auch nur für einen Augenblick zu unterbrechen, stupste sie die Muschel mit ihrem schönen, wie mit silbernem Reif bemalten Zeh; der Kummer verlieh ihrem Gesicht vollkommen weibliche Züge.

»Nur eine kleine Masche! Und ich hab' doch nur eine kleine Masche fallen lassen!« lamentierte sie. Und mit reuevollem Blick beugte sie ihren Kopf über ihre Arbeit.

»Zumindest war sie nicht lange weg«, sagte das Mädchen. Ihre Stimme hatte einen harten Nachhall; Gnade war eine Molltonart, die ihren kriegerischen Ton niemals mildern würde. »Er hat sie gefunden!«

Sie deutete mit dem Gewehrlauf auf mich. Das androgyne Wesen richtete ein Paar geistesabwesende, zu große, trübe Augen auf mich, die nicht leuchteten.

»Weißt du, woher diese Muschel stammt?« fragte sie mit strenger Höflichkeit.

Ich schüttelte den Kopf.

»Sie stammt aus dem Meer der Fruchtbarkeit. Weißt du, wo das liegt?«

»Auf dem Mond«, erwiderte ich. Meine Stimme kam mir rauh und heiser vor.

»Ah«, sagte sie, »der Mond, die Quelle polarisierten Lichts. Aber zu deiner Antwort: sie ist richtig und falsch. Das Meer der Fruchtbarkeit ist ein Äquivalent. Es ist ein umgekehrtes System, da alles, was sich darin befindet, so tot ist wie diese Muschel.«

»Er hat sie im Wald gefunden«, sagte das Mädchen.

»Leg sie wieder an ihren Platz zurück, Anna«, sagte die Androgyne, die trotz ihrer scheinbaren Zerbrechlichkeit eine uneingeschränkte Autorität ausstrahlte. »Bevor ein Unheil geschieht.«

Das Mädchen bückte sich und hob die Muschel auf. Sie schaute mit prüfenden Augen in den Spiegel und visierte dann eine Stelle an, die ihr eine logische Zielscheibe für die Muschel zu bieten schien. Ich sah, wie sie den Arm hob, um die Muschel in den Spiegel zu werfen, und ich sah, wie der reflektierte Arm die Muschel hob, um sie aus dem Spiegel hinauszuschleudern. Es war kein Geräusch im Raum zu hören außer dem Klappern der Stricknadeln, als sie die Muschel in den Spiegel warf und als ihr Spiegelbild die Muschel aus dem Spiegel hinausschleuderte. Als die Muschel auf ihr eigenes Spiegelbild traf, verschwand sie auf der Stelle.

Die Androgyne seufzte zufrieden.

»Meine Nichte heißt Anna«, sagte sie zu mir, »weil sie beides sein kann. Genau wie ich, obwohl ich kein einfaches Palindrom bin.«

Sie schenkte mir ein rätselhaftes Lächeln und schüttelte mit einer leichten Bewegung ihrer Schultern das Spitzenneglígé ab; es rutschte von ihren blassen, weichen Brüsten, an denen tiefrosafarbene, wie Himbeeren krenelierte Brustwarzen leuchteten, und dann hob sie ihre Lenden ein wenig an, um die phallischen Insignien der Männlichkeit zur Schau zu stellen, die von rot-violetter Farbe waren und in ihrem schlaffen Zustand einen rohen, brutalen Anblick boten.

»Sie kann beides sein«, sagte Anna, »obwohl sie sich nicht bewegen kann. Ihre Kraft ist also das genaue Äquivalent ihrer Impotenz, denn beide sind absolut.«

Doch ihre Tante blickte auf ihre schlaffe Waffe hinab und sagte sanft: »Nein, mein Schatz, nicht *völlig* absolut. Potenz ist Impotenz *in potentia*, also relativ. Sie ist nicht eindeutig festlegbar und deshalb nur ein Mittelwert.«

Während sie das sagte, streichelte sie ihre nackten Brüste unbeholfen mit den Unterarmen; sie konnte ihre Arme nicht frei bewegen, da sie ununterbrochen weiterstrickte. Die beiden sahen einander an und lachten. Ihr Lachen trieb Eiszapfen der Angst in meinen Kopf, und ich wußte nicht, wohin ich mich wenden sollte.

»Du siehst, wir müssen dich unschädlich machen«, sagte die Androgyne. »Du weißt zuviel.«

Eine Welle der Panik schwappte über mich hinweg. Ich stürzte quer durch das Zimmer auf die Tür zu, ohne mich bei meinem Fluchtversuch um Annas Gewehr zu scheren. Aber ich blieb mit den Füßen in dem Strickwerk hängen, und wieder fiel ich zu Boden. Diesmal war ich durch den Sturz halb betäubt und blieb benommen liegen, während das Gelächter der beiden grausam im Raum widerhallte.

»Oh«, sagte Anna, »wir werden dich nicht töten. Wir werden dich durch den Spiegel schicken. Wir werden dich dorthin schicken, wo die Muschel ist, denn dort gehörst du jetzt hin.«

»Aber die Muschel ist verschwunden«, sagte ich.

»Nein«, erwiderte die Androgyne. »In Wirklichkeit ist sie nicht verschwunden. Die Muschel hatte in dieser Welt nichts zu suchen. Ich habe heute morgen eine Masche fallen lassen; nur eine kleine Masche … und diese verdammte Muschel ist durch das Loch geschlüpft, das durch die fallen gelassene Masche entstanden ist, denn, siehst du, diese Muscheln sind so unglaublich schwer. Als sie auf ihr Spiegelbild traf, ist sie an ihren Platz zurückgekehrt. Jetzt kann sie nicht mehr zurückkommen; und das kannst du auch nicht, wenn wir dich erst einmal durch den Spiegel geschickt haben.«

Ihre Stimme war so sanft, und dennoch drohte sie mir ewige Verbannung an. Ich stieß einen Schrei aus. Anna wandte sich ihrer Tante zu und legte ihre Hand auf deren Genitalien, so daß der Schwanz sich aufrichtete. Er war von furchterregender Größe.

»Ach, Tantchen, erschreck ihn doch nicht!« sagte sie.

Dann begannen diese seltsamen Harpyien zu kichern, und ich war fast von Sinnen vor Angst und Verwirrung.

»Es ist ein System der Äquivalente«, sagte die Androgyne. »Sie trägt ein Gewehr, siehst du, und ich auch.«

Sie präsentierte ihre mächtige Erektion mit der stolzen Miene eines Laboranten, der das Ergebnis eines geglückten Experiments vorführt.

»In meiner vermittelnden und verbindenden Logik befinden sich die Äquivalente außerhalb der Symbolik. Das Gewehr und der Phallus sind sich in ihrem Bezug zum Leben ähnlich – der eine gibt es, der andere nimmt es, das heißt, sie verhalten sich zueinander wie eine aufgestellte Behauptung und deren Negation.«

Ich war verwirrter denn je. »Haben denn alle Männer in der Spiegelwelt Gewehre zwischen den Beinen?«

Anna stöhnte angesichts meiner Einfalt laut auf. »Genausogut könntest du annehmen, daß es mir möglich wäre, dich mit dem hier zu schwängern –«, sagte sie und richtete ihr Gewehr auf mich, »hier oder in irgendeiner anderen Welt.«

»Umarme dich selbst im Spiegel«, sagte die Androgyne, während sie unaufhörlich weiterstrickte. »Du mußt jetzt gehen. Jetzt!«

Anna stand immer noch drohend vor mir; es blieb mir nichts anderes übrig, als zu tun, was sie von mir verlangten. Ich trat vor den Spiegel und betrachtete mich in seinen Tiefen. Ein leichtes Beben ging über seine Oberfläche; doch als ich den Spiegel mit den Fingern berührte, war er genauso glatt und hart, wie er sein sollte. Ich sah, daß mein Spiegelbild an den Oberschenkeln durch den vergoldeten Rahmen abgeschnitten war, und Anna sagte: »Steig auf diesen Stuhl! Wer will dich schon ohne Beine haben, hier oder dort?«

Sie grinste auf abstoßende Weise und entsicherte ihr Gewehr. Ich zog also einen kleinen, mit Goldbronze bemalten Stuhl mit einem Sitz aus Rohrgeflecht an den Spiegel und kletterte hinauf. Ich betrachtete mich im Spiegel; da stand ich, komplett von Kopf bis Fuß, und dort waren sie, hinter mir, die Androgyne, die an ihrem ätherischen Schal strickte, und das bewaffnete junge Mädchen, das nun, da es mich mit einer winzigen Bewegung seines Fingers töten konnte, mit seinem Vergewaltigerblick und seinem Geruch nach Mord so schön war wie ein römischer Soldat beim Plündern einer nordafrikanischen Stadt.

»Küß dich«, befahl die Androgyne mit schwacher Stimme. »Küß dich selbst im Spiegel, der symbolischen Matrix von hier und dort, von innen und außen.«

Und dann, auch wenn es mich nicht mehr verblüffte, sah ich, daß nirgendwo ein Wollknäuel zu entdecken war, obwohl sie sowohl im Zimmer als auch im Spiegel immer noch strickte; ihr Garn entströmte dem Spiegel, und das Wollknäuel existierte nur als Reflexion. Aber ich hatte keine Zeit, über dieses Rätsel nachzudenken, denn der ranzige Gestank von Annas Erregung erfüllte den Raum, und ihre Hand begann zu zittern. Aus Wut und Verzweiflung bewegte ich meine Lippen auf die vertrauten und zugleich unbekannten Lippen zu, die mir aus der Stille des Spiegels entgegenkamen.

Ich hatte geglaubt, diese Lippen würden kalt und leblos sein; daß ich sie berühren würde, ohne daß sie mich berühren konnten. Doch als die doppelten Lippen sich trafen, öffneten sie sich, denn meine gespiegelten Lippen waren warm und pulsierten. Dieser Mund war feucht und enthielt Zunge und Zähne. Das war zuviel für mich. Die überwältigende Sinnlichkeit dieser unerwarteten Berührung traf mich bis in die Wurzeln meines Geschlechts, und ich schloß unwillkürlich die Augen, während meine Arme meine eigenen, mit Tweed bekleideten Schultern umschlangen. Die Umarmung bereitete mir einen solchen Genuß, daß es mir fast die Sinne raubte.

Als meine Augen sich öffneten, war ich zu meinem eigenen Spiegelbild geworden. Ich war durch den Spiegel gegangen und stand nun auf einem kleinen, mit Goldbronze bemalten Stuhl mit einem Sitz aus Rohrgeflecht, die Lippen auf eine undurchdringliche, von meinem Atem feuchte und von meiner Spucke nasse Glasscheibe gepreßt.

Anna schrie: »Hurra!« Sie ließ das Gewehr fallen und klatschte in die Hände, während ihre Tante mich, immer noch emsig strickend, anzüglich anlächelte.

»So«, sagte sie. »Herzlich willkommen. Dieses Zimmer ist das Haus auf halbem Weg zwischen hier und dort, zwischen dies und das, denn, du verstehst schon, ich bin ja so zweideutig. Bleib noch eine Weile im Kraftfeld des Spiegels, bis du dich an alles gewöhnt hast.«

Als erstes fiel mir auf, daß das Licht schwarz war. Meine Augen brauchten eine Zeitlang, um sich an diese absolute Dunkelheit zu gewöhnen, denn obwohl das komplizierte System aus Hornhaut, Augenflüssigkeit, Linse, Glaskörper, Sehnerv und Netzhaut in dem Augenblick, als ich mit Hilfe des Spiegels mein Spiegelbild geboren hatte, seitenverkehrt geworden war, hatte sich meine Wahrnehmung nicht geändert. Zunächst sah ich also nur Dunkelheit durch das Glas, und alles außer ihren Gesichtern, die vertraut leuchteten, war verworren. Doch als mein Gehirn die Informationen, die meine durcheinandergewirbelten Sinne mir vermittelten, verarbeiten konnte, erblickten meine anderen Augen oder meine Antiaugen eine Welt aus phosphoreszierenden Farben, die wie mit Nadeln aus vielfarbigem Feuer auf die dimensionslose Dunkelheit gezeichnet war. Die Welt war immer noch dieselbe und doch vollkommen verändert. Wie soll ich sie beschreiben ... es war fast, als sei dieses Zimmer das Farbnegativ des anderen Zimmers. Es sei denn – wie sollte ich mir auch sicher sein, welche die ursprüngliche und welche die andere Welt war –, das andere Zimmer, das andere Haus, der andere Wald, den ich, wenn auch in veränderter Form, in dem anderen Spiegel draußen vor dem Fenster sah – es sei denn, alles, was das Farbnegativ des Raums war, in dem ich mich nun befand, war nichts weiter als eine Reflexion all der Zweideutigkeiten dieses Zimmers und nicht länger das Zimmer, das ich verlassen hatte. Die Luft, die ich ausatmete, war dieselbe Luft, die mein Spiegel-Antizwilling einatmete, der sich, so wie ich mich von ihm abwandte, von mir abwandte in die verzerrte oder auch reale Welt des Spiegelraums. Der endlose Schal oder das unendliche Netz kroch noch immer durch das Zimmer, jetzt jedoch in die entgegengesetzte Richtung, und Annas Tante strickte von links nach rechts anstatt von rechts nach links, mit Händen, die, wie ich bemerkte, einen rechten Handschuh über die linke und einen linken über die rechte Hand hätten ziehen können, denn sie war tatsächlich beidhändig.

Aber als ich zu Anna hinüberschaute, sah ich, daß sie immer noch genau dieselbe wie auf der anderen Seite des Spiegels war, und bemerkte, daß ihr Gesicht eins der sehr seltenen vollkommen symmetrischen Gesichter war. Jeder Zug war das exakte Äquivalent des anderen, so daß eins ihrer Profile als Schablone für das andere hätte dienen können. Ihr Schädel war wie nach einem Lehrsatz der Geometrie geformt. Unveränderlich wie Stein, endlich wie ein Syllogismus, war sie, egal, in welche Richtung sie sich wendete, nie von sich selbst zu unterscheiden.

Doch das unbeirrbar strickende androgyne Wesen hatte sein Gesicht ins Gegenteil verkehrt. Eine Hälfte seines Gesichts war immer männlich, die andere zweifellos weiblich; aber die beiden Hälften waren vertauscht worden, so daß alle Gesichtszüge und alle Linien und Falten das Gegenteil dessen waren, was sie gewesen waren, obwohl die eine Hälfte des Gesichts immer noch männlich und die andere immer noch weiblich war. Dennoch erweckte die Beschaffenheit des Unterschieds den Eindruck, als sei dieses veränderte und doch ähnliche Gesicht eine Kombination aus dem Spiegelbild der weiblichen und der männlichen Hälfte des Gesichts, die nicht auf dem Gesicht, das ich jenseits des Spiegels erblickt hatte, zu sehen gewesen waren. Es war die Reflexion einer Reflexion, wie eine immerwährende Regression, das selbstgenügsame Nirwana des Hermaphroditen. Sie war Teiresias, der die Gabe besaß, in die Zukunft zu schauen, egal, auf welcher Seite des Spiegels sie sich meinem Blick präsentierte; und sie strickte und strickte und strickte mit infernalischer, spießiger Gelassenheit.

Als ich mich von dem Spiegel abwandte, streckte Anna ihre linke oder rechte Hand nach mir aus, und obwohl ich mir sicher war, daß ich auf sie zuging, meine Füße mit absoluter Bestimmtheit hob und absetzte, entfernte Anna sich immer weiter von mir. Deshalb begann ich, entschlossen rückwärts zu gehen, und in weniger als einer Sekunde ergriff ihre harte, magere, sonnengebräunte Hand die meine.

Die Berührung ihrer Hand erfüllte mich mit einem Gefühl tiefer Einsamkeit.

Mit ihrer anderen Hand öffnete sie die Tür. Ich fürchtete mich schrecklich vor dieser Tür, denn das Zimmer mit dem Spiegel war alles, was ich kannte, und deshalb meine einzige Sicherheit in dieser unbekannten Welt, in der Anna, die mir nun ein unergründliches Lächeln schenkte, sich so geschickt bewegte, als würde sie selbst, die Sonnenwende in Person, an seltsamen Scharnieren zwischen diesem und dem anderen Ort hin- und herschwingen, ganz im Gegensatz zu ihrer Tante, die sich, da sie verkrüppelt war, nicht bewegen konnte, es sei denn, ihr Zustand permanenter Unbeweglichkeit bedeutete, daß sie sich zu schnell für meine Augen bewegte, mit einer Geschwindigkeit, die die Trägheit des Auges als Stillstand registrierte.

Doch als sich die an ihren Eisenscharnieren quietschende Tür öffnete, die weder in dieser noch in irgendeiner anderen Welt jemals geölt worden waren, sah ich nur die Treppe, über die Anna mich heraufgeführt hatte, über die sie mich nun hinunterführen würde, und den Schal, der sich immer noch bis in den Flur hinunterkräuselte. Die Luft war feucht, genau wie zuvor. Nur die Ausrichtung des Treppenschachts war leicht verändert, und das Licht setzte sich aus einem umgekehrten Spektrum zusammen.

Die strahlendweißen Strukturen der Spinnennetze waren solch feine Abwandlungen der Gewebe, die ich auf meinem Weg die Treppe herauf gesehen hatte, daß ich nur mit Hilfe der Erinnerung begriff, wie sich ihre geometrischen Formen verändert hatten. Wir schritten unter dem Lichtbogen hindurch und hinaus in die kühle Luft, die meinen verwirrten Verstand nicht erfrischen konnte, denn sie war so fest wie

Wasser, dicht und kompakt, von einer undurchdringlichen Beschaffenheit, die weder Klang noch Geruch übertrug. Es kostete die allergrößte körperliche Anstrengung und äußerste Konzentration, sich durch diese flüssige Stille zu bewegen, denn die Schwerkraft war jenseits des Spiegels keine Eigenschaft der Erde, sondern der Atmosphäre. Dann übte Anna, die mit den physikalischen Gesetzen dieser Welt vertraut war, mittels vorsätzlicher Auslösung eines Impulses einen negativen Druck auf mich aus, und zu meiner Verblüffung bewegte ich mich plötzlich, wie von einer starken Schubkraft angetrieben, über den Pfad auf das Tor zu, vorbei an Blumen, die aus dem schwarzen Himmel über uns unbeschreibliche Farben destillierten, Farben, die nur in einer umgekehrten Sprache existieren, die niemand verstehen würde, wenn ich sie spräche. Aber die Farben waren völlig unabhängig von den Formen der Pflanzen. Wie glühende Lichthöfe umgaben sie ihre Schirme aus Blütenblättern, die so dünn und gleichzeitig so hart waren wie die Schulterblätter eines Kaninchens, denn das Fleisch der Blumen war verkalkt und leblos; keine der Pflanzen in diesem Korallengarten war ein fühlendes Wesen. Alles war zu einer toten Unterwasserlandschaft erstarrt.

Und der schwarze Himmel besaß keine räumliche Dimension und erzeugte auch keine; er wölbte sich nicht über uns, sondern sah so aus, als klebte er hinter der schablonenhaften Silhouette des halbverfallenen Hauses, das nun hinter uns lag, ein Schiffswrack mit einer wundersamen Fracht, dem weiblichen Mann oder der männlichen Frau, die in sichtbarer Stille mit ihren Nadeln klapperte. Eine sichtbare Stille, ja; denn die dichtflüssige Atmosphäre übertrug Geräusche nicht als Klang, sondern als unregelmäßige, in ihre Substanz eingeätzte kinetische Abstraktionen, so daß der Gesang der Drossel in dem neuen Wald – einem düsteren, mineralischen Reich undurchdringlicher Finsternis – einem Punkt glich, der sich in einem Block schmelzenden Glases bewegte. Ich sah diese Klänge, weil meine Augen ein anderes Licht wahrnahmen als das, was meine Brust beschienen hatte, als mein Herz noch in der anderen Welt schlug, obwohl der Wald, durch dessen laterale Schwerkraft mich Anna nun dirigierte, derselbe war, in dem ich die Drossel zum erstenmal hatte singen hören. Und da es in dieser Welt keine adäquate Sprache gibt, kann ich nicht beschreiben, wie seltsam der antithetische Wald und der milde Junitag waren, denn beide waren zu einer systematischen Negation ihres Gegenteils geworden.

Auf eine gewisse verdrehte Weise muß Anna mich immer noch mit ihrem Gewehr bedroht haben, denn es war ihr Impuls, der mich vorwärts trieb; wir gingen, wie wir gekommen waren – aber Anna ging mir nun voraus, den Lauf ihres Gewehrs in das Nichts gedrückt, und der Hund, ihr Vertrauter, dieser Hund war schneeweiß, und seine Eier waren verschwunden; auf dieser Seite des Spiegels waren alle Rüden Hündinnen und umgekehrt.

In dem versteinerten Unterholz, das in lebhaften und doch unbenennbaren Farben leuchtete, sah ich wilden Knoblauch und Zwergholunder und die Butterblumen und Gänseblümchen als unbewegliche, eindimensionale Arabesken. Aber der süße Duft der wilden Rosen klang in meinen Ohren wie das Läuten von Windspielen; die Vibrationen der Gerüche echoten auf meinen Trommelfellen wie mein eigener Puls, denn obwohl sie zu einer Art Klang geworden waren, übertrugen sie sich nicht auf dieselbe Weise wie Töne. Ich konnte beim besten Willen nicht zwischen den beiden Welten unterscheiden, denn ich begriff, daß diese Welt gleichzeitig in Raum und Zeit existierte wie jener andere Wald – daß sie sozusagen die Polarisierung jenes anderen Waldes war, obwohl sie in keiner Weise der Reflexion des anderen Waldes oder dem Spiegelbild dieses Waldes ähnelte.

Je mehr sich meine Augen an die Dunkelheit gewöhnten, um so weniger schien die versteinerte Flora mit dem gemein zu haben, was ich kannte. Ich bemerkte, daß überall Muscheln herumlagen, ja, Muscheln, riesige, voluminöse und unbewohnte Muscheln, so daß es war, als gingen wir durch eine Unterwasserstadt. Die kühle, bleiche Farbe dieser gigantischen Muscheln schimmerte geisterhaft in ihrer Andersartigkeit, und sie waren aufeinandergehäuft und getürmt, wie um die Waldlandschaft zu parodieren, wenn die Bäume nicht die Parodie waren; alle waren verkehrt herum gewunden, alle besaßen dieses unheimliche Gewicht, die übernatürliche Resonanz der Muschel, die mich verführt hatte, und Anna erklärte mir in einer klanglosen Sprache, die ich sofort verstand, der transformierte Wald, der jetzt fruchtbar war und nur Metamorphosen hervorbrachte – denn wie konnte es anders sein –, sei das Meer der Fruchtbarkeit. Der Geruch ihrer Gewalttätigkeit machte mich taub.

Dann begann sie wieder zu singen; ich sah das lautlose, dunkle Feuer wie Walhalla in der *Götterdämmerung* brennen. Sie sang einen Scheiterhaufen, den Schwanengesang, den Tod selbst, und mit einer unwirschen Geste ihres Gewehrs zwang sie mich auf die Knie, und die Hündin stand über mir, während Anna mir die Kleider vom Leib riß. Die Serenade glühte um uns herum, und ich war dem Gewicht der Luft, die wie ein Sargdeckel auf mir lastete, und der Dickflüssigkeit der Atmosphäre so hilflos ausgeliefert, daß ich nichts tun konnte, um mich zu verteidigen, selbst wenn ich gewußt hätte, wie, und schon bald lag ich armes, gekrümmtes Geschöpf mit der Hose um die Knie auf einer Muschelbank ausgestreckt. Sie lächelte, aber ich konnte nicht erkennen, was das Lächeln zu bedeuten hatte; auf dieser Seite des Spiegels bot ein Lächeln nicht den geringsten Hinweis auf eine Absicht oder ein Gefühl, und ich glaubte nicht, daß sie vorhatte, mir etwas Gutes zu tun, als sie ihren groben Ledergürtel öffnete und aus ihren Jeans stieg.

Wie mit Messern teilte sie die Luft mit den Armen und warf sich auf mich wie ein Wurfring auf einen Pflock. Ich schrie; die Töne meines Schreis tanzten in der Luft wie Pingpongbälle auf einer Wasserfontäne auf einem Jahrmarkt. Sie vergewaltigte mich; vielleicht verlieh ihr das Gewehr in dieser Welt das Recht dazu.

Ich schrie und fluchte, aber in der Muschelgrotte, in der sie mich schändete, gab es keinen Widerhall, und alles, was ich ausstieß, waren kleine Tröpfchen Licht. Die Gewalt, die sie mir antat, verursachte mir abscheuliche körperliche und geistige Schmerzen. Unter der Heimsuchung durch ihr aggressives Fleisch strömte meine Existenz aus mir heraus. Mein Ich verging vor Qual, während sie mit ihren schlanken Lenden auf mich herabstieß, als wäre sie ein Hammer, der mich so lange schmiedete, bis eine andere Substanz als Fleisch und Geist aus mir wurde. Ich kannte den schrecklichen Genuß des Preisgegebenseins; sie hatte meinen Scheiterhaufen angezündet und würde mich jetzt töten. Vor Wut schlug ich mit meinen hilflosen Fäusten in die Luft hinter meinem Kopf, während sie unermüdlich mein Geschlechtsteil bearbeitete, und zu meiner Überraschung sah ich, wie ihr Gesicht sich verfinsterte und wie blaue Flecken darauf entstanden, obwohl meine Hände nicht in ihre Nähe kamen. Sie war ein tapferes Mädchen; sie fickte nur noch heftiger, denn sie war kompromißlos und glich nun den Seldschuken, die Konstantinopel plünderten. Ich wußte, daß es keine Hoffnung für mich gab, wenn ich nicht sofort handelte.

Ihr Gewehr stand an die Muscheln neben mir gelehnt. Ich streckte meinen Arm in die entgegengesetzte Richtung aus und ergriff es. Während sie immer noch auf mir saß, schoß ich in den schwarzen Himmel. Die Kugel riß ein sauberes, rundes, leeres Loch in das platte Himmelsdach, aber kein Licht, kein Geräusch drang heraus; ich hatte ein Loch ohne Eigenschaften gemacht, aber Anna stieß einen Schrei aus, der eine gezackte Schramme in die Luft über dem Wald riß. Sie stürzte nach hinten und zuckte ein wenig. Die Hündin knurrte mich an, ein gräßlicher Anblick, und wollte mir an die Kehle gehen, doch ich erschoß sie auf die gleiche, negative Weise, und nun, da ich frei war, mußte ich nur zu dem Spiegel und in die rechte Seite der Welt zurückfinden. Das Gewehr behielt ich jedoch, weil ich die Wächterin des Spiegels fürchtete, fest im Griff, indem ich es lose in die Hand nahm.

Um zu dem Haus zurückzukehren, machte ich mich von der Muschelgrotte, wo Anna lag, in entgegengesetzter Richtung auf den Weg. Ich muß in ein spiegelverkehrtes Zeitloch gefallen sein, oder ich war auf ein physikalisches Gesetz gestoßen, das ich mir nicht erklären konnte, denn der Wald löste sich auf, als hätte das Blut, das aus Annas Adern rann, seine versteinerte Substanz aufgelöst, und noch bevor ihre Säfte an meinem Schwanz getrocknet waren, fand ich mich vor dem zerfallenden Tor wieder. Ich blieb stehen, um meinen Hosenstall zu schließen, bevor ich durch die Tür trat; ich mußte meine Arme wie Scheren einsetzen, um durch die dichte Atmosphäre zu schneiden, denn sie wurde immer dickflüssiger und weniger greifbar. Meine Wut war so groß, und ich fühlte mich von diesen beiden mythischen und monströsen Wesen so sehr mißbraucht, daß ich noch nicht einmal die Glocke läutete.

Das Strickwerk kringelte sich immer noch die Treppe hinunter, ganz wie ich erwartet hatte, und im nächsten Augenblick sah ich das Stakkato der Stricknadeln.

Sie, er, es, Teiresias lamentierte, obwohl sie unerbittlich weiterstrickte, über eine ganze Reihe fallen gelassener Maschen und versuchte, den Schaden, so gut sie konnte, zu beheben. Ihr Gejammer erfüllte den Raum wie eine Walpurgisnacht mit verrückten Gestalten, und als sie sah, daß ich allein war, warf sie den Kopf zurück und heulte laut auf. In dieser Dekompressionskammer zwischen dem Hier und Dort hörte ich eine kristallklare Stimme einen wortlosen, anklagenden Gesang anstimmen.

»Oh, meine Anna, was hast du mit meiner Anna gemacht –?«

»Ich habe sie erschossen«, rief ich. »Mit ihrer eigenen Waffe.«

»Vergewaltigung! Sie ist vergewaltigt worden!« schrie die Androgyne, als ich den vergoldeten Stuhl vor den Spiegel schob und hinaufkletterte. In den silbernen Tiefen vor mir sah ich das neue Gesicht eines Mörders, das ich hinter dem Spiegel aufgesetzt hatte.

Die Androgyne, die immer noch strickte, stieß sich mit den nackten Füßen am Boden ab und kämpfte sich mit ihrem Rollstuhl über den sich überall um sie herumschlängelnden Schal hinweg auf mich zu, um mich anzugreifen. Der Rollstuhl kollidierte mit dem Stuhl, auf dem ich stand, und sie richtete sich, so weit sie konnte, auf und begann, mit ihren zarten Fäusten auf mich einzuschlagen. Aber weil sie nicht aufhörte zu stricken, konnte sie mir keinen Widerstand entgegensetzen, als ich ihr mit meiner ungeschickten Faust ins Gesicht schlug. Ich brach ihr die Nase, und leuchtendrotes Blut schoß hervor. Als sie aufschrie und ihr Strickzeug fallen ließ, wandte ich mich dem Spiegel zu.

Sie ließ ihr Strickzeug fallen, als ich durch das Glas brach,
durch das Glas, Glassplitter um mich herum zerschnitten mir unbarmherzig das Gesicht
durch das Glas, Glas splitterte,
durch das Glas –
halb hindurch.

Dann setzte das Glas sich wieder zusammen wie eine geschickte Hure und spie mich aus. Das Glas stieß mich ab; es fügte sich selbst zusammen, bis es nichts war als geheimnisvoll reflektierende Undurchsichtigkeit. Es wurde zu einem Spiegel, und es war undurchdringlich.

Verblüfft stolperte ich rückwärts. In Teiresias' Wohnschlafzimmer herrschte nichts als tiefe Stille, und nichts regte sich; die Zeit mochte stillgestanden haben. Teiresias hielt sich die leeren Hände vors Gesicht, das unwiderruflich verändert war; jedes hatte sich in zwei Hälften gespalten, und ihre Stricknadeln lagen auf dem Boden. Dann begann sie zu schluchzen und warf die Arme in einer wilden, hilflosen Geste in die Luft. Blut und Tränen rannen über ihr Gewand, doch dann brach sie in ein klägliches, hoffnungsloses Lachen aus, obwohl die Zeit wieder eingesetzt haben mußte, die nun mit solch zerstörerischer Geschwindigkeit fortschritt, daß dieses alterslose Wesen vor meinen Augen dahinwelkte – und von einem plötzlichen Frost befallen wurde. Runzeln bildeten sich auf ihrer bleichen Stirn, während ihr das Haar in riesigen Büscheln vom Kopf fiel; ihr Negligé verfärbte sich braun und löste sich auf und entblößte all das Fleisch, das an ihren Knochen erschlaffte. Sie war eine Ruine der Zeit. Sie faßte sich an den Hals und rang nach Luft. Vielleicht lag sie im Sterben. Der Schal wehte davon wie totes Laub im Wind, der aus dem Nichts aufgekommen war und durch das Zimmer fegte, obwohl die Fenster fest verschlossen waren. Doch Teiresias sprach zu mir; noch einmal sprach sie zu mir.

»Die Nabelschnur ist durchtrennt«, sagte sie. »Der Faden ist gerissen. Hast du nicht erkannt, wer ich war? Daß ich die Synthese in Person war? Denn ich konnte mich in jede Richtung bewegen, in die die Welt sich dreht, und darum habe ich These und Antithese zusammengestrickt, diese Welt und jene Welt. Über dem Laub und unter dem Laub. Der Zusammenhalt ist dahin. Oh!«

Und dann sank sie zu Boden, die glatzköpfige alte Vettel, auf einem Haufen aufgeriffelter grauer Wolle, während die mit Goldbronze bemalten Möbel auseinanderbrachen und die Tapete von den Wänden blätterte. Aber ich war hochmütig; ich war unbesiegt. Hatte ich sie etwa nicht getötet? Stolz wie ein Mann trat ich noch einmal vor den Spiegel, um mein Abbild zu betrachten. Voller Selbstvertrauen streckte ich meine Arme aus, um mich selbst zu umarmen, mein Anti-Ich, mein Nicht-Ich-Ich, meinen Mörder, meinen Tod, den Tod der Welt.

Paul Magrs

Nackt zum Mond

Liz war die perfekte Beifahrerin. Sie selbst fuhr nie, obwohl sie es gelernt hatte. Sie überließ es Cliff und gab auch keine Vorschläge oder Kommentare ab. Als er ihr am Tag ihrer Ankunft in den Bergen die Karte in die Hand drückte, schaute sie darauf: es war wie eine fremde Sprache. Er wollte, daß sie die Reiseroute austüftelte, doch sie sah ihn nur verständnislos an. Auf so etwas achtete sie nicht.

»Fahr einfach«, sagte sie. »Immer nach Norden.«

Das war zwei Monate, nachdem sie von zu Hause fortgegangen waren. Immer noch hatten sie nur das eine Ziel: wegzukommen. Liz konzentrierte sich darauf, nicht zurückzublicken, Bonbons zu verteilen, Zigaretten anzuzünden und die Kassetten umzudrehen. Einundvierzig, dachte sie, und immer noch laufe ich von zu Hause weg.

Auf einem Parkplatz in den Bergen nutzte sie die Fahrtpause, um ihr Make-up in Ordnung zu bringen. Während sie vor dem Rückspiegel grauen Lidschatten auftrug, konnte sie das Tal überblicken, durch das sie gefahren waren. Es schien ihr, als könnte sie den ganzen Weg bis zurück nach Aycliffe sehen, bis hin zu der Sozialwohnung in dem gelben Mietshaus und ihrer jugendlichen Tochter, die sie zurückgelassen hatte.

Sie sah ihren Geliebten Cliff in einer Ecke des Parkplatzes stehen und mit Steinen auf einen Felsspalt zielen. Das schwarze Haar vom Wind zerzaust, die Hemdsärmel hochgekrempelt. Sie hoffte, daß sich niemand da unten befand. Manchmal war er wirklich unvernünftig. Er war es, der sie gebeten hatte, auf diese Art mit ihm fortzugehen. Das war beim Essen im *Rund-um-die-Welt*-Restaurant, das sich unter der durchscheinenden Kuppel im Metro-Center befand. Zuerst hatte sie ihm ins Gesicht gelacht. »Ich kann doch nicht mit einem Busfahrer durchbrennen!«

»Warum nicht?«

»Ich habe ein Kind, um das ich mich kümmern muß!«

»Sie ist siebzehn. Sie kann auf sich selbst aufpassen.« Er langte über den Tisch und nahm ihre Hände in die seinen. Sie merkte, wie er mit den Beinen die vollgepackten Tragetaschen unter dem Tisch beiseite schob. Seine Knie drückten sich gegen ihre. »Du mußt mit mir weggehen«, sagte der Busfahrer ernst, und das war so lächerlich, daß Liz nachgeben mußte. Sie wollte herausfinden, ob sie wirklich einfach so ihr Leben hinter sich lassen konnte. Und jetzt war sie hier. Auf einem Berg, mitten im Januar, und der Nebel um sie herum war vom gleichen Taubengrau wie ihr Lidschatten.

Aber Cliff hatte für sie sogar einen Bus entwendet. Den Bus, mit dem er normalerweise sinnlose, verschlungene Runden in Aycliffe und Darlington drehte. Eines Tages im November hatte er sich und seine Geliebte losgeeist.

Ich habe ihn gar nicht gefragt, ob das der höchste Punkt war, zu dem wir gekommen sind. Ich denke schon. Er hat mich auf den Mond aufmerksam gemacht, und darauf, wie wir ihn im Osten aufgehen sehen konnten. Ich sagte, daß ich noch nie einen so schwarzen Himmel gesehen hätte. »Schau dir die Seen an«, meinte er. Wir waren extra diesen ganzen langen Weg gefahren, um die Lochs zu sehen, und jetzt war es zu dunkel. Es gab kleine schwimmende Inseln auf ihnen, Grasbüschel, die sich in der Seemitte ineinander verheddert hatten. Ich sagte: »Wie Teller mit Eintopf und Klößchen, genau so sehen sie in der Dunkelheit aus.« Cliff lachte nicht. Ich glaube, im Innern ist er ein richtiger Naturbursche. Er kommt aus Yorkshire und nimmt alles, was mit der Natur zu tun hat, sehr ernst. Ich dagegen … Ich kann ebensogut ohne sie auskommen. Als wir dann über die Bergkämme fuhren, wollte ich einfach schlafen. Auch einen noch so gelben Mond kann man nur eine gewisse Zeit lang anstarren.

Neben einem schwarz aufragenden, nahezu symmetrisch dreieckigen Berggipfel fanden wir ein Hotel. Cliff war früher schon einmal hier gewesen, zum Skifahren. Er ist sehr sportlich. Ich kann Sport nicht ausstehen. Für heute nacht reicht das, meinte er. Wir könnten in der Bar ordentlich zu Abend essen. Ich verzog das Gesicht, denn das bedeutete, daß wir in Gesellschaft der Einheimischen Scampi futtern würden. Und anschließend dann wahrscheinlich Karaoke. Wir könnten die Hochzeitssuite nehmen, fügte er hinzu, als wir ausstiegen. Sie läge genau über der Bar, sei sehr luxuriös. Natürlich, die Hochzeitssuite. Als wir die Empfangshalle betraten, sagte ich: »Immer mit der Ruhe, Herzchen.«

Aber ich mag es, wenn er die Dinge in die Hand nimmt. Obwohl ich mich alt genug fühle, um seine Mutter zu sein, kümmert Cliff sich um alles: um die Reise, um mein Leben. Komisch, daß ich das zulasse.

Die Eingangshalle war leer und roch muffig. Ausgestopfte Fischotter. Glasschalen von der Art, wie jeder sie heutzutage hat, voll mit getrockneten Blumen, mit Obst und Muscheln. Die kriegt man bei Ikea. Bevor ich weggelaufen bin, hatte ich vor, einige bei uns im Flur aufzustellen und sie mit allem möglichen zu füllen.

Gestern abend haben wir im Auto gegessen, während der Nebel vom Meer oder von einem See oder sonst etwas aufstieg. Ich weiß nicht genau, was es war, oder wie nahe wir dem Meer waren. Ich habe jeglichen Orientierungssinn verloren.

Wir hatten uns etwas zum Mitnehmen bei dem einzigen Inder in Oban besorgt. Cliff protzte mit dem Geld. »Ich bezahle«, pflegt er zu sagen. In Kendal hat er den alten Wagen sogar bar bezahlt. Und wir gehen jeden Abend zum Essen. Der Inder war nicht billig. Ein Restaurant mit nur zwei Tischen. Zwei sehr junge Paare, die ein Jubiläum feierten. »Sonst ist hier sicher weniger los«, flüsterte Cliff.

Während wir auf unser Essen warteten, gingen wir über die Hauptstraße und betraten den mit Wasser vollgesogenen Grasstreifen, der sich von der Stadt bis hinunter zum Meer erstreckt. Ich hatte Stöckelschuhe an und sank sofort ein. Der Schlamm kroch zwischen meine Zehen. Cliff lachte mich aus, ich kreischte. Ich hatte höchstens drei Paar Strumpfhosen dabei. Hinter uns auf der Straße lachten auch noch drei oder vier Jungs, während wir durch den Sumpf zurückwateten. Ist wahrscheinlich die einzige Abwechslung für die Jugend hier, dachte ich. An der Straße stehen und Fremde angaffen. Schlimmer als in Aycliffe. »Was glotzt ihr denn so?« schnauzte ich, als wir zu dem Inder zurückgingen. Sie schauten sich an, als ob ich von einem anderen Stern wäre.

Zu dem Zeitpunkt war ich schon so hungrig, daß mir meine schmutzigen Füße ganz egal waren. Cliff würde später meine Schuhe saubermachen müssen. Es war seine Schuld.

Wir holten das Essen und fuhren zu einer malerischen Stelle am anderen Ende der Bucht, während es dämmerte. Wir schauen uns Sehenswürdigkeiten immer im Dunkeln an.

Ich benutzte seinen Autoatlas als Unterlage. Deshalb kam es später zum Krach. Es war zu dunkel im Auto, um es zu merken, aber das braune Fett von meinem Lammgericht tropfte wohl langsam über den flachen Rand der Schale aus Stanniolpapier. Es kleckerte auf die Karten, Seite für Seite, färbte sie orange und – was noch viel schlimmer war –

machte den ganzen Norden unsichtbar. Aber es war auch eine verzwickte Angelegenheit, mit einem Plastiklöffel zu essen und gleichzeitig die Aussicht zu genießen. Die Lichter auf der anderen Seite der Bucht. Die erleuchteten Frühstückspensionen. Es kam mir so vor, als müßte ich alles und jedes bewundern, wofür Cliff anhielt. Er hatte seinen Fotoapparat dabei. Jedesmal sagte er: »Los, Liz. Stell dich da hin, stell dich ins Bild.« So als ob die Tatsache, daß er einen ganzen Film mit Bildern von mir hat, beweisen würde, daß wir zusammen sind. Wenn ein Film voll war, ging er sofort ins nächstbeste Geschäft und ließ ihn in einer Stunde entwickeln. Ich und immer wieder ich, vor atemberaubenden Kulissen.

»Aber ich bin doch gar nicht richtig angezogen«, lamentierte ich jedesmal und löste dann umständlich meinen Sicherheitsgurt.

»Doch, bist du«, versicherte er mir, während er die Belichtungszeit einstellte.

Und natürlich war ich richtig für das Foto angezogen. Das bin ich immer.

Alle sehen bestürzt aus, als ich die Bar des Hotels am Moor betrete. Ich habe meinen Auftritt, von Kopf bis Fuß in glänzendes Gold gehüllt. In solchen Momenten bin ich am glücklichsten, dann fällt es mir am leichtesten, mich öffentlich zu zeigen. Theatralisch mit Juwelen behangen, auf goldfarbenen Absätzen und in einem Goldlamé-Kleid vom Hals bis zu den Knöcheln ... *wie angegossen,* würde man wohl sagen. In einem Kleid zum Abendessen zu gehen, in dem ich nicht mal sitzen kann.

Ich hocke mich auf den Rand eines roten Barhockers. Ich zünde schwarze Sobranies für mich und Cliff an, während er Wodka für uns bestellt. Die Stammgäste wenden sich wieder ihrem Dart-Spiel zu, der andere Barmann seiner Zeitschrift mit dem Kabel- und Satellitenprogramm.

Cliff sagt, daß alles in Ordnung ist. Es gibt hier auch ein Restaurant. Wir können also durchgehen und zu Abend essen, wie es sich gehört. Manchmal redet er mit mir, als wäre ich Prinzessin Anne.

In der Hochzeitssuite über der Hotelbar. Eine weinrote Samttapete und ein Mini-Kronleuchter. »Wie in einem Western«, sagte Liz und verdrehte ihren Rücken, damit er den Reißverschluß finden konnte. Wie in *Der große Bluff*. Sie stellte sich vor, wie sie in einem Korsett und mit einer Federboa um die Schultern aussehen würde.

Er schob die Haare aus ihrem Nacken. Neuerdings sagte Cliff nicht mehr viel, wenn sie ins Bett gingen. Zuerst war er redselig gewesen, beinahe betont herzlich, und Liz fragte sich, ob er vielleicht dachte, daß sie so etwas mochte. Er war von Natur aus ruhiger als sie. Er hatte nichts dagegen, wenn im Auto das Gespräch einschlief. Er konnte sich völlig ins Fahren vertiefen, er liebte es zu fahren. Ihr wurde bewußt, wie er schaltete, wie er in der Dunkelheit Scheinwerfer und Fernlicht einschaltete. Und das alles wohlüberlegt. Cliff war nie ziellos.

Der Reißverschluß surrte beim Öffnen und offenbarte dabei die harte, glänzende Struktur ihres Kleides. Sie versuchte, nichts mehr zu sagen. Cliffs lässiges Schweigen führte dazu, daß sie des Klangs der eigenen Stimme überdrüssig wurde. Eine neue Erfahrung für sie. Jetzt sagte sie nur noch »hier«, und drehte sich dann zu ihm, um sein Hemd aufzumachen. Sie spürte das dunkle Haar an ihrem Handrücken, und allein das erregte sie.

Er küßte sie erst auf den Hals und dann auf den Mund, mit ruckartigen, albernen Bewegungen. Immer und immer wieder, so als würde er eine weiche Frucht essen. Er brachte sie zum Lachen und dazu, ihm zu sagen, er solle damit aufhören. »Küß mich anständig!«

»Das ist doch anständig!« sagte er und fing wieder an, sie

mit kleinen Küssen zu bedecken. »Es ist deine Schuld, wenn ich noch ganz befangen werde!«

»Du und befangen!« Sie mußte lächeln, denn er war der unbefangenste Mann, den sie kannte. Wenn er nach dem Tanken zum Bezahlen ging, dann schlenderte er zur Kasse und hielt jedem, der vorbeigehen wollte, die Tür auf. Sie sah zu, wie er mit der Kassiererin redete, wie sie grundlos lachten. Er benahm sich so, als ob es ihm nichts ausmachte, von sich zu erzählen.

Wenn er dann wieder zum Auto kam, eine Cola, Pfefferminzbonbons und einen Becher Häagen-Dazs-Eiscreme aus dem Tiefkühlfach in der Hand, dann klemmte noch die Zigarette zwischen seinen Lippen. Niemand befahl ihm, sie auszumachen. Weil es ihn nicht störte, schien es auch niemand anderen zu stören.

»Du machst dir zu viele Sorgen«, sagte er zu ihr. »Davon kriegst du noch ein Magengeschwür.«

»Ein Magengeschwür?« sagte sie. Sie stellte sich vor, daß ihre Magenschleimhaut von blassen, weißen Punkten übersät war – wie Pailletten, die sich zur Abwechslung mal auf der Innenseite befanden.

Mal sehen, wo das alles noch hinführt. Warum bloß geraten manche Menschen in solch eine Aufregung? Sie entdecken eine Abzweigung wie diese, und weg sind sie. Sie stürzen sich einfach ins Blaue.

So etwas ließ Liz kalt. Sie hatte nie viel Forschergeist besessen. Wenn ich mich an das Einfache, Geradlinige halten kann, sagt sie, brauche ich auch nicht herumzuziehen. Ich lege Wert darauf zu wissen, was was ist. Ein prosaisches, schlichtes Gemüt – das wolle sie sein. Geradeheraus.

»Sei nicht so spöttisch.«

»Bin ich doch gar nicht«, lacht Cliff, und das stimmt auch. Er findet es nur lustig, daß Liz gerne von sich denkt, sie wäre so normal. Das amüsiert ihn.

Er sieht die Abzweigung, die nirgendwohin zu führen scheint. Er will mit ihr zusammen diese »kurvenreiche Strecke« entlangjagen, die bis ins Tal hinein voll »unübersichtlicher Gefahrenstellen« ist.

»Das trifft genau auf mein Leben zu«, seufzt Liz, als sie losfahren. An jeder unübersichtlichen Gefahrenstelle hupt Cliff. Das gibt ihrer Fahrt einen etwas unheimlichen Rhythmus. Elf Meilen hinein ins Nirgendwo. Und dann hört die Straße unvermittelt auf, so als ob dem Straßenplaner plötzlich die Tinte ausgegangen wäre, neben einem See von der Farbe alten Kupfers.

Als sie aussteigen, sagt Cliff: »Dieser Berg sieht aus wie zwei Pobacken.« Er sieht immer in allem eine Form. Liz führt es darauf zurück, daß er in den Moorlandschaften von Yorkshire großgeworden ist, die ohne jede Abwechslung sind. Der Gute. Sie sieht sich den Berg an.

»Also wirklich, du siehst überall Ärsche.« Sie prustet vor Lachen. Er findet, daß sie dabei wie ein Pferd aussieht. Sie schaut sich um. Alles, was sie sieht, ist ein baufälliges Bootshaus direkt am Wasser. »Deswegen sind wir den ganzen Weg gefahren? Wegen einem ausgebrannten kleinen Häuschen?«

»Ich dachte, vielleicht gibt es hier mehr zu sehen«, sagt er und klettert über die zerborstenen Schieferplatten und den Granit, auf der Suche nach einer Stelle zum Pinkeln. »Man weiß doch nie, was man findet, solange man nicht nachschaut.«

In Liz' Augen sieht das Bootshaus wie ein Ort aus, an den ein Wahnsinniger mit einem Lieferwagen voller Menschen, die er in seine Gewalt gebracht hat, fahren würde. Monate später würde man die zerstückelten Leichen finden. Das hier ist eine Landschaft wie geschaffen für Wahnsinnige.

Letztendlich gleichen sich doch alle Orte. Eines Abends, als sie sich vorgenommen hatten, noch hundert Meilen vor dem Schlafen zu fahren, sagte Liz: »Halt mal bei einem Telefon.«

Sie wollte ihre Tochter anrufen. Manchmal war sie eben impulsiv.

Sie hielten in einem Dorf, und Liz schlüpfte aus dem Wagen in die Telefonzelle. Cliff beobachtete sie, wie sie in dieser Säule aus Licht telefonierte. Sie sah zu den erleuchteten Häusern hinüber, zu den Lichtreklamen der Pubs und der geschlossenen Geschäfte. Liz dachte: Hier leben Menschen, an einem Ort, in den ich vielleicht nie wieder komme. Menschen, die ich nie treffen werde. Es verwirrte sie, einfach so hereinzuplatzen und ihr Telefon zu benutzen, auch wenn es sich dabei nur um einen öffentlichen Fernsprecher handelte.

Schon letzte Nacht im Bett war ihr ein ähnlicher Gedanke gekommen. Sie grübelte über all die Betten nach, in denen sie nur einmal mit Cliff geschlafen hatte. Das war irgendwie rücksichtslos von ihnen. Ihr kam es so vor, als ob sie angestrengt versuchten, den Reiz des Neuen aufrechtzuerhalten, Bettdecke für Bettdecke, und nie war es zweimal hintereinander dieselbe.

Liz' Tochter klang an diesem Abend am Telefon recht überrascht. Zu Hause hätte sich nichts verändert. »Sie kann so mürrisch sein«, seufzte Liz, als sie abfuhren und das Dorf hinter sich ließen.

Cliff kannte sie zu gut, um etwas zu erwidern. Er drehte so lange am Radio, bis er einen Sender fand, auf dem gerade eine Wunschsendung für über Neunzigjährige lief. Orgelmusik aus den Zwanzigern. Dann das alte Lied *The Sun Has Got His Hat On*. Nach einer Weile sangen sie beide mit.

Eine Morgens, als sie einmal mehr eine dieser Frühstückspensionen verließen, sagte Liz, daß man es schnell leid werden könnte, kein eigenes Zuhause zu haben.

»In anderer Leute Häuser kann man sich einfach nicht ausruhen. Nicht richtig. Ich bin da immer angespannt.«

Cliff steuerte den Wagen durch die scharfen Zickzackkurven zurück zur Hauptstraße. Er stieß hervor: »Wann bist du denn mal nicht angespannt?«

Sie schürzte die Lippen und beschloß, ihm nichts über heute morgen zu erzählen. Er fand, daß es seltsam von der Besitzerin der Pension war, sie allein wegfahren zu lassen. Als sie sie bat, den Scheck einfach auf dem Frühstückstisch zu lassen, staunte er über ihr Vertrauen.

Die Frau hatte gesagt: »Ich muß mich beeilen. Um zehn fängt mein Nähkurs an. Wie dumm von mir, das zu vergessen!« Aufgeregt eilte sie nach draußen, Liz und Cliff konnten hören, wie sie in der Einfahrt den Motor aufheulen ließ. Sie starrten auf den Tisch. Cliff sagte: »Ich hoffe, ich habe sie nicht zugeparkt.« Aber das hatte er nicht, und sie verfolgten durch das Fenster, wie sie davonraste.

Wer hat denn einen Nähkurs um zehn Uhr morgens? dachte Liz. Aber sie sagte nichts.

Sie hatten das Haus gestern abend im Dunkeln entdeckt. Es hatte ein schönes Panoramafenster zur Bucht hin. Sie konnten die Frau an ihrem Schreibtisch sitzen sehen, unter einer Lampe mit grünem Schirm, wo sie die Buchhaltung erledigte. Sie trug eine Jacke mit Hahnentrittmuster und dazu eine weiße Bluse mit Rüschenkragen. Alle Häuser hier boten Bed&Breakfast an, sagte Cliff. Und im Sommer machten sie einen ordentlichen Profit mit dem Durchreiseverkehr. Dazu gehören wir auch, dachte Liz trübsinnig, zum Durchreiseverkehr.

Vor einigen Jahren hatte Cliff auf dieser Halbinsel gelebt, er hatte auf dem Landgut von irgend jemandem gearbeitet. »Das ist eine so kleine Gemeinde, da schaut jeder auf jeden. Ich wüßte zu gern, ob sie mich noch erkennen.« Bis jetzt war das noch nicht der Fall. Es erstaunte Liz, daß er soviel Wert darauf legte, von den Leuten wiedererkannt zu werden – an der Tankstelle, auf der Post, bei dieser Frau hier. Zu Hause, in Aycliffe, kannte jeder Cliff vom Sehen, weil er immer im

Bus saß. Es war ihm leichtgefallen, die Aufmerksamkeit der Frauen, die Liz kannte, zu erregen. Sie war sich sicher, daß sie immer noch von ihm sprachen, selbst jetzt noch. Was hatten die Leute hier Besonderes an sich?

Als diese Frau sie in ihr Haus ließ – das innen alles andere als etwas Besonderes war –, fand Liz sie herablassend. Sofort fühlte sie sich gereizt. Die B&B-Besitzerin musterte sie von oben bis unten, als ob sie dachte, Liz wäre für eine Reise im Auto zu aufgedonnert. Liz kam sich wie eine Verrückte vor, oder wie jemand, der entführt worden war.

»Sie können ein Zimmer mit Doppelbett oder eins mit zwei Betten haben.«

»Doppelbett«, sagte Cliff mit einem Lächeln. Liz steuerte auf die Tür mit dem Schild »Badezimmer« zu.

Die Besitzerin rief ihr nach: »Hier ist es üblich, das ›Besetzt‹-Schild an der Tür umzudrehen, wenn man ins Bad geht. So wissen alle Bescheid. Und beim Rausgehen bitte das Fenster aufmachen, zum Lüften, ja?«

Liz lächelte und knallte die Tür hinter sich zu.

Cliff brachte alle ihre Sachen in das Doppelzimmer. Das Bett war sehr hoch. Er saß darauf, als Liz zurückkam. »Alles in Ordnung?«

Sie verdrehte die Augen. Er ging ins Wohnzimmer, um ein bißchen Small talk zu betreiben.

Liz warf einen Blick auf das Bücherregal über dem Bett. Sämtliche Werke von Thrillerautor Dick Francis und sieben Jahrgänge von *Reader's Digest*. Sie griff nach einem Buch und setzte sich auf die zwei bereitgelegten Handtücher, ein rosafarbenes und ein blaues. *Oben auf dem Gletscher.* Sie sollte vielleicht ihre Sachen für die Nacht herausholen. Sie konnte Cliff etwas murmeln hören, er erkundigte sich nach den Leuten in der Gegend. Schließlich erkannte ihn die Besitzerin doch noch. Sie erwähnte, wieviel Todesfälle es letztes Jahr doch gegeben habe. Es lag am Wetter, daß die Alten reihenweise starben. Die Zwillinge von irgend jemandem hatten einen Autounfall gehabt. Die Straßen waren in einem furchtbaren Zustand. Einer der Zwillinge war gestorben, und Cliff sagte, daß es derjenige gewesen sei, mit dem er sich gut verstanden hatte.

Liz zog ein schwarzes Kleid an. Nicht zu auffällig. Dann ging sie auch nach nebenan.

»Möchten Sie Tee oder einen Whisky, bevor Sie fahren?«

Cliff antwortete, daß sie unten im Dorf etwas trinken wollten, so konnte er Liz zeigen, wo er ein Jahr lang rumgehangen hatte.

Die Besitzerin fügte hinzu: »Ich trinke normalerweise nicht allein Whisky, wissen Sie.« Sie schwenkte ihr Weinglas, das randvoll mit einer goldenen Flüssigkeit war. »Nur, wenn ich die Buchhaltung mache.« Sie kicherte.

»Haha!« Cliff lachte etwas zu betont, und Liz warf ihm einen Seitenblick zu.

Im Auto sagte Cliff: »Sie konnte sich überhaupt nicht an mich erinnern.« Er winkte zum Panoramafenster hinüber.

»Hätte sie denn sollen?«

»Sie kam früher immer, um für die alte Schachtel zu kochen, bei der ich gearbeitet habe. Ich erinnere mich, daß ich einmal in der Küche war, als sie einen Hummer ›auf die richtige Art‹ zubereiten mußte. Sie wurde richtiggehend gezwungen.«

Sie kamen auf die Hauptstraße. Liz hatte eigentlich keine Lust, etwas trinken zu gehen, aber sie wollte unbedingt weg aus der Pension. »Und was war die richtige Art?«

»Man halbiert ihn der Länge nach, wenn er noch lebt. Die Zangen werden mit Gummibändern umwickelt, sonst sind die Finger weg. Dann kommen die zwei Hälften auf den Grill, während sie noch zucken. Die alte Schachtel bestand darauf, und die Tussi vom B&B hat's gemacht.«

Während der ganzen Fahrt zum Dorf, durch die Dunkelheit – noch ein Pub, in das ich nie gehen werde, die Stammkneipe von irgendwem –, stellte sich Liz Cliff vor, der die

Besitzerin der Pension dabei beobachtete, wie sie die Zähne zusammenbiß und den Hummer in zwei saubere Hälften zerlegte, wobei das Messer knirschend durch die nasse Schale drang.

Sie schlief schlecht, obwohl die Luft doch so gesund war. Obwohl doch jeder hier betonte, wie friedlich es war. Sie lag wach und betrachtete Cliff, der immer schlief wie ein Stein. Liz hatte noch nicht mal etwas zu lesen.

Heute nacht hatten sie sich nicht geliebt. Sie wußten nicht, in welchem der Zimmer die Besitzerin schlief, ob sie in Hörweite war. Liz wußte genau, daß Cliff und sie laut waren. »Was soll's?« maulte er. »Schließlich bezahlen wir dreißig Pfund dafür!«

Liz seufzte. Mitten in der Nacht mußte sie aufs Klo. Cliff bewegte sich. »Du kennst mich doch«, sagte sie. »Ich habe halt eine schwache Blase.« Als sie von dem zu hohen Bett kletterte, war es ihr zu mühsam, in den Taschen nach ihrem Kimono oder etwas anderem zu wühlen, um sich zu bedecken. Sollte die Dunkelheit das Ihre tun. Also schlüpfte sie in Unterhosen auf den Flur hinaus.

Sie verharrte einen Moment, um sich an das Mondlicht zu gewöhnen. An der Wand hing ein Notizbrett mit einer Karte der ganzen Region und Plastikhüllen voller Broschüren zum Thema Wandern in der Natur. Man stelle sich nur mal vor, daß sich jemand solchen Kram ins eigene Haus holt. Es sollte hilfreich sein, aber Liz fand es einfach daneben. Wie Schule spielen. Eine Art Thermometer auf einer Pappe war neben der Karte befestigt, ein Entfernungsmesser, was immer das auch war. Es war dazu gedacht, daß man es aus der Hülle nahm, die gewünschten Strecken abrollte, die Entfernung ablas und es wieder reinsteckte. Alles auf dem Notizbrett sah aus, als seien Regeln damit verbunden.

Liz öffnete die Tür zum Badezimmer.

Da saß die Besitzerin. Auf der Toilette. In Pantoffeln, das

Nachthemd bis zur Hüfte hochgezogen. Sie hielt den Reader's Digest auf Armeslänge von sich.

Liz prallte schockiert zurück. Aber die Besitzerin sah noch viel schockierter aus. Sie saß wie erstarrt da.

Liz ohne Perücke. Und außer der Unterhose hatte sie nichts an.

Zuerst erkannte die Besitzerin ihren Gast einfach nicht. Sie sah einen nackten Eindringling. Einen dünnen, kleinen Mann in engen, schwarzen Unterhosen. Ohne ein einziges Haar am ganzen blassen Körper.

Dann trafen sich ihre Blicke, und die Besitzerin wußte, daß es sich um Liz handelte.

Alle beide hörten sie das eindeutige Geräusch, als die Besitzerin ihr nächtliches Geschäft beendete. Liz knallte die Tür zu und verschwand hastig in ihrem Zimmer, ihr Herz klopfte wie verrückt. Und als sie unter das schwere Federbett kroch, dachte sie nur: Diese Frau hat sich nicht an ihre eigenen Regeln gehalten. Das »Besetzt«-Schild war nicht umgedreht.

Deshalb verschwand die Besitzerin am nächsten Tag eiligst zu ihrem Nähkurs. Sie konnte mir nicht gegenübertreten, dachte Liz, seltsam befriedigt.

Sorgfältig machte sie sich an dem altmodischen Schminktisch zurecht. Unter allem und jedem lagen schrullige Häkeldeckchen, um das Holz zu schützen.

Als sie sich an den Frühstückstisch setzte, war alles schon bereitgestellt. Liz aß eine neue Sorte Kleie. Kleine, harte, braune Bällchen. Dann nahm sie sich Würstchen mit Arran-Senf. Cliff aß Blutwurstpastete, und sie stellte sich vor, wie sie ihn später küßte und dabei so tat, als ob er kein klebriges Schweineblut an den Zähnen hätte. Sie aß weiter, plötzlich wie ausgehungert.

»Wenn man schon bezahlt, muß man es auch voll auskosten«, sagte Cliff und grinste.

Alles war ordentlich vorbereitet. Ein Krug Milch, sogar

ein Tellerchen mit Salz und einem kleinen Silberlöffel. »Was ist das?«

Er seufzte. »Hast du etwa noch nie einen Salzlöffel gesehen?«

»Einen Salzlöffel?« höhnte sie und ließ ihn in der Jackentasche verschwinden. »Ich will jetzt gehen«, sagte sie und stand auf. Sie sah sich um. »Stell dir mal vor, dein Heim mit Fremden teilen zu müssen.«

Die Besitzerin hatte ihnen erklärt, daß sie so ziemlich jeden bei sich aufnahm. Sie hatte angeblich keine Vorurteile, obwohl sie mit Italienern schlechte Erfahrungen gemacht hatte. Die unterhielten sich so lautstark, und die Wände hier waren dünn wie Papier.

Liz sagte: »In meine nächste eigene Wohnung lasse ich keinen einzigen Fremden. Die ist nur für mich und für ein paar Auserwählte.«

»Was ist los mit dir?« fragte Cliff.

Liz zuckte die Schultern. »Manchmal ist mir halt nach Privateigentum.«

Hier hatten sie ihren ersten richtigen Krach. In einer Art Nationalpark voller Naturwunder. Es geschah nicht wirklich in der Öffentlichkeit, aber fast. Es waren noch andere Paare da, die über die schattigen, matschigen Wege wanderten, sie sahen alle wie Mitglieder des *National Trust* aus, der sich für Naturschutz und Denkmalpflege einsetzt. In Wanderschuhen, Infobroschüren in der Hand, liefen sie herum und machten einander auf Besonderheiten aufmerksam. Liz war es peinlich, daß sie ihr Geschrei hörten.

»Wir haben die zwei Pfund Eintrittsgebühr nicht bezahlt.« So hatte es angefangen, als Liz sich umdrehte und sah, wie die Leute hinter ihnen Münzen in einen Plexiglasbehälter am Eingang warfen.

Cliff knurrte: »Ich bezahle doch nicht dafür, daß ich durch irgendeinen alten Park latsche.«

»Das ist aber ein sehr gepflegter Park«, sagte Liz und hörte den Trotz in ihrer eigenen Stimme. Kleine nierenförmige Teiche waren auf den Rasenflächen angelegt worden, sie wimmelten von leuchtend-orangefarbenen Fischen mittlerer Größe. »Du würdest auch nicht wollen, daß jemand in deinen Bus steigt, ohne zu bezahlen.«

»Das ist was anderes.«

»So?«

Er schnaubte verächtlich, und sie gingen zu den Bäumen hinüber. »In Schottland ist sowieso alles anders«, sagte er. »In Schottland darf man überallhin. Das ist nicht so wie in England. Keiner kann dir befehlen, von seinem Land runterzugehen.«

»Das wußte ich nicht.«

»Hier ist man der Meinung, daß alles öffentlich zugänglich sein sollte.«

»Na, dann«, sagte Liz.

Im Wald roch es feucht. Es roch so, als ob man etwas im Kühlschrank gelassen hätte, das langsam vor sich hin faulte. Sie gingen vom Weg ab – o wie dumm! sagte Liz sich insgeheim und mußte an Rotkäppchen denken –, und Cliff lief voraus. Der mit Moos bedeckte Boden war elastisch, trügerisch, und Liz' Herz sank, als ihre Schuhe wieder einmal schmutzig wurden. »Immer schleppst du mich an so furchtbare Orte!« maulte sie. Sie sah auf seinen Rücken, während er sich durch die Bäume schlängelte und manchmal duckte. Diese schöne Rückenansicht erzürnte sie. »Was machen wir hier schon? Bäume anschauen!«

»Ich schaue gern Bäume an«, erwiderte er.

Sie gelangten an den Waldrand, wo der Boden steil abfiel. Plötzlich sahen sie das Meer. Cliff kickte mit einem Fuß nach den enormen, in die Luft ragenden Wurzeln eines umgestürzten Baumes. Sie waren völlig zerfetzt, wie nach einem furchtbaren Sturm. Abgeplatzte Stücke aus geschwärztem Holz und aus Baumrinde ragten wie widerliche Dornen in die Höhe.

»Sieht nach einem Blitzeinschlag aus«, sagte Liz schaudernd.

Er schüttelte den Kopf. »War nur der Frost.« Er deutete auf zerborstene Felsen, die sich unter die armstarken Wurzeln gemischt hatten. »Wasser dringt in die Felsen ein, gefriert, und alles zerplatzt.«

»Du weißt immer alles besser«, sagte sie und drehte sich weg. »Manchmal bist du zu pragmatisch, weißt du. Das kann einem auf die Nerven gehen. Ich behaupte nach wie vor, daß es ein Blitzeinschlag war.«

»Wie könnte es auch anders sein.«

Sie zog die Brauen hoch. Da stand eine Bank, von der aus man das Meer sehen konnte. Liz stürzte darauf zu, und Cliff folgte nach.

»Hast du mir nicht mal erzählt, daß du vom Blitz getroffen wurdest?« fragte er.

Liz musterte ihn.

»Ich erinnere mich noch daran«, sagte er, als er sich zu ihr setzte, »wie du gesagt hast, daß du damals gerade Penny im Arm hattest. Sie war noch ein Baby, und du warst draußen –«

»Auf einem Parkplatz«, warf Liz ein.

»– auf einem Parkplatz, und der Blitz hat dich getroffen ... Und deshalb bist du zu einer Frau geworden!« Er lehnte sich auf der Metallbank zurück und streckte kichernd die Beine von sich.

Liz war rot geworden, aber ihre Stimme war eisig. »Du vereinfachst das alles ein bißchen.«

Cliff lachte. »Bei dir hört sich alles immer so außergewöhnlich an. Das ist lächerlich.« Er schüttelte den Kopf. Ihm wurde klar, woran ihn Liz erinnerte: an eine Comic-Heldin. Für jede dieser Heldinnen gab es eine Ursprungslegende, die in einer Rückblende darüber Aufschluß gab, wie sie so werden konnte. She-Hulk war in eine grüne Strahlung geraten. Spider Woman war von einer radioaktiven Spinne gebissen worden. Liz war vom Blitz getroffen worden. Was aus ihr geworden war? *Woman* Woman.

»Was ist daran lächerlich?« Liz' Stimme klang plötzlich schrill.

Er seufzte. »Ein Blitzeinschlag kann doch nicht solche Ideen in dir wachrufen. Du hast das nur erfunden! Das machst du immer so!« Er stand auf. »Willst du wissen, was ich glaube?« Jetzt provozierte er sie.

Liz sah, wie eines der Paare, angemessen ausstaffiert mit Broschüren und Wanderschuhen, durch die Lücke in den Bäumen trat, und sie bedeutete Cliff, still zu sein. Es war den Eindringlingen sichtlich peinlich, daß sie den Streit unterbrochen hatten, und sie zogen sich vorsichtig zurück.

»Was glaubst du?« fragte sie mit zusammengepreßten Zähnen.

»Du schaffst es nicht, der Wahrheit ins Auge zu sehen. Du erfindest all diese Geschichten nur, um die Tatsache zu überdecken, daß es sich um deine Entscheidung handelt.«

»Ach wirklich?«

»Du erträgst das nicht, also behauptest du, es sei Schicksal, so als ob alles sich in Bruchteilen von Sekunden abgespielt hätte.«

»Du kapierst überhaupt nichts, Cliff«, sagte sie.

»Ich habe sehr wohl kapiert, daß du dich für die verdammte Königin von Saba hältst, und daß für dich die Naturgesetze eine Ausnahme machen.«

Danach breitete sich Schweigen aus. Liz war schockiert über seine Verbitterung.

»Heißt das, daß ich dir auf die Nerven gehe?« fragte sie.

Cliff sah finster aus. »Alles, wovon du redest, ist, daß wir Aycliffe verlassen haben und daß ich dich von allem, was dir gehört, weggeholt habe.« Er seufzte. »Ich fühle mich, als hätte ich dich verschleppt und dir nichts im Gegenzug geboten.«

»Cliff«, sagte sie, »diese Reise war wunderbar. Ich war sehr glücklich. Das ist nur einfach nicht ...«

»Nicht das richtige Leben, stimmt's?«

Als sie durch den Park zurückgingen, bemerkten sie auf einmal die leuchtenden Blumen, die an den Bäumen entlangrankten. Sie sahen aus wie Weihnachtsschmuck. Erstaunlich für diese Breitengrade und für diese Jahreszeit. Ganz offensichtlich eine wirklich sorgfältig gepflegte Parkanlage. Liz warf ein wenig Kleingeld in den Behälter, als sie gingen.

Im Auto sagte Cliff: »Willst du, daß ich dich nach Hause bringe?«

Sie starrte auf die Windschutzscheibe, es fing an zu regnen. »Ich weiß nicht, Cliff.« Vor dem Spiegel schnitt sie eine Grimasse. »Ich glaube nicht.«

Ich habe versucht, ihm zu erklären, daß ich eine gewisse Routine brauche. Es ist nicht gut für mich, nicht zu wissen, was als nächstes auf mich zukommt. Dieses Gefühl, alles tun und lassen zu können, deprimiert mich. Letztendlich ist doch alles, was man tun oder auch lassen kann, zwangsweise langweilig. In den Tag hineinzuleben macht mich traurig. Das ist so, als wäre man alt oder verrückt oder als hätte man nichts zu tun. Cliff hat mir da nie zugestimmt. Wenn er nichts zu tun hatte, war Cliff wie ein Kind.

Meine tägliche Routine in Aycliffe. Ich habe daran gehangen, ohne es zu wissen. Ein armseliges, spießiges Leben? Erst nachdem ich in den Bergen gestrandet bin und in einen Himmel blicke, der weiter ist als alles, was ich je gesehen habe, fange ich plötzlich an zu schätzen ... Ach, ich weiß auch nicht.

Wie ich zum Beispiel den Bus in die Innenstadt genommen habe. Wie der aufreizende Cliff das Geld entgegengenommen und meinen Fahrschein entwertet hat. Wie ich durch den Supermarkt gerast bin und den Einkaufswagen vollgepackt habe. Das frische Brot und die Schinkenstangen vom Bäcker. Die Hochglanzzeitschriften bei *Stevens*. Im *Copper Kettle* rumsitzen und mit jedem, den ich dort sehe, ein

Schwätzchen halten. Durch die Fußgängerzone stolzieren und genau zu wissen, daß ich attraktiver als irgend jemand sonst bin.

Hier gibt es niemanden, der mich ansehen kann, außer Cliff und – ist es schlimm, das zu sagen? – er sieht beim Autofahren nicht so aufreizend aus wie beim Busfahren, als es noch richtig skandalös war, zu häufig mit ihm zu sprechen. Das Schild über seinem Kopf wies die Fahrgäste darauf hin, daß man während der Fahrt nicht mit dem Fahrer reden sollte. Also musterten wir bloß seinen sonnenverbrannten Nacken und die dunklen Locken, die verschwitzt an der Haut klebten.

Jetzt habe ich ihn und weiß nicht, was ich mit ihm anfangen soll.

Er wies sie darauf hin, daß vielleicht die Landschaft schuld daran war, daß sie so deprimiert war. »Du bist nicht für die weite, freie Natur gemacht.«

Er brachte sie nach Glasgow, wo es immer noch regnete und die Abzweigungen in Richtung Innenstadt sie verwirrten. In der Stadtmitte kamen sie sich vor, als wären sie in einer Reihe tiefer Canyons. Sie parkten und durchwühlten den Kofferraum nach einem Regenschirm.

»Voller Löcher«, murmelte Cliff und schmiß ihn weg. Sie gingen am Rathaus vorbei. Davor waren Poster der Sängerin Elkie Brooks angebracht.

»Pearl's a singer ...« summte Liz nachdenklich.

»Wir könnten sie uns ansehen, wenn du magst«, sagte Cliff.

Statt dessen gingen sie in eine Bar.

Immer wenn Cliff in eine neue Stadt kommt, will er die Schwulenszene kennenlernen. Komisch, aber ich kann mich nie wirklich dafür begeistern. Ist doch überall das gleiche, wo immer man hingeht. Der Geruch von Poppers, Tanzmusik, abgewrackte Typen, die rumhängen. Ich bin damit eigentlich nicht vertraut, aber Cliff steht darauf, also gehe ich mit.

Diese Bar, in der wir Freitag spät nachmittags sitzen, ähnelt innen einer Scheune und füllt sich schon. Ich bin einundvierzig und sitze in einer Bar, wo die einzigen Worte, die ich in dem Lied, das gerade gespielt wird, verstehen kann, folgende sind: »Fessle mich«. Wenn ich kein Damenkleid anhätte, würde ich dann wie die anderen älteren Männer hier aussehen?

Cliff hat seine eigene Theorie über mich und Schwulenbars. Aber wenn er wirklich daran glauben würde, nähme er mich nie wieder in eine mit. Er behauptet, das sind die Orte, an denen ich nicht mehr so echt aussehe. Liegt es an dem Stroboskoplicht? Mein Make-up sieht aus, als hätte ich es mit einem Spachtel aufgetragen. Einmal hat er zu mir gesagt, ich hätte eine richtige Maske auf. Als er das sagte, konnte ich mein Gesicht tatsächlich kaum bewegen. Meine Augen fühlten sich wie Löcher in einer Eierschale an. Ich fühle mich overdressed, das liegt aber nicht daran, daß ich mir Mühe gebe, gepflegt auszusehen, oder daß ich andere in den Schatten stellen wollte. Es liegt daran, daß man mir ansieht, ich trage eben Frauenkleider. So stehe ich dann da, wenn man mich an einen Ort wie diesen verfrachtet. Das ist es, was Cliff meint, glaube ich. Hier kann jeder erkennen, daß ich ein Mann bin.

Niemand muß zweimal hinsehen. Natürlich muß ich einen Ort wie diesen hassen. Die Umgebung nimmt mir meine Weiblichkeit.

Dieses Mal ist es ein kleines Zimmer. Als sie das Fenster zum Lüften öffnen, ist der Lärm, den der Regen verursacht, fast unerträglich. Er prallt vom Fenster ab und durchnäßt die goldgelben Samtvorhänge.

Liz schmiegt ihren schmächtigeren, blasseren Körper an

den ihres Liebhabers, preßt sich zusammengerollt auf ihn. Seine kühlen Knie drücken gegen ihre Hüften, wie geborgen sie sich da fühlt. Ihre Hände ruhen ausgestreckt auf seinem Bauch. Hart wie ein Rückenpanzer, wie die rote, gekochte Hülle des Hummers. Stell dir mal vor, deinen Liebhaber unter den Grill zu schieben.

Was hat diese Expertin noch über die Zubereitung von Hummer gesagt?

Sie bewegt sich, fragt sich, was sie als nächstes mit ihm anfangen soll. Ihre Blicke treffen sich über seinem Körper und verweilen. Sekunden vergehen.

Er hat gesagt, daß man die Zangen immer mit Gummibändern zubinden soll, oder sie schneiden einen in Streifen. Sie kneifen einem die Eier ab. Cliff liegt flach ausgestreckt auf der Matratze, mit den Gürteln ihrer beiden Bademäntel zusammengeschnürt. Seine Handgelenke sind gefesselt und am Türgriff des Badezimmers festgezurrt. Wie er es liebt, so jenseits aller Kontrolle zu sein.

Liz betrachtet ihn von oben bis unten und leckt dann vorsichtig über die glatte, rosige Haut auf seinem Brustkorb. Gierig saugt sie die Mischung aus seinem und ihrem Geruch in sich auf und nimmt dann ihre beiden Schwänze zusammen in eine Hand.

Sie ist benommen vor Müdigkeit, denn wieder einmal waren sie die halbe Nacht über wach. In Hotelzimmern und Pensionen haben sie sich angewöhnt, die Spätfilme anzusehen, einen nach dem andern. In diesem stickigen Glasgower Hotelzimmer haben sie heute abend *Königin Christine* angesehen. Die Garbo, wie sie im verschneiten alten Rußland ein samtenes Robin-Hood-Kostüm anzieht, um sich als Knabe zu verkleiden und so um einen spanischen Edelmann zu werben. Sie tritt als Cesario vor dem verwirrten Orsino auf – bis er ihre Brüste entdeckt.

Während sie miteinander schlafen, denkt Liz über den Film nach. Sie sieht abwesend aus. Cliff hat bemerkt, daß sie sich in den Sekunden, bevor sie einen Orgasmus hat, immer so verhält. Als es soweit ist, schießt ihr Sperma über ihn hinweg und klatscht auf das Kissen neben ihm. Cliff kommt genau zum gleichen Zeitpunkt wie sie. Das macht er immer. Irgendwie haben sie es geschafft, einen gemeinsamen Rhythmus zu finden.

Er liegt ruhig da und wartet darauf, daß Liz ihn losbindet oder ihn abwischt. Er fühlt sich bedeckt, so als ob jemand ihn mit dem Zeug bemalt hätte. Bespritzt wie ein echter Jackson Pollock liegt er da, und Leichtgewicht Liz drückt ihn nach unten. Er betrachtet ihren schmalen Brustkorb und ihren Oberkörper. Die prallen Brustwarzen und die seltsame Schwellung über ihrem Brustbein, fast wie bei einem halbwüchsigen Mädchen. Als ob Liz' Geschlecht die Richtung allein durch bloße Willensanstrengung wechselt. Er weiß, daß sie die Hormonbehandlung abgebrochen hat. Liz blickt auf ihn hinunter und verreibt mit einem Finger Sperma auf seinem haarigen Bauch, als wäre es Nivea.

Manchmal träume ich beim Sex, denkt sie. Das heißt nicht, daß ich mich langweile und mir Sachen ausdenke, damit die Zeit vergeht. Und das heißt auch nicht, daß ich eingeschlafen bin und wirklich träume. Ich rede auch nicht von diesem allzu kurzen Aufblitzen phantastischer Einsichten, die man vielleicht hat, wenn man mit jemandem auf den Orgasmus zusteuert. Das meine ich nicht, aber so etwas Ähnliches. Irgendwie lustig, was einem so beim Sex durch den Kopf geht.

Ich sah Cliff in einer rot-goldenen Soldatenuniform vor mir, in einer schrecklichen Waldgegend, wo er dröhnend gegen einen Baumstamm hämmerte, unter dem, wie er wußte, eine Hexe lebte. Ihr Heim tief unter dem stinkenden Waldboden war schwarzweiß gekachelt, das Dach war mit den Baumwurzeln verwoben. Sie zeigte Cliff die drei Hunde, welche die drei Schatzkisten mit Gold, Silber und Kupfer bewachten. Die Hunde hatten unterschiedlich große Augen: groß wie Teetassen, groß wie Mühlräder, groß wie ein Turm. Ich fragte mich, wie sie solch großäugige Hunde wohl in ihrem unterirdischen Heim unterbrachte.

Als Cliff auf die Idee kam, den Schatz zu rauben und mit der schönen Prinzessin – die natürlich ich war – durchzubrennen, merkte ich, daß es sich bei der Geschichte um das Märchen *Das Feuerzeug* von Hans Christian Andersen handelte.

Cliff nahm unsere beiden Schwänze in die Hand und brachte uns zum Höhepunkt, mit immer schnelleren Bewegungen, wobei das zarte Rot auf der Innenseite auftauchte und wieder verschwand. Jetzt siehst du es, jetzt nicht.

Ich sah die nackte Prinzessin, die auf dem Rücken des Hundes mit den größten Augen festgebunden war, vor mir. Er bellte den gelben Mond an und raste durch die Straßen der Stadt, auf Geheiß des Soldaten, seines neuen Herrn. Und niemand aus der Familie der Prinzessin sah sie jemals wieder.

So verlief der Traum, den ich hatte.

Cliff behauptet, daß er beim Sex nur darüber nachdenkt, ob er alles richtig macht. Er behauptet, daß er nicht umhin kann, das zu tun. Und da denke ich, er ist immer so locker und unbefangen! Er hat mir gestanden, wie er über das, was wir machen, nachdenkt. Nachher erzählt er mir dann alles noch einmal. Ich vermute, das ist nur ein Vorwand, um mir dreckige Sachen sagen zu können.

Süß.

Es regnete während ihres ganzen Aufenthaltes in Glasgow.

Sie besuchten eine Versace-Boutique und führten sich gegenseitig Kleidungsstücke vor. Liz bewunderte immer wieder Cliffs perfekte Figur. Sie mochte es, mit ihm anzugeben. Sie schickte ihn in die enge, kleine Umkleidekabine und holte ihn wieder heraus, in einer ganzen Reihe unmöglicher

Kostümierungen. Die Kleider hängen einfach so an ihm runter, dachte sie. Er sieht ganz perplex aus.

Während sie dort waren, fiel ein Kleiderständer um und krachte beinahe auf ein kleines Kind. Die Mutter war weiter weg und schwätzte mit einer Freundin, und bevor sie es merkte, hatte das Kind den Metallständer zum Kippen gebracht. Liz schaffte es gerade noch, das Kind beiseite zu zerren.

Die Frau sah ein bißchen durcheinander aus, als sie erst Liz und dann Cliff dankte, und dann wieder Liz, und schließlich ihren Knirps an sich zog. Cliff zerrte Liz auf die Straße hinaus, bevor sie Gelegenheit hatte, der Frau die Meinung zu sagen.

»So unachtsame Leute«, schimpfte Liz, »sollten keine Kinder haben.«

Er sah düster aus. »*Ich* bin auch unachtsam.«

Beim Mittagessen in der nächsten Schwulenbar – Cliff entdeckte sie wirklich überall – wurde Karen Carpenters lange verschollene Solo-LP gespielt.

»Sie hätte ein Lied mit Elvis machen sollen«, sagte Cliff.

»Das wäre was gewesen.« Liz schaute sich um. Die Bar war dunkel und voller blinkender Spielautomaten. Die Stimme von Karen Carpenter machte Liz traurig, und sie hatte irgendwie ein schlechtes Gewissen, weil sie hungrig war und die Speisekarte durchblätterte. Sie war froh, daß Karen es geschafft hatte, ein Jahr von ihrem schmalzigen Bruder loszukommen und ihre eigene Musik zu machen. Wenigstens hatte sie diese Zeit für sich gehabt.

»Überleg mal«, sagte Cliff. »Als Elvis fetter und fetter wurde, wurde Karen Carpenter immer dünner und dünner.«

»Vielleicht hat er sie ausgesaugt.«

»Wie furchtbar!«

»Wenn mir das jetzt bloß nicht eingefallen wäre.« Sie schüttelte den Kopf, um ihn wieder freizubekommen. »Können wir nicht ab und zu mal in eine normale Kneipe gehen?«

»Was paßt dir hier nicht?«

Sie seufzte. »Das hier erinnert mich an die Bardekoration aus *Star Wars*, bevor sie die Filme aufgemotzt haben.«

»Ich dachte, wir wollten vor allem fliehen, was hetero ist.«

»Ach, das ist doch lächerlich. Das hört sich an, als würden wir in ein Universum aus Anti-Materie fliehen. Das Leben läuft anders.«

Er hatte die Zeitschrift *Boyz* offen vor sich auf dem Tisch liegen. Eine Karte war aufgeschlagen, auf der sämtliche heißen Tips für Schwule eingezeichnet waren. Ein alternatives Großbritannien. Wenn sie morgen wieder nach England zurückkamen, wie sie es vorhatten, dann würden sie dieser Karte folgen. Die Westküste runter, nach Blackpool, dann quer rüber nach Manchester. Man konnte das Leben so organisieren, daß man nie wieder mit den »Stinos«, den Stinknormalen, in Berührung kam. Plötzlich war Liz übel.

»Es geht immer nur darum, Spaß zu haben«, sagte sie nachdenklich.

»Hm?«

»Früher haben wir es unser Nachtleben genannt. Alle Punkte auf dieser Karte sind Teil dieses Nachtlebens.«

»Jetzt mach hier keinen auf vorwurfsvoll«, sagte er. »Darf ich dich daran erinnern, daß wir uns in einem dieser schäbigen Clubs kennengelernt haben?«

»Ich weiß ja, und ich will es auch nicht missen, aber ... die Sachen, die man nachts macht, reichen nicht aus, um damit sein ganzes Leben zu verbringen.« Sie war etwas zu laut geworden, und die Leute am Nachbartisch drehten sich zu ihnen um.

Dann kam ihr Essen, und als nächstes hatte Liz Kopfschmerzen, wegen des gedämpften Lichts. In einem solchen Licht konnte man unmöglich sagen, welche Tageszeit es war, und es war sehr vorteilhaft für über Vierzigjährige, aber es gab Liz' Augen einfach den Rest.

Am nächsten Morgen fuhren sie ab. Es klarte auf.

Cliff sagte: »Wenn wir zurück sind in England, ist es sowieso vorbei mit dem leichten Leben. Wir brauchen Geld. Ich werd mich nach einer Arbeit umsehen müssen.«

»Als was denn?«

»Irgendeine körperliche Arbeit, denke ich.«

Sie betrachtete die vorbeifliegende Landschaft. Sie wollten zu einem schwulen B&B in Penrith, von dem er gelesen hatte.

»Ich weiß auch nicht, wo das ganze Geld geblieben ist«, sagte er. »Wir haben es einfach verpulvert.«

»Ja«, sagte sie. Über Geld zu reden erfüllte Liz immer mit Furcht. Wenn man sie danach fragte, was sie mit ihrem Geld machte, war das so, als fragte man sie, was sie mit ihrer Zeit machte. Beides verschwand einfach. So verging das Leben. Am besten, man rechnete nicht nach. Sie hatte nie in ihrem Leben ein Scheckheft überprüft oder Tagebuch geführt.

»Du bist so ruhig«, sagte Cliff.

»Ich habe nur gerade daran gedacht, daß ich eigentlich nie etwas vorzeigen kann für das, was ich ausgegeben habe.«

Er lachte. »Das zeigt doch nur, daß du eine schöne Zeit hattest. Du hast alles auf den Kopf gehauen.«

Sie mußte lächeln.

»Andere beneiden Leute wie dich«, fügte er hinzu. »Du machst dir keine Gedanken darüber, daß du alles auf den Kopf haust.«

»Alles verschwindet einfach«, sagte sie.

Und wieder Bilder an der Grenze, als wir Schottland verlassen.

Eine vier Meter hohe Steinsäule auf einem Hügel markiert den Übergang, die Namen der Länder, die sie teilt, sind auf beiden Seiten eingemeißelt. Cliff will mich fotografieren, während ich auf die Namen deute. Da waren wir.

Eine Frau mit einem Akzent, den man unmöglich einordnen kann, macht in einem Imbißwagen Hot Dogs und schenkt heißen Tee aus. Sie hat ein Kopftuch aus Plastik auf, um ihr wuscheliges Haar zu bändigen, denn der Wind fegt direkt in ihren Wagen hinein.

Wir wollen gerade bestellen, als ein kleiner alter Mann von hinten rüberruft, daß er zwei Schinkensandwiches haben will. Aber er will sich in der Kälte nicht anstellen. Er wartet lieber mit seiner kleinen alten Frau im Auto. Dann wird ihm klar, daß er sich vorgedrängt hat.

»Entschuldigung«, ruft er mir quer über den Parkplatz zu. »Ladies first!«

Cecilia Tan

Juno

Jean-Michel dreht sich auf die andere Seite. Ganz vorsichtig muß er diesen Positionswechsel vornehmen, denn das Bett ist so schmal, daß er schon mehr als einmal herausgefallen ist. Jean-Michel rekelt sich so gut es geht und gähnt, er fühlt sich träge und wohlig warm. Seine Verabredung ist schon lange weg, aber er genießt noch das Nachglühen und streicht mit den Fingerspitzen seine Bauchbehaarung glatt, während er sich den Abend detaillierter ins Gedächtnis ruft. Er greift zu dem roten Telefon neben seinem Kopf und wählt die Nummer seiner Schwester.

»Hallo?«

»*Bonjour.*«

»Mi-schäll«, sagt sie. »Ich wollte gerade rausgehen. Wie geht es dir?«

»Gut. Ich lieg noch im Bett.«

»Faulpelz. Du warst gestern abend verabredet, oder?«

Er lächelt und preßt die Hand auf seinen Bauch. »Ich muß dir unbedingt davon erzählen. Ich hab sie im Krankenhaus kennengelernt.«

»Hat man dir den Verband vom Fuß abgenommen?«

»Ja, ja, der Gips ist ab. Aber jetzt sei doch mal still und laß mich erzählen.« Er schließt die Augen, holt tief Luft und beginnt zu sprechen. »Ihre Haut war weiß wie Elfenbein, weiß, aber mit einem untergründigen Schimmer, und ihr

Haar schwarz wie das Gefieder eines Raben. Sie hat so sanft mit mir gesprochen und mich so behutsam berührt, daß ich einfach wußte, ich muß sie mit nach Hause nehmen.«

»Sie war deine Krankenschwester?«

»Ja. Sie fühlte sich zu mir hingezogen wie ein Fisch zum Wasser, sie hat mich ganz in sich aufgesogen. Sie hat gestern hier übernachtet. Ich bin völlig erschöpft!« Jean-Michel rollt sich mit dem Telefon auf die andere Seite und kuschelt sich in die dunkelblaue Bettdecke.

»Du bist ein Lügner. Und wie hat *er* wirklich geheißen?«

»Sherrie«, erwidert er, aber die Pause war lang genug. Amanda weiß, daß er blufft.

»Warum machst du dir überhaupt die Mühe, mich anzulügen, Mi-schäll? Du kannst mir nichts vormachen. Du machst nur dir selbst etwas vor.« Sie wechselt das Ohr. »Hör mir mal gut zu. Wenn Mutter dich jetzt sehen könnte, würde sie sich im Grabe umdrehen. Ich hab dein Geheimnis nur deshalb nicht verraten, weil ich dachte, daß diese Nachricht sie umbringen würde ...«

Jean-Michel zieht sich das Kissen über den Kopf und reduziert Amandas Stimme damit auf ein blechernes Quäken. Als er einen Moment Stille vernimmt, setzt er sich auf und spricht in den Hörer. »Sag mir, warum wir in dieses Land gekommen sind.«

»Du bist ein Idiot. Ich muß jetzt zu einem Treffen mit einem Kunden. Geh du nur zurück zu deinen Träumen und –« Bevor sie noch mehr sagen kann, hat Jean-Michel schon aufgelegt.

Er steht in dem engen Raum zwischen seinem Bett und seinem Schreibtisch. Der Schreibtisch hat in seinem Leben schon diverse Farbschichten abbekommen, die letzte ist weiß, die Farbe von Papier. Eine neue *Selectric*-Schreibmaschine steht neben einem Plastikbecher voller Stifte, Bleistifte und anderer länglicher Objekte, die dort ihr Zuhause gefunden haben – Textmarker, Wachsmalstifte, Eßstäbchen,

Dinge von unbekanntem Nutzen und unbekannter Herkunft. Wenn Jean-Michel mit der Hand die Wand über dem Schreibtisch berührt, kommt er mit dem heilen Fuß bis zur Wand gegenüber, an der das Bett steht. Aus dem Kleiderschrank neben dem Schreibtisch holt er sich einen Bademantel und humpelt in die Küche, um sich einen Tee zu machen.

Er nimmt den dicken Krückstock, den sie ihm im Krankenhaus gegeben haben. Nur zwei oder drei Wochen am Stock, haben sie gesagt, dann müßten Sie wieder gut laufen können. Auf den Stock gestützt, den Kopf frech zur Seite gelegt, lächelt er den Spiegel an. Sein Knöchel ist immer noch ganz steif nach der Verletzung und der langen Zeit im Gips, aber der Stock steht ihm gut. Er hat weite Leinenhosen und ein langärmliges weißes Hemd angezogen. Er wirbelt den Stock herum. Er führt einen Hieb damit aus. Er wirft einen Blick nach draußen, um zu sehen, ob es regnet, und beschließt, mit dem Stock eine Runde zu drehen.

Er blättert in den Regalen vom großen Zeitungsladen an der Ecke herum. In den Gängen drängen sich Leute, die wissenschaftliche Zeitschriften, literarische Magazine, Comicbücher, Zeitungen aus aller Welt lesen. Er schätzt die Großzügigkeit des Ladenbesitzers, aber sie erschwert einem den Blick auf die Regale. Er sucht die *Advocate Men.* Er hat das Magazin noch nie zuvor gelesen; er hat nie den Mut besessen, es zu kaufen. Aber es wird Zeit, daß er sich einen neuen Markt erschließt, für den er schreiben kann, und damit rechtfertigt er seinen Entschluß. Er erspäht eine Ausgabe im Regal einen Gang weiter.

Zwischen zwei Mänteln hindurch greift eine kleine, unauffällige Hand nach dem einzigen dort vorhandenen Exemplar. Neugierig verfolgt er den Arm bis zum Gesicht. Zuerst denkt er, es sei ein Junge, mit kurzen schwarzen Haaren, dicken Haaren, wie Orientalen sie haben, und stumpf geschnitten. Aber als der übrige Körper zwischen den

Geschäftsleuten heraustritt, erkennt Jean-Michel, daß es ein Mädchen ist. Eine Frau, besser gesagt, in übergroßen Leinenhosen, genau wie seine, und einer offenen Anzugjacke. Er überlegt, ob sie wohl an der New York University studiert. Dann ertappt sie ihn dabei, wie er sie ansieht, und zwinkert ihm zu.

Sie kommt auf ihn zu. Er bemerkt, daß sie auch noch *Village Voice* und eine andere Zeitschrift unter dem Arm hat. »Wolltest du das haben?« fragt sie und hält das Magazin mit einem muskulösen, anzüglich vom Cover herunterlächelnden halbnackten Blondchen in die Höhe. Er kann nicht antworten. Er ist zu verlegen angesichts der Menschen, die den Gang füllen, des Mannes an der Kasse, der auf ihn herabblickt, ihrer lauten Stimme.

Als sie näher kommt, mäßigt sie sie. »Wenn du es wirklich haben willst, gebe ich es dir.« Sie grinst. »Aber wenn du dir nur die Bilder angucken willst, ist *Playgirl* diesen Monat wesentlich besser.«

Er macht den Mund auf, aber ihm ist immer noch nichts eingefallen, was er sagen könnte. Es geht nicht. Sie lacht. »Das muß dir doch nicht peinlich sein. Ich kaufe es für dich, wenn du willst.«

»Nein, das brauchst du nicht.« Sein Blick wandert zur Tür. »Ich bin Schriftsteller und war nur neugierig –«

»Okay, okay, du mußt mir nichts erklären. Ich kann's mir immer irgendwo leihen.« Ruckartig deutet sie mit dem Kopf auf die erhöht plazierte Kasse, von wo ein Verkäufer nach Ladendieben Ausschau hält. Die Zeitschriften unterm Arm, bahnt sie sich einen Weg durch die Menge, und Jean-Michel folgt ihr. Sie kann kaum über den Kassentisch blicken, auch wenn sie auf Zehenspitzen steht. Sie muß mal gerade so einsfünfzig groß sein, denkt er. Sie bezahlt alle Zeitschriften zusammen, läßt sie sich in eine Tüte packen und winkt ihm dann, mit nach draußen zu kommen.

»Bitteschön.« Sie nimmt ihre Einkäufe heraus und reicht

ihm die Tüte mit *Advocate Men* darin. Sie klopft auf die Tüte. »Da dir so etwas ja anscheinend immer noch peinlich ist ...«

»Danke.« Er kann seinen Blick nicht von ihrem abwenden. Der Ausdruck ihrer Augen hat etwas Hypnotisierendes. »Wieviel schulde ich dir?«

»Ach, das ist schon in Ordnung.« Sie macht eine lockere Handbewegung. »Aber wenn du wirklich meinst, mir etwas zu schulden, kannst du mich zum Mittagessen einladen.«

Sie hat ein offenes, einladendes Lächeln. Fasziniert nickt er. »In Ordnung, gehen wir essen. Was möchtest du?«

»Ganz egal. Wie heißt du?«

»Jean-Michel.«

»Das klingt wunderschön.« Einen Moment lang wird sie still, bevor sie wieder etwas sagt. »Ich heiße Juno.« Sie reicht ihm den Arm, und sie machen sich auf die Suche nach etwas zu essen, langsam, wegen der Krücke.

Juno führt ihn zu einem Restaurant namens *Phebe's* im East Village, wo sie sämtliche Kellnerinnen und Kellner zu kennen scheint. »Weißt du, eine ganze Menge von ihnen sind schwul«, sagt sie, während sie ihr Club Soda pur durch einen dünnen Strohhalm saugt.

»Interessant.« Er kommt nicht dahinter, worauf sie hinaus will.

Sie kommt auf seine Seite des Tisches herüber, und sie sehen sich gemeinsam das Magazin an. Er hat noch nie zuvor ein *Playgirl* von innen gesehen. Wo finden die bloß diese ganzen dunkelhäutigen, blauäugigen Männer? Jean-Michel hat laut gedacht. Sie weist darauf hin, daß es farbige Kontaktlinsen sein könnten.

»Aber es macht Spaß, so herumzuspinnen, oder?«

»Ja.« Es kommt ihm kurz der Gedanke, was Amanda wohl sagen würde, wenn sie ihn hier sähe, wie er mit einer Frau zu Mittag ißt und über Hochglanzfotos von nackten Männern hockt. Juno findet Mister März am besten. Er spürt den Druck einer Erektion in seiner Leistengegend.

Juno erzählt ihm von ihren Freunden. Die Kellnerin, die sie bedient, heißt Judy und ist außerdem eine Dichterin. Sie arbeitet auch als Aushilfe im WOW Café, einem Forum für Künstlerinnen, gleich um die Ecke. Der Barmann heißt Russell, aber er ist mit einem anderen verlobt, also soll Jean-Michel ihn sich gleich aus dem Kopf streichen, sagt Juno. Jean-Michel muß lachen. Sie spricht Dinge aus, die er nie laut sagen würde. Sie stellt ihm kaum Fragen, beinahe, denkt er, als ob sie schon alles über ihn wüßte.

»Als ich klein war«, erzählt sie, »hat meine Mutter mir immer eine *rosa* Schleife ins Haar gemacht und ist mit mir im Park spazierengegangen. Und die Leute haben sich zu dem Wagen heruntergebeugt und gesagt: »Ist das aber ein süßer kleiner Junge!« Als Kind ist mir das natürlich nicht sonderlich aufgefallen. Später hab ich es dann gut gefunden. Ich hab immer kurze Haare gehabt, weil sie sich sonst furchtbar verfilzt haben. Ich hab geschrien und geschrien, wenn meine Mutter versucht hat, sie zu bürsten. Puh, Gott sei Dank gibt es jetzt Pflegespülungen!«

Während des ganzen Essens bringt sie ihn zum Lächeln und Lachen. »Männersachen passen mir auch besser. Außer Schuhen natürlich. Wenn meine Füße nicht wären, würde ich doch 'nen ziemlich guten Jungen abgeben, oder?«

Er nickt.

Sie legt den Kopf schräg. »Glaubst du, ich wäre ein gutaussehender Junge geworden, Jean-Michel?«

»Du wärst ein sehr sexy Junge geworden, Juno.«

Sie lächelt und ist einen Moment lang still. Dann lehnt sie sich zurück und grinst. »Ich wette, Mister März ist schwul.« Bevor er sich versieht, hat sie das Thema schon wieder gewechselt. Mit ihrer kleinen Hand streicht sie sein hellbraunes, welliges Haar glatt. Vorn sind ein paar von der Sonne gebleichte Strähnen. Sie zieht ein wenig an seiner Stirnlocke, so daß sie ihm vor dem linken Auge hängt. »Hast du dein Haar schon immer so getragen?«

»Ich hab's wachsen lassen, seit wir nach Amerika gekommen sind.«

»Wir?« Einen Moment lang ist ihr Blick wachsam.

»Ich und meine Schwester. Wir sind vor ein paar Monaten hierhergekommen. Sie wohnt mit ihrem Verlobten in Uptown New York.« Er bekommt eine Gänsehaut, als sie ihm mit der Hand den Nacken herauffährt und ihm mit den Fingerspitzen die Haare aus dem Kragen streicht.

»Ich kann dir ein paar Läden empfehlen, wenn du's schneiden lassen willst.« Ihre Stimme ist so ruhig wie den ganzen Nachmittag noch nicht. »Oder ich kann's dir selbst schneiden.« Er kann seinen Blick nicht von dem ihren abwenden. Er ist wie erstarrt. Er wehrt sich dagegen, kann aber nichts tun, außer zu denken, daß er das alles nur träumt. Er versucht, sich zu erinnern, wann es angefangen hat, um sich zu beweisen, daß es nur Einbildung ist. Aber es fällt ihm schwer, an irgend etwas anderes zu denken als an den Klumpen Fleisch in seiner Leinenhose und das runde Jungengesicht vor ihm.

»Wobei hast du dir eigentlich den Fuß gebrochen?« Sie löffelt Eis in sich hinein und hält nur inne, um die Mandeln zu kauen.

Er kichert. »Als ich in meine Wohnung eingezogen bin. Eine Stufe ist höher als die anderen, und ich bin darüber gestolpert und die Treppe runtergefallen. Das war, bevor der Fahrstuhl repariert wurde.« Er deutet mit dem Stock in Richtung Osten. »Gerade gestern haben sie mir im Beth-Israel den Gips abgenommen.« Die runde Form des Krankenhausgebäudes ist von ihrem Sitzplatz im Park aus nicht zu sehen.

Juno scheucht mit dem Fuß ein paar Tauben weg. »Tut es weh?«

»Nein. Aber wenn ich den Fuß verdrehen würde, bestimmt.«

Ihre Wangen verziehen sich zu einem Grinsen. »Hast du dann Lust, nach Uptown zu fahren?«

Jean-Michel überlegt einen Moment. »Wohin da?«

»Irgendwohin!«

Zuerst fährt sie mit ihm in der U-Bahn zur vierunddreißigsten Straße. Sie redet Spanisch mit den Händlern, die Spielzeugvögel, Sonnenbrillen und Hüte verkaufen. Sie kauft eine Taxifahrermütze. Sie zeigt ihm den riesigen Platz vor Macy's und schwört, noch nie etwas darin gekauft zu haben. Sie drückt ihm eine Busmarke in die Hand, und sie fahren weiter hoch, zu den Trump Towers, wo ein Stück Schokolade mehr kostet als ihr Mittagessen zusammen. Er bietet ihr an, welche zu kaufen, aber sie beharrt darauf, einen anderen Laden zu kennen, in dem die Schokolade viel besser ist und billiger dazu. Sie beschwatzt einen Kutscher, den sie kennt, sie durch den Central Park zu fahren.

Als es dunkel wird, nehmen sie einen Bus zurück ins East Village. Beim Versuch, sich gleichzeitig an einem Griff und dem Stock festzuhalten, hat Jean-Michel anfangs Schwierigkeiten. Aber ein paar Blocks weiter werden mehr Sitzplätze frei, und er setzt sich hin. Juno ist im Bus ganz still und weicht den Blicken der anderen Fahrgäste aus.

Jean-Michel macht sich ein wenig Sorgen. In den Stunden seit er sie kennt, war sie nie so still oder abwesend wie jetzt. Er steigt hinter ihr am St. Mark's Place aus und geht mit ihr zusammen einen Block in Richtung Osten, bevor er etwas sagt. »Juno? Ist alles in Ordnung?«

Sie bleibt stehen und sieht ihm ins Gesicht. »Ich weiß nicht, was ich machen soll.«

»Was meinst du?«

Sie kaut auf ihrer Unterlippe. »Ich –« Sie sieht sich in der Straße um.

»Willst du nach Hause gehen? Willst du mir etwas sagen?«

»Ja. Ja, bitte.« Sie macht eine Kinnbewegung nach vorn, die andeutet, daß er vorausgehen soll.

Er bringt sie zu seiner Wohnung. Stumm fahren sie im Fahrstuhl nach oben. Er wünschte, er hätte ein gebrauchtes Sofa, auf das er sie setzen könnte. Aber außer seinem Bett und seinem Schreibtisch hat er bis jetzt noch keine Möbel. Er setzt sie auf die Bettkante und lehnt sich und den Stock ganz vorsichtig an den Schreibtisch, als ob ein lautes Geräusch sie verschrecken würde. »Bitte sag mir, was los ist.«

Sie sieht ihn an. Er spürt ihre Bewunderung für seinen Körper, spürt ihren Blick auf seinen Hüften, seinen Händen, seiner Brust, bevor sie ihm in die Augen sieht. »Jean-Michel«, beginnt sie, »ich bin verwirrt. Ich bin ganz durcheinander. Ich weiß nicht, was ich will.«

Er wartet darauf, daß sie noch mehr sagt, ermutigt sie, indem er sich vor sie hinhockt. Sein Fußgelenk macht ein leises Geräusch, aber es hält.

»Du bist ein sehr netter Mensch«, sagt sie, »du könntest mein Freund sein.«

»Ich bin dein Freund.« Er kommt nicht dahinter, worauf sie hinaus will.

»Ja, du bist mein Freund. Ich bin auch deine Freundin.« Sie streckt die Hände nach ihm aus. Sie nimmt seinen Kopf in beide Hände. »Aber –« Sie läßt die Hände sinken und schließt die Augen.

Jean-Michel muß an das Restaurant denken und spürt, wie sich tief in seiner Magengrube etwas regt, ein dumpfes Pochen in seinem Unterleib. »Juno«, sagt er in der Hoffnung, daß sie die Augen wieder aufschlagen wird, »ich bin vorher schon mit Frauen zusammengewesen. Ich finde dich sehr …«

Sie verkrampft sich und kneift die Augen zusammen. »Nein, du verstehst mich nicht.«

»Hast du Angst, daß du mir, wenn ich mit dir schlafe, nicht gefallen wirst?« Er bekommt ganz heiße Handflächen, und er möchte sie berühren.

»Ja. Und nein.« Sie starrt auf einen Punkt mitten auf seiner Brust. »Ich möchte, daß wir Freunde sind. Das stimmt.« Sie atmet langsam aus. »Und ich will dich.« Ein weiterer Atemzug. »Aber ich will, daß du …« Sie flüstert den Rest, und er kann es nicht hören. Sie rollt sich auf die Seite, das Bett knarrt, als sie sich bewegt.

»Juno?« Er kniet sich auf den Fußboden, um neben ihrem Kopf zu sitzen. Er greift nach ihrer Hand. »Sag's mir.«

Sie zieht seinen Kopf an ihren Mund. »Ich möchte dein Junge sein.« Unfähig, sich zu bewegen, läßt sie ihn nicht wieder los.

Ihre Angst lähmt ihn nur einen Augenblick lang. Dann küßt er ihr Ohr, leckt es mit der Zunge. Sie beginnt sich wieder auseinanderzurollen, schaut ihn vorsichtig fragend an.

»Und ich dachte, ich hätte es manchmal schwer«, sagt er, ihr sanft das Haar aus dem Gesicht streichend. Er richtet sich etwas auf, und seine Erektion verlagert sich.

Sie setzt sich auf den Fußboden neben ihm, streicht den Flanellhut auf ihrem Kopf glatt. »Willst du mich?«

Er zögert einen Moment, in dem ein übervernünftiger Teil seines Gehirns versucht, ihn aus Prinzip zurückzuhalten. »Ja.« Er berührt ihre Lippen mit den Fingern. »Du brauchst dich nicht zu schämen. Ich tue es auch nicht.« Ich tue es nicht, spricht er sich selbst vor. Er schmeckt die Haut auf ihrem Nacken und das Verlangen, sie auf den Bauch zu werfen, wird stärker.

»Hab keine Angst, mir weh zu tun«, flüstert sie.

Er greift von hinten um ihre Taille und streift ihr die weiten Hosen von den schmalen Hüften. Er hält sie eng an sich gedrückt und spürt ihr Herz flattern wie das eines Kolibris. »Komm her.« Jacke und Hemd fallen zu Boden, und er wirft die Sachen zusammen mit seinem Hemd aufs Bett. Die Haut auf ihrem Rücken fühlt sich weich an, als er mit den Händen von ihren Schultern hinab zum Po streicht. »Entspann dich, entspann dich.« Ihr Rücken, ihr schmaler, schöner

Rücken erinnert ihn an Jean-Pierre, als sie beide vierzehn waren und ihre Familien gemeinsam den Sommer verbrachten. Er flüstert ihr das ins Ohr. »Er hatte genau solche Haare wie du, schwarz und flaumig, und seine Großmutter erlaubte ihm nie, in die Sonne hinauszugehen, also verbrachten wir Stunden um Stunden auf dem Dachboden in ihrem Sommerhaus ...« Er drückt sie auf den Teppich zwischen Bett und Schreibtisch, und der Hut fällt herunter. Er knetet ihre Schultern, während er seine nackte Haut an ihre preßt. Seine Penisspitze hat sich aus dem Bund herausgeschoben.

»Wir haben immer auf dem Dachboden gesessen und uns hart gemacht. Und ich ließ es immer geschehen, wenn er in mir kommen wollte.« Er fährt mit den Händen erneut ihren Rücken herunter, umfaßt sie an den Hüften. Sie stößt ein kurzes Keuchen aus. »Aber wenn ich dann an der Reihe war, in ihm zu kommen, bekam er manchmal Angst.« Er streichelt ihren glatten Po. »Und dann hab ich ihm immer zugeflüstert: »Jean-Pierre, hab keine Angst, Jean-Pierre. Es ist nur fair, daß du deine männliche Pflicht erfüllst.« Sie erzittert, als sie seine nackten Beine an den ihren spürt. »Und wenn er auch jammerte und winselte, er hat mich nie zurückgestoßen.«

Ein ungeheures Zittern läßt ihren kleinen Körper in der Erwartung seines Eindringens erschauern. »Warte nicht länger«, flüstert sie. Ihre Stimme ist tief und rauh. »Nimm mich.«

Er fragt sich, ob es wohl irgendwo auf dieser Welt noch so eine Frau gibt, in der ein einsamer Junge gefangen ist. »So du dich mir hingibst«, sagt er und drückt sich gegen ihr Steißbein. Seine Eichel wird glitschig, und er spuckt sich in die Hand und führt sie. Er drückt ihre Pobacken auseinander und benutzt die Zungenspitze, um den Weg anzufeuchten. Und dann stößt er seinen Penis in die Enge dort hinein, stößt, bis die Muskeln langsam nachgeben und er beinahe vorwärts in sie hineinfällt.

Sie klammert sich am Teppich fest und öffnet den Mund, aber sie gibt keinen Ton von sich.

»Oui, mein süßer Junge«, sagt er, seine Stimme klingt rauh zwischen seinen eigenen schnellen Atemstößen, er hat das Gefühl, sein ganzer Körper würde versinken, als er in sie eindringt. »Oui, mein Süßer.« Seine Hände wandern zu ihren Schultern hoch, während er in sie hinein und wieder hinaus gleitet. »Jean-Pierre hat immer gesagt, es würde weh tun, aber ich habe den Verdacht, er hatte es so am liebsten.«

»Ganz bestimmt«, sie keucht etwas beim Sprechen, »ganz bestimmt hatte er das.« Sie drückt ihr Gesicht auf den Teppich und schließt die Augen, aber nicht sehr fest. Sie erbebt ein wenig, als er in seinen Rhythmus hineinkommt, und scheint ganz darin aufzugehen.

Auch er verliert sich langsam. Erst als sein Fußgelenk zu pulsieren beginnt, kommt es ihm in den Sinn, daß er dem Treiben vielleicht ein Ende setzen muß. »Jean-Pierre«, flüstert er, »weißt du noch, wie du dich immer so eng gemacht hast, Jean-Pierre ...?«

»Ja.«

Und dann hält ihn nichts mehr davon zurück, eine letzte Folge wilder Stöße zu führen. Mit einem heiseren Stöhnen ergießt er sich und drückt dabei seine Wange an ihren glatten Rücken.

Kurz darauf hilft er ihr ins Bett, und sie liegen beieinander, gegenseitig den Schweiß des anderen aufsaugend. »Wünschst du dir noch irgend etwas?« fragt er, nach einem Weg suchend, etwas für sie zu tun.

»Nichts«, murmelt sie, ein breites, zufriedenes Lächeln auf den Lippen. »Ich bin ganz erfüllt.«

»Amanda?« Er drückt den Hörer mit der Schulter ans Ohr.

»Ja? Michel, bist du's? Wie geht's?«

»Gut. Ich hab jemanden getroffen, den du bestimmt gern kennenlernen würdest.«

Amanda schnaubt verächtlich. »Sag's nicht, laß mich raten. Sie hat schwarze Haare und helle Haut.«

»So weit liegst du richtig.«

»Ach komm schon, Michel, wann wirst du endlich genug davon haben –«

»Sie heißt Juno. Sie sitzt hier gleich neben mir.« Sie legt sich die Hand über den Mund und versucht, nicht laut loszulachen. Jean-Michel fährt fort. »Möchtest du noch mehr von ihr wissen?«

»Ja, klar, du zukünftiger Liebesromanautor. Erzähl mir von dieser umwerfenden Schönheit.«

Er taxiert sie mit kritischem Blick. »Nun, also zuerst mal ist sie sehr klein, einen Meter sechzig. Und sie trägt kein Make-up. Ihre strahlenden Augen und lächelnden Lippen haben das nicht nötig. An den Händen hat sie keine Ringe, nur kurze, runde, gepflegte Fingernägel und zarte Haut. Und wie du schon gesagt hast, ihr Haar ist schwarz und kürzer als meins.«

»Wunderbar«, beglückwünscht Amanda ihn. »Das ist also deine Traumfrau? Klingt nach einem Jungen.«

»Vielen Dank«, sagt Juno in den Hörer hinein, kurz davor, vor unterdrücktem Lachen herauszuprusten. »Wir sollten mal zusammen zum Mittagessen gehen.« Hierauf bricht auch er in Gelächter aus, und gemeinsam legen sie den Hörer auf.

Fay Weldon

In der Klinik-Disko

Die große Liebe kann einem überall begegnen. Ich hab meinen Traummann in der Klinik-Disko kennengelernt. Es ist der da drüben, der dünne Typ mit den Jeans, dem blauen Pulli und der roten Wollmütze. Sieht eigentlich aus wie jeder andere, findest du nicht? Das war 'n hartes Stück Arbeit für ihn, von mir mal ganz zu schweigen, aber letztendlich haben wir's dann doch geschafft. Willst du was trinken? Gin? Tonic? Alles klar. Ich nehm nur 'n Orangensaft. Ich trinke nicht. Muß aufpassen. Man weiß ja nie, wer einen sieht. Die sind überall. 'tschuldigung, vergiß das, was ich da gerade gesagt habe. Schon ein Witz kann ein Zeichen von Verfolgungswahn sein. Wie findest du meine Haare? Das ist eine Goldglanzspülung. Eigentlich nicht so ganz mein Stil: Ich hab 'ne Narbe auf der Backe. Kannst du sie sehen, wenn ich mich zum Licht hindrehe? Ein guter Kurzhaarschnitt, so was steht mir eigentlich am besten, und zwar schon immer. Ich hab wohl das, was man ein markantes Gesicht nennen würde. Hoppla, 'tschuldigung, Linda, ich wollte deinen Gin nicht verschütten, das kommt von den hohen Absätzen. Ich geb mir ja alle Mühe, aber mit den Stilettos komm ich einfach nicht so gut klar. Na ja, hat vielleicht auch sein Gutes: Wer mich so sieht, wird denken, ich wär 'n kleines bißchen beschwipst, und das wär ja auch ganz okay, oder? Es ist eben doch nicht total normal, wenn jemand keinen Alkohol trinkt. Bißchen zwanghaft. *Schätzchen, natürlich sehen die Leute her.*

Also laß dir von der Klinik-Disko erzählen, solange Eddie noch beim Dartspielen ist. Er findet Darts ätzend, aber es ist nun mal das, was Männer im Pub machen. Die Klinik-Disko, das ist ein Tanzabend, der einmal pro Monat in Broadmoor veranstaltet wird. (Ja, *das* Broadmoor. Die geschlossene Anstalt mit Sicherheitsverwahrung für strafrechtlich Schuldunfähige.) Ach, wußtest du nicht, daß die da auch Frauen haben? Doch, doch. Auf neun Männer kommt eine Frau. Sie sehen zwar oft nicht wie Frauen aus, wenn sie da reinkommen, aber raus kommen sie todsicher als welche, wenn überhaupt – wenn überhaupt.

Wie ich da reingekommen bin? Willst du das wirklich wissen? Mir ging's echt beschissen, zu Hause und auf der Arbeit. Ich war schwanger und verheiratet mit einem Typ, den ich liebte, weiß der Himmel, warum, ich weiß es jedenfalls nicht mehr, nur daß er auf meine Mutter stand und ihr auch eins ansetzte, während ich bei der Arbeit war – wußtest du, daß Frauen noch mit fünfzig schwanger werden können? Er wußte's nicht, und sie wußte's nicht und ich auch nicht – aber es ist passiert! Meine Mutter sagte, er hätte mich sowieso bloß geheiratet, um in ihrer Nähe zu sein, und ich wär diejenige, die 'ne Abtreibung machen müßte. Das tat ich dann auch, aber es ging schief. Die haben mir innen drin alles so verpfuscht, daß ich keine Kinder mehr kriegen kann, und meine Mutter sagte, das würde auch nichts ausmachen, ich wär sowieso 'ne Lesbe, man bräuchte mich ja bloß ansehen. Die Narbe hab ich mir übrigens bei einem Autounfall geholt, falls dich das interessiert. Und ich dachte, die können mich mal, was brauch ich einen Mann, was brauch ich eine Mutter, und ließ die beiden sitzen. Zu der Zeit hab ich im Royal Opera House gearbeitet, für 'nen echt nervigen Typ, und du kannst dir ja denken, wie's in so 'nem Laden zugeht: Theater, Streit, zuviel Arbeit und zuwenig Geld, und die

Show muß weitergehen, auch wenn du dich dabei totmachst. Dein Baby totmachst. Nein, ich weine nicht. Was denkst du denn, was ich bin? Depressiv? Ich bin genauso normal wie die da drüben.

Also, ich hab Feuer im Büro gelegt. Das war bloß so 'ne spontane Idee. Ich hatte wahnsinnige Schmerzen und mußte Überstunden schieben. Er sagte, es wär meine Schuld, daß die Perücke vom Rosenkavalier nicht richtig saß. Er sagte, ich hätte sein Opernhaus der Lächerlichkeit ausgesetzt: Die Perücke rutschte, und die New York Times hat's gemerkt und sich drüber lustig gemacht. Dabei war das mit der Perücke gar nicht meine Schuld: Die Garderobe hatte die Meldung in die Requisite weitergegeben anstatt in die Verwaltung. Und ich saß am Bildschirm – die Gewerkschaft ist ja gegen die Dinger. Die Frauen können unfruchtbar davon werden, aber welchen Arbeitgeber kratzt so was schon, die nehmen doch alle am liebsten die Kinderlosen –, ich saß so da und dachte an meinen Mann und meine Mutter, die im sechsten Monat war, und machte mir eine Zigarette an. Ich hatte ein Jahr nicht mehr geraucht, aber wieder angefangen, als der ganze Streß zu Hause losging. Hast du schon mal im sechsten Monat abgetrieben? Das tun auch nicht so viele.

Wie schmeckt dir dein Drink? Und wie läuft's bei Eddie mit dem Dartspielen? Hat die neue Runde schon angefangen? Das ist ganz okay, das ist mir nur recht, das ist total normal.

Also, Linda, wovon hatten wir's gerade? Ach ja, Brandstiftung. *Soo* nannten die das dann. Ich hab nur mein Feuerzeug unter die Gardinen gehalten, und da schoß das gleich hoch, zisch!, bis an die Decke – da war so 'ne Art schalldichte Füllung drin, die man heutzutage statt Gips nimmt. Und das ging alles in Flammen auf. Zisch, zisch! Ein Schaden von vierhundert Pfund. Haben sie jedenfalls gesagt. Wenn du mich fragst, waren die ganz froh drüber, daß sie mal wieder 'n Grund zum Renovieren hatten.

Und ich war blöd genug, nicht zu lügen und einfach zu erzählen, es wär ein Unfall gewesen. Nein, ich hab gesagt, ich hätt's mit Absicht gemacht und wär froh drüber, die Oper wär eine Vergeudung öffentlicher Gelder und die Überstunden eine Vergeudung meines Lebens. Das war noch vor dem Prozeß. Mein Anwalt, so 'n Junger, hat mich schon vorgewarnt. Er sagte, Brandstiftung wär überhaupt nicht komisch, die würden einen bei Brandstiftung ganz hart rannehmen. – Ich dachte, vielleicht 'ne Geldstrafe, er sagte: Gefängnis. Und zwar Jahre, nicht Monate.

Und weißt du, was? Meine Mutter kam nicht mal zum Prozeß. Sie hatte 'ne kleine Tochter gekriegt. Ich dachte, mit dem Baby würde vielleicht was nicht stimmen bei so einer alten Mutter, aber es war alles okay. Vielleicht hat es sich ja dadurch ausgeglichen, daß der Vater so jung war.

Und dann mein Verteidiger, dieser Hüpfer, der sagte, sehen Sie, Sie waren durcheinander, Sie sind durcheinander, was da bei Ihnen zu Hause nicht alles los war. Sie müssen jetzt nichts weiter tun, als sich für nicht zurechnungsfähig erklären, dann bekommen wir Sie nach Broadmoor, das ist die beste Adresse für psychiatrische Betreuung im ganzen Land, die kriegen Sie in kürzester Zeit wieder richtig hin. Sonst geht's ab nach Holloway, und das heißt Zelle und nackt ausziehen, starke Beruhigungsmittel und eher einen langen schweren Schock, statt einen kurzen schweren. Da können Jahre draus werden, bei Brandstiftung.

Und genauso hab ich's dann auch gemacht, mich auf Unzurechnungsfähigkeit berufen. Ich wurde zu Freiheitsentzug auf unbestimmte Zeit verknackt, und das hieß so lange Sicherheitsverwahrung in Broadmoor, bis sie mich als geheilt entlassen würden. Dabei war ich doch nie ein Sicherheitsrisiko. Weißt du, was die eine berühmte Opernsängerin gesagt hat, als sie hörte, was ich gemacht hatte? »Gut für Phillie«, hat sie gesagt. »Der ganze Laden in Schutt und Asche – was Besseres hätte gar nicht passieren können.« Bloß daß er überhaupt nicht in Schutt und Asche versunken war, schließlich war nur ein Raum leicht angekokelt, und der hätte sowieso bald mal renoviert gehört. Wann mir klar wurde, daß ich einen Fehler gemacht hatte? In der Minute, als ich Broadmoor sah: ein großer schwarzer Kasten – in der Sekunde, als ich in den Zugangsraum kam. Da waren drei Krankenschwestern, die standen um eine Badewanne mit heißem Wasser rum, große, massige Frauen und auch ein paar Pfleger, und alle waren sie am Reden und Lachen. Also eigentlich war's nicht direkt Lachen, sondern eher 'ne Insidervariante davon: 'ne Art laut gegrunztes Ha-Ha-Ha, so 'n Mittelding zwischen Haß- und Brunstschrei. Die sahen mich noch nicht mal an, als ich reinkam. Ich war entsetzt, das kannst du dir vorstellen. Eine von ihnen sagte »Ausziehen«, so über die Schulter weg, und ich stand da und konnte es nicht fassen. Also bellte sie noch mal »Ausziehen«, und ich zog mir die Strickjacke und die Schuhe aus, und dann riß mir 'ne andere alles übrige vom Leib, drückte mir die Beine auseinander und zerrte meinen Tampon raus – 'tschuldigung, Linda –, warf ihn in einen Mülleimer und tunkte mich in die Wanne, ohne mich überhaupt zu sehen. Weißt du, was schlimmer ist, als von fremden Leuten nackt gesehen zu werden, selbst wenn diese fremden Leute Männer sind? Noch schlimmer ist es, nackt und ungesehen zu sein: weil du dann noch nicht mal als Frau zählst. Warum Männer? Falls die Patientinnen unkontrollierbar sind. Die Badewanne war dreckig. Das Personal auch. Ich fragte nach einer Binde, aber niemand antwortete mir. Ich weiß nicht, ob sie einfach gefühllos waren. Nein, wahrscheinlich haben sie noch nicht mal gedacht, daß das, was aus meinem Mund kam, Worte waren. Ich war eben verrückt, verstehst du? Deshalb war ich da. Ich war verrückt, weil ich eine Patientin war, und ich war böse, weil ich eine Gefangene war: Sie waren normal, weil sie die Pfleger waren, und gut, weil sie nach der Arbeit heimgehen konnten.

Linda, glaubst du, daß der Typ in dem Anzug hier rüberguckt? Nein? Bist du sicher?

Die meisten von ihnen haben allerdings nicht weit zu gehen. Für die ist die Klinik alles, was sie zum Leben, Atmen und Schlafen brauchen. Ganze Pflegerfamilien, Männlein wie Weiblein, wohnen in Häusern direkt an der großen Mauer von Broadmoor. Sie heiraten ja auch untereinander. Wenn du dich über einen von ihnen beschweren willst, dann kriegst du schnell raus, daß du das bei der Kusine, der Tante oder dem besten Freund der betreffenden Person machen mußt. Du lernst, den Mund zu halten, lernst zu lächeln. Ich war mal einen ganzen Tag lang ein Teebeutel, und von Sonnenaufgang bis Sonnenuntergang hab ich nicht aufgehört zu lächeln. Ganz recht, ich war ein Teebeutel. Der Pfleger Kelly legte mir einen Holzrahmen auf die Schultern, hängte vorn und hinten ein Stück Mull drüber und sagte: »Sie werden den heutigen Tag über ein Teebeutel sein«, also war ich einer. Was wir gelacht haben! Warum ich ein Teebeutel sein sollte? Das war so 'n kleiner Scherz von ihm. Denen wird's schon mal langweilig, verstehst du. Sie verlassen sich drauf, daß die Patienten ihnen was bieten.

Behandlung? Ich hab sechsmal einen Psychiater gesehen, Linda, und ich war drei Jahre da. Den Männern geht's besser. Sie haben Reha-Programme, Pingpong, Tischlerei – und zusammen kriegen wir Videos. Nur daß die Männer die Videos aussuchen dürfen, und sie suchen immer Pornos aus. Das müssen sie, um zu beweisen, daß sie normal sind. Und die Frauen dürfen sich dann nicht aussuchen, ob sie die Videos auch sehen wollen: Die müssen nein sagen, um zu beweisen, daß sie normal sind. Und normal muß man sein, um rauszukommen. Die Stationsschwester füllt den Verlaufsbogen aus. Sie ist diejenige, die entscheidet, ob jemand normal genug ist oder nicht, um vor den Prüfungsausschuß zu treten. Das Problem ist bloß, daß sie selbst nicht so ganz normal ist. Die hat doch ’n dickeren Hospitalismusschaden weg als die Patienten.

Eddie, komm und setz dich zu uns! Wie war das Spiel? Du hast gewonnen? Mach das lieber nicht zu oft. Du willst doch nicht als überehrgeizig angesehen werden. Das ist Linda, ich erzähl ihr gerade, wie wir uns kennengelernt haben. In der Klinik-Disko. Sollen wir ’ne Runde tanzen, nur wir zwei beiden, mitten im Gemenge, einfach, um zu feiern, daß wir draußen sind? Nein, du hast recht, das wäre echt verrückt. Eddie und ich, wir lieben uns, wir haben uns in der Klinik-Disko kennengelernt, im finsteren Broadmoor. Und wer weiß, vielleicht hat sich der Doktor ja geirrt mit seiner Diagnose, ich könnte keine Kinder mehr kriegen. Es passieren schon manchmal komische Sachen. Meine Mutter hat meinen Ex-Mann verlassen, und jetzt muß er sich allein um das Baby kümmern. Einmal hat er mich in Broadmoor besucht und mich gebeten, zu ihm zurückzukehren, aber ich wollte nicht. Die Schwester hat mich dafür zurückgestuft: ’ne ordentliche Frau will zu ihrem Mann zurück, selbst wenn er der Vater ihrer kleinen Schwester ist. Und nachdem er wieder weg war, fing ich an zu weinen. In Broadmoor darfst du nie weinen. Das bedeutet nämlich, daß du depressiv bist, und das ist die allerschlimmste Verrücktheit von allen. Das ganze Personal findet es toll da drin und denkt, daß du wirklich bekloppt sein mußt, wenn du’s nicht so toll findest. Wahrscheinlich fühlen sie sich direkt beleidigt, wenn jemand weint. Also heißt es: Lippenstift drauf und lächeln, lächeln, lächeln, auch wenn die Leute um dich rum ’nen Blähbauch von dem vielen Largactyl kriegen und bellen wie die Hunde, für die sie sich halten.

Ich sag dir was, Linda, das sind die reinsten Klapsmühlen. Erklär bloß niemals, niemals vor Gericht, daß dein seelisches Gleichgewicht gestört ist: Laß dir ’ne Gefängnisstrafe verpassen, lehn dich gemütlich zurück und sitz die Zeit ab, bis du eines Tages wieder freikommst. Wenn du erst mal in

Sicherheitsverwahrung bist, kommst du vielleicht nie mehr raus, und die füllen uns Frauen mit so viel Tranquilizern ab, daß du vielleicht nie mehr die Kurve kriegst. Die Medikamente machen dein Gehirn kaputt. Trotzdem denke ich mal, bei mir ist das alles noch in Ordnung. Meine Hände zittern zwar 'n bißchen, und mein Mund zuckt manchmal, aber das ist nicht allzu schlimm. Und ich bin immer noch *ich*, oder nicht? Eddie geht's gut – den Männern geben sie nie soviel, manchmal überhaupt nichts. Nur daß man nie wissen kann, ob was im Tee ist. Aber man darf sich nicht dabei erwischen lassen, daß man keinen trinkt, denn das wär paranoid.

Eddie sagt, ich soll den Verteidiger verklagen wegen seinem Gesülze über Therapie und Behandlung in Broadmoor, aber ich denke, das laß ich doch lieber bleiben. Wenn man erst mal da drin gewesen ist, dann ist man nie mehr sicher. Die können einen jederzeit wieder reinstecken, wenn man auch nur den geringsten Ärger macht, und was Ärger ist, das bestimmen die. Also halten wir den Mund und reißen uns zusammen, wir Ex-Insassen von Broadmoor.

Bist du sicher, daß der Mann nicht hier rübersieht? Stimmt irgendwas nicht mit uns? Eddie? Du hast doch nicht etwa deinen Ohrring an? Dreh mal den Kopf. Nein, alles in Ordnung. Wir sehen genauso aus wie die andern hier. Oder etwa nicht? Ist mein Lippenstift verschmiert? Mein Gott, ich hasse es, mit so was rumzulaufen. Davon sehen meine Augen ganz klein aus.

In der Klinik-Disko! Die wird einmal pro Monat in Broadmoor veranstaltet. Viele von den Männern da drin sind Sexualstraftäter, Vergewaltiger, Massenmörder, Folterer, Kinderschänder, Exhibitionisten. Das Personal guckt sich gern an, wie sie klarkommen, wie sie auf das andere Geschlecht reagieren, und am Morgen vor der Disko erscheint die Schwester und sagt: »Du gehst und du und du«, und natürlich kannst du da nicht nein sagen, ganz egal, wieviel Angst du hast. Weil du ja tanzen wollen sollst. Und die

Pfleger heizen die Männer auf – oh, là, là, seht euch mal die Titten an, würdet ihr nicht gern mal unter *den* Rock gucken? –, stehen daneben und freuen sich schon auf den Ärger, so 'n bißchen Porno live ist doch besser als immer nur vom Video. Und sie heizen auch die Frauen auf: He, das ist aber mal 'n gutaussehender Kerl, und du mußt interessiert tun, weil das normal ist. Wenn die glauben, daß du vom anderen Ufer bist, kommst du nie raus! Und die Männer müssen auch interessiert tun, aber nicht zu interessiert. Eddie und ich, wir haben uns in der Klinik-Disko gesehen und einen auf leicht interessiert gemacht. Eddie hat an meinen Titten rumgefummelt, und ich habe mich an ihm gerieben, und die Pfleger und Schwestern haben zugesehen, und auf einmal sagt er: »He, jetzt mal im Ernst«, und ich sage: »He«, und er sagt: »Tut mir echt leid, bitte weiterlächeln«, und ich sage: »Du, mir auch, warum bist du hier?«, und er sagt: »Ich hatte 'nen Job als Lehrerin, und sechs kleine Mädchen haben mir was angehängt. Dabei steh ich aufs Unterrichten; nicht auf kleine Mädchen, aber es gab einfach keinen Job für 'nen Mann«, und ich glaubte ihm: Ich war die erste, die ihm geglaubt hat. Dann hab ich ihm von meiner Mutter und meinem Ex-Mann erzählt, und er schien mich zu verstehen. Stimmt's, Eddie? Das ist Liebe, siehst du. Liebe auf den ersten Blick. Du stellst dich auf die Seite von dem anderen, und wenn du einen findest, der das gleiche für dich tut, dann kann nichts mehr schiefgehen. Innerhalb von drei Monaten kamen wir beide raus. Es war auf einmal egal, ob ich Lippenstift trug, und ihm war es egal, ob er Pornofilme gucken mußte: Wie schön, wenn du ganz einfach nicht mehr denkst, daß es dich verrückt macht, einen auf normal zu machen, wenn du dich nicht mehr anstrengen mußt, nicht zu weinen, weil du sowieso nicht mehr weinen willst, wenn dich das Gebelle und Geheule und Gekreische ganz einfach nicht mehr nervös macht. Ich denke, wenn du verliebt bist, dann bist du einfach glücklich, also müssen sie dich rausschmeißen: weil dein Glücklichsein für sie eine Blamage ist. Wenn du glücklich bist, was bedeutet dann noch normal oder geisteskrank, was hat dann denen ihr Leben noch für einen Sinn? Und das können sie einfach nicht ertragen.

Linda, es war toll, dich kennenzulernen. Eddie und ich, wir gehen jetzt nach Hause. Ich hab zuviel geredet, 'tschuldigung. Wenn wir unsere Wohnungstür von innen zugemacht haben, dann schrubb ich mir gleich das Make-up runter, steig in meine Jeans, und er zieht seinen Fummel an, und wir sind wieder wir selbst. Wir können bloß hoffen, daß niemand an die Tür klopft und sagt, he, das ist nicht normal, zurück nach Broadmoor, aber ich denke, die Liebe ist ein Talisman. Wenn wir uns dran festhalten, kann uns nichts passieren.

Mary Flanagan

Was heißt schon normal?

Weißt du noch, wie ich 1982 drauf war? Weißt du noch, wie rastlos und gehetzt ich immer war, ständig hin und her, von hier nach Europa und zurück, rein ins Flugzeug, raus aus dem Flugzeug, nur mit meinem Paß und ohne jeden Plan? Wie ich mich auf diesem Planeten ausgebreitet hab, als wäre er Toast und ich Himbeermarmelade? Sechs verschiedene Wohnungen hatte ich in dem Jahr, oder vielleicht war das auch '83. Und dann kein Geld und keinen festen Job, als gerade das Zeitalter der großkotzigen Geldausgeber anbrach. Ich hatte keinen Fernseher, keine CDs, keinen Videorecorder und keinen Computer. Ich hatte *nichts*, und das war's. Na ja, ich schätze, du weißt das alles noch ziemlich gut. Ein anarchistisches Dasein wollte ich, ein abwechslungsreiches Leben, und das habe ich weiß Gott auch gekriegt. Ich mußte mich nicht mal sonderlich anstrengen.

Na ja, was ich gemacht habe, ist gar nicht so wichtig. Ich wollte dich nur an dieses üble Kapitel meines Lebens erinnern, um den Kontrast zu meiner momentanen Situation deutlicher zu machen. Ich meine, ich führ doch ein geregeltes Leben, oder? Ich hab einen Job, eine eigene Wohnung, eine Terrasse mit Blumentöpfen und eine Clematis mit einem Namen, den ich immer vergesse – ist doch ganz schön beeindruckend, oder? Echt, ich bin froh, daß ich meinen Lebensstil geändert hab. Was wäre passiert, wenn ich das nicht getan hätte? Ich meine, wie die Dinge heute liegen, wäre ich doch auf der Straße, oder? Mit ein bißchen Glück hätte ich ein Kühlschrankfach als Zuhause. Und wer würde mir helfen außer Saul? Na ja, du natürlich, Schatz, aber wer sonst?

Heute ist also alles anders. Quod erat demonstrandum. Jetzt werd doch nicht ungeduldig, hör zu. Es ist wichtig, alles noch mal Revue passieren zu lassen, bevor ich dir von Saul erzähle. Du mußt die Dichotomie des Ganzen verstehen: was ich war, was ich bin; was er war, was er ist. Die Feinheiten sind wichtig, wenn du dich nicht dein ganzes Leben lang in Abstraktionen verlieren willst (wenigstens *das* hab ich gelernt).

Gail jedenfalls war keine Abstraktion, obwohl ich am Anfang dachte, sie sei nur ein Produkt von Sauls kranker Phantasie. Es dauerte eine Weile, bis sie sich materialisierte. Es dauerte auch eine Weile, bis Saul mir von ihr erzählte, und davon, wie alles, was in seinem Leben damals schiefging, mit Frauen zu tun hatte und mit Gail und mit VJ insbesondere. Vielleicht wollte er es mir nicht erzählen, weil wir mal was miteinander gehabt hatten und möglicherweise gerade dabei waren, es wieder aufzuwärmen. Obwohl ich da so meine Bedenken hatte. Ich meine, Saul ist ein lieber Kerl, richtig lieb, und ein guter Freund und alles, aber als ich mich im September '82 mit ihm traf, dachte ich die ganze Zeit: trau ihm nicht über den Weg, glaub ihm nicht. Er ist dein guter alter Freund, aber irgend etwas ist hier überhaupt nicht in Ordnung.

War es auch nicht. Als ich hörte, daß er weg von Kalifornien und zurück nach Manhattan gezogen war, das er, wie du weißt, ja aus tiefstem Herzen verabscheute, und dann auch noch, daß er in einer dieser billigen Absteigen am Upper Broadway wohnte, da dachte ich Hey! Ist Saul jetzt total abgerutscht, oder was?

Als ich also mal wieder in New York war, dachte ich mir,

ich besuch ihn lieber mal. Zuerst ist mir nichts großartig aufgefallen. Ich meine, er war immer noch umwerfend – war ja immer ein toller Typ, oder? – so groß und schlank, aufrecht, mit dieser geradezu hervorragenden Haltung, langem, schwarzem Haar, braunen Augen und dieser süßen kleinen Nase. Und der Mund – *was* für ein sinnlicher Mund. Nur haben wir uns in einer Bar am Washington Square getroffen, wo es so dunkel war, daß ich ihn nur erkennen konnte, weil seine Zähne wie weißes Neonlicht strahlten, wenn er lächelte, so daß ich zunächst die Anzeichen nicht bemerkte.

Wir saßen an der Theke und umarmten und küßten uns, bis der Barkeeper ungeduldig wurde und fragte, ob wir etwas wollten. Ich ja, Saul nicht. Alkohol ist nicht sein Laster. Was für ein Purist. Ich meine, *war* er zumindest. Ist er wahrscheinlich immer noch, nur anders. Ich meine, er ist ein Extremist. Alle Puristen sind das. Jedenfalls, wir hielten Händchen, während ich Weinschorle trank (es war heiß in New York, kochend heiß, und ich war fast die ganze Zeit völlig dehydriert, weil ich so viel schwitze, wobei Schwitzen ja eigentlich sehr gesund ist) und er ungefähr ein ganzes Faß Grapefruitsaft in sich hineinkippte.

Ich sitze also da und streichle seine Finger, die elegant und braun sind, außer, daß er an den Fingernägeln kaut, was ein bißchen abtörnt. Und dann seh ich seine andere Hand und bemerke, daß sie zittert – nein, bebt. Wie eine Geigensaite, irgendwie vibrierend, weißt du? Ich hab nichts gesagt, aber er sah, daß ich es sah, und eine Nanosekunde lang blickte er mir direkt in die Augen, nur daß er das nicht wollte, wie jemand, der bettelt: frag nicht nach, erkundige dich nicht. Hab ich natürlich auch nicht. Ich hab zu viel Respekt vor Saul, um mich in seine Angelegenheiten einzumischen. Besonders, wenn sie sich in seinem Kopf abspielen. Und er ist ein schlauer Kopf, das mußt du zugeben. Weißt du noch, wieviel er immer wußte, als wir zusammen auf dem College waren? Bevor ihm klar wurde, daß er mit Marx und Maslow seine Zeit verschwendete und sein Studium lieber abbrach, um Geld zu verdienen? Und um jede Frau zu fik-ken, die ihm – aber *das* weißt du ja, Schatz.

Ziemlich bald schien es mir angebracht zu sagen: »Na, alter Freund, wollen wir los?«

Und er drückte mir nur flüchtig die Hand und sagte, er müsse erst noch mal für kleine Jungs (witzig, dieser vulgäre Touch). Und dann grinste er und fragte, ob ich nicht auch für kleine Mädchen gehen wolle. Also sagte ich okay, und er zwinkerte mir zu, wie es so seine Art ist, und ließ ein Tütchen mit Pulver in meine Shorts gleiten.

Es war ziemlich guter Stoff, aber als ich ihn wieder an der Bar traf, merkte ich, daß er eine ganze Menge mehr genommen hatte als ich. Er war völlig zugedröhnt, ehrlich, und ich dachte gerade, okay, das kann ja lustig werden, als er mich genau in dem Moment fragte, wo ich übernachtete. Ich setzte an zu sagen »bei dir«, als ich begriff, daß dem nicht so war.

»Bei Lucille und Turner. Aber sie sind nicht da, und die Dachkammer ist ziemlich eklig, weil sie wieder Kakerlaken haben, und Irwin von unten ist nicht wie versprochen hochgekommen, um den Mülleimer auszuleeren, und der Kater scheißt überall hin, und in seinen Brekkies sind Maden, und obendrein ist da noch diese gestörte Schildkröte, die ständig gegen die Wand rennt.«

Ich glaube, die Message kam rüber, daß ich da nicht übernachten wollte. Jedenfalls, bevor ich mich versah, standen wir auf der Straße.

»Ich ruf dich morgen an«, sagte er.

Und plötzlich stand ich da und weinte, versuchte mit aller Macht, nicht laut zu schluchzen. Ich verstand mich selbst nicht mehr, warum ich mich so benahm, so uncool, wo Saul doch mein Freund war und nicht irgend jemand, in den ich verliebt war und der mich zurückwies oder so. Vielleicht lag es auch an dem Zeug, das er mir gegeben hatte, denn ich hatte schon lange nichts mehr genommen, und mir wurde blitzartig klar, daß er es die ganze Zeit tat. Ich meine, mehr als früher und wahrscheinlich auch noch ganz andere Sachen. Aber er tut so, als ob er meine Tränen nicht bemerkt, und fragt mich, ob ich einen Stift habe, und ich habe einen, also nimmt er ihn, umfaßt mein Handgelenk, dreht meinen Arm mit der weißen Seite nach oben und schreibt ganz sauber und ordentlich an der Vene entlang seine Telefonnummer auf. Danach mache ich das gleiche.

Ich weinte immer noch. Ich hatte einen Horror davor, zu Lucilles und Turners Dreckloch zurückzugehen, und sagte das auch. Da fängt Saul an, diverse Wehwehchen vorzuschützen: heftige Nebenhöhlenbeschwerden, was mich überhaupt nicht überrascht – und nur um es zu beweisen, zaubert er ein Nasenspray hervor und inhaliert kräftig –, und, oje, einen schlimmen Magen hat er auch, und zwei verschiedene Antihistamine nimmt er ein, und so weiter und so fort. »Okay«, sagte ich, »schon kapiert.«

»Drück mich noch mal, Schätzchen.« Seine Pupillen hatten die Größe von Stecknadeln, wie winzige, schwarze Käfer. Und ich umarmte ihn, und er fühlte sich so gut und warm an, daß es mir noch unerträglicher erschien, die Nacht allein verbringen zu müssen. Selbst wenn ich in einer Luxuslimousine zum »Pierre« fahren könnte, würde sich das schlimm anfühlen.

Na ja, ich muß dir nicht erzählen, daß ich nicht sonderlich gut schlief, mit der Schildkröte, die die ganze Nacht gegen die Fußleisten donnerte, immer in Erwartung eines Riesen-Kakerlaken-Angriffs und mit dem Gestank aus dem Mülleimer. Und die Klimaanlage klang auch wie die Concorde, wenn sie gerade ihren Motor hochfährt. Aber Punkt neun macht es *drrrringgg, drrrringgg* und Big Saul ruft an, ganz wie versprochen. Ich erzählte ihm, was für eine schlechte Nacht ich gehabt hatte, und er sagte, mach dir keine Gedanken, geh wieder schlafen, komm gegen vier Uhr vorbei, und dann können wir zusammen was essen.

»Bist du dann wieder zurück?« fragte ich.

»Süße, ich geh überhaupt nie weg.«

»Gestern abend war dann wohl eine Ausnahme.«

»Für dich tu ich doch alles.«

Na klar.

Vielleicht war das also die Erklärung. Saul litt unter Platzangst. Na ja, plötzlich konnte ich jedenfalls schlafen. Um zwei Uhr ging ich duschen, gab Brucie, dem Kater, auf einem sauberen Teller etwas zu fressen, holte mir im »Midnight Diner« ein paar Waffeln und einen Eiskaffee und nahm dann die *MRT* in Richtung Uptown.

Das Hotel »Warschau« hat zehn Stockwerke und nimmt beinahe einen Viertelblock ein. Irgendwann waren die Mauersteine wahrscheinlich mal rosa, aber jetzt sind sie rattenbraun wie alles andere auch. Auf dem Dach war eine große Neonreklame. Irgendwo muß ein Kurzschluß gewesen sein, denn das W flimmerte und flackerte immer auf, als befände es sich im Delirium Tremens, ähnlich wie viele der Hausbewohner. Das »Warschau« hat einen gewissen Ruf.

Am Tag der Arbeit, um halb fünf Uhr nachmittags, ist es keine sehr angenehme Gegend. Zum einen stammt die Klimaanlage ungefähr aus dem Jahr 1946, es ist eiskalt, aber es gibt keine Lüftung. Dann rauchen alle wie verrückt, und über der Lobby hängt eine Giftwolke, als wäre hier ein geheimes sibirisches Kernkraftwerk. Ich ging zum Schalter, um nach Mr. Kremen zu fragen, und diese zwei Typen, einer weiß, einer schwarz, in Pullis und Jacken, spielten Karten und guckten sich bei voller Lautstärke das Baseballspiel an, so daß sie mich zuerst nicht hörten. »Mr. Kremen?« schrie ich.

»824 C«, schrien sie zurück, ohne mich anzusehen, und hauten weiter ihre Karten auf den Tisch. Saul mußte eine Menge Besuch bekommen. Frauen und Dealer wahrscheinlich.

Ich lag damit nicht falsch, denn neben ihm auf dem Bett – ach, Moment, zuerst muß ich dir von der Tür mit den *fünf* Schlössern erzählen. Sogar als Saul sah, daß ich es war, machte er die Kette nicht los.

»Ist da draußen noch jemand?« flüsterte er. Ich sah mich im Flur um, der wie eine Kulisse aus einem Film der Coen-Brüder wirkte.

»Nein.«

»Ist dir jemand gefolgt?«

»Komm schon, das hätte ich ja wohl gemerkt.«

»Okay.« Er ließ mich rein.

Er hatte eine Jogginghose und ein schwarzes T-Shirt an, und seine Füße waren tiefbraun mit makellosen Zehennägeln, die so hübsch waren, daß ich sie gern bemalt hätte.

Das Zimmer war wie ein riesiger, hochkant stehender Sarg. Und das nach dem Haus, das er im Topanga Canyon gehabt hatte. Es gab ein großes Fenster mit Ausblick auf eine etwa eineinhalb Meter entfernte Steinmauer. Aber das war eigentlich egal, denn selbst wenn da draußen die Bucht von Neapel gewesen wäre, hätte man sie nicht sehen können, so verdreckt war die Scheibe. Dann war da ein Kleiderschrank, in dem er ein paar Sachen aufgehängt hatte, hauptsächlich T-Shirts mit angreifenden Aliens oder Marines drauf, die sich mit Panzerfäusten durch ein Gemetzel kämpften. Und Saul war *Pazifist*. In der Mitte des Raumes stand ein Klappbett, das aussah, als sei es seit Jahren nicht mehr zusammengeklappt worden. Die Farbe der Laken war ein verwaschenes Grau. Das Bett war offensichtlich sein Wohnzimmer und Laufstall geworden, es steckte die Grenzen der bekannten Welt ab, das äußerste, womit er in seinem momentanen Zustand umgehen konnte. Musikzeitschriften, eine alte *New York Times*, Tabakkrümel und zerknüllte Zigarettenblättchen lagen darauf, drei Flaschen Nasenspray, ein paar billige Krimis, eine noch nicht geöffnete Tüte Doritos, die Überreste eines belegten Baguettes, zwei leere Pepsi-Dosen und die

Fernbedienung für einen brandneuen Fernseher mit 36-Zoll-Bildschirm, der am Ende des Bettes stand, so daß man über die Matratze hinwegklettern mußte, wenn man das Zimmer durchqueren wollte. Die Decken lagen auf einem Haufen vor dem Fenster. Das Bad war weiß (mit diesen kleinen Mosaik-Täfelchen gekachelt, die man in jedem alten Gebäude an der Upper West Side findet, du weißt schon) und hätte sich dringend mal wieder mit Meister Propper unterhalten müssen. Aber der Spiegel über dem Waschbecken war fleckenlos, ebenso wie Sauls elektrische Zahnbürste, die auf dem neuesten Stand der Technik war.

»Wieviel zahlst du für dieses Loch?« Er küßte mich.

»Zu viel.«

Als Einladung mich neben ihn zu legen, klopfte er auf die zerknüllten Laken, aber vorsichtig, um nichts aus der Zukkerdose voll Koks, oder was das da neben seinem Ellenbogen war, zu verschütten. Ich schleuderte meine Schuhe von den Füßen und drückte mich in die zerknautschten Kissen. Saul ist der perfekte Gastgeber.

Ich hatte bisher noch nichts über den Lärm gesagt. Er sah sich *Auf dem Highway ist die Hölle los* auf Video an und hatte die Lautstärke so weit aufgedreht, daß ich mir schließlich mit den Händen die Ohren zuhielt und expressionistische Gesichter dazu zog, bis er endlich merkte, was für Höllenqualen ich litt, und leiser stellte.

»Du magst den Kram?«

»Jepp.«

Na ja, es war 1982, als Männer noch Männer waren.

Er bot mir eine großzügige Prise aus der Zuckerdose an, aber ich sagte, ich würde noch ein wenig warten. Ich weiß nicht warum, aber es gibt so eine Art verzweifelter Gier, an der irgend etwas ist, das sogar mich abstößt. Und trotz des Baguettes, das er wahrscheinlich in der letzten Stunde gegessen hatte, lag in seinen Augen, ich meine, in seinem ganzen Verhalten, dieser hungrige Ausdruck. Wie Brutus, nein, Cassius. *(Der* Cassius, genau.) Jedenfalls, er bediente sich ungefähr alle zehn Minuten und spielte Roulette mit der Fernbedienung, spulte immer wieder zu den gleichen Szenen zurück, die, wie ich glaube, wohl lustiges Zertrümmern darstellen sollten. Wann immer wir einen Dialogfetzen zustande brachten – und das war echt selten – zack! spulte er zur nächsten Verfolgungsjagd vor (der Film besteht zur Hauptsache aus Verfolgungsjagden, Autowracks und nur knapp verfehlten Unfällen; er ist unglaublich infantil). Wir sahen uns immer wieder die gleichen schreienden Fußgänger – hauptsächlich Frauen mittleren Alters mit kleinen Hunden –, zertrümmerten Chevrolets, die ungeachtet der Gewalteinwirkungen immer weiter fuhren, und explodierenden Öltanks an – vorwärts, rückwärts und seitwärts. Aber es war noch nicht mal so, daß es ihm irgendein Vergnügen bereitete. Das merkte ich daran, daß seine Lippen gespannt waren wie zwei Gummibänder, die seine Zähne zusammenhielten. Es war zwanghaft, verstehst du? Er konnte es nicht mehr kontrollieren.

Die Routine sah ungefähr so aus: rechts und links eine Nase Koks vom Löffel runterziehen, wieder auf die Kissen zurückfallen, auf der Fernbedienung herumdrücken, bis er einen spannenden Crash gefunden hatte, ihn mit dieser angespannten Befriedigung ansehen, in jedes Nasenloch eine Ladung Spray hochjagen, den Film eine Weile laufen lassen, sich dabei einigermaßen entspannen und mich wieder und wieder fragen, wie geht's dir also, Schätzchen, mit wem schläfst du, wo bist du so gewesen, hast du Jules, Larry, Saundra usw. gesehen, und dann, gerade als ich versuche, ihm zu antworten, nach der Zuckerdose greifen, mir etwas anbieten, koksen, Knöpfe drücken, anspannen, entspannen, mich ansprechen, Interesse verlieren, inhalieren, Knöpfe drücken und so weiter. Himmel, ich dachte, er kriegt einen Herzanfall, und wie sähe dieser Raum erst mit lauter hektischen Sanitätern darin aus.

Ich war so deprimiert, daß ich schließlich auch was nahm, nur um seinem Bewußtsein ein bißchen näher zu kommen, ein Ort, an den ich mich ganz gern begebe, obwohl ich da bestimmt nicht für immer bleiben wollte. Jedenfalls funktionierte es, und plötzlich redeten wir tatsächlich. Nur daß wir beide gleichzeitig redeten, als ob wir versuchten, Zeit zu sparen, indem wir nicht innehielten, um uns zuzuhören. Dieses Zimmer war dialogfreie Zone, das kann ich dir sagen. Wir beruhigten uns aber ziemlich schnell wieder, und es machte mir nicht mal mehr so viel aus, gegen quietschende Reifen und Hollywood-Blue-Grass-Gedudel anschreien zu müssen. Saul begann aufzutauen und sich weniger roboterhaft zu benehmen, und wir erzählten uns all die Sachen, die passiert waren, seit wir uns das letzte Mal gesehen hatten, und für eine Weile wirkte er nicht mehr, als wolle er den Fernseher fressen, nein: der Fernseher *sein*. Und dann ist er plötzlich wieder total angespannt.

»Hast du das gehört?« fragte er.

»Wenn du diese dekonstruktivistische Sendung da meinst – ja.«

»Nein. Das dumpfe Geräusch. Wo kam das her?«

»Du bist ganz schön sensibilisiert für jemand, der so weggeknallt ist.«

»Du hast niemand gesehen, als du gekommen bist?«

»Jetzt hör aber mal auf, Saul.« Ich wurde selbst schon ganz nervös und griff nach der Zuckerdose. Ich ließ mich nicht erst bitten. Alles, was ich wollte, war, wieder dahin zurückzukehren, wo wir zwei Minuten vorher noch gewesen waren.

»Es muß die Verrückte von oben sein.« Er hechtete über das Bett und kramte unter dem Berg von Decken das Telefon hervor. Er wählte und wartete das Klingeln ab.

»Lecken Sie mich am Arsch, Sie verrückte alte Schlampe«, sagte er, eiskalt auf einmal, und legte den Hörer auf, als wäre er verseucht.

»Wer war das?«

»Das war Mrs. Lamanna, die über mir wohnt. Sie glaubt, daß die CIA sie beschattet und daß ich ein Agent bin.«

»Bist du's?«

»Sie ruft um drei Uhr morgens hier an und sagt, sie wüßte, daß wir ihr Zimmer verwanzt haben. Sagt, sie kann die Strahlen durch die Wände und den Fußboden hindurch spüren und daß sie Krebs davon kriegt und daß ich die Krankenhausrechnung bezahlen soll. Dann fängt sie an, auf der Suche nach dem versteckten Mikrophon alle Möbel herumzuschieben.«

»Ist ja super.« Ein Kakerlak tauchte unter dem Deckenberg auf und inspizierte das Zimmer. Ich warf einen Krimi nach ihm, und er zog sich in sein Nest zurück. Ich bin eine Zeitlang Buddhistin gewesen und halte nichts davon, wehrlose Kreaturen zu töten, aber Kakerlaken zerquetsche ich, ohne mit der Wimper zu zucken. Das Telefon begann zu klingeln und hörte nicht mehr auf. Saul ging ran.

»Lady«, sagte er, »wenn Sie noch einmal hier anrufen, brauchen Sie nicht erst auf den Krebs zu warten, dann bringe *ich* Sie nämlich um.« Er knallte den Hörer auf.

»Wie willst du sie umbringen, wenn du nie nach draußen gehst? Warum *gehst* du nie raus, Saul?«

»Es gefällt mir hier drinnen.«

»Sei mal ernst, bitte. Du bist ein Wrack, Süßer, und das liegt nicht nur an den Drogen oder Mrs. Lamanna. Irgendwas stimmt nicht mit dir, und das nervt mich, wenn du's wissen willst. Können wir also vielleicht offen darüber reden wie zwei gute alte Freunde?«

»Okay, okay. Laß mich nur kurz –« Er nahm noch eine Nase. Das Telefon klingelte wieder.

»Mrs. Lamanna?« fragte ich.

»Kann sein, kann auch nicht sein.«

»Warum legst du nicht einfach den Hörer daneben?«

»Dann weiß sie, daß ich da bin.«

»Das weiß sie doch sowieso schon.«

Ich zählte 48 Klingelzeichen.

»Ich verstehe, was du meinst«, sagte ich.

»Tust du nicht.« Das erste Mal an diesem Tag sah er mich an. »Ich hab da dies kleine Problem, Schätzchen.«

»Das wird mir langsam klar.«

»Nein, wird's dir nicht.« Dann drehte er tatsächlich die Lautstärke des Fernsehers herunter. »Nicht ganz.« Er schenkte mir ein klägliches Lächeln. Gott, ich wollte ihn auf der Stelle umarmen. Und noch viel mehr. Aber ich behielt meine Hände bei mir.

Er hatte Gail in Denver bei einem seiner Rock-Konzerte getroffen. Nichts Ungewöhnliches. Du weißt ja, Schatz, er hat bei jeder Show ein Groupie. Ein One-Night-Stand, ausschlafen bis vier Uhr nachmittags und dann ab zum nächsten. Aber diesmal nicht, Freundchen. Die Woche darauf taucht sie in Seattle auf, dann in San Francisco und dann in L.A., wo sie anfängt, ihn zu Hause anzurufen. Dabei steht er *nicht* im Telefonbuch und gibt seine Nummer *nie* an seine kurzen Abenteuer raus. Also ändert er seine Telefonnummer, und ein paar Wochen lang ist alles in Butter, wie meine Schwester zu sagen pflegt. Bis eines Tages ein blauer Jeep in seiner Auffahrt parkt, und rate mal, wer am Steuer sitzt. Saul schließt sich in der Speisekammer ein.

Also fängt alles von vorn an, nur, daß sie diesmal in Restaurants auftaucht, wo er gerade um seinen Fick der Woche herumscharwenzelt. Gail steht draußen vorm Fenster und starrt hinein wie eine Schwachsinnige aus einem Munch-Gemälde. Oder er ist im Aufnahmestudio, hört: »Eine Frau will dich sehen. Sagt, sie hat einen Termin«, und ist sofort durchs Fenster und die Feuertreppe runter. Die Telefonanrufe fangen auch wieder an, ebenso wie die Soap-Opera-Nachrichten auf dem Anrufbeantworter. »Saul, ich muß dich sehen. Und du willst mich auch sehen, das spüre ich. In deinem Inneren weißt du es, Saul. Horch in dich hinein. Sei ehrlich zu dir. Sieh in dein Herz. Hab keine Angst, Saul. Hör auf, dich selbst anzulügen.« Manche Menschen haben einfach keinen Sinn für Ironie.

Da steht er also, L.A.s einziger wahrer Mann, bibbert wie eine Schale Wackelpudding und bittet von allen Leuten ausgerechnet die Polizei um Hilfe. Die aber sagen, tut uns leid, Kumpel, aber wir können unter diesen Umständen nichts machen. Hat sie Sie bedroht, Sie selbst oder Ihre Angehörigen verletzt, Ihren Besitz zerstört? Ja dann, vergessen Sie's. Also sagt Saul, ach so, wenn sie mich oder meine Freundin erschießt oder mein Haus in Brand steckt oder Säure über meinen BMW kippt, dann werden Sie etwas unternehmen? Wahrscheinlich, sagen sie.

Also hofft er darauf, daß sie ihn tätlich angreift, aber sein Wunsch wird nicht erfüllt. Dann ist sie plötzlich weg, wie vom Erdboden verschluckt, er kann's gar nicht glauben. Zwei Wochen, drei, ein Monat, fünf Monate, nichts. Aber die Freude ist nur kurzlebig, denn er verliert seinen lukrativen Super-Job. VJ will einen neuen Manager haben, eine Frau, Männer brauchen sich gar nicht erst zu bewerben. Inzwischen ist er so paranoid, daß er glaubt, Gail hätte VJ vielleicht beeinflußt. Und die Krone der ganzen Ungerechtigkeit ist dann auch noch die Katastrophe mit dem Finanzamt, die uns ja allen bekannt ist. (Er hat nie *ausdrücklich* gesagt, daß ich in der Sache meine Klappe halten sollte.) Jedenfalls, was vorbei ist, ist vorbei, und wie du ja weißt, sind Sauls Geldprobleme Schnee von gestern, Schatz. Es war nur eine dieser Phasen, haben wir doch alle mal, wenn dein guter Stern sich wie ein Mistkerl benimmt, einfach alles den Bach runtergeht und dir nichts anderes übrigbleibt, als dich eine Weile dem Buddhismus zu verschreiben, dich zu entspannen und die vorübergehenden Depressionen hinzunehmen.

Und genau das hat Saul dann auch gemacht. Auch wenn es ein bißchen zu weit ging und masochistische Züge annahm. Ich meine, nach New York zurückzukommen und so. Als ob er sich eine kleine Folter auferlegen, sich an seine jüdischen Wurzeln fesseln und selbst züchtigen wollte.

Und stell dir vor, was passiert: gerade als er im Neunten Höllenkreis angelangt ist, erscheint Gail wieder auf der Bildfläche. Entweder hat sie übersinnliche Kräfte, oder in Sauls Organisation gibt es eine undichte Stelle. Wie sonst sollte sie seine Zimmer- und Telefonnummer im »Warschau« bekommen?

»Jetzt ist die Zeit, in der du mich wirklich brauchst, Saul. Ich laß dich nicht allein, wenn du am Boden liegst und einsam bist. Sprich mit mir, Saul, ich kann dir helfen, es wird alles gut.« Immer noch derselbe Schrott. Nur, daß sie jetzt stundenlang ohne Unterbrechung vor seiner Tür sitzt. Wartet einfach. Liest noch nicht mal eine Zeitschrift oder raucht einen Joint. Sitzt einfach nur da und wartet, wie ein Hund, den man draußen vor einem »Seven-Eleven« angebunden hat.

Und New Yorks Freunde und Helfer sind auch nicht gerade scharf darauf, ihm zu helfen. Also muß Saul sich jedesmal, wenn sie vorübergehend ihre Stellung aufgegeben hat, wie ein Verbrecher aus dem Haus stehlen und mit Verpflegung wieder hereinschleichen. Dann wieder Fernseher, Zuckerdose und Mrs. Lamanna. Er versteckt sich in der Düsternis wie der Kakerlak unter den Decken.

»Scheiße, Saul«, war alles, was ich sagen konnte. Er tat mir leid, wirklich leid, aber der Gedanke, daß hier mal eins dieser vielen willigen Mädchen den Spieß umdrehte, verschaffte mir irgendwie doch eine fiese kleine Befriedigung. Ich nahm seine Hand und küßte sie, aber er sah mich trotzdem nicht an. So ist's recht, Kremen, guck ruhig weg, guck zum Fernseher, guck dir Burt Reynolds an, der auf dem Highway die Hölle los macht. Guck bloß keine richtigen Menschen an, Süßer, und egal was du tust, guck bloß mich nicht an.

Wir lagen eine Weile auf dem Bett, Saul hatte einen Arm

um mich gelegt, den anderen frei zum Zappen und Koksen. (Es muß noch irgendwas anderes in dem Zeug drin gewesen sein, ich fühlte mich nicht besonders.)

»Hast du keine anderen Videos, Saul?« flehte ich.

»Doch, ich hab *Shining, Moonraker* –«

»Ganz egal, einfach irgendwas.« Ich gab's auf. In dem Moment kam mir Stephen King vor wie *Hiroshima, Mon Amour.*

Das Telefon klingelte. Dreimal, kurze Pause, dann wieder. Ganz offensichtlich war es ein Zeichen, denn er nahm ab, fläzte sich mit seinem schönen trainierten Bauch auf das Bett, den Kopf über das Ende der Matratze gehängt, und sprach leise, ganz leise in den Hörer.

Als er wieder aufgelegt hatte, rollte er sich zu mir herüber. »Tut mir leid, Süße, mein Dealer kommt.«

Übersetzung: Verzieh dich bitte.

»Okay.« Es war mir egal; ich war jetzt auf Sauls Wellenlänge. Allerdings war ich ganz schön entsetzt, wieviel aus der Zuckerdose verschwunden war. Es war immer noch genug für drei oder vier Leute mit normalem Verbrauch drin. Aber was heißt schon normal?

Er zog mich auf sich. »Komm gegen zwei Uhr heute nacht wieder«, sagte er. Und plötzlich wälzten wir uns herum wie wollüstige Teenager im elterlichen Ehebett. Fünf Minuten später hörten wir wieder auf. Wir waren verschwitzt, mit offenen Reißverschlüssen und Knöpfen, aber rein technisch immer noch angezogen.

Er grinste zu mir hoch. »Bis um zwei dann.«

»Saul«, sagte ich, »du bist echt ein ziemlich kranker Typ.« Und ich sollte mal mein Gehirn untersuchen lassen.

Du kannst dir vorstellen, wie vorsichtig ich die Tür aufmachte, während Saul sich im Badezimmer versteckte. Neben mir regte sich etwas wie ein schlafendes Tier. Ich zog die Tür fest zu, richtig fest. Saul war eingeschlossen und in Sicherheit.

Sie saß auf dem dreckigen Teppich, die Knie an die Brust gezogen, neben sich eine weiche, schwarze Tasche, die aussah wie eine tote Fledermaus. Ich fuhr zusammen.

»Sag Saul, daß ich ihn sehen muß«, bat sie mich mit sanfter, ausdrucksloser Stimme.

»Er will dich aber nicht sehen, Gail«, sagte ich, so cool es mir unter den gegebenen Umständen möglich war. Sie wirkte nicht sonderlich groß, so in sich zusammengesackt, mit ihren dunklen Haarsträhnen im Gesicht. Sie hatte eine weite Samtjacke und schwarze Jeans an. Die Jacke war über ihre Beine gezogen, so daß ich ihre Füße nicht richtig sehen konnte, aber ich glaube, sie trug schrille Sandalen.

»Doch, will er«, sagte sie emotionslos, »er weiß es nur noch nicht.«

Sie schien nicht im geringsten auf irgend etwas eifersüchtig zu sein, was ich mit Saul angestellt haben könnte. Ich schätze, sie war inzwischen an weibliche Besucher gewöhnt. Selbst Gail begriff, daß jemand, der so süß und undurchschaubar war wie Saul, einem Verzicht in fast kosmischem Umfang abverlangte. Wenn es je einen Mann gab, dem »bitte meiden« auf die Stirn geschrieben stand …

»Vielleicht wirst du ihm fehlen, wenn du für eine Weile verschwindest.« Ich versuchte hilfreich zu sein.

»Ich fehle ihm immer. Darum bin ich ja hier. Er ist ein sehr verstörtes Wesen. Und ich verstehe ihn.«

Ich wollte gerade sagen, hör mal, Schwester, warum gönnst du ihm nicht einfach mal eine Pause, als sie mich mit diesen feuchten, braunen Augen ansah, die an Traurigkeit nur zu sehr gewöhnt waren. Als ob sie die Traurigkeit zu ihrer Wahlheimat gemacht hätte. Es machte mich ganz kribbelig und ungeduldig.

»Wie du meinst, aber du solltest echt damit aufhören.« Ich ging weg. Ich kann Masochisten nicht ausstehen. Ich meine, das Leben teilt schon genug Strafen aus. Warum sich extra noch mehr einhandeln?

Jetzt war ich richtig schlecht gelaunt und hatte auch noch das Tütchen vergessen, das Saul mir gegeben hatte, um mir die leeren Stunden zu vertreiben. Da stand ich nun, an einem heißen Samstagabend auf dem Upper Broadway, ohne Ablenkung, auf meine eigenen spärlichen inneren Reserven zurückgeworfen, einsam ausgesetzt inmitten des Abschaums, für den diese Gegend zu Recht so berühmt ist. Ich begann, dieses üble Gefühl zu entwickeln, das einen nur in New York überkommt, wenn gerade mal nicht alles gut läuft. Diese Stadt fängt jede kleine Spur einer Emotion auf und vergrößert sie unter einem riesigen Mikroskop, so daß du dich, egal wie du dich fühlst, stärker so fühlst. Verstehst du?

Ich guckte in mein Portemonnaie. Ich hatte noch 4,76 Dollar Kleingeld, also ging ich zur Telefonzelle und wartete darauf, daß der Schwarze da drin sein ziemlich intensives Gespräch beendete. Zehn Minuten später stürmte er aus der Zelle und ließ den Hörer runterbaumeln.

»Funktioniert das?« rief ich ihm nach, aber er war schon außer Sichtweite. Ich fing den Hörer mitten im Schwung auf und hielt ihn an mein Ohr. Finito. Also ging ich zurück in die Eingangshalle des »Warschau« und rief meine Freundin Muriel an, der ich schon vor drei Tagen versprochen hatte zurückzurufen.

»Hallo, Liebes. Wir haben uns schon Sorgen um dich gemacht.« Muriel designt Handtaschen. Es ist eine Art Heimproduktion. Zu der Zeit war sie geradezu irritierend glücklich, weil sie diese lesbische Freundin hatte – ihre erste – und glaubte, sich von kranken Beziehungen mit Männern befreit zu haben. Eine kranke Beziehung mit einer Frau sollte die Welt wieder in Ordnung bringen. Also hieß es jetzt »wir«.

Ich sagte, daß ich zwischen zwei Verabredungen sei, und fragte, ob ich vorbeikommen könnte, kurz duschen, ein bißchen schlafen und ob sie was zu essen für mich hätten. Oh, und ob sie wohl ein bißchen Geld hätte, um ein Taxi zu bezahlen, weil ich meins in Tribeca gelassen hatte. Sie schien mit allem einverstanden.

Muriel ist verrückt, aber lieb, mal abgesehen von ihrem geisteskranken Terrier, der wie eine haarige Ratte aussieht und die Leute in die Füße beißt. Na ja, ihre neue Freundin jedenfalls, von der sie mir vorgeschwärmt hatte, wie großartig, toll und klug sie sei und wie sehr ich sie mögen würde, war ein richtiger Drachen. Audrey war so etwas wie eine leitende Angestellte, die immer ein Kostüm zur Arbeit trug. Sie war klug, das mußte ich zugeben, und sehr strukturiert: setzte Prioritäten, folgte Tagesordnungen, solche Sachen. Und sie war ziemlich erfolgreich in der Plastik-Firma, in der sie arbeitete. Aber sie hatte absolut keinen Sinn für Humor. Gar keinen sozusagen. Dabei hatte man mit Muriel immer so gut rumalbern können. Jetzt war sie völlig dieser Obersturmbannführerin verfallen, die, wie ich schnell herausfand, ihr Leben für sie managte. Es ist schon so, daß Muriel es angenehmer findet, gesagt zu bekommen, was sie tun soll. Ich schätze, es ist einfach besser für sie, drei Mahlzeiten am Tag zu essen, vor zwölf aufzustehen, ihre Unterwäsche einzusammeln und daran zu denken, sich die Hände zu waschen, nachdem sie auf dem Klo war. Es ist auch nicht so, daß ich irgendwas *dagegen* hätte, man konnte nur vorher einfach viel mehr Spaß mit ihr haben.

Wie dem auch sei, es sickerte ziemlich schnell durch, daß ich pleite war, also luden sie mich in ein Thai-Restaurant an der First Avenue zum Essen ein. Ich muß zugeben, daß das wirklich verdammt großzügig von Audrey war. Insbesondere weil sie mich weder zu mögen schien noch mir traute und mich als eine Art anarchistisches Flittchen mit schädlichem Einfluß auf Muriel ansah, deren Vergangenheit sie ihr austreiben wollte, so viel war klar. Vielleicht hätte ich nicht ganz so unverblümt von meinem Lebensstil erzählen sollen, ich weiß nicht, was soll man machen? Muriel fand es aber amüsant, und daß ich ein freier Geist sei, den man bewundern und beneiden müsse.

Du kennst mich, ich kann nichts dagegen machen, es sprudelt einfach hervor, und natürlich erzählte ich ihnen alles von Saul und Gail und Saul und mir und Sauls schlechten Angewohnheiten und dem ganzen unglaublichen Geschehen im »Warschau«. Muriel war wie gebannt. Sie lebt eine Menge ihrer Phantasien durch mich aus (korrigiere: durch mich und den Terrier), aber warum sollte mir das etwas ausmachen? Muriel ist harmlos.

Anders als Audrey, deren Augen sich zu Schlitzen verengten, als ich diese ganze Verderbtheit beschrieb.

»Warum läßt du dich von ihm so behandeln?« unterbrach sie mich aufgebracht.

»Wie behandeln?«

»Bei seinen Befehlen gleich zu springen, zu kommen und zu gehen, wie er es dir sagt, jede seiner Launen mitzumachen.«

Ich zuckte mit den Schultern. »Es ist interessant.« Und interessant ist wichtiger als Stolz oder Scham oder was immer es war, von dem sie dachte, ich besäße es nicht. Und darum – obwohl wir ungefähr gleich alt waren, sie Sport trieb und nicht rauchte – sah sie auch zehn Jahre älter aus als ich. So.

Trotzdem, ich wollte Muriel keinen Ärger machen, und Audrey zahlte, also mäßigte ich mich und bedankte mich fast überschwenglich für das Essen. Dann duschte ich, schlief aber nicht mehr. Verrückt, daß ich das überhaupt vorgehabt hatte, aber trotz aller gegenteiligen Erfahrungen denke ich immer wieder, daß ich irgendwie das Vernünftige tun werde. Zehn vor zwei brauste ich in einem Taxi, das Audrey bezahlt hatte, durch den Central Park, den Schlüssel zu Muriels Wohnung in der Tasche. »Komm einfach wieder her, wann immer du möchtest. Wir sind da.« Verstehst du, was ich meine? Muriel konnte es gar nicht abwarten, die nächste Folge meiner West-Side-Romanze zu hören.

Ich hoffte, Gail zu sehen, bevor sie mich sah. Nicht, daß sie so furchtbar bedrohlich war, ich brauchte es nur irgendwie, im Vorteil zu sein, frag mich nicht warum. Eine Art instinktive, angeborene Vorsicht wahrscheinlich. Der Flur war jedenfalls leer, Gott sei Dank. Aber was, dachte ich, wenn Saul auch nicht da ist? Und das gleiche Gefühl, das ich schon draußen bei der Telefonzelle gehabt hatte, übermannte mich wieder. Ich fragte mich, warum ich nicht von unten aus bei ihm angerufen hatte. Wie dämlich. Manchmal – frag nicht warum, ich weiß, daß es bescheuert ist – aber manchmal gebe ich mich einfach zwanghaft meinen Angstzuständen hin.

Ich drückte das Gesicht gegen die Tür und sagte: »Alles in Ordnung, die Luft ist rein.«

Er machte die Tür einen Spalt auf, die Kette noch vorgelegt, als ob er ihr auch zutrauen würde, meine Stimme nachzuahmen. Dann schloß er auf.

»Hi, Süße«, sagte er. Und ich spazierte in seine Arme.

Zwölf Stunden später trank ich Kaffee mit Muriel, die schon wach und angezogen war und bügelte, obwohl sie normalerweise zu dieser Zeit noch in Plüschpantoffeln, T-Shirt und Baumwollunterhosen herumgeschwirrt wäre. Audreys Trainingsprogramm schlug an. Die Kommandantin war Bagels kaufen gegangen, also hatten Muriel und ich ganze fünfzehn Minuten, um Klatsch auszutauschen, während der Terrier Ike durch die Wohnung raste, als hätten sie ihm Amphetamine in sein Chappi getan.

»Und, wie findest du Audrey?« Himmel, mußte ich jetzt auch noch Lobeshymnen auf diese Ziege singen?

»Es ist nichts Falsches dabei, wenn man auf die Stimme der Vernunft hört – solange man sie auch manchmal zudröhnt.«

»Sie ist dir also nicht zugedröhnt genug?«

»Nur meine Meinung, Muriel.«

Dafür, daß sie so unbestimmt war, konnte sie Dinge wahnsinnig wörtlich nehmen. Sie lechzte nach der neuesten »Warschau«-Folge. Die Nacht hatte sich ziemlich genau wie die davor abgespielt, nur, daß wir diesmal miteinander geschlafen hatten. Das heißt, wahrscheinlich haben wir miteinander geschlafen. Ich kann mich kaum an etwas erinnern, außer daran, daß es kurz war. Sonst war da viel heftiges Petting mit Pizza-Service, Koks-, Vorspul- und Nasensprayunterbrechungen (yeah, ich war jetzt auch dabei – und da behaupte einer, Heroin mache süchtig). Außerdem zwei Anrufe von Mrs. Lamanna und wieder kein Schlaf. Du kannst dir also vorstellen, daß ich wahnsinnig angespannt war.

Außerdem war ich in der Eingangshalle des »Warschau« Gail in die Arme gelaufen. Sie sah zerzaust und abwesend aus, aber ich wußte sofort, daß sie es war und daß sie mich ansprechen würde. Ich wollte wegrennen, aber ich fühlte mich wie gelähmt, wie in einem Traum, in dem sich alles in weiches Gummi verwandelt und nirgends mehr feste Flächen sind. Sie war größer, als ich gedacht hatte, und ziemlich schlank. Sie hatte ein langes, schmales Gesicht und hätte wirklich attraktiv und exotisch aussehen können, hätte ihre Figur nicht irgendwie unproportioniert gewirkt.

»Warum läßt du Saul nicht in Ruhe?« Einen Moment lang fragte ich mich, ob sie mich gehört hatte oder ich überhaupt gesprochen hatte.

»Weißt du, er haßt dich«, bemerkte ich beiläufig.

Gail sah mich an, sehr ruhig und gelassen. Dann schenkte sie mir ein wohlwollendes Lächeln, als ob sie unendlich großes Verständnis für die Unwissenden aufbrächte, und legte mir die Hand auf den Arm. Die Hand fühlte sich schwer an, wie ein bleiernes Gewicht, das an mir zerrte, mich hinunterzog, eine ungeheure Schwerkraft, der mich zu widersetzen ich nicht die Kraft besaß. Ich riß meinen Arm los, stürzte durch die Glastüren auf die Straße hinaus und rannte zur

U-Bahn. Ich sprang in den erstbesten Zug. Er fuhr nach Uptown, also überquerte ich an der nächsten Haltestelle den Bahnsteig und fuhr direkt zu Muriel zurück. Ich freute mich wirklich, sie zu sehen. Und jemand von diesem Action-Abenteuer erzählen zu können, in dem ich eine Nebenrolle spielte und das nur noch einen Abend lief, weil ich am Dienstag nach Paris fuhr.

Aber von meinem wirklich merkwürdigen Erlebnis erzählte ich ihr nichts. Teils, weil Audrey zurückkam, teils, weil es eins der Themen war, über die ich mit Muriel einfach nicht sprach, besonders, seit sie diese neue Einstellung hatte. Ich weiß nicht mehr, wie spät es war, aber ich lag im Bett, während Saul duschte. Er kam ins Zimmer, trocknete sich ab und begann, die Überreste seiner Garderobe zu durchforschen und seine Kleiderbügel im Schrank hin- und herzuschieben. (Er hatte wirklich alles aufgegeben, dabei war er nicht mal Buddhist.) Und weißt du, ich konnte nicht aufhören, ihn anzusehen, seine Bewegungen, wie er mit etwas vorgeschobener Hüfte dastand, wie eine griechische Statue. Ich war überwältigt von seinen schönen Beinen, seiner dunklen Haut, seiner – ach, ich weiß nicht, seiner Anmut wahrscheinlich, als ich mit einem Schlag begriff, was ich da tat. Ich betrachtete ihn, wie ein Mann eine Frau betrachtet, mit Blicken, die in Wahrheit Berührungen sind. Ich wollte ihn mit den Augen einfangen, ihn zwingen, stillzuliegen, während ich etwas mit ihm anstellte, was genau, wußte ich nicht, mein Kopf war ein solches Durcheinander. Wären wir in einer Oper gewesen, ich hätte in dem Moment eine Arie singen können, etwas über Lust, Sterblichkeit und Schmerz. Ich war überrascht, wie man Begierde analysieren, sogar intellektuelle Gedanken dazu entwickeln konnte; daß es eine Art Philosophie des Körpers gab, von deren Existenz ich bisher nichts gewußt hatte und jetzt plötzlich doch, obwohl ich sie vielleicht nie ganz verstehen würde. Und ich fragte mich, ob es besser sei, sie zu kennen oder lieber ahnungslos zu bleiben. Es schien eine Distanz zwischen mir und Saul aufzubauen, und das wollte ich nicht. Er war auch so schon weit genug entfernt. Auf seinem eigenen Planeten. Der Kleine Prinz, Herrgott noch mal.

Er muß meine Gedanken gelesen haben, denn er lächelte, kam zum Bett herüber, nahm meine Hand und küßte die Handfläche. Ich fühlte diese ganze Zärtlichkeit in mich eindringen, von seiner Hand in meine übergehen, durch mich hindurchgleiten wie ein sanfter Strom in meinen Adern. Ich merkte nicht, wie fest wir unsere Hände umschlossen hielten, bis er losließ, um sich seine Fernbedienung zu greifen und den Fernseher anzustellen. Sauls Tag war wieder in vollem Gange.

Gerade als die Bagels eintrafen, klingelte das Telefon. Es war Saul, der mir sagen wollte, daß er seinen Dealer erwartete und ich deshalb nicht vor vier vorbeikommen sollte. Brauchte er etwa jetzt schon mehr von dem Zeug, oder bekam er anderen Stoff? Wieviel Geld er auch übrig haben mochte, es wurde ganz eindeutig für Drogen ausgegeben, und das war einer der Gründe für seine Lebensweise. Minimale Aktivität heißt minimale Ausgaben. Auf eine perverse Art und Weise tat Gail ihm sogar einen Gefallen.

Ich hatte also ein paar Stunden, um zu schlafen, aber natürlich konnte ich es nicht. Ich aß einen Bagel mit Cream Cheese und legte mich dann mit zuckenden Gliedern im Gästezimmer hin, während meine Gedanken sich in einem liebestollen Tanz im Kreis drehten – der Tarantella, dem Funky Chicken ... Ich konnte es gar nicht abwarten, wieder zu Saul zurückzukehren, und dachte keine Minute daran, daß ich am Dienstag aus New York abreisen würde. Das Leben war auf Gegenwartsmodus gestellt, genau wie ich es mag. Diese ganzen Leute, bei denen ich mich hätte melden sollen – alte Freunde, Familie –, weißt du, es war mir völlig egal. Gegen Saul wirkte alles andere wie eine Klosterschule.

Um vier Uhr dreißig war ich zurück bei Aladin in seiner Höhle. Wir guckten fast zwölf Stunden fern, mit den üblichen Unterbrechungen wie Sex und Möbelrücken von Mrs. Lamanna. Ich hatte noch nie die Strip Shows im Spätprogramm gesehen, und Saul machte sich ernsthaft Sorgen über diese kulturelle Bildungslücke. Er fand, man müsse immer auf dem neuesten Stand sein. Man darf nicht irgendwo stehenbleiben, sagte er, sich nicht irgendwo in einer Nische verkriechen. Kein Kommentar, Saul.

Wir sahen einer vierundsechzigjährigen Oma aus Flushing dabei zu, wie sie sich ein Superwoman-Kostüm auszog, als das Telefon zu klingeln begann. Es klingelte weiter, während so ein schwuler Typ aus White Plains in einem straßbesetzten Sackschutz die Hüften kreisen ließ und dabei nicht aufhörte, von seinen tropischen Fischen zu erzählen. Er war wirklich witzig und hatte einen super Arsch, und ich dachte mir, was für ein phantastischer Ort New York doch sei, und daß ich vielleicht doch wieder hierherziehen sollte. Das Problem wäre dann nur, daß ich keinen Ort mehr hätte, an den ich zurückkehren könnte, verstehst du? Dann fiel mir plötzlich Brucie wieder ein. Ich hoffte, daß es ihm gutging, und nahm mir ganz fest vor, als allererstes morgen früh Irwin anzurufen.

Wir hatten soviel Spaß, daß ich das Telefon fast gar nicht bemerkte. Nach ungefähr fünf Minuten hörte es auf. (Wahrscheinlich Gail.) Auf Saul hatte es keinen Effekt, er hatte das Bewußtsein verloren. Die Unterzeichnete saß noch weiter kichernd da und futterte sich durch eine Tüte Doritos. Um halb sieben war Saul immer noch bewußtlos, also schrieb ich ihm einen Liebesbrief und ging. Audrey war bestimmt ins Büro gegangen, also konnten Muriel und ich zusammen frühstücken, und vielleicht würde ich dann endlich etwas Schlaf bekommen, während Muriel an dieser Handtasche in Form eines Pandas weiterarbeitete. Ach ja, und ich würde definitiv Irwin anrufen.

Ich überprüfte den Flur und schloß die Tür, so leise es bei all den rasselnden Ketten möglich war. Abgesehen von einem Staubsauger irgendwo über mir war alles ruhig. Ich wartete auf den Fahrstuhl. Die Türen gingen auf. Drei oder vier Nachtschwärmer, die wahrscheinlich auf dem Weg zurück in ihre Löcher waren, standen an die Wände gelümmelt da. Sie gingen zur Seite, und heraus trat Gail.

Sie hatte sich eine Ponyfrisur gemacht, trug riesige Ohrhänger und Lederhosen. Unter ihren Augen zeichneten sich dunkle Ringe ab.

»Die Bar ist geöffnet«, sagte sie mit dieser leisen, geistesabwesenden Stimme, die man nur an der Westküste hört. »Laß uns was trinken gehen.«

Ich war völlig fertig und absolut nicht in der Verfassung für eine solche Konfrontation. Ich würde wieder wegrennen. Nach Hause zu Muriel gehen. Selbst Audreys Anblick wäre eine Wohltat. Ich wollte absolut nichts weiter als abhauen.

»Klar«, antwortete ich und gesellte mich zu dem Freaksortiment im Fahrstuhl. Siehst du? Immer handle ich entgegen meinen Interessen. Und es war nicht so, daß ich nicht gewußt hätte, was sie waren. Als ich zu Gail in den Aufzug schlüpfte, war ich mir absolut im klaren darüber, daß es zu einem Denouement kommen würde, an dem ich nicht unbedingt beteiligt sein wollte. Bloß, wie schon gesagt, es war alles so interessant.

Sie wollten uns um diese Zeit am Morgen keine Margaritas mixen, also bestellten wir beide Bourbon und Soda.

»Normalerweise trinke ich nicht«, sagte Gail, »aber ich brauche das jetzt wirklich.«

»Wie kommt's?«

»Um mir Mut zu machen.«

Sie kam mir auch so schon ziemlich mutig vor, wenn man bedenkt, daß mutig und verrückt eng beieinander liegen, wenn nicht sogar dasselbe sind.

»Du mußt mir mit Saul helfen.«

»Ich?«

»Ich weiß, daß du es kannst.«

»Mein Gott, du weißt aber auch alles – daß er dich insgeheim braucht, daß du sein Schicksal bist, und jetzt auch noch, daß ich dir diesen ziemlich großen Gefallen tun werde. Obwohl Saul und ich –«

»Saul und du, ihr seid Freunde.« Soll heißen: »nur«.

»Und warum glaubst du das?« Ich wurde feindselig. »Oh, Verzeihung, ich vergaß, du bist ja allwissend.«

Sie überging meinen Tonfall. »Er verleumdet sein wahres Ich. Darum ist er so unglücklich.«

»Möglich«, gestand ich ein.

»Du mußt ihn überreden, mich zu treffen.«

»Du bist verrückt.«

»Du kannst es.« Sie nahm einen großen Schluck. »Ich weiß, daß du es tun wirst. Und es wird funktionieren.«

Ich war beeindruckt von ihrer Hartnäckigkeit. In einem Dunst aus heimtückischen Chemikalien und Nasenspray und Sex und Bourbon und Schlaflosigkeit begann sich etwas in meinem Hinterkopf zu regen. Eine träge, verschlafene Ahnung, die kurz davor stand zu gähnen, sich zu recken, aufzustehen und einen Spaziergang zu meinem Großhirn zu unternehmen. Meine Augen waren voller Staub, ich dachte überhaupt nicht an meine türkise Wimperntusche und rieb sie.

»Edie –«

»Woher weißt du, wie ich heiße?«

»Von Saul.«

»Jaaa. Na klar.«

»Ihr seid Freunde.«

»Das sagtest du bereits.«

»Also tu es für ihn.«

»Du meinst, ich soll es für *dich* tun.«

Sie seufzte. »Paß auf Edie –«, setzte sie wieder an.

»Ich will dir nicht helfen. Ich will nicht mit dir reden. Ich will dich nicht sehen. Kapiert?« Ich machte Anstalten zu gehen.

Sie legte ihre Hand auf die meine, um mich aufzuhalten, und ich spürte das gleiche Gewicht und die gleiche Kraft wie am Tag zuvor. Das gleiche Gefühl von Bedrängnis. Oder vielleicht war es die Last des Wissens. (Gibt es diesen Ausdruck oder habe ich ihn mir gerade ausgedacht?) Ich wollte eine große, theatralische Geste daraus machen, ihre Hand nehmen und mit Nachdruck auf den Tisch zurücklegen. Ich hob sie hoch und sah sie an. Ich sah ein zweites Mal hin, genauer. Dann begriff ich.

»Okay, du hast also einen Kerl gefickt. Was ist daran so schlimm?«

»Was daran schlimm ist? Er sitzt nur Tag und Nacht vor meiner Tür und hört nicht auf, mich anzurufen. Falls du es nicht bemerkt hast, Süße, ich führe ein Eremitendasein.«

»Okay. Das nervt.«

Wir saßen uns nackt auf dem Bett im Schneidersitz gegenüber, die Dose in der Mitte. Der Videorecorder lief, aber der Ton war aus. Wir hatten wichtige Dinge zu besprechen.

»Abgesehen davon mag ich es nicht, wenn man mich so verarscht.«

»Wer mag das schon. Aber eine Frau hätte genau das gleiche machen können.«

»Das ist mir klar.«

»Vielleicht solltest du versuchen zu verhandeln. Nur mal versuchen. Hast du das schon mal versucht?«

»Verhandeln! Was gibt es da zu verhandeln. Ich will, daß dieser Widerling aus meinem Leben verschwindet. Und damit hat sich's.«

»Saul, ich mag dich wirklich und alles, aber ernsthaft, du übertreibst. Okay, deine Männlichkeit ist in Frage gestellt worden, das versteh ich. Aber geh doch mal ein bißchen aus dir heraus, vielleicht läßt sie dich dann in Ruhe.«

»Du kennst sie nicht.«

»Du vielleicht auch nicht. Vielleicht ist es mal an der Zeit, daß du deine eigenen Beweggründe analysierst, dann –«

Er nahm die Fernbedienung und stellte den Ton an.

Schön, schön, der Frauenheld war also flachgelegt worden. Okay, er kommt damit nicht klar. Ich kann ihn nicht zwingen. Ich dachte darüber nach, was für ein Mysterium mein alter Freund Saul doch war, und ob sich der Versuch lohnte, seinen Fall zu knacken. Dann war es Zeit für all die *wirklichen* Irren, die da draußen, an den Rändern der Metropole, die uns ihre Ansichten über Drogen, Schwule, Abtreibung, den Präsidenten, UFOs und die Bedeutung des Dickdarms für das gesundheitliche Befinden kundtaten. Er stellte also den Fernseher an und machte es sich für zwei Stunden mit der Demenz anderer Leute bequem. Ich konnte nachvollziehen, warum all dieses Salbadern und Schwafeln für ihn so reizvoll war. Im Vergleich dazu muß er sich normal vorgekommen sein.

Schließlich sackte er weg. Wie gewöhnlich glitt ich nur in einen Halbschlaf. Ich hatte immer noch nicht herausgefunden, wie die Fernbedienung funktionierte. Also ging ich ins Bad, stopfte mir zwei Klopapierpfropfen in die Ohren und ging zurück ins Bett. Ich lag mit Saul in meinen Armen und driftete von Zeit zu Zeit ab ins Unbewußte.

Ich sag dir was: Ich wollte wirklich gern mit Saul zusammensein, aber ich sah auch, daß er in eine Situation gelangt war, in die ich ihm nie folgen konnte. Außerdem machte sein Lebensstil mich krank. Gegen vier Uhr morgens stand ich auf und zog mich an.

»Mach's gut, Geliebter«, flüsterte ich und küßte ihn auf die Stirn. »Bis zum nächsten Mal.«

Er versuchte, mich ins Bett zurückzuziehen, ohne dabei richtig aufzuwachen. Er tat es automatisch, griff in seinen Träumen nach dem nächstbesten Körper, genau wie er es im Leben tat.

Ich trat in den Flur hinaus, und da saß Gail, zusammengekauert neben der Tür, in dieser Samtjacke, das Haar im Gesicht. Sie sah mit diesem leidenden Blick zu mir auf. Unsere Schmerzensfrau. Oh, nein. Wir sagten nichts, starrten uns nur an. Ich schulterte meine Umhängetasche, wandte mich dem Fahrstuhl zu und hielt inne. Und weißt du, was ich dann tat? Das habe ich noch nie jemandem erzählt: Ich ließ die Tür auf.

Die Wohnung war vollkommen ruhig, als ich zurückkam. Sogar der Terrier schlief. Ich setzte mich aufs Sofa und weinte eine Weile, kein großes Gejammer oder so, mehr, um die Tränen zu genießen. Meine interessante Romanze mit Saul hatte sich als die kürzeste Affäre der Welt herausgestellt. Wir würden wieder einfach Freunde werden, nahm ich an. Und das war okay, ehrlich, nur fragte ich mich immer wieder, was passiert wäre, wenn ich wieder zu ihm ins Bett gegangen wäre. Nichts wahrscheinlich. Na ja, mit *ihm* würde jedenfalls etwas passieren; genauer gesagt passierte es ihm wahrscheinlich gerade jetzt.

Ich hörte auf zu weinen. Ich hatte Hunger. Bärenhunger. Ich machte den Kühlschrank auf und fand einen Rest Broccoli-Quiche, eine hart gewordene Brie-Ecke und ein nicht mehr ganz frisches Stück Schokoladentorte. Ich setzte mich im Dunkeln an den Tisch und aß alles bis auf den letzten Krümel auf.

Ist doch schön hier draußen, oder? Auf meiner winzigen Südterrasse. Weißt du, ich hab echt Glück gehabt, dieses Haus zu finden. Meine Freunde haben alle gesagt, ich würde nie ein Darlehen bekommen. Hab ich aber doch, dank Darren. Weißt du, alle beschweren sich immer über die Vororte, aber die sind nicht annähernd so langweilig, wie immer gesagt wird. Und zum Einkaufszentrum ist es auch nicht weit.

Ich hab Saul noch ein paarmal gesehen. Ich hab ihn angerufen, sobald ich in Paris angekommen war, aber es hat niemand abgenommen, und ich hab mir schon Sorgen gemacht, ob es vielleicht eine Schlägerei gegeben hat oder so. Aber das ist nicht sein Ding, die ganzen Bemerkungen über Mrs. Lamanna kannst du vergessen. Ein paar Monate später rief er mich an und tat, als ob überhaupt nichts Merkwürdiges geschehen sei. Er war freundlich, aber ein bißchen gereizt. Saul ist super, oder? Ein schlimmer Junge, aber ein guter Kerl. Ich hab ihn nach Gail gefragt, aber er wollte immer noch nicht darüber reden. »Gail ist weg« war alles, was er dazu sagte. Daraus schließe ich, daß sie jemand anderen gefunden hat, den sie quälen kann. Oder vielleicht hatten sie auch die Affäre, die sie von Anfang an hätten haben sollen. Ich weiß, daß das komisch klingt, aber ich hoffe, daß es Gail gutgeht. Nicht jeder Mann ist so wenig gewalttätig wie Saul. Auch wenn Lamanna ihn vielleicht doch dazu getrieben hätte, einen Mord zu begehen, wenn er nicht ein paar Monate später vom »Warschau« in eins dieser Hochhäuser ein Stück weiter die Columbus Avenue raufgezogen wäre. Und weißt du was? Er hat geheiratet. *Geheiratet,* echt wahr. Eine Shirley Baines, eine kleine blonde Schickse aus Neptune, New Jersey. Junge. Jetzt wohnt er in Westchester und verkauft Versicherungen. Absolut clean, das schwört er. Und drei Kinder.

Mmmmmmm. Schon schön hier draußen. Sag mal, wie sind wir überhaupt auf das Thema Saul Kremen gekommen vorhin?

Ruth Rendell

Die neue Freundin

»Du weißt, was wir das letzte Mal gemacht haben?« sagte er.

Auf diesen Anruf hatte sie seit Wochen gewartet. »Ja.«

»Wie wär's mit einer Wiederholung? Hättest du Lust dazu?«

Das hatte sie, wollte aber auch nicht allzu eifrig auf seinen Vorschlag eingehen. »Warum nicht?«

»Dann am Freitag nachmittag, ja? Ich habe den ganzen Tag frei, und Angie fährt am Freitag immer zu ihrer Schwester.«

»Nicht *immer*, David.« Sie kicherte.

Auch er lachte kurz auf. »Aber diese Woche fährt sie. Ob wir wohl deinen Wagen nehmen können? Angie braucht unseren.«

»Aber klar doch. Ich hol dich gegen zwei ab, ja?«

»Ich lasse die Garage offen, damit du direkt hineinfahren kannst. Ach, und noch etwas, Chris – richte es so ein, daß du ein bißchen länger bleiben kannst. Ich wäre so gern einen ganzen Abend mit dir zusammen.«

»Ich will's versuchen«, sagte sie und dann: »Ich kann's bestimmt einrichten, ich sag Graham einfach, ich treffe mich mit meiner neuen Freundin.«

Er sagte auf Wiedersehen, und er freue sich auf den Freitag. Christine legte den Hörer auf. Sie hatte es fast aufgegeben gehabt, auf seinen Anruf zu warten. Trotzdem mußte noch ein Körnchen Hoffnung in ihr gewesen sein, denn sie hatte den Hörer nie neben den Apparat gelegt, wie es ihre Gewohnheit war.

Das letzte Mal hatte sie es an einem Donnerstag vor drei Wochen getan, an dem Tag, an dem sie Angie besuchen wollte und David allein zu Hause gewesen war. Christine hatte sich angewöhnt, den Hörer in der Tagesmitte neben den Apparat zu legen, um nicht ständig Anrufe für die Midlandbank entgegennehmen zu müssen. Ihre Telefonnummer unterschied sich nur um eine Zahl von der der Bank. An den meisten Tagen nahm sie den Hörer um halb zehn ab und legte um halb vier wieder auf. Am Donnerstagnachmittag ging sie fast regelmäßig zu Angie und kümmerte sich nicht um das Telefon.

Christine kannte Angies Mann ziemlich gut. Wenn sie an den Donnerstagen ein bißchen länger blieb, sah sie ihn, sobald er aus der Arbeit kam. Manchmal gingen sie und Graham, Angie und David zu viert aus. David war Firmenvertreter wie Graham – oder Verkaufsrepräsentant, wie er sich lieber nannte, und nach dem Lebensstandard ihrer Freundin zu schließen, mußte er wesentlich erfolgreicher sein als Graham. Sie hatte ihn nie besonders anziehend gefunden, denn obwohl er groß war, wirkte er irgendwie mädchenhaft und hatte hellblondes, welliges Haar.

Graham war ein schwer gebauter, sehr dunkler Mann mit dunkel gebräunter Haut. Er mußte sich zweimal täglich rasieren. Christine war mit ihm gegangen, seit sie fünfzehn gewesen war, und an ihrem achtzehnten Geburtstag hatten sie geheiratet. Sie hatte nie einen anderen Mann näher gekannt, und wenn sie jetzt mit einem Mann allein war, war sie verlegen und fürchtete sich vor ihm. Sie hatte Angst, daß ein Mann über sie »herfallen« könnte, und der Gedanke allein erschreckte sie. Lange Zeit trug sie ein Taschenmesser in ihrer Handtasche herum, für den Fall, daß sie sich verteidigen mußte. Als sie eines Abends mit ein paar Freunden von Graham aus gewesen waren und sie ein paar Gläser getrunken hatte, vertraute sie ihm ihre Ängste an.

Er sagte, sie sei albern, schien sich jedoch zu freuen, daß sie so empfand.

»Als du weggingst, um mit diesen Leuten zu reden und ich mit John allein blieb, war mir furchtbar zumute. Ich war schrecklich nervös und wußte nicht, was ich mit ihm reden sollte.«

Graham brüllte vor Lachen. »Willst du damit etwa sagen, daß du gedacht hast, der gute alte John könnte versuchen, dich mitten in einem überfüllten Restaurant zu vergewaltigen?«

»Ich weiß nicht«, antwortete Christine. »Ich weiß nie, was sie tun werden.«

»Solange du dich nur nicht vor dem fürchtest, was ich tue«, sagte Graham und fing an sie zu küssen. »Alles andere ist unwichtig.«

Es hatte keinen Sinn, ihm jetzt – zehn Jahre zu spät – noch zu sagen, daß sie sich vor dem fürchtete, was er tat. Daß sie sich immer davor gefürchtet hatte. Natürlich hatte sie sich inzwischen daran gewöhnt, hatte keine panische Angst davor. Sie ließ es resigniert über sich ergehen und fand es manchmal sogar recht lustig. David war jedoch der einzige Mann, bei dem sie sich wohl fühlte, wenn sie mit ihm allein war.

Beim erstenmal, an jenem Donnerstag, an dem Angie zu ihrer Schwester gefahren war und Christine telefonisch nicht erreicht hatte, um ihr abzusagen, hatte sie sich bei ihm wohl gefühlt. Und hinterher war sie glücklich und sorglos gewesen, obwohl das, was vorgegangen war, ihr am nächsten Tag wie ein Traum vorkam. Es schien einfach unglaublich. Schon ziemlich bald hatte er gefragt:

»Wirst du es Angie erzählen?«

»Nicht, wenn du es nicht willst.«

»Ich glaube, es würde sie aufregen, Chris. Es könnte sogar das Ende unserer Ehe bedeuten. Siehst du …« Er zögerte. »Siehst du, es war das erste Mal, daß ich … Ich meine, bisher hat niemand …« Er hatte ihr tief in die Augen gesehen. »Dem Himmel sei Dank, daß du es warst!«

Am nächsten Donnerstag hatte sie Angie besucht, wie gewöhnlich. In der Zwischenzeit hatte sie von David kein Wort gehört. Sie war lange geblieben, um ihn zu sehen, und ihr war vor lauter Spannung ein bißchen übel geworden. Als er hereinkam, hatte sie Herzklopfen bekommen.

Er sah ganz anders aus als am vergangenen Donnerstag, als er am Tisch gesessen und bei Radiomusik gelesen hatte. Er trug einen grauen Flanellanzug und eine graue, gestreifte Krawatte. Als Angie das Zimmer verließ, war Christine mit ihm eine Minute allein, und sie fühlte das Aufflackern jener Wachsamkeit, die der Vorläufer ihrer Angst war. Er brachte ihr einen Drink. Sie sah auf, begegnete seinem Blick, und alles war in Ordnung. Er lächelte ihr mit Verschwörermiene zu und legte den Zeigefinger auf seine Lippen.

»Ich ruf dich an«, flüsterte er ihr zu.

Sie mußte aber noch zwei Wochen warten. In der Zwischenzeit war sie zweimal bei Angie, und Angie war zweimal bei ihr. Dann gingen sie zu viert zusammen aus, und während Graham die Drinks holte und Angie sich hinter der Tür mit der Aufschrift *Damen* aufhielt, sah David sie lächelnd an und berührte unter dem Tisch ihren Fuß ganz leicht mit dem seinen.

»Ich ruf dich an, ich hab's nicht vergessen.«

An einem Mittwoch rief er schließlich an. Am nächsten Tag erzählte Christine ihrem Mann, sie habe eine neue Freundin, ein Mädchen aus ihrer Firma. Am Freitag wolle sie mit dieser neuen Freundin ausgehen und komme nicht vor elf zurück. Sie hatte große Angst, daß er den Wagen nehmen würde – der *ihm* beziehungsweise der Firma gehörte –, aber zufällig hatte er den ganzen Tag im Büro zu tun, und dann fuhr er immer mit dem Zug. Christine hatte kein schlechtes Gewissen, weil sie ihn anlog, denn es handelte sich ja nicht um eine schmutzige Affäre. Es war ganz anders.

Am Freitag zog sie sich sehr sorgfältig an. Wenn sie zu Angie ging, trug sie normalerweise Jeans, ein T-Shirt und darüber einen Pullover. Das hatte sie auch das erste Mal angehabt, als sie mit David allein gewesen war. Jetzt schlüpfte sie in Rock und Bluse und holte ihre schwarze Samtjacke aus dem Schrank. Sie nahm die vorgeheizten Wickler aus dem Haar und bürstete es zu Locken, die ihr offen auf die Schultern fielen. Für Kleidung konnte sie nie viel ausgeben, dazu war nicht genug Geld da. Die Hypothek für das Haus fraß ein Drittel von Grahams Verdienst und die Hälfte des Gehalts, das sie für ihren Halbtagsjob bekam. Aber sie konnte sich eine schwarze Strumpfhose leisten, zu der sie die Schuhe mit den höchsten Absätzen trug, die sie besaß – ihre schwarzen Pumps.

Das Tor von Angies und Davids Garage stand weit offen, und der Wagen war nicht da. Christine bog in die Zufahrt ein, fuhr in die Garage und machte das Tor hinter sich zu. Eine Tür am Ende der Garage führte auf den Hof und in den Garten hinter dem Haus. Die Küchentür war unverschlossen wie am Donnerstag vor drei Wochen und eigentlich an jedem Donnerstagnachmittag. Sie machte die Tür auf und trat in die Küche.

»Bist du das, Chris?«

Die Stimme klang männlich. Nur sein Anblick konnte ihre Unruhe beschwichtigen. Als sie in der Halle stand, kam er die Treppe herunter.

»Du siehst bildhübsch aus«, sagte er.

»Du aber auch.«

Er trug ein Kostüm aus marineblauer Seide mit einem Muster aus hellroten und weißen Blumen. Der Rock war sehr kurz, die Jacke mit einem breiten marineblauen Wildledergürtel an der Taille eng geschnürt. Das lange goldblonde

Haar fiel ihm über die Schultern, er war stark geschminkt und hatte sich diesmal auch die Fingernägel lackiert. Er war viel schöner als das erste Mal.

Damals, vor drei Wochen, hatte laute Radiomusik Christines Eintritt übertönt, und sie hatte plötzlich vor diesem Mädchen gestanden, das am Tisch gesessen und in der *Vogue* gelesen hatte. Im ersten Moment hatte sie geglaubt, es sei Davids Schwester. Sie hatte vergessen, daß Angie ihr erzählt hatte, David sei ein Einzelkind. Das Mädchen hatte langes blondes Haar und trug ein rotes, getupftes Sommerkleid, weiße Sandalen und um den Hals eine weiße Perlenkette. Als Christine sah, daß sie kein Mädchen, sondern David vor sich hatte, wußte sie nicht, wie sie reagieren sollte.

Stumm und reglos hatte er sie angestarrt und dann das Radio ausgeschaltet. Und dann hatte Christine etwas absolut Albernes, in dieser Situation ganz und gar Unangebrachtes gesagt:

»Was machst du um diese Zeit zu Hause, David?«

Darüber hatte er lächeln müssen. »Ich bin fertig für heute, also habe ich mir den Rest des Tages freigenommen. Ich hätte die Hintertür abschließen müssen. Aber setz dich, da du schon mal hier bist.«

Sie setzte sich. Sie mußte ihn ununterbrochen ansehen. Er sah nicht aus wie ein als Mädchen verkleideter Mann, er sah aus wie ein Mädchen und war viel hübscher als sie oder Angie.

»Weiß Angie Bescheid?«

Er schüttelte den Kopf.

»Aber warum tust du es?« platzte sie heraus und sah sich im Zimmer um, in Angies kleinem, unordentlichem Wohnzimmer, betrachtete das Radio, das Exemplar der *Vogue*. »Was hast du davon?« Plötzlich fiel ihr etwas ein, das sie in einem Illustriertenartikel gelesen hatte. »Hat deine Mutter dir Mädchenkleider angezogen, als du noch klein warst?«

»Ich weiß nicht«, erwiderte er. »Vielleicht. Ich erinnere mich nicht. Ich will kein Mädchen sein. Ich ziehe mich nur gern manchmal wie ein Mädchen an.«

Der erste Schock war vorüber, und sie fand zu ihrer alten Ungezwungenheit zurück. Sein Aussehen hatte nichts Groteskes. Er erinnerte sie auch nicht an einen dieser Männer, die auf der Bühne Frauen darstellten. Ihr kam der sonderbare Gedanke, daß es *schöner* und irgendwie kultivierter war, eine Frau zu sein, und wenn alle Männer den Frauen ähnlicher gewesen wären ... Das war natürlich albern, es war unmöglich.

»Und es genügt dir, dich schick zu machen und allein hier zu sitzen?«

Er antwortete nicht sofort. Dann meinte er: »Da du schon fragst – am liebsten würde ich ja so ausgehen, und ...« Er unterbrach sich und sah sie an. »Am liebsten möchte ich, daß viele Leute mich so sehen. Bisher hatte ich noch nie die Courage dazu.«

Die kühne Idee kam ihr, ohne daß sie einen Moment überlegen mußte. Sie wollte es tun, und sie begann vor Erregung zu zittern.

»Komm, dann gehen wir eben aus, du und ich. Und zwar jetzt sofort. Ich fahre mein Auto in eure Garage, damit du einsteigen kannst, ohne daß die Nachbarn dich zu sehen bekommen, und dann fahren wir irgendwohin. Genau das tun wir jetzt, David. Einverstanden?«

Sie wunderte sich hinterher, daß es ihr so großen Spaß gemacht hatte. Nach außen hin war es doch nichts anderes als ein Spaziergang zweier Mädchen in Hampstead Heath. Hätte Angie ihr den Vorschlag gemacht, hätte sie gedacht, daß sei eine trübsinnige Art, einen Nachmittag zu verbringen. Aber mit David ... Es hatte ihr nicht einmal etwas ausgemacht, daß er viel besser angezogen, größer, hübscher und anmutiger war als sie. Es störte sie auch jetzt nicht, als er die Treppe herunter auf sie zukam und vor ihr stehenblieb.

»Was unternehmen wir heute?«

»Diesmal gehen wir nicht in den Park«, antwortete er. »Machen wir einen Einkaufsbummel.«

In einem der großen Warenhäuser kaufte er sich eine Bluse. Christine ging mit ihm in die Kabine, und er probierte die Bluse an. Später gingen sie doch in den Park. In den Hyde Park diesmal. Später am Abend aßen sie in einem Restaurant, und Christine stellte fest, daß sie die einzigen Frauen ohne männliche Begleitung waren.

»Ich bin dir dankbar«, sagte David und legte auf dem Tisch die Hand über die ihre.

»Es macht mir Spaß«, antwortete sie. »Es ist so – verrückt. Es macht mir wirklich einen Heidenspaß. Aber du solltest meine Hand lieber nicht festhalten. Der Mann dort drüben guckt schon komisch.«

»Aber Frauen halten sich bei den Händen«, wandte David ein.

»Nur *diese* Sorte Frauen. – David, das könnten wir doch an jedem Freitag machen, an dem du nicht arbeiten mußt.«

»Warum nicht?« sagte er.

Es gab nicht den geringsten Grund für Schuldgefühle. Sie tat Angie nicht weh und war Graham nicht untreu. Sie ging nur ganz harmlos mit einem anderen Mädchen aus. Graham interessierte sich nicht für ihre neue Freundin, er fragte nicht einmal, wie sie hieß. Christine begann sich nach den Freitagen zu sehnen, konnte sie kaum erwarten – besonders nicht jenen Moment, in dem sie Angies Haus betrat und David die Treppe herunterkam, und auch nicht jenen Moment, in dem sie aus dem Wagen stiegen und er die ersten Blicke auf sich zog. Sie besuchten den Holland Park; sie gingen in den Zoo, in die Kew Gardens. Im Kino legte der Mann auf dem Nachbarsitz David die Hand aufs Knie. David war begeistert, es war ein Triumph für ihn, aber Christine flüsterte ihm zu, sie müßten die Plätze wechseln, und das taten sie auch.

Wenn sie sich am Ende eines Abends trennten, küßte er sie

zart auf die Lippen. Er duftete nach *Alliage*, *Je Reviens* oder *Opium*. Im Lauf des Nachmittags gingen sie gewöhnlich in eines der großen Kaufhäuser und besprühten sich aus den Probierflaschen.

Angies Mutter lebte im Norden Englands. Da sie nach einer Operation noch erholungsbedürftig war, fuhr Angie zu ihr, um sie zu pflegen. Sie rechnete damit, zwei Wochen auszubleiben, und in der zweiten Woche ihrer Abwesenheit mußte Graham mit dem Verkaufsmanager seiner Firma nach Brüssel reisen.

»Wir könnten übers Wochenende wegfahren«, sagte David.

»Graham ruft bestimmt an«, wandte Christine ein.

»Dann nur für eine Nacht. Nur von Samstag auf Sonntag. Du kannst ihm sagen, daß du mit deiner neuen Freundin ausgehst und erst spät nach Hause kommst.«

»Na schön.«

Sie war traurig, weil sie nichts Hübsches zum Anziehen hatte. David hatte eine kleine, aber sehr elegante Auswahl an Kostümen, Kleidern, Schuhen, Schals und schöner Unterwäsche. Er bewahrte sie in einem Schrank im Büro auf, zu dem nur er einen Schlüssel hatte. Hin und wieder nahm er in seinem Aktenkoffer das eine oder andere Stück heimlich nach Hause mit und brachte es auf demselben Weg wieder zurück ins Büro.

Christine fand es einfach ungerecht, daß sie in ihrem grauen Flanellrock, der weißen Seidenbluse und der schwarzen Samtjacke wegfahren sollte, während David in einem Kleid von Zandra Rhodes erschien. In einem Anfall von Leichtsinn kaufte sie sich für zwei Wochengehälter ein Leinenkostüm.

Sie fuhren mit Davids Wagen. Er hatte alle Vorbereitungen übernommen, und Christine dachte, ihr Ziel sei ein Motel, ungefähr zwanzig Meilen außerhalb von London. Sie hatte geglaubt, es sei David ziemlich gleichgültig, wohin sie fuhren. Doch er überraschte sie durch seine Wahl eines Hotels in einem dreihundert Jahre alten Haus an der Küste von Suffolk.

»Wenn wir's schon tun, dann auch mit Stil«, sagte er.

Sie fühlte sich bei ihm geborgen, und sie war sehr glücklich. Immer wieder versuchte sie sich vorzustellen, was sie empfinden würde, wenn sie jetzt unterwegs wäre, um eine Nacht mit ihrem Geliebten in einem Hotel zu verbringen? Wenn die Person neben ihr kein schwarz und weiß gemustertes Seidenkleid mit scharlachroter Jacke, sondern einen Männeranzug mit Hemd und Krawatte getragen hätte? Wenn das Gesicht, das sie so gern ansah, nicht mit Rouge und Maskara geschminkt und gepudert, sondern rauh und nicht mehr ganz frisch rasiert gewesen wäre? Es gelang ihr nicht, sich das vorzustellen. Eigentlich konnte sie nur daran denken, daß sie dann wohl an der ersten roten Ampel aus dem Wagen springen würde.

Sie hatten nebeneinanderliegende Einzelzimmer. Sie waren sehr klein, aber Christine sah ein, daß ein Doppelzimmer für David ein paar Peinlichkeiten mit sich gebracht hätte, da er sich irgendwann einmal – sie dachte höchst ungern daran – rasieren und ausziehen, sich gewissermaßen in seinen Urzustand zurückversetzen mußte.

Als sie ihr Nachthemd und das zweite Paar Schuhe auspackte, kam er herein und setzte sich aufs Bett.

»Das macht Spaß, nicht wahr?«

Sie nickte, blinzelte ihr Spiegelbild an und bearbeitete ihre Lider mit einer kleinen Bürste. David schminkte sich die Augen immer sehr schön. Sie drehte sich zu ihm um und lächelte.

»Komm, jetzt gehen wir runter und trinken etwas«, sagte er.

Der Speisesaal, die Bar, die Hotelhalle hatten niedrige Balkendecken und geschnitzte Wandtäfelungen. David sagte, es sei eine Täfelung mit Faltwerkfüllung. An den Wänden hingen goldgerahmte alte Landkarten und Jagdszenen, und auf den Tischen standen kupferne Krüge mit Rosen. Hohe, weit geöffnete Türen führten auf eine Terrasse. Die Sonne stand noch hoch am Himmel, und es war sehr warm. Während Christine auf der Terrasse in der Sonne saß, holte David die Drinks. Als er zurückkam, brachte er einen Mann mit, einen untersetzten, dicken Mann von etwa vierzig Jahren, der ein Tablett mit vier Gläsern trug.

»Das ist Ted«, sagte David.

»Ich bin entzückt«, sagte Ted, »und ich habe meinen Freund gebeten, sich uns anzuschließen. Sie haben doch nichts dagegen?«

Die Spielregeln verlangten, daß sie sagte, sie habe nichts dagegen. David sah sie an, und sein Blick verriet ihr, daß er Ted ganz bewußt »angemacht« hatte.

»Aber warum denn?« fragte sie ihn hinterher. »Warum wolltest du das? Du hast mir doch gesagt, es war dir unangenehm, als dir der Mann im Kino die Hand aufs Knie legte?«

»Das war so direkt – so körperlich. Das hier ist nur Spaß. Du glaubst doch nicht, daß ich mich von ihm anfassen lasse!«

Ted und Peter saßen beim Abendessen am Nebentisch. Christine war schweigsam und zurückhaltend, aber David flirtete mit den beiden. Ted beugte sich immer wieder herüber, flüsterte mit ihm, und David kicherte und lächelte. Man sah ihm an, daß er sich unglaublich amüsierte. Christine wußte, daß die beiden sie und David nach dem Abendessen auffordern würden, mit ihnen auszugehen, und sie begann sich zu ängstigen. Angenommen, David trieb den Spaß auf die Spitze und ließ sich dazu hinreißen, mit Ted zu verschwinden, ließ sie mit Peter allein? Peter hatte ein rotes Gesicht, ein schwarzes Bärtchen und einen Kinnbart und auf der linken Wange eine Warze, aus der schwarze Haare wuchsen. Christine und David aßen Steaks, und der Ober brachte ihnen scharfe und spitze Steakmesser. Sie benutzte ihr Messer nicht. Das Steak war sehr zart. Als niemand aufpaßte, steckte sie das Steakmesser in ihre Handtasche.

Ted und Peter tranken noch Kaffee und Brandy, als David plötzlich aufstand. »Kommst du?« wandte er sich an Christine.

»Ich nehme an, du hast mit den beiden noch eine Verabredung für später getroffen?« fragte Christine, nachdem sie den Speisesaal verlassen hatten.

David sah sie an. Seine scharlachroten Lippen verzogen sich zu einem breiten Lächeln. Dann lachte er.

»Ich habe ihnen einen Korb gegeben.«

»Hast du das wirklich?«

»Ich hab dir angesehen, daß du am liebsten das Weite gesucht hättest. Außerdem wollen wir doch allein sein, nicht wahr? Ich jedenfalls möchte mit dir allein sein.«

Ihre Erleichterung war so groß, daß sie fast laut seinen Namen gerufen hätte, so daß jeder es hören konnte. Sie beherrschte sich, aber sie zitterte. »Natürlich möchte ich mit dir allein sein«, erwiderte sie.

Sie hakte ihn unter. Es war schließlich ganz alltäglich, daß Mädchen untergehakt gingen. Männer drehten sich nach David um, und einer pfiff sogar hinter ihm her. Sie wußte, daß der Pfiff nur David gelten konnte, weil er mit seinem langen blonden Haar und den hochhackigen roten Sandalen so attraktiv aussah. Sie schlenderten die kleine Seepromenade entlang. Es war auch jetzt, um halb neun, noch zu warm für einen Mantel. Es waren viele Leute unterwegs, aber keine Menschenmassen. Der Ort war zu exklusiv, um die Masse anzuziehen. Sie gingen bis ans Ende des Piers, tranken noch ein Glas im *Ship Inn* und ein zweites in den *Fishermen's Arms*. In den *Fishermen's Arms* versuchte ein Mann, David anzusprechen, doch diesmal war er kalt und abweisend.

»Ich würde gern den Arm um dich legen«, sagte er auf dem Rückweg. »Aber ich glaube, das geht nicht gut, obwohl es dunkel ist.«

»Laß es lieber«, sagte Christine. Und dann plötzlich: »Das war der schönste Abend meines Lebens.«

Er sah sie an. »Meinst du das wirklich ernst?«

Sie nickte. »Es war der schönste, ehrlich.«

Sie kamen ins Hotel. »Ich lasse uns noch ein paar Drinks heraufbringen. In mein Zimmer. Einverstanden?«

Christine setzte sich aufs Bett. David ging ins Bad. Um sich zu schminken, dachte sie, vielleicht auch um sich zu rasieren, bevor der Kellner ihn sieht, der die Drinks bringt. Es klopfte, und der Kellner kam mit einem Tablett herein, darauf standen zwei hohe Gläser mit einer Flüssigkeit, in der Früchte und Blätter schwammen. Daneben zwei rosafarbene Servietten, zwei aufgespießte Oliven und zwei grün verpackte Pfefferminzbonbons.

Christine kostete den Drink. Sie aß eine Olive. Sie machte die Handtasche auf, nahm Spiegel und Lippenstift heraus und zog sich die Lippen nach. David kam aus dem Badezimmer. Er hatte die goldblonde Perücke abgenommen und sich das Gesicht gewaschen. Rasiert hatte er sich nicht, und auf Kinn und Wangen waren helle Bartstoppeln zu sehen. Er war barfuß, hatte nackte Beine und trug einen sehr männlichen marineblauen Frotteebademantel. Sie bemühte sich, ihre Enttäuschung zu verbergen.

»Du hast dich aber verändert«, sagte sie strahlend.

Er zuckte mit den Schultern. »Es gibt Grenzen.«

Er hob sein Glas, und sie hob ihr Glas, und er sagte: »Auf uns!«

Irgendwo, ganz tief in ihr, begann sich Panik zu regen. Plötzlich war er so ganz, so unverwechselbar Mann. Sie rutschte ein Stückchen von ihm weg.

»Ich wünschte, wir hätten das ganze Wochenende für uns.«

Christine nickte nervös. Ihr wurde bewußt, daß sie angefangen hatte, am ganzen Körper leicht zu zittern. Er hatte es ebenfalls bemerkt. Schon einmal war ihm aufgefallen, daß starke Gefühlsaufwallungen sie zum Zittern brachten.

»Chris«, sagte er.

Völlig passiv und verängstigt saß sie da.

»Ich bin in Wirklichkeit gar nicht wie eine Frau, Chris. Ich spiele es nur manchmal zum Spaß. Das weißt du doch, nicht wahr?« Die Hand, die sie berührte, roch nach Nagellackentferner. Auf dem Handgelenk wuchsen Haare, die sie bisher noch nie gesehen hatte. »Ich bin dabei, mich in dich zu verlieben«, sagte er. »Und dir geht es genauso, nicht wahr?«

Sie konnte nicht sprechen. Er nahm sie bei den Schultern. Er preßte die Lippen auf ihren Mund, legte die Arme um sie und begann sie zu küssen. Seine Haut war ein wenig rauh, und er roch genauso nach Mann wie Graham. Sie schüttelte sich, ein Schauer überlief sie. Er stieß sie aufs Bett und fing an sie auszuziehen – seine Lippen lagen noch auf den ihren, sein Körper lastete schwer auf ihr.

Sie tastete hinter sich, schob die Hand in die offene Handtasche und zog das Messer heraus. Weil sie seinen regelmäßigen Herzschlag an ihrer rechten Brust fühlte, wußte sie, wohin sie stechen mußte, und sie stach und stach und stach. Hellrotes Herzblut sprudelte auf ihre Kleider, auf das Bett und auf die beiden Pfefferminzkrembonbons auf dem Tablett.

Joyce Carol Oates

Der heimliche Spiegel

Du bist allein in deinem gemieteten Zimmer, allein vor deinem riesigen Spiegel. Er steht auf einem großen, unhandlichen Mahagonigestell, so daß man ihn vor- und zurückkippen kann, ganz wie du ihn gerade haben möchtest. Mit den Fingerspitzen bringst du ihn in die richtige Position – einfach so – genau so. Aber kaum ziehst du deine Hand weg, schwingt der Spiegel wieder in seine Ausgangsposition zurück, als wolle er dich verhöhnen.

Macht nichts. Zuerst, die kupferfarbenen Locken, eine Explosion sanften Lichts. Du setzt die Perücke sorgfältig auf den Kopf, das Gummiband dehnt sich um deinen Schädel. Sie sitzt perfekt. Der Wind wird mit den kupferfarbenen Locken spielen, sie werden federn und dich im Gesicht kitzeln. Du blickst auf das Bild der Locken im Spiegel, und dir entfährt ein Schrei – ein Ausruf der Überraschung und der Freude.

Du hast die Locken zu früh aufgesetzt, zu voreilig, und jetzt werden sie dir bei den anderen Dingen im Weg sein. Trotzdem zögerst du, sie wieder herunterzunehmen, da sie doch so perfekt sitzen. Das Gummiband könnte reißen oder seine Elastizität verlieren.

Jetzt die Unterwäsche, die heimliche Wäsche. Du ziehst dich langsam an. Alle deine Kleidungsstücke sind weiß, und bei Weiß mußt du dich langsam bewegen. Fast wie in einer zeremoniellen Geste hebst du die Arme, damit du den weißen, seidenen Unterrock über den Kopf ziehen kannst. Sanft gleitet er an deinem Körper hinab. Ein Dufthauch steigt dir in die Nase, obwohl du kein Parfum hierher mitgebracht hast. Das Weiß des Unterrocks ist strahlend und scheint im Spiegel zu leuchten, in einer Helligkeit, die das Auge verstört.

Eine einzelne Strähne der kupferfarbenen Haare fällt herunter, schwebt zu Boden. Du siehst zu, ohne zu atmen.

Die Strümpfe sind braun getönt und verbergen so die furchtbare Blässe deiner Beine. Die Häßlichkeit deiner Beine! Es ist schwer, dem Wunsch zu widerstehen, sich jetzt, beim Überziehen der Strümpfe, zu beeilen. Du läßt den Atem langsam über sie gleiten, weil sie aus einem so vollkommenen, feinen Material sind. Wie ist solch ein Wunder an Feinheit möglich? Du fürchtest, es könnte durch die sanfteste Berührung zerstört werden.

Jetzt die weißen Schuhe. Keine Schuhbänder zu knoten, keine Schnallen. Du schlüpfst einfach in diese Schuhe hinein und drehst die Füße leicht, so daß sie sitzen. Sie sind nur ein bißchen zu klein. Die Füße sind eingequetscht, aber nicht schlimm; es macht nichts. Als du dich aufrichtest, wirfst du dir selbst einen Blick im Spiegel zu und bemerkst, daß du auf einmal größer geworden bist – du wirst nach vorne gedrückt, nur einen knappen Zentimeter, und deine Hüfte ist merkwürdig erhöht.

Jetzt das Kleid: Es ist aus weißem Leinenstoff, feinstem Leinen, weiß genug und fein genug für ein Hochzeitskleid. Tatsächlich ist es dein Hochzeitskleid. Vorsichtig, ehrfürchtig, hebst du es über deinen Kopf. Du mußt auf die Locken aufpassen ... Du vergewisserst dich, daß dein Kleid aufgeknöpft ist, die Perlmuttknöpfe alle bis unten hin aufgeknöpft sind, so daß du genügend Spielraum hast, das Kleid über den Kopf zu ziehen. Langsam. Mach langsam. Du hältst einen Moment inne, in dem Glauben, daß irgend jemand auf der Treppe ist – aber du kannst nichts hören. Die Tür ist verschlossen, und du bist fremd hier in diesem geheimen Zimmer; es gibt keinen Grund zur Sorge. Egal, von der Treppe ist kein Laut zu hören.

Ein gemietetes Zimmer. Ein geborgter Name.

Das Kleid gleitet über deinen Kopf. Weich. Gewichtslos. Begierig öffnest du die Augen und siehst, daß du eine junge Frau mit einem kantigen, knochigen, blassen Gesicht anstarrst, ihre Augen fangen deinen Blick ein.

Haare lodern um ihren Kopf.

Ihre Hände schießen herauf zu den Locken, den kupfernen Locken. Sie fühlen sich nicht wirklich weich an – eher wie Stroh, künstlich. Aber sie wirken sanft.

Jetzt die Knöpfe, sie sind sehr klein. Es dauert ein paar Minuten, sie zuzuknöpfen. Du arbeitest gewissenhaft, ohne Hast. Es sollte ein Vergnügen sein, dieses Kleid zuzuknöpfen! Langsam, keine Eile, niemand wird an die Tür hämmern und plötzlich zu dir hereinplatzen. Du bist völlig allein.

Und jetzt das Gesicht ... Das Gesicht muß mit Liebe aufgetragen werden. Du hast einen kleinen Koffer mit den nötigen Utensilien, erstanden in einem Geschäft für Theaterbedarf. Als erstes legst du ein flüssiges Make-up namens *Sunflower* auf, vorsichtig streichst du es auf Gesicht und Hals, jeder Strich führt von unten nach oben. Dann arbeitest du an deinen Augen. Das dauert einige Minuten, weil deine Hände zittern und Wimperntusche an den unteren Wimpern hängenbleibt. Dann umrandest du deine Lippen mit einem Konturenstift und trägst Lippenstift auf. Der Farbton heißt *True Red*. Schließlich nimmst du eine Puderdose in die Hand und tupfst ein Wölkchen Puder auf die Haut. Anfangs hat das einen merkwürdigen Effekt – zu blaß – gespenstisch –, und dann verteilst du das Puder gleichmäßig. Laß dir Zeit, denn ein Gesicht ist ein Kunstwerk. Draußen auf der Straße werden dich andere Leute ansehen, und deshalb muß dein Gesicht ein Kunstwerk sein.

Jetzt.

Im Spiegel begutachtest du die junge Frau.

Der Weg hinunter auf die Straße – die mittägliche Geschäftigkeit auf der Straße – du gehst in kleinen Trippelschritten, weil die Schuhe ein wenig zu eng sind – dein Herz pocht vor Sorge – die Hände leicht verkrampft – dein Herz pocht vor Sorge – nervös bewegen sich deine Hände nach oben und überprüfen das kupferfarbene Haar, oh, das Gummiband sitzt so eng! – und jetzt zögerst du an einer Bordsteinkante und beobachtest den Schlagstock eines Verkehrspolizisten –

Der Gott des Schlagstocks.

Um dich herum fangen die Leute an zu starren. Ein Kind kichert. Eine Frau lächelt dich böse an, dann gefriert ihr Lächeln. Mehrere Männer kommen auf dich zu. Du fällst in einen schnellen Gang, den Weg zurück, den du gekommen bist. Hinter dir hörst du den Klang von Schritten – voller Angst blickst du dich um, und du siehst riesige Tiere in der Form von Menschen, die dich verfolgen. Du mußt rennen – die weißen Schuhe sind schmerzhaft, qualvoll – du willst sie von den Füßen kicken, aber dazu fehlt die Zeit – der Gott der Menge hat dich fast eingeholt –

Du bist das Zentrum einer Katastrophe, die durch die Stadt fegt, stechende Blicke von allen Seiten auf sich zieht, den Verkehr verlangsamt, die Uhren zum Stillstand bringt –

Vor dir springt irgend jemand aus einem Hauseingang. Es ist ein dickbäuchiger Mann, an dessen Gesicht man sehen kann, daß er gut ist und das Böse erkennt. Seine Arme öffnen sich weit zu einer Umarmung. Du versuchst, dich um ihn herumzuschlängeln, aber es ist zu spät – der erste aus der Menge hat dich eingeholt. Du spürst, wie du verprügelt, von einem zum anderen gestoßen wirst, wie deine kupferfarbenen Haare dir in einem Ruck vom Kopf gezogen werden, begleitet von höhnischem Gelächter, die Kleider werden dir vom Leib gerissen, die Strümpfe und der Hüftgürtel fliegen durch die Luft –

Wenn du eine Frau wärst, würde jetzt die Welt über dir hereinbrechen und dich penetrieren und sich in dir entladen, tief in deinem Bauch; Samen, der sich in der Welt wieder entfalten würde, in der Welt zur Blüte käme und sie erneuerte. Aber du bist keine Frau, und die Welt kann dich nicht penetrieren. Sie kann dich nur mit ihren Fäusten bearbeiten und dich treten und dir ins Gesicht schreien, mit lautem, wütendem Spott.

Du wirst also doch nicht auf die Straße gehen.

Es ist Mittagszeit. Draußen auf der Straße würde Gefahr lauern. Lange stehst du vor deinem heimlichen Spiegel – fünfzehn, zwanzig Minuten – hypnotisiert von diesem Spiegelbild. Es ist eine Frau mit feuchten Augen, die dich mustert. Ihr Mund zittert hinter seiner perfekten, roten Form.

Du nimmst die Locken mit deinen eigenen Händen herunter und beginnst zu weinen. Umgehend fängt das Spiegelbild an zu weinen. Ihr weint beide um eure verlorenen Identitäten, die euch niemand wieder zurückgeben kann, die aber jetzt aus dem Spiegel gehuscht sind, unberührt, unverfolgt.

Lisa Tuttle

Das Kleid

Als ich neulich meine alten Klamotten aussortierte, stieß ich auf ein Kleid, das ich seit den frühen Siebzigern nicht mehr getragen, aber trotzdem behalten hatte – und das, obwohl ich vielfach meinen Lebensstil und die Wohnung, ja sogar das Land gewechselt habe. Ich habe es immer sicher verstaut und nie ernsthaft erwogen, es auszusortieren oder wegzugeben. Die Erinnerungen, die ich daran knüpfe, waren zu stark.

Ich war kaum einundzwanzig, als ich es 1972 in einem großen Warenhaus im texanischen Austin kaufte. Fast vier Jahre lang hatte ich kein Kleid mehr getragen. Da das Ende meiner Studienzeit abzusehen war, mußte ich mich allmählich auf diverse Einstellungsgespräche vorbereiten, bei denen ich erwachsen und geschäftsmäßig auszusehen hatte. Und obwohl mich allein der Gedanke daran langweilte, schaffte ich es, zwei Röcke aufzutreiben – einen davon sogar mit einer passenden Kostümjacke –, die meine Mutter sicherlich für gut befunden hätte. Anschließend machte ich mich auf die Suche nach einer oder zwei entsprechenden Blusen. Da entdeckte ich unter den preisreduzierten Sachen dieses Kleid.

Es war aus rotbraunem Samt, mit langen Ärmeln, knöchellangem Rock, geschnürtem Oberteil und tiefem Ausschnitt – für die Art Gespräch, auf die ich hoffte, gab es wohl nichts Unangemesseneres. Aber kaum hatte ich es berührt, da wollte ich es unbedingt haben. Ich hatte schon immer ein Faible für Samt, auch wenn es nur sehr wenige Tage im Jahr gibt, an denen man sich im texanischen Klima in so etwas wohl fühlt. Ich hatte bereits einen braunen Hosenanzug aus Samt für festliche Anlässe, ich brauchte dieses Kleid also nicht.

Doch sobald ich es anprobiert und gemerkt hatte, wie weich, glatt und anschmiegsam es sich anfühlte, war es um mich geschehen. Als ich mich in voller Länge vor dem Spiegel der Umkleidekabine drehte und wendete, bemerkte ich, daß das, was ich für abstrakt gemusterte Applikationen an den Seiten gehalten hatte, eigentlich die Umrisse zweier Hände waren. Als ob ein Mann hinter mir stünde, der mich an den Hüften festhielt, um gleich ...

Mein Mund war wie ausgetrocknet. Das Spiegelbild verschwamm vor meinen Augen, ich starrte darauf und auf die Hände, bis ich zu sehen meinte, wie sie sich bewegten, und mir vorstellte, wie sie nach oben glitten, um die Schnüre zu lösen und das Kleid vorne über meinen Brüsten zu öffnen.

Das ideale Kleid zum Ficken. Nur dafür war es da, nur darum würde man es anziehen. *Angst vorm Fliegen* war noch nicht erschienen, aber die Leute schwärmten schon von unbeschwerten sexuellen Freuden ohne Reißverschlüsse und andere kleidungsbedingte Hindernisse, bevor Erica Jong den Ausdruck vom »zipless fuck«, dem Spontanfick, geprägt hatte. Oft habe ich mir überlegt, daß Schottenröcke oder Kittel als Männerkleidung in unseren Kulturkreisen viel weiter verbreitet sein sollten – zumindest, wenn es um ein Date geht.

Während ich über meinen in Samt gehüllten Körper strich und mir wünschte, Peter hätte mich bei diesem Einkaufsbummel begleitet und wäre jetzt hier mit mir in der Umkleidekabine, war jeder Gedanke an vernünftige Geschäftsfrauenkleidung wie weggeblasen.

Ich konnte es kaum erwarten, nach Hause zu kommen

und die Wirkung des Kleides auf Peter auszuprobieren. Ich hätte es auch gleich anbehalten, wenn draußen nicht gut dreißig Grad geherrscht hätten oder wenn die Klimaanlage in meinem Auto funktioniert hätte. Aber wenn dieses Kleid schon von Körperflüssigkeiten durchtränkt werden sollte, dann bitte schön *nach* dem Sex, und nicht schon vorher.

Peter war zu Hause, er war dabei, mißmutig seine Gitarre zu stimmen. Seine Haltung war mir vertraut, die schmalen, gekrümmten Schultern, der geneigte Kopf, das lange, rotblonde Haar, das wie ein Schleier über das schöne, trotzige Gesicht und die braunen Augen fiel. Doch obwohl er so selbstvergessen dasaß, war er nicht allein. Mein Magen krampfte sich zusammen, als ich ihm gegenüber Allie zusammengerollt auf dem Sofa erblickte. Die blonde Sexbombe. Als ich sie das erste Mal gesehen hatte, kurz nachdem sie in eine der Wohnungen auf der anderen Straßenseite gezogen war, war mir klar, daß sie zu jener Sorte Menschen gehörte, die einen mühelos bezaubern können, und ich fühlte mich, als sei meine Weiblichkeit nur aufgesetzt. Weil ich meinem Geschlecht gegenüber loyal bin, ging ich davon aus, daß sie intelligent war – immerhin studierte sie am College –, doch mußte sie in meiner Gegenwart erst noch einen Beweis für ihren Intellekt erbringen. Sie redete schneller, als sie Luft holen oder denken konnte. Sie schlief mit einem verheirateten Dozenten. Viel mehr tat sie anscheinend nicht, um ihrem Abschluß näher zu kommen. Auf jeden Fall aber hing sie immer bei uns rum. Ich vermutete, daß sie ein Auge auf Peter geworfen hatte, und ich wußte, daß sie Peter gefiel, er hatte es mir gesagt. Früher oder später würde ich ihrer Vereinigung zustimmen müssen.

Man darf nicht vergessen, daß wir in den frühen Siebzigern waren. Peter und ich waren selbstredend gegen solch bourgeoise, patriarchalische Institutionen wie die Ehe, den Zwang zur Heterosexualität und jede Art von Besitzanspruch. Unsere Beziehung war, rein theoretisch gesehen,

»offen«. Praktisch gesehen jedoch hatten wir in den eineinhalb Jahren, seit wir zusammen waren, nur miteinander Sex gehabt. Wir waren uns einig darüber, daß es das Größte wäre, ein anderes Paar kennenzulernen, das wir beide mochten, um dann alle zusammen im Bett auf einen Schlag eine geballte Ladung überholter Tabus zu brechen. Bisher war dieses Pärchen allerdings noch nicht aufgetaucht. Dafür aber Allie, und Peter war bereit, die Theorie der »Affäre nebenbei« in die Praxis umzusetzen (so bezeichnete mein großes Vorbild Simone de Beauvoir den Urlaub, welchen sie und ihr Haupt-Mann voneinander nahmen – und das in beiderseitigem Einverständnis). Er hatte mir netterweise angeboten zu warten, bis auch ich jemanden gefunden hatte, den ich mochte. Also stand ich unter Zugzwang.

Allies Blick fiel auf meine Einkaufstüte, und sie sprang mit einem kurzen Aufschrei hoch: »Hey, was hast'n da?«

»Nur ein Kleid.«

»Zeig mal, zeig mal!«

Ich zögerte. Ich war so erpicht darauf gewesen, das Kleid vor Peter anzuziehen und zu sehen, wie er darauf reagieren würde, daß ich es kaum ertragen konnte, es in Gegenwart einer anderen Person aus der Tüte zu holen.

Die erotische Spannung in meinem Zögern war Allie wohl nicht entgangen, denn sie zog die Augenbrauen hoch und fragte: »Ich dachte, das ist nur ein Kleid?«

»Ist es auch.« Meine Verlegenheit machte mich noch verlegener. Unter dem Rascheln des Seidenpapiers holte ich das Kleid heraus. »Es war reduziert.«

»Oh! Toll!« Sie schnellte hoch und fuhr mit der Hand über den dicken, weichen Stoff. Mit einem kurzen Blick überzeugte sie sich davon, daß ich nichts dagegen einzuwenden hatte, hob es hoch, hielt es auf Armeslänge von sich und betrachtete es. »Wunderschön ... und soooo sexy«, schnurrte sie.

Peter hatte die Gitarre zur Seite gelegt und sah uns zu. »Hübsche Farbe«, sagte er.

»Und erst das Gefühl auf der Haut«, sagte Allie. Sie sah zu mir herüber und lächelte verschwörerisch. Mein Herz pochte. Ich dachte, sie würde mich bitten, es anzuprobieren. Statt dessen sagte sie etwas, was mich völlig überrumpelte.

»Wäre es nicht toll, wenn Peter es anzieht?«

Peter schnaubte verächtlich.

Ich konnte nicht umhin zu lächeln. »Ich habe es für mich gekauft.«

»Genau *das* meine ich«, sagte sie mit einem wissenden Grinsen. »Denk mal an den Spaß, den du dann mit ihm hättest.«

Ich mußte kichern. Zum ersten Mal fühlte ich, daß ich Allie mochte. »Wir könnten uns ja abwechseln ...«

»Jeder könnte mal die hilflose Jungfrau spielen. Warum sollte auch einer von euch den ganzen Spaß allein haben?«

»Den ganzen Spaß? Wer sieht das denn so? Bei dir klingt das ja, als ob Sex was Einseitiges ist, wie eine Vergewaltigung«, protestierte Peter.

Allie zuckte mit den Schultern. »Ich meine ja nur, warum soll immer ein und dieselbe Person das Mädchen sein. Probier du es doch mal, Peter.«

Er senkte den Blick und rieb sich abwesend über das Kinn. Ich merkte, daß Allie verärgert war. »Na los, Peter. Zieh's an.«

Beim verführerisch sanften Klang ihrer Stimme blickte er auf, doch als er sah, daß sie ihm das Kleid hinhielt, versteifte er sich sichtbar. »Es paßt mir doch gar nicht.«

»Natürlich paßt es!«

»Ich bin größer als Liz.«

»Das bin ich auch, und ich wette, *mir* paßt es.« Demonstrativ hielt Allie das Kleid vor sich. Sie war wirklich genauso groß wie Peter, gut fünf Zentimeter größer als ich, aber kurvenreicher als wir beide. »Sieht mir nach einem sehr dehnbaren Stoff aus.«

»Wir haben doch schon früher Klamotten getauscht, Peter«, sagte ich. Ich war mir nicht sicher, warum ich mich auf Allies Seite schlug, aber ich konnte es nicht ertragen, ihn so mit ihr reden zu hören, als ob ich gar nicht da wäre. Außerdem stimmte es.

»Das ist was anderes.« Er starrte finster vor sich hin und vermied es, mir in die Augen zu sehen. Mir wurde klar, daß er mich noch nicht richtig angesehen hatte, seit ich hereingekommen war.

»Ist es nicht. Ich ziehe auch deine Jeans an. Warum solltest du nicht mein Kleid anziehen?«

»Du weißt genau, warum.«

»Du sollst ja nicht damit ausgehen. Zieh's nur mal an«, sagte ich.

»Nein.«

»Warum denn nicht?«

Zischend stieß er die Luft zwischen den Zähnen hervor. »Weil ich nicht will.«

»Bütte, bütte, bütte«, sagte Allie wie ein Kleinkind. »Bütte, ich mag Soko mit Sahne, ja?«

»Nein!«

»Komm schon«, sagte Allie. Sie senkte die Stimme. »Mir zuliebe, ja?«

Mein Puls begann angstvoll zu rasen, aber Peter schüttelte nur den Kopf. Plötzlich war es sehr wichtig für mich, da Erfolg zu haben, wo sie versagt hatte. Peter sollte das Kleid anziehen, weil *ich* ihn darum bat.

»Tu es für mich«, sagte ich ruhig. »Mir zuliebe, Peter.«

»Ich habe nein gesagt!«

Warum sagte er nicht einfach »Später, wenn wir allein sind ...« und sandte mir ein sexy Lächeln, einfach irgendeine Reaktion, um Allie zu verstehen zu geben, daß er mir gehörte? Warum war er so kurz angebunden, so als ob meine Bitte nicht mehr wert wäre als ihre?

Dann sagte Allie: »Zieh das Kleid an, Peter, und wir gehen

mit dir ins Bett. Beide. Gleich jetzt. Wir zeigen dir, wie das ist, ein Mädchen zu sein.«

Ich hielt den Atem an. Es war wie in dem Moment, als ich mich mit dem Kleid im Spiegel betrachtet hatte. Aber noch intensiver. Erschreckender.

Ich konnte mir nicht vorstellen, daß er so ein Angebot ausschlagen würde, mit uns beiden zusammen, aber er sah so finster drein, als sei das alles ein schlechter Scherz, und stapfte aus dem Zimmer.

Allie und ich sahen uns an, und sie zuckte mit den Schultern. »Na, dann noch viel Spaß«, sagte sie. »Ich geh jetzt wohl besser.«

Später gestand Peter mir, daß er und Allie noch nicht lange aus dem Bett waren, als ich nach Hause kam. »Ich weiß, wir hatten ausgemacht, daß ich dir erst Bescheid sage, aber wie konnte ich? Du warst ja nicht da. Es war auch nicht geplant oder so was, es ist einfach passiert. Du bist doch nicht böse, oder? Es ändert sich nichts zwischen uns. Ich fühle mich zwar zu Allie hingezogen, aber ich will mit *dir* zusammensein.«

Um mir das zu beweisen, überredete er mich, das Kleid anzuziehen. Ein Teil seines Glanzes war für mich jetzt verlorengegangen, aber da reduzierte Ware vom Umtausch ausgeschlossen ist, dachte ich mir, daß ich wenigstens noch etwas Nutzen daraus ziehen könnte.

Ohne vorher darüber zu reden, verfielen wir in ein Schema von Dominanz und Unterwürfigkeit, das uns normalerweise überhaupt nicht lag. Ich wehrte mich, als er mich küßte, doch er machte beharrlich weiter und fing an, meine Brüste zu streicheln. Ich versuchte, seine Hände wegzuschieben, er umfaßte meine Taille und drückte mich nach unten aufs Bett. Mit einer Hand umklammerte er meine Handgelenke und drückte sie über meinen Kopf, mit der anderen löste er die Schnüre und entblößte meine Brüste. Er küßte sie und liebkoste die Brustwarzen mit der Zunge, bevor er schließlich anfing, an einer zu saugen. Zuerst war ich kalt und distanziert – denn obwohl ich ihm gesagt hatte, daß es nicht so wäre, kam ich mir doch betrogen vor, und dafür wollte ich ihn bestrafen.

Doch allmählich reagierte mein Körper auf das heftige, gleichmäßige Ziehen an meiner Brust. Es gibt da einen Nerv, der direkt von der Brustwarze zum Uterus führt (eine Tatsache, die mir Jahre später noch einmal durch und durch ging, als ich meinen Sohn stillte), und so konnte ich diesem verführerischen Ziehen genausowenig widerstehen, wie ich einen elektrischen Schlag hätte ignorieren können. Mein Körper straffte sich, ich stöhnte auf. Während seine Lippen weiter mit der Brustwarze spielten, griff er mit der freien Hand nach unten, um sie unter das Kleid gleiten zu lassen. Ich spreizte die Schenkel, als er begann, mich zu streicheln. Dann stand er auf – meine Brust war naß von seinem Speichel und fühlte sich plötzlich kalt und entblößt an –, und ich sah mit halbgeschlossenen Lidern zu, wie er seine Jeans aufmachte und sie auszog. Er trug keine Unterhose.

Er kletterte auf das Bett und kniete sich über mich. »Nimm ihn in den Mund«, sagte er mit seiner leicht rauhen Stimme.

Ich stützte mich auf die Ellenbogen, um seinen Penis in den Mund zu nehmen. Der Geruch einer anderen Frau traf mich wie ein Schlag ins Gesicht. Ich wollte zurückweichen, doch er packte meinen Kopf und hielt ihn fest. Ich spürte den Geschmack von Allies Möse an Peters Schwanz, und meine Erregung steigerte sich ins Unerträgliche, während wilde Phantasien durch meinen Kopf wirbelten. Ich war Peter, der Allie dazu zwang, ich zu werden, und es ihr besorgte; dann war ich Allie, die Peter verführte. Ich saugte, so fest ich nur konnte, und rieb dabei über meine eigenen Brüste.

Aufstöhnend zog er sich aus meinem Mund zurück und

ließ sich wieder vom Bett gleiten. Ich leckte mir die Lippen. Er hob meinen Rock an, raffte ihn in großen, weichen Falten um meine Taille zusammen, und ich zog die Knie an. Doch dann, gerade als er sich zwischen meinen Knien niederließ, richtete ich mich plötzlich auf.

»Peter – warte –«

»Was denn?«

»Tu mir einen Gefallen.«

Er grinste. »Das hatte ich gerade vor.« Er strich langsam mit zwei Fingern über meine Schamlippen, tastete sich allmählich nach innen vor.

»Etwas anderes.«

»Was meinst du?« Er zog seine Finger heraus, um sie dann schnell wieder hineingleiten zu lassen. Ich schnappte nach Luft.

»Zieh das Kleid an. Laß es uns so herum machen.«

Ein Ausdruck von – Angst? Verlangen? huschte über sein Gesicht, dann preßte er Lippen und Augen zusammen, sein Mund nahm einen harten Zug an. »Miststück«, sagte er. »Du denkst wohl, ich habe keinen Schwanz?«

»Nein, Peter.« Ich war verwirrt.

»Ich besorg's dir schon, du Miststück. Denkst du etwa, ich kann das nicht? Ich zeig's dir.« Er drückte mich aufs Bett zurück und umklammerte meine Handgelenke mit einer Hand. »Dir werde ich's besorgen.«

»Peter, diese Art Spiel mag ich nicht.«

»Das ist verdammt noch mal kein *Spiel.*« Er drang so plötzlich und heftig in mich ein, daß es mir, obwohl ich so feucht war, beinahe weh tat. Doch der Genuß überwog gegenüber dem Schmerz, obwohl Peters Verärgerung unbegreiflich echt zu sein schien. Ich stöhnte auf.

»Was ist los, ist mein Schwanz dir etwa zu groß?« Er keuchte, während er weiter zustieß. »Aber es gefällt dir, was? Es gefällt dir, meinen großen Schwanz in dir zu fühlen. Das gefällt dir. Ich weiß das.«

Vor meinen Augen verschwamm alles, ich blickte ihn unter flatternden Lidern an. Mit seinem langen rotblonden Haar, der glatten Haut, den hohen Wangenknochen und den vollen Lippen sah er beinahe wie eine Frau aus. Als ich kam – fast schon zu schnell, und fast zum selben Zeitpunkt wie sein wilder, triumphierender Aufschrei – stellte ich mir vor, von einer Frau gefickt zu werden und dabei ihr gestohlenes Kleid anzuhaben.

Jetzt war es an mir, einen geeigneten Partner zu finden, um den Punktestand auszugleichen. Vaughan, einer von Peters Freunden, bot sich an, doch obwohl ich ihn recht attraktiv fand, wollte ich meine »Affäre nebenbei« nicht mit jemandem haben, der auf so einfache, ungefährliche Art zu kriegen war. Warum sollte Peter so leicht davonkommen? Ich mußte beweisen, daß ich genauso frei war wie er, daß auch ich jemanden finden konnte, der so sexy und so erschreckend wie Allie war.

An diesem Wochenende blies ein kalter Nordwind aus der Ebene, und das Thermometer fiel in einer Stunde um über fünfzehn Grad. Als wir an diesem Abend in die Armadillo World Headquarters gingen, trug ich mein neues Kleid. Wir waren eine ganze Gruppe: Peter und ich, unsere Mitbewohner Marshall und Robin, Marshalls Freundin Peggy, Vaughan und irgendein Mädchen, das total zugedröhnt war und das er am See aufgelesen hatte.

Ich kann mich nicht an die Band erinnern, die an diesem Abend spielte, aber um mich an Alex zu erinnern, brauche ich nur über den Samtflor meines alten Kleides zu streichen. Sechsundzwanzig Jahre später halte ich es an meine Nase und schnuppere daran, und mir kommt es so vor, als könnte ich immer noch Spuren von Sandelholz, Zigarettenrauch, Patschuli und Sex wahrnehmen, die an dem muffigen Stoff haften.

Ironischerweise war es Peter, der uns einander vorstellte.

Wir kamen ins 'Dillo, holten uns Bier und schauten uns nach einer Sitzgelegenheit um.

»He«, sagte er. »Das ist doch Alex, oder, Vaughan? Aus der Uni. Echt ein toller Künstler. Einer, der echt mal was ganz anderes macht. Es gibt sogar schon eine Galerie in Manhattan, die sich für seine Arbeiten interessiert. Sieht ganz so aus, als wär er allein da. Wir können ja mal rübergehen.«

Ich war auf Beutezug diese Nacht, also waren meine Sexfühler voll ausgefahren, und sobald ich in Alex' Reichweite kam, fingen sie an zu vibrieren.

Alex war Peter ähnlich, ein dünner, langhaariger, braunäugiger Junge mit einem glatten, beinahe hübschen Gesicht. Aber im Gegensatz zu dem hellhäutigen, rothaarigen und sommersprossigen Peter war Alex ein dunkler Typ mit glattem, rabenschwarzem Haar.

Wir gingen zu Alex, oder vielleicht kam Alex auch zu uns, wie auch immer: es endete damit, daß wir alle gedrängt um einen kleinen Tisch saßen, und mein Oberschenkel war bald gegen seinen gepreßt. Irgendwann trafen sich unsere Blicke, und es funkte zwischen uns in der schwülen, verrauchten Luft.

»Ich mag dein Kleid«, sagte er und strich mir über den Arm. Ich erschauerte unter dem Samtstoff.

»Danke, ich auch.« Er blickte lächelnd auf mein Dekolleté. Ich sah nach unten und bemerkte, daß die Schnüre sich gelöst hatten. Durch meine Haltung wurden die Brüste nach vorne gedrückt, sie waren nackt und entblößt. Ich lehnte mich mit klopfendem Herzen zurück und bewegte die Schultern, bis sie wieder bedeckt waren.

»Hhmmm«, sagte Alex leise. »So schöne Nippel.«

Ich leckte mir über die Lippen und sah, wie seine Zunge die gleiche Bewegung machte. Unter dem Tisch befand sich seine Hand bereits auf der Innenseite meines samtbedeckten Schenkels, wo sie einen sanften Druck ausübte und langsam höherglitt. Ich war besessen von dem überwältigenden

Drang, diese Finger auf meiner nackten Haut zu fühlen, auf meinen Schamlippen, in mir drin.

Er konnte die Begierde in meinen Augen lesen und murmelte: »Laß uns rausgehen.«

Ich weiß nicht, ob Peter uns gehen sah. Zu diesem Zeitpunkt war es mir unter dem Einfluß von mehreren Flaschen Bier, etwas Gras und Alex auch egal. Draußen auf dem Parkplatz drückte Alex mich gegen das nächstbeste Auto und fing an, mich zu küssen.

Er war Meister darin. Auch Peter war gut, obwohl ich ihn manchmal ein wenig ungeduldig fand. Wo ich höchst beglückt eine Stunde oder mehr mit erregtem Schmusen vor dem Orgasmus zubringen konnte, da verlangte Peters Sexualtrieb nach mehr: er mochte es nicht, so lange auf seine Befriedigung zu warten.

Alex dagegen schien in seinen Wünschen mehr mit den meinen übereinzustimmen, und dennoch – als er mich so einfühlsam und zart küßte, als ob er dazu alle Zeit der Welt hätte, war seltsamerweise ich diejenige, die vor Ungeduld fieberte und sich verzweifelt nach dem Hauptakt sehnte.

Ich versuchte, in seine Jeans zu kommen, doch er hielt mich davon ab. »Nicht!«

»Aber ich bin so erregt«, flüsterte ich bettelnd.

Sein Lächeln war wie ein Sonnenaufgang für mich. »Ahh, alles klar. Wenn das Küssen allein nicht reicht ... Willst du, daß ich dir weiter unten ein bißchen Aufmerksamkeit schenke?« Er preßte die Hand in meinen Schritt.

Ich seufzte erwartungsvoll auf, lehnte mich mit dem Rücken gegen das Auto und spreizte die Beine. Alex ging in die Knie, schob den Rock nach oben und überraschte mich dann damit, daß er darunter verschwand. Ich konnte seine Hände auf meinen Beinen spüren, dann auch sein Gesicht. Lippen und Zunge fanden den Weg zu meiner Klitoris, und ich schrie auf und zuckte zusammen, völlig überwältigt von dieser plötzlichen, intensiven Nähe.

Ich konnte sein Lachen im Schambereich spüren. Er fing an, mich noch zärtlicher zu berühren, mit den Lippen, der Zunge, den Fingern, ganz vorsichtig und sachte, bis ich mich entspannte. Dann besorgte er es mir mit der Zunge und mit den Händen, er streichelte und leckte mich, bis ich laut stöhnte, mich an seinem Kopf festkrallte und ihn so zwischen meinen Schenkeln einschloß und ihn zwang, fortzufahren, alles um mich herum außer acht lassend, bis auf dieses wachsende, gierige Verlangen.

Nachdem ich gekommen war, blieb er noch eine Weile unter dem Kleid, wobei er seinen Mund noch immer auf meine Schamlippen preßte und mit den Händen sanft meine nackten Pobacken massierte. Ich verlagerte einen möglichst großen Teil meines Körpergewichts auf Rücken und Schultern und lehnte mich gegen das Auto. Ich hoffte inständig, daß uns niemand bemerken oder ansprechen würde.

Schließlich kam Alex wieder hervor und grinste mich an, das Gesicht naß und glänzend von meinen Säften. »Wie war's?«

»Überflüssige Frage«, murmelte ich, und wir brachen beide in hilfloses Gekicher aus. Eine Welle der Zuneigung und der Dankbarkeit überkam mich. Ich wollte ihn küssen und wußte, daß ich noch mehr für ihn tun konnte.

»Jetzt bist du dran«, sagte ich. »Ich besorg's dir.«

Ich griff nach dem Reißverschluß, doch er wich zitternd zur Seite. »Ganz schön kalt hier draußen!«

Die Worte kamen in Dampfwölkchen und jetzt, da ich nicht länger in die Hitze meines Verlangens gehüllt war, wurde auch mir bewußt, wie kalt es eigentlich war.

»Hast du ein Auto?« fragte ich.

Er sah mich schräg von der Seite an. »Kommst du mit zu mir?«

Ich spürte ein Kribbeln in der Magengegend. »Ich werd erst mal mein Geld holen und meinen ... Freunden ... sagen, daß ich gehe.«

»Okay. Wir treffen uns dann am Haupteingang.« Er zündete sich eine Zigarette an, als ich ging.

Peter starrte mich verdutzt an, als ich ihm mitteilte, daß ich später allein nach Hause gehen würde.

»Warum? Was ist los?«

Ich zögerte, ich war mir nicht sicher, wie ich es ausdrücken sollte. »Ich, äh, ich gehe mit jemandem mit. Du verstehst schon.«

»Alex?« Er sah erstaunt aus.

»Ja. Er hat mich gefragt, ob ... äh, wir wollen ein bißchen Zeit miteinander verbringen.«

»Alex!«

Seine Überraschung schien mir übertrieben, es schien mehr dahinterzustecken. Ich fühlte mich in die Defensive gedrängt. »Na und?«

»Nichts. Ich dachte nur, er ist schwul. Das ist alles.«

»Ist er nicht«, erwiderte ich gereizt. Dieser Gedanke kam mir wie ein Makel meiner Weiblichkeit vor; komisch, daß so etwas von Peter kam. »Er ist einfach einer von diesen langhaarigen Hippie-Künstlern, so wie du.«

Er griff nach meinem Handgelenk, bevor ich gehen konnte.

»Was denn?«

»Geh nicht.«

Mein Herz pochte. »Willst du etwa keine offene Beziehung?«

»Das meine ich nicht. Du kannst ins Bett gehen, mit wem du willst. Aber warum bei ihm? Warum nicht bei uns?«

»Na klar!«

»Ich mein's ernst. Das wäre mir lieber.«

»Ach ja? Willst du etwa zusehen?«

Aus sanften, braunen Augen blickte er mich unverwandt an. »Wenn du es willst.«

Die Idee machte mich tatsächlich an. Auch er war erregt, ich kannte die Anzeichen dafür. Plötzlich war ich wütend auf ihn, weil er versuchte, mir mein Abenteuer wegzunehmen und es zu seinem zu machen.

»Nein danke, Peter! Ich brauch deine Erlaubnis sowieso nicht. Du hast mich auch nicht gefragt, bevor Allie und du ...«

»Aha. Du bist doch sauer. Dir geht's um Rache, nicht um Sex. Du weißt überhaupt nichts von deinen wirklichen Gefühlen, stimmt's, Liz?«

Mir war nach Schreien zumute, aber ich zwang mich, ruhig und langsam zu antworten. »Ich weiß genau, was ich will. Laß meinen Arm los, Peter. Danke. Wir sehen uns dann morgen früh.«

Die Anstrengung, mich zu beherrschen, führte dazu, daß ich in dem Moment, als ich Alex auf dem Parkplatz wiedertraf, gar nichts mehr fühlte.

»Wo steht dein Auto?«

»Wir müssen den Bus nehmen. Ich wohne direkt neben einer Haltestelle, es geht ganz schnell.«

Er griff nicht nach meiner Hand und versuchte auch sonst nicht, mich zu berühren, als wir zur Haltestelle gingen. Die Leidenschaft vorhin auf dem Parkplatz erschien mir wie ein Traum. Noch andere Leute warteten auf den Bus, deshalb sagte ich nichts. Aber sobald wir uns gesetzt hatten und der Motorenlärm für genug Privatsphäre sorgte, erzählte ich ihm, daß Peter und ich eine »nicht-monogame Beziehung« führten.

Alex nickte, so als ob das für ihn nicht neu wäre. Ohne es zu wollen, platzte ich heraus: »Peter dachte, du bist schwul!«

Er lächelte. »Tja ... Irgendwann bin ich nach dem Unterricht mal auf ihn zugekommen. Wir haben uns einen Joint geteilt, und es hat auf jeden Fall zwischen uns geknistert. Ich fand ihn attraktiv, und ich konnte spüren, daß auch er auf mich reagierte, also –«

»Peter ist nicht homosexuell!«

Alex verzog das Gesicht. »Homosexuell ist eine Bezeichnung, die man auf Handlungen, nicht auf Personen anwenden sollte. Ich finde sowieso nicht, daß diese Einteilung besonders nützlich ist. Schließlich fühlt man sich doch zu jemandem hingezogen – oder auch nicht –, *bevor* man herausfindet, welche Art von ... Ausrüstung die Leute in ihren Jeans verbergen, oder? Findest du nicht?«

»Also würdest du sagen, du bist bi?«

Er zögerte und sah aus dem Fenster, weg von mir. »Ich denke schon, ja. Ich habe mal ein Buch gelesen, in dem stand, daß eigentlich jeder bisexuell ist.«

»Theoretisch vielleicht. Aber in Wirklichkeit?«

»Hier müssen wir raus.«

»Was ist mit der Wirklichkeit?« beharrte ich, als ich ihn über die Straße und um ein großes Gebäude herum in einen Durchgang begleitete. »Hast du in Wirklichkeit schon bisexuelle Erfahrungen gehabt?«

»Hier, die Treppe hoch.«

Ich folgte ihm durch die Eingangstür in eine kleine, unordentliche Küche.

»Guck bloß nicht ins Spülbecken«, warnte Alex. »Geh einfach durch.« Ich betrat das Wohnzimmer. Gegenüber befand sich eine weitere Tür, die ins Schlafzimmer führte. Ich blieb zögernd stehen, ich spürte ein Kribbeln und sah ihn an.

»Setz dich, ich hole uns was zu trinken. Ich hab zwei Bier im Kühlschrank, ich kann aber auch Kaffee mit einem Schuß Kahlua-Likör machen.«

Ich wurde munter. »Kahlua mit Sahne?«

»Ja.«

»Um so besser. Vergiß den Kaffee. Kahlua mit Sahne ist mein Lieblingsgetränk.«

Er lächelte. »Bin gleich wieder da.«

Während er weg war, machte ich das Übliche: ich schaute seine Plattensammlung durch. Ich legte *Pearl* von Janis

Joplin auf und schlenderte dann zum Bücherregal. Da standen ein paar große Kunstbände, einige wenige Lehrbücher über Geschichte und Psychologie, außerdem Science-fiction-Romane, Krimis und überraschenderweise *Der weibliche Eunuch* von Germaine Greer und *Frauenbefreiung und Sexuelle Revolution* von Shulamith Firestone. Ich griff nach letzterem und schlug es auf. Sein Name, Alex DeBarr, stand in blauer Tinte innen auf dem Umschlag. Ein Blatt Papier fiel heraus, ein Flugblatt vom Ad Hoc Women Artists' Committee, das zum öffentlichen Protest gegen das Whitney Museum in New York aufrief und einige Statistiken zitierte: bei der Jahresschau für amerikanische Kunst waren 1970 nur viereinhalb Prozent der teilnehmenden Künstler Frauen, usw. Ich konnte mich an die Aktion erinnern. Sie hatte sogar hier in Texas ziemlich viel Aufmerksamkeit erregt. Die Proteste der AHWA hatten den ganzen Winter und das Frühjahr über angehalten und dazu geführt, daß das Whitney Museum 1971 wesentlich mehr Künstlerinnen in die Ausstellung aufgenommen hatte – insgesamt etwas über zwanzig Prozent. Auch das war noch nicht viel, den Aussagen verschiedener männlicher Kritiker zufolge hätte man allerdings annehmen können, daß man im Whitney dazu übergegangen war, die Wände mit Schmierereien von Pfadfinderinnen bemalen zu lassen, unter Mißachtung sämtlicher künstlerischer Werte. Peter zufolge interessierten sich die meisten Studentinnen aus dem Fachbereich Kunst nur für das Lehramt, Illustrationen und Kunsthandwerk. Keine von ihnen war als Künstlerin wirklich ernstzunehmen, so wie Peter, Vaughan oder Alex etwa.

Alex kam zurück und brachte die Drinks mit. Ich steckte das Flugblatt ins Buch und stellte es ins Regal zurück, aber er hatte gesehen, worum es sich handelte.

»Das solltest du mal lesen«, sagte er und nickte zustimmend. »Ich leihe es dir.«

»Das hab ich schon gelesen.«

»Wirklich? Und was hältst du davon? Ganz schön radikal, hm – die Abschaffung aller Geschlechtsunterschiede!«

Er schien unbedingt darüber sprechen zu wollen, aber ich mochte es nicht, mit Männern über Feminismus zu diskutieren. Ich wurde leicht wütend, was sie persönlich nahmen. Das war ja vielleicht auch ganz richtig so, aber es schien mir eine schlechte Einleitung zu sein, um Sex zu haben.

»Du hast meine Frage noch nicht beantwortet«, sagte ich, als er mir ein Glas reichte.

»Welche Frage?« Sachte stieß er mit mir an. »Auf uns.«

Der Ausdruck seiner Augen und sein Lächeln ließen mich genußvoll erschauern, während ich daran dachte, was er unter meinem Kleid gemacht hatte. Er hatte genau gewußt, was er tun mußte. Offensichtlich hatte er viel Erfahrung mit Frauen. Und da er gesagt hatte, daß ... Ich fragte ihn: »Hattest du jemals Sex mit einem Mann?«

»Ja.« Er sah mich offen an. »Ich bin keine Jungfrau mehr. Ich hatte schon mehr als einen Partner. Außerdem mag ich Sex mit Männern.«

»Also –« Ich war ratlos. »Also, dann hast du mit *Frauen* keine Erfahrung?«

»Du bist die erste.« Er stürzte sein Glas in einem Zug hinunter.

»Wow. Ich fühle mich geschmeichelt.« Mir kam ein äußerst unerfreulicher Gedanke. »Hat es etwa damit zu tun, daß ich Peters Freundin bin?«

»O nein. Es liegt an dem Kleid. Deshalb habe ich dich bemerkt. Es ist mir ins Auge gefallen. Ich mag dieses Kleid. Die Farbe, den Stoff, den Schnitt ... Ich mag, wie es sich anfühlt. Und die Art, wie du es ausfüllst, hat mir Lust gemacht, *dich* anzufassen.«

Mir wurde warm, ich spürte erneut die Erregung und begann, auffordernd über das Kleid zu streicheln. »Ich hoffe, du hast auch noch Lust auf mich, wenn ich es ausgezogen habe.«

Mit glitzernden Augen machte er einen Schritt nach vorn. »Warum probieren wir es nicht mal aus?«

Ich dachte, er würde mich ausziehen, die Schnüre lösen oder das Kleid nach oben schieben, aber er schien damit zufrieden zu sein, mich zu umarmen und über den weichen Samtstoff an Hüfte, Rücken und Po zu streicheln, während sein Mund gefühlvoll den meinen liebkoste.

Wir schmusten eine Zeitlang und standen dabei dicht aneinandergepreßt. Wir kamen immer mehr in Fahrt, während Janis Joplin klagend im Hintergrund sang. Aber noch ein anderer Drang machte sich bei mir bemerkbar, den ich nicht übergehen konnte, und schließlich unterbrach ich das Ganze.

»Ich muß mal eben wohin.«

»Geh ruhig. Ich warte dann im Bett auf dich.«

Im Bad ließ ich mir Zeit und zögerte bei der Entscheidung, ob ich das Kleid ausziehen sollte oder nicht. Ich lugte in Alex' Spiegelschränkchen. Nichts Besonderes, der Inhalt unterschied sich nicht wesentlich von meinem zu Hause: eine rosafarbene Flasche Sirup gegen Magenbeschwerden, eine Packung Aspirin, eine Schachtel Verbandsmull, Clearasil, Vaseline, eine blaue Packung Tampons ... Ich runzelte die Stirn. Wem gehörten die? Hatte er eine Freundin? Hatte er mich angelogen?

Ich öffnete die Tür. Auf dem Bett saß eine Frau, die das gleiche Kleid wie ich trug.

»Überraschung«, sagte Alex und stand auf. Es war immer noch Alex, aber er hatte sich von einem Mann in eine Frau verwandelt. Oder war er schon immer eine Sie gewesen? »Siehst du, wir haben denselben Geschmack in Sachen Männer *und* in Sachen Kleider. In dem Augenblick, als ich es auf dem Ständer sah, wußte ich, daß ich es haben mußte. Ich fand, das ist das ideale Kleid zum Ficken. Ohne Wäsche darunter ist man allein durch die Berührung mit dem Stoff ständig so erregt, daß man es praktisch jederzeit und überall mit fast jedem treiben würde. Im Stehen, vornübergebeugt, gegen eine Wand gelehnt … Ich habe es mir als Weihnachtsgeschenk gekauft. Bis jetzt hat mich außer mir selbst noch niemand darin gesehen. Was meinst du, steht es mir?«

Ich starrte die Person mir gegenüber an. Die Brüste waren zwar klein, aber durchaus echt. Mir fiel ein, daß ich die ganze Zeit beim Küssen, als wir so engumschlungen dastanden, die zu erwartende Ausbuchtung in seiner Jeans nicht gespürt hatte. Und er hatte auch nicht gewollt, daß ich ihn anfasse, als wir auf dem Parkplatz waren.

»Was bist du?« fragte ich schließlich.

Alex zog eine Braue hoch und lächelte verführerisch. »Komm her und find es raus.«

Mein Sohn Michael kam herein und überraschte mich, wie ich mit dem Kleid auf dem Schoß noch immer in Erinnerungen an meine Jugend schwelgte.

»Was machst du hier oben?«

»Ich sortiere nur ein paar alte Sachen aus – im Sommer wirst du die Koffer brauchen.«

»Was ist mit den Klamotten, kann ich davon was haben?«

»Sie sind ziemlich alt –«

»Die Siebziger sind doch in«, sagte er und wühlte in dem Stapel, der noch unberührt im Koffer lag. »Schlaghosen, Batikklamotten …« Dann schnappte er sich, bevor ich überhaupt reagieren konnte, das Kleid.

»Hey!«

»Oh, wow«, sagte er und betastete es ehrfurchtsvoll. »Kann ich das haben?«

»Das ist ein Kleid, Michael!«

»Das sehe ich auch.«

»Wozu brauchst du ein Kleid?«

»Was glaubst du denn?« Er hielt es an sich hoch und tänzelte herum. »Na, wie steht's mir?«

»Nicht besonders.«

»Ich sehe bestimmt toll aus damit. Alle werden es super finden!«

»Es paßt dir doch gar nicht.«

»Doch, ich glaube schon. Sehr figurbetont. Sehr dehnbares Material.«

»Du wirst es doch wohl nicht anziehen – in aller Öffentlichkeit?«

Wir starrten uns verwirrt an.

»Klar. Die Weiber würden sich um mich reißen.« Die »Weiber« trieften vor Ironie, aber es war ihm ernst.

»Ehrlich? Denken sie dann nicht, du bist schwul?«

»Nicht in den Clubs, wo ich hingehe. Die Mädels finden das toll. Meinst du nicht, daß so was ein Knüller ist? Ein Typ in 'nem Kleid?«

Ich nickte zaghaft, erstaunt darüber, wieviel Zeit vergangen war, wieviel sich geändert hatte.

»Also, kann ich es haben?«

»Na klar, nimm es mit. Ich kann es sowieso nicht mehr anziehen.«

Nach der Nacht mit Alex hatte ich es nie wieder getragen. Ich habe Alex auch nie wiedergesehen. Und nie habe ich jemandem erzählt, was passiert ist, nie habe ich Alex' Geheimnis preisgegeben.

Zwischen Peter und mir kam es am nächsten Tag zu einer gefühlsgeladenen, hitzigen Aussprache, und die zwei nächsten Monate klebten wir förmlich aneinander. Ich ging Alex aus dem Weg, bis ich merkte, daß Alex nicht mehr da war und es gar niemanden gab, den ich hätte meiden können. Nach dem Abschluß schlugen Peter und ich getrennte Wege ein. Alex ging nach New York und hatte binnen zwei Jahren die erste eigene Ausstellung. Jahrelang bewahrte ich einen vergilbten Ausschnitt aus der Zeitung *The Village Voice* auf, in welchem von der »Meisterschaft« und der »Männlichkeit« die Rede war, mit denen Alex Raum und Material handhabte.

Eines Tages, Ende der Achtziger, hatte ich in London einen freien Nachmittag und blätterte den Veranstaltungskalender durch auf der Suche nach etwas Interessantem. Als ich die Liste der Galerien überflog, sprang mir ein Name ins Auge: »DeBarr.«

War das Alex? Die Arbeit wurde zusammen mit den Werken anderer Künstler in einer Galerie im East End ausgestellt. Ich ging hin.

Kaum war ich eingetreten, sah ich es. Unverkennbar. Alex' Kleid.

Es hing in einem Rahmen an der Wand, dieses Kleid, an das ich mich genau erinnerte, dieses Kleid, das ich umarmt hatte, das ich selbst getragen hatte, auch wenn es jetzt einige Abänderungen gab, um es zu einem Kunstwerk werden zu lassen. Am Halsausschnitt war eine Kette aus winzigen, rosa Plastikbabys angenäht. Dort, wo sich normalerweise die Brüste befanden, waren zwei ausgeschnittene Fotos von Weingläsern angeheftet. Die aufgenähten Hände waren mit langen, silberfarbenen Nägeln versehen worden. Und im Schritt befand sich ein Rechteck aus dickem, braunem Samt, flauschiger und dunkler als der Rest des Kleides. Daran klebte ein Etikett, auf dem »Ziehen« stand.

Zögernd sah ich mich um. Das große, stark geschminkte Mädchen in dem trägerlosen Lederbustier, das an der Tür saß, beobachtete mich und nickte. »Schon okay, das ist zum Anfassen da.«

Also zog ich daran. Ein Klettverschluß ratschte leise, als der Latz nachgab, und heraus fiel ein männliches Geschlechtsorgan – ein auf Baumwolle gedrucktes Farbfoto.

Ich las den Titel, der darüberstand: »Die perfekte Frau.«

Michael Blumlein

Hymenoptera

An jenem Morgen erschien die Wespe im Salon. Der Frühling hatte gerade begonnen, und es war ungewöhnlich kalt. Die Fenster waren mit Eisblumen überzogen, und das Gras draußen war weiß von Reif. Linderstadt rutschte unbequem auf dem Sofa hin und her. Nackt bis auf Hemd und Socken kämpfte er gegen die Kälte und den Traum gleichermaßen an. Die Nacht zuvor hatte er sich mit Camille, seinem Lieblings-Model, gestritten. Er warf ihr vor, sein Vertrauen mißbraucht zu haben, was nicht stimmte. Nachdem sie gegangen war, betrank er sich sinnlos, stolperte von einem Atelier ins andere, stieß Schneiderpuppen um, riß Kleider von den Bügeln, fegte Hüte zu Boden. Er wütete dagegen, wie klein und unbedeutend er war, gegen die Armseligkeit seiner neuesten Kollektion, gegen das Fiasko des Lebens ganz allgemein. Wäre er in eine seiner eigenen enganliegenden Korsagen eingeschnürt gewesen, das Gefühl des Beengtseins hätte nicht größer sein können. Unfähig zu atmen, zu sehen, blind für die einfachsten Wahrheiten. Und das der Mann, dessen Beiname »Der King« erst in der letzten Woche einmal mehr bestätigt worden war, dessen Gespür fürs Detail, für den Sitz der Ärmel und der Taille, ja für Stil legendär war, dessen überragende Entwürfe untertänig gelobt, kopiert und geklaut wurden. Linderstadt das Genie. Der Meister. Linderstadt der Säufer, verstrickt in sein Imperium aus Taft,

Gipüre und Satin, der auf den Erfolg eindrischt mit dem Furor einer hinter Glas gefangenen Fliege.

Der Morgen dämmerte, und zwischen den Ritzen der schweren Vorhänge schien die Sonne durch, erfüllte den Salon mit einem matten, pfirsichfarbenen Licht. Linderstadt lag auf einer Couch an einem Ende des Raumes, die Schleppe eines Brautkleids aus einem der Ateliers hatte er halb über sich geworfen. Am anderen Ende des Raums war die Wespe, lang ausgestreckt und regungslos. Ihre Flügel lagen auf dem Rücken gefaltet, und ihr langer Hinterleib war nach innen gekrümmt wie ein Komma. Die beiden Fühler krümmten sich nach vorne, zart, aber auch hart wie Bambus.

Es verging eine Stunde und dann noch eine. Als an Schlaf nicht mehr zu denken war, stolperte Linderstadt zur Toilette, um sich zu erleichtern. Er kam mit einem Glas Wasser in den Salon zurück, und nun entdeckte er die Wespe. Von seinem Vater, der sich, bis er an Gelbfieber starb, als Hobby-Entomologe betätigt hatte, wußte Linderstadt einiges über Insekten. Dieses Exemplar ordnete er irgendwo in der Familie Sphecidae ein, einer Art, die hauptsächlich solitär lebende Wespen umfaßte. Die meisten von ihnen nisteten in Erdlöchern oder hohlen Bäumen, und er war etwas erstaunt darüber, das Tier in seinem Salon vorzufinden. Dann wiederum war er auch überrascht, daß er sich überhaupt an irgend etwas erinnerte. An Insekten hatte er kaum gedacht, seit er vor vierzig Jahren die Welt der Mode zur seinen gemacht hatte. Auch an seinen Vater hatte er kaum gedacht, viel lieber war ihm die Erinnerung an seine Mutter Anna, seine Mutter, die sorgend Bemühte, die Näherin, nach der er seinen ersten Laden benannt hatte und sein berühmtestes Kleid. Aber seine Mutter war nicht da, die Wespe dagegen schon, ganz eindeutig. Linderstadt trank sein Glas aus und warf sich die Schleppe des Brautkleids wie einen Schal um die Schultern. Dann ging er hinüber, um einen Blick auf sie zu werfen.

Die Wespe reichte ihm bis an die Brust und war ungefähr

zwei Meter vierzig lang. Linderstadt bemerkte die kurzen Härchen an den Beinen, die ihn früher immer an die Stoppeln auf dem Kinn seines Vaters erinnert hatten, und auch an die nach vorne ragenden Mundtaster erinnerte er sich. Mit ihrer Hilfe setzte das Insekt seine Kiefer an der Beute an, um ein Stück davon herauszureißen. Ihre Taille war schmal wie ein Bleistift, die Flügel durchsichtig. Ihr Außenskelett, das Linderstadt als ihren Mantel betrachtete, war schwärzer als der schwärzeste Seidenrips, schwärzer als Kohle. Sie schien das Licht zu absorbieren, erzeugte so, wo sie gerade saß, einen kleinen Bereich kalter Nacht. *Nigricans*. Er erinnerte sich an den Namen der Wespe. *Ammophila nigricans*. Er war versucht, sie zu berühren, wollte spüren, wie ihr Leben sich anfühlte. Instinktiv wanderten seine Augen an ihrem Bauch nach unten bis zu ihrem spitzen Stachel, der wie ein Schwert aus dem hinteren Teil herausstand. Ihm fiel wieder ein, daß der Stachel eigentlich eine feine Röhre war, durch die das weibliche Tier Eier in seiner Beute ablegte, die sich dort in Larven verwandelten und sich nach außen fraßen. Das männliche Tier verfügte auch über diese Röhre, stach aber nicht. Als kleiner Junge hatte er immer Schwierigkeiten, die Geschlechter auseinanderzuhalten, und als er das Tier jetzt in dem fahlen Licht untersuchte, fragte er sich, welchen Geschlechts es wohl sei. Er fühlte sich leicht fiebrig, was er auf die Nachwirkung des Alkohols zurückführte. Sein Mund war noch immer trocken, aber er zögerte, den Salon für ein Glas Wasser zu verlassen, aus Furcht, die Wespe könnte bei seiner Rückkehr nicht mehr da sein. Also blieb er, zitternd und durstig. Die Stunden vergingen, und der Raum erwärmte sich nicht. Die Wespe bewegte sich nicht. Sie war noch regloser als Martine, sein reglosestes und geduldigstes Model. Regloser als der Kristallüster des Salons und die Damastvorhänge, hinter denen sich die Ankleideräume befanden. Einzig Linderstadt selbst bewegte sich. Er ging auf und ab, um sich warm zu halten. Er schluckte seinen eigenen

Speichel, um seinen Durst zu stillen, aber letztendlich trieb ihn das Bedürfnis nach Wasser doch hinaus. Er kam so schnell wie möglich zurück, trug nun Schuhe und einen Pullover und brachte Stifte und einen Zeichenblock sowie einen großen Krug Wasser mit. Die Wespe war so, wie er sie zurückgelassen hatte. Hätte Linderstadt nicht einiges über die Physiologie von Insekten gewußt, er hätte meinen können, das Tier wäre in Stein gehauen.

Im nachlassenden Tageslicht begann er zu zeichnen, schnell, geschickt, mit groben, entschlossenen Strichen. Er arbeitete aus verschiedenen Blickwinkeln, zeichnete den Hals der Wespe, die Schultern und die Taille. Er stellte sich das Tier im Flug vor, mit ausgebreiteten, feingeäderten Flügeln. Er zeichnete es bei der Nahrungsaufnahme, ruhend und angreifend. Er experimentierte mit verschiedenen Modellen, einige vornehm und elegant, andere einfach nur kapriziös. Ihm wurde klar, daß er schon entschieden hatte, die Wespe war weiblich. Überhaupt hatte er bisher nur mit Frauen gearbeitet. Er erinnerte sich an Anouk, das an Skoliose leidende Mädchen, das seine Mutter mit nach Hause gebracht hatte, um das noch ungeübte Talent ihres heranwachsenden Sohnes zu testen. Er fühlte sich so flexibel wie damals, sein Kopf voller Ideen und der Geist frei wie nie.

Er arbeitete bis in die frühen Morgenstunden, ruhte dann kurz, ehe er von Kirchenglocken geweckt wurde. In seiner Jugend war er gläubig gewesen, und religiöse Anspielungen waren in seinen frühen Kollektionen häufig zu finden. Aber Paulus war zu Saulus geworden, und seit dreißig Jahren hatte er keinen Fuß mehr in eine Kirche gesetzt. Geblieben waren die Sonntagsglocken, an denen sich Linderstadt wehmütig und mit einem Nachgeschmack von Schuld erfreute. Gewohnheiten waren ihm lieb und teuer.

Niemand kam an diesem Vormittag, und er hatte das Geschäft für sich alleine. Es war noch kälter als am Tag zuvor. Die Wespe verharrte weiter reglos, und da die Temperatur auch bis zum Mittag nicht gestiegen war, wagte es Linderstadt, den Raum zu verlassen. Die Zeichnungen waren abgeschlossen, und nun kam es darauf an, eine passende Puppe zu finden, an der er seine Entwürfe umsetzen konnte. Er besaß Hunderte von Torsos in allen erdenklichen Formen, von denen einige den Namen der jeweiligen Kundin, andere wiederum lediglich eine Nummer trugen. Daneben besaß er noch andere Formen wie Zylinder, Pilze, Dreiecke, und alle hatten irgendwann Eingang in eine seiner Kollektionen gefunden. Solange ein Objekt eine Ausdehnung im Raum hatte, konnte er es sich auch an einer Frau vorstellen. Oder vielmehr, er konnte sich eine Frau in dem Objekt vorstellen, wie sie es mit ihrer eigenen unverwechselbaren Form und Substanz ausfüllte und jede Tangente und Schnittlinie mit Weiblichkeit erfüllte. Im Grunde seines Herzens war er Pantheist, und er war überzeugt davon, etwas Passendes für die Wespe zu finden. Aber nichts bot sich an, kein einziges Objekt in seiner riesigen Sammlung schien der Gestalt und dem Charakter des Tiers auch nur annähernd angemessen. Die Wespe war ein Rätsel. Er würde an dem Tier selbst arbeiten müssen.

Er kehrte in den Salon zurück und näherte sich seinem Objekt. Für einen Mann, der wie er gewöhnt war an die göttliche Formbarkeit des Fleisches, war die panzerartige Härte und Starre des Außenskeletts der Wespe eine besondere Herausforderung. Hier mußte jede Schnittlinie perfekt sein, jede Naht präzise. Da gab es keine Brust, die sich sanft gegen den Stoff wölbt, keine Hüfte, die den geschmeidigen Schwung der Taille betont. Es würde so sein, als arbeitete man direkt an den Knochen, als kleidete man ein Skelett. Linderstadt war fasziniert. Er trat vor sie hin und berührte den Körper der Wespe. Er war kalt und hart wie Metall. Er fuhr mit dem Finger an einem ihrer Flügel entlang, erwartete beinahe, seine eigene nervöse Energie würde sie zum Leben erwecken. Berührungen hatten bei ihm immer die stärksten

Emotionen freigesetzt, weshalb er im Umgang mit seinen Models auch einen Zeigestab benutzte. Er hätte gut daran getan, diesen Stab auch für die Wespe zu benutzen, denn der Kontakt machte seine Haut kribbeln, und einen Moment wurde ihm schwindlig. Seine Hand glitt nach unten zu einem der Beine der Wespe. Der Unterschied zu einem menschlichen Bein war gar nicht so groß. Die Haare waren so weich wie menschliche Haare, Haare, die sich seine Models gewissenhaft bleichten, mittels Wachs oder Rasierklinge entfernten. Die Kniegelenke und Fußgelenke funktionierten ähnlich, und die Krallen waren spitz und knochig wie ein Fuß. Seine Aufmerksamkeit wandte sich zur Taille des Tiers, beim Menschen der Angelpunkt zwischen Bein und Torso. Bei der Wespe war sie tiefer angesetzt und viel schmaler, als sie bei einem Menschen je sein kann. Sie war dünn wie ein Pfeifenstiel, ein Wunder der Natur, das er problemlos mit Daumen und Zeigefinger umfassen konnte.

Er holte sein Band aus der Tasche und begann Maß zu nehmen, vom Ellbogen zur Schulter, von der Schulter zur Flügelspitze, von der Hüfte zur Kralle. Die Maße vermerkte er in einem Notizbuch. Hin und wieder hielt er inne, trat einen Schritt zurück, um über ein Detail nachzudenken, einen Ballonärmel, einen gezackten Kragen, eine Rüsche. Manchmal machte er sich eine Notiz, gelegentlich auch eine schnelle Skizze. Als er daran ging, den Brustumfang zu messen, mußte er sich auf dem Rücken unter die Wespe legen. Diese Stellung ermöglichte ihm einen guten Blick auf den haarlosen, gepanzerten Torso und auf den Stachel, der wie ein Speer direkt zwischen seine Beine zeigte. Nach einem kurzen Zögern drehte er sich um und vermaß auch den Stachel. Dabei fragte er sich beiläufig, ob diese Wespe auch zu jener Art gehörte, die nach dem Einsatz des Stachels stirbt, und ob er einem solchen Opfer mit einem Kleid ein Denkmal setzen könnte. Dann kroch er hervor und besah seine Notizen.

Die Wespe war symmetrisch, von fast perfekter Symmetrie. Während seiner ganzen langen Karriere war Linderstadt immer bestrebt gewesen, perfekte Symmetrie zu durchbrechen und statt dessen die feinen Ungleichheiten des menschlichen Körpers herauszustellen, die natürlichen Unterschiede zwischen der linken und der rechten Körperhälfte. Es gab immer etwas zu betonen, eine Hüfte, die höher lag, eine Schulter, eine Brust. Selbst ein Auge, dessen Iris vielleicht in einem geringfügig anderen Blauton gesprenkelt war als die seines Nachbarn, konnte irgendwo in der Farbe des Kleides darunter eine Stellungnahme auslösen. Linderstadts Erfolg beruhte zu einem großen Teil auf seiner übernatürlichen Fähigkeit, derartige Asymmetrien aufzudecken, aber die Wespe machte es ihm schwer. Es gab nichts, worin sich eine Seite von der anderen unterschieden hätte, beinahe als spotte das Tier der Idee der Asymmetrie als solcher, der Individualität und, in letzter Konsequenz, Linderstadts ganzer Karriere. Ihm schoß der Gedanke durch den Kopf, daß er sich geirrt haben könnte, daß es in Wirklichkeit nicht auf die Einzigartigkeit, sondern auf die Beständigkeit der Form ankam, auf Wiederholung und Bewahrung. Was blieb, war vielleicht das Übergreifende, waren exakt die Proportionen, die er gerade notiert hatte.

Linderstadt ging mit seinem Notizbuch in das Hauptatelier, um mit der Arbeit am ersten Kleid anzufangen. Er hatte sich dazu entschlossen, mit etwas Einfachem zu beginnen, einem Futteralkleid aus Samt, mit schmalen Öffnungen für die Flügel und Beine und einem Volant aus weißem Tüll am Ende, um den Stachel zu verbergen. Da er nicht genug Zeit für ein Musterstück aus Musselin hatte, arbeitete er gleich mit dem richtigen Stoff. Normalerweise machten das seine Assistenten, aber der Meister hatte den Umgang mit Schere und Nähgarn nicht verlernt. Die Arbeit ging schnell voran, und einige Nähte saßen bereits, als ihm wieder einfiel, welcher Gattung seine Wespe angehörte. *Hymenoptera*, nach *ptera*, was soviel wie Flügel hieß, und *hymeno*, dem Namen des griechischen Hochzeitsgottes, um an die Verschmelzung von Vorder- und Hinterflügeln zu erinnern. Er selbst hatte nie geheiratet, hatte außerhalb seines Berufs nie eine Frau berührt, und schon gar nicht intim. Man nahm an, daß er Angst hatte vor intimer Nähe, aber viel wahrscheinlicher war, daß er Angst davor hatte, seine Vision von Reinheit an der Wirklichkeit zu messen. Seine Frauen waren Juwelen, Edelsteine, die man bewunderte wie alles Schöne und Strahlende. Er kleidete sie, um sie anzubeten. Er kleidete sie, um sie im Palast seiner Träume festzuhalten. Aber nun, da er den Körper der Wespe berührt hatte, da er bezaubert worden war von einem Geschöpf, das sich von ihm unterschied wie Frau und Mann sich voneinander unterscheiden, fragte er sich, ob er nicht doch etwas versäumt hatte. Fleisch verlangte nach Fleisch. Konnte ein lebenslanger Verlust wie dieser wiedergutgemacht werden?

Als das Kleid fertig war, eilte er in den Salon. Die Wespe leistete keinen Widerstand, als er ihre Beine anhob und ihr das dunkle Futteral überzog. Ihm kam das Bild seines Vaters vor Augen, wie dieser geschickt die Flügel eines Schmetterlings entfaltete und sie mit Nadeln auf der samtbezogenen Unterlage des Schaukastens fixierte. Die Linderstadt-Männer konnten, so schien es, mit Tieren umgehen. Er zog das Oberteil gerade und den Rückenreißverschluß zu. Dann trat er einen Schritt zurück, um sich das Ganze anzusehen. Die Taille mußte, wie schon erwartet, enger gemacht und eine der Schultern neu angesetzt werden. Aber die Wahl der Farbe und des Materials war hervorragend getroffen. Schwarz auf Schwarz, Nacht gegen Nacht. Der Anfang war gelungen.

Linderstadt erledigte die Änderungen, dann hängte er das Kleid in einen der Ankleideräume und ging wieder ins Atelier. Das nächste Kleidungsstück war ein weites Cape aus zitronengelber Gipüre mit einer Goldkette als Verschluß, ein scharfer Kontrast zum pechschwarzen Äußeren der Wespe. Dazu fertigte er eine passende Toque, an der er, als Reminiszenz an die Fühler der Wespe, zwei lackierte Stäbchen anbrachte. Im Atelier war es ebenso kalt wie im Salon, und er arbeitete in Schal und Mantel und mit Glacéhandschuhen, deren Fingerspitzen er mit einer Schere abgeschnitten hatte. Sein Gesicht war ungeschützt, und die belebende Kälte auf seinen Wangen ließ ihn an die eisigen Winter seiner Kindheit denken, als er, wie ihm schien, stundenlang regungslos für seine Mutter stillstehen mußte, die ihn als Schneiderpuppe für ihre Kleider benutzte. Sie hatte sich keine Heizung leisten können, und Linderstadt hatte eine stoische Haltung den Elementen gegenüber entwickelt. Die Kälte erinnerte ihn an die Werte Disziplin und Selbstkontrolle. Aber noch viel mehr erinnerte sie ihn daran, wie sehr er das Gefühl der Kleider auf seiner Haut liebte, die sich bei der Anprobe dicht um seinen Körper legten. Er liebte es, wenn seine Mutter eine Taille enger faßte oder einen Ärmel abnähte. Das Gefühl des Umschlossenseins erzeugte eine gleichsam ungebändigte Kraft der Phantasie, als würde er gleichzeitig genährt und befreit. Es war nicht die Taubheit in seinen Fingern, an die er sich erinnerte, nicht der gefrorene Atem, nicht die Gänsehaut auf seinen Armen. Jene Kraft war es, rein und unverfälscht, so daß Linderstadt auch heute noch die Hitze mied, obwohl er Geld im Überfluß hatte, um seine Räume aufzuheizen wie einen Dschungel. Die Kälte war sein Element. Sie war Feuer genug.

Er arbeitete die ganze Nacht, um das Cape fertigzustellen. Als es Montag morgen war, schloß er die Türen des Salons ab. Die Näherinnen, Angestellten im Lager, die Verkäuferinnen und Models, die zur Arbeit kamen, schickte er einfach weg. Er ließ Camille vor der Tür stehen und sogar Broussard, seinen lebenslangen Freund und Berater. Verborgen hinter dem Vorhang, den er vor die Glastür gezogen hatte, verkündete er, die Kollektion sei abgeschlossen, die letzten

Änderungen würde er alleine vornehmen. Er ging an seine Geldkassette und brachte bündelweise Bargeld, reichte es durch den Postschlitz an Broussard weiter, der es an die Angestellten verteilte. Er versicherte, daß alles in Ordnung wäre im Haus Linderstadt, und lud sie alle zur Premiere der Kollektion in einer Woche ein. Dann ging er.

Zurück im Atelier, begann er mit seiner nächsten Kreation, einem schulterfreien Kleid aus blauem Moiré mit einem voluminösen, mit Schleifen verzierten Rock. Was er konnte, nähte er mit der Maschine, aber die Schleifen mußten von Hand gefertigt werden. Er saß beim Nähen wie seine Mutter, ein Bein über das andere geschlagen, den Kopf nach unten gebeugt, den kleinen Finger abgespreizt, als hielte er eine Tasse Tee in der Hand. Für den Rock benötigte er einen ganzen Tag, die Arbeit unterbrach er nur einmal, um sich zu erleichtern. Essen kam ihm gar nicht in den Sinn, und darin schien er mit der Wespe übereinzustimmen. Sie signalisierte weder Hunger noch Durst. Hin und wieder bewegte sich einer ihrer Fühler, aber Linderstadt führte dies auf geringfügige Schwankungen der Zellspannung zurück. Er nahm an, die Wespe war noch immer im Kälteschlaf, obwohl er sich auch fragte, ob diese übernatürliche Reglosigkeit nicht eine tiefere Ursache hatte. Er dachte an seinen Vater, der an der Oberfläche so harmlos und dabei doch so unergründlich gewesen war. Ließ man ihn gewähren, dann verbrachte der Mann ganze Tage mit seinen Insekten, richtete akribisch die Schaukästen aus, beschriftete die winzigen Namensschildchen, machte Bestandsaufnahme. Linderstadt konnte die Ausdauer und die Hingabe seines Vaters nie ganz verstehen. Seine Mutter behauptete, ihr Ehemann würde sich verstecken, aber was wußte ein Kind von diesen Dingen? Als er daran dachte, ihn selbst zu fragen, war sein Vater schon seit Jahren tot.

Das Wetter blieb stabil, und am Mittwoch rollte Linderstadt eine der Nähmaschinen aus dem Atelier in den Salon.

Er wollte arbeiten, ohne der Wespe von der Seite zu weichen. Von der Straße drangen Stimmen herein, das Geschnatter von Schaulustigen, die vergeblich versuchten, einen Blick nach innen zu erhaschen. Das Telefon klingelte unaufhörlich, eine Nachricht nach der anderen von besorgten Freunden, Kunden, der Presse. Mr. Jesais, sein Hellseher, rief täglich an, seine Prognosen verdüsterten sich von Tag zu Tag. Linderstadt war unbeeindruckt. Er hörte nur eine einzige Stimme, und die bewahrte ihn vor jeder Ablenkung. Er fragte sich, warum es so lange gedauert hatte, bis er sie hörte.

Er heftete einen Ärmel und dann den nächsten. Vierzig Jahre Erfolg hatten ihn hierhin gebracht, Nähnadel und Nähgarn, Röhren aus Stoff als Artefakte für die Archäologen der Zukunft. Knapp eine Woche zuvor hatte er sich gefühlt wie am Rand des Ruins. Geister stellten sich ein, Geister früherer Models, verstorbener Freunde, der Eltern. Je mehr er versucht hatte, an seiner Vision festzuhalten, desto mehr war sie ihm entglitten. Juliet in Satin, Eve in Pelz, die namenlose Königin, arrogant und herrisch in steifem Brokat. Sirenen maßloser Schönheit, einmal mehr der Triumph wirren männlichen Begehrens. Der Erfolg, so schien es, beruhte auf Eitelkeiten. Das war die traurige Lektion seiner Karriere. Und nach vierzig Jahren war er der Scheinwelt überdrüssig. Er hatte zu viele Camilles gesehen, zu viele Martines und Anouks. Besser ging es ihm ohne irgend jemanden.

Aber nun war die Wespe da. Die Wespe war anders. Die Wespe brachte eine völlig neue Sichtweise. Chitin war kein Fleisch, sechs nicht dasselbe wie zwei, sechs Beine und Krallen, sechs mal ein anderer Winkel, eine andere Linie, eine andere Kraft. Da waren Flügel, Flügel stärker und zarter als selbst die des Erzengels Gabriel. Ein Gemälde von ihm hatte Linderstadt als Vorlage für seine 84er Kollektion gedient. Und auch Augen gab es, Facettenaugen, die in der Lage waren, Gott weiß was zu sehen. Und Fühler, dazu da, die unsichtbaren Genüsse der Welt zu kosten. Linderstadt versuchte sich Camille als Insekt vorzustellen, wie sie den Laufsteg entlangkrabbelte, posierte, Camille auf vier Beinen, auf sechs, Camille auf dem Bauch, sich langsam vorwärtsschiebend wie eine Raupe. Aus diesem Blickwinkel betrachtet, waren seine Kleider nichts als Kokons, jedes ein matter Abglanz einer lebendigeren Realität. Die Vision seines Lebens hatte unter seiner Profanität gelitten. Überheblichkeit hatte sie entstellt. Seine Bewunderung für die Frauen stellte eine Beleidigung dar, seine erhabenen Ideale von Anmut und Schönheit waren nichts als Spitzfindigkeiten. In seinem Herzen war er einfacher und direkter. Jene Art war verwurzelt in ihm, verwurzelt wie die Wespe in seinem Salon.

Linderstadt dachte wieder an seinen Vater. Wie er sich zur Arbeit anzog, wie er seine marineblaue Briefträgerjacke mit den gelben Streifen an den Manschetten zuknöpfte. Er erzählte, daß er eine Motte gefunden hatte, deren Körper exakt dem einer Frau glich. Sprach er mit Linderstadts Mutter? Linderstadt konnte sich nicht erinnern. Es lag eine Spannung in der Luft, daran erinnerte er sich. Und noch etwas anderes. Verzückung?

Er beendete die letzte Naht und hielt das Kleid vor sich hin. Das schimmernde Moiré erinnerte ihn an das Meer; das Kleid mit den sechs Beinen an ein dahintreibendes Geschöpf. Für ein geringeres Talent wären die Ärmel ein Alptraum gewesen, aber unter den Händen Linderstadts fügten sie sich faltenlos in das Oberteil. An der Schulter waren sie gepufft, darüber hinaus hatte er jeden mit einem Reißverschluß versehen, um das Anziehen zu erleichtern. Sobald das Kleid saß, trat Linderstadt einige Schritte zurück, um es zu begutachten. Es saß geradezu unheimlich gut, als hätte eine verborgene Hand die seine geführt. Das war von Anfang an so. Es gab jetzt fünf Kleider. Fünf innerhalb von fünf Tagen. Noch eines, dachte er, noch eines, um die Kollektion komplett zu machen. Das Brautkleid, sein Markenzeichen. Seit vierzig Jahren war es der krönende Abschluß jeder Modenschau. Eine Braut verkörperte das Leben. Sie verkörperte Liebe und Schöpferkraft. Wie sollte er besser auf seine eigene Wiedergeburt hinweisen?

Er brauchte zwei Tage für das Kleid, und Linderstadt wußte das nur, weil er für einen Moment unterbrochen hatte, um dem Klang der Sonntagsglocken zu lauschen. Er arbeitete gerade am Schleier, einem hinreißenden Stück Organza, das wie feiner Dunst wirkte, und er dachte dabei, wie schade es wäre, das außergewöhnliche Gesicht der Wespe zu bedecken. Also entwarf er ein geniales System sich ansatzweise überlagernder Einzelstreifen, die das Gesicht gleichzeitig verhüllten und enthüllten. Nach dem Schleier hatte er mit der Schleppe begonnen. Er verwendete dazu drei Meter eierschalenfarbenen Chiffons, den er sanftwellig raffte, so daß ein schaumiges Ganzes entstand. Am Schleppenansatz schnitt er für den Stachel ein Loch aus dem Kleid und umsäumte es mit Blumen. Das Kleid selbst war aus glänzendem Satin, mit langen Ärmeln aus Spitze. Königin, Mutter, Braut. Das Kleid war ein Triumph der Phantasie, der Technik und des Willens.

Das Kleid war am Sonntag abend fertig, er hängte es in den Ankleideraum zu den anderen, hüllte sich dann in Mantel und Schal und schlief auf der Couch ein. Früh am Montag morgen wollte er aufstehen und die letzten Vorbereitungen für den Empfang seines Publikums treffen.

In jener Nacht ging der Kältezauber zu Ende. Aus dem Süden strömten warme Luftmassen herein und fegten die Kälte weg wie Spinnweben. Linderstadt knöpfte sich im Schlaf den Mantel auf und legte den Schal ab. Er träumte, es wäre Sommer und er ließe mit seinem Vater am Strand einen Drachen steigen. Als er aufwachte, war es fast Mittag. Die Hitze stand im Raum. Vor dem Laden hatte sich eine wartende Menschenmenge angesammelt. Die Wespe war fort.

Er suchte in den Ateliers, im Lagerraum, den Büros. Er stieg bis unter das Dach und sah im Keller nach. Schließlich kam er in den Salon zurück, verwirrt und leicht benommen. Dort, wo die Wespe sich befunden hatte, entdeckte er eine papierene Kugel von der Größe eines kleinen Stuhls. Sie war an einer Seite offen, innen befanden sich viele Reihen achteckiger Zellen, alle aus demselben papierartigen Material wie die Außenhaut. Linderstadt begann zu verstehen, und als er feststellte, daß auch die Kleider verschwunden waren, erkannte er seinen Fehler. Die Wespe war gar keine *Sphecida*, sondern eine *Vespida*, eine Papierwespe. Sie ernährte sich von Holz, Blättern und anderen natürlichen Fasern. Sie hatte ihre eigenen Kleider aufgefressen.

Linderstadt sah auf die Überreste seiner Arbeit. Das Nest hatte eine eigene, zerbrechliche Schönheit, und er dachte kurz daran, es anstelle der Kollektion vorzuführen. Dann fiel sein Blick auf ein Stück unverdauten Materials, das hinter der Kugel aus Papier hervorlugte. Es war der Brautschleier. Er ging ihm nach, hinter das Nest, wo der Schleier stand wie eine zu Eis erstarrte Fontäne, losgelöst vom dazugehörigen Kleid, aber sonst unbeschädigt. Draußen lärmte die Einlaß fordernde Menge. Linderstadt zog die Vorhänge zurück. Der Schleier schien im Licht der Sonne zu brennen. Wie das kleinste Fragment einer Erinnerung ließ er alle Erinnerungen wach werden. Linderstadt setzte ihn sich auf den Kopf. Auf seinem Gesicht spielte ein Lächeln, das erste seit Monaten. Seine Augen leuchteten. Wenn man alles verloren hatte, gab es nichts mehr zu verbergen. Eine einzige Faser hätte genügt. Linderstadt richtete sich auf, dann ging er, stolz und hocherhobenen Kopfes, zur Tür und öffnete.

Patricia Duncker

James Miranda Barry 1795–1865

Die Motten schwirren um die Lampe. Ich sitze hier an meinem Tisch, rauche, um die Moskitos fernzuhalten, lausche den schrillen, hellen Geräuschen der Tropen, dem Lärm der Nacht, den Fröschen, Grillen, den unheimlichen Schreien im Busch, Hunden, die gegen ihre Ketten anheulen. Die Krankenhausberichte liegen vor mir, ordentlich gestapelt, getrennt von den Rechnungen. Zufrieden betrachte ich meine fleckenlose, saubere Hand. Ich habe eine neue Stahlfeder. Und mit ihr werde ich kratzend das amtliche Papier bedecken, ein Blatt nach dem anderen, fehlerlos für die Archive, die Nachwelt, die Geschichte. Ich habe mich immer für die neuesten Erfindungen interessiert. Wenn sie funktionieren, mache ich sie mir zunutze. Andere fürchten Neuerungen, Veränderungen, die ihr simples Leben zugrunde richten könnten. Das ist mir fremd.

Ich lehne mich zurück, atemlos von der Hitze, meine Zunge brennt von den Chilis im Abendessen. Meine Köchin ist eine Eingeborene. Wir essen das gleiche, manchmal serviert in einem Kürbis. Wenn wir keine Besucher bewirten, esse ich mit den Händen. Schockiert Sie das? Das überrascht mich nicht. Viele der anderen Offiziere machen sich vor, noch immer in England zu sein, und bringen ihre eigenen Bediensteten mit. Zwischen sich und dieser feuchten Insel ziehen sie einen feinen Maschendraht. Schweißüberströmt mühen sie sich mit steifen Kragen und Abendgarderobe ab, bestreiten ihre Nächte mit Alkohol und sterben jung am Gelbfieber. Weiße Männer werden hier nie zurechtkommen. Sie zählen die Monate bis zu ihrer Versetzung, verkriechen sich den ganzen Sommer über in den Bergen und kaufen sich schwarze Frauen von den Dorfbewohnern. Sollte irgend jemand aus dem Stab es wagen, eine meiner Frauen, die im Krankenhaus arbeiten, anzurühren, fliegt er raus. Ich nehme das persönlich. Ich gehe jeder Beschwerde nach. Und ich glaube, was die Frauen sagen. Ich habe absolute Prinzipien.

Lausche dem Summen der Insekten am Fliegengitter. Der Tabakrauch hebt sich bläulich gegen die Dunkelheit ab. Ich beobachte eine kleine Kompanie Kakerlaken, die sich vom Teppichrand her in Bewegung setzt. Schöne Tiere, harte schwarze Formen, ein Parademarsch an Zangenpaaren. In dieser Nacht habe ich trotz des Geruchs, der sehr unangenehm ist, nicht das Herz, sie zu töten. So sentimental bin ich jedoch nicht immer. Wir haben vor einer Woche eine ganze Kolonie gefunden, in dem verfaulten Holz hinter der Veranda, und ich befahl, sie auszuräuchern.

Täglich sehe ich hier den Tod, in den Krankenhäusern, in den Hütten im Dorf, in den kühlen, strahlend weißen Häusern der großen Anwesen. Der Geruch des Todes verläßt mich nie. Jeden Tag tränke ich meine Uniform in Rosenwasser. Die Blumen verhöhnen geradezu meinen Beruf: Hibiskus, Unmengen von Bougainvilleen an den Krankenhausmauern und orangefarbene, weiße, rosarote Jasminbäume liegen täglich im Wettstreit mit verwesendem Fleisch, Eiter, der aus Wunden quillt, und dem Geruch frischen Bluts. Ich reise natürlich sehr viel herum. Man muß immer mit der einen oder anderen Seuche in den Regimentern rechnen. Nächte wie diese, so friedlich, so einsam; ich komme selten in ihren Genuß.

Ich werfe einen Blick in die Zeitung. Wir erhalten sie hier immer mit einigen Monaten Verspätung. Gesellschaftliche

Ereignisse, die lange vorbei, Skandale, die schon vergessen sind, Krankheiten, die die Leidenden längst besiegt haben. Heute abend möchte ich mir meine Einsamkeit nicht mit schalen Nachrichten verderben. Statt dessen lege ich die letzten Krankenberichte zur Seite und drehe den Lampendocht herunter. Schatten tanzen durch das Zimmer. Sofort erscheint mein Diener an der Tür. Er wartet, wartet, wartet jede Nacht auf seinen Herrn.

»Nein, Junge, geh jetzt ins Bett. Wecke mich morgen früh zur gewohnten Zeit. Ich schließe die Tür ab und hole mir das Wasser selbst. Laß mich jetzt allein. Gute Nacht.«

Lockere meine Krawatte, die Manschetten, Schnallen, Kragenknöpfe. Zünde mir noch einen Stumpen an. Heute nacht bin ich dran mit Wachehalten. Mit Erinnern. Und nun verbringt die gellende Nacht die Stunden mit mir.

Ich träume vom Frost. Frost auf den Fenstern des Ateliers; die nackten Scheiben, leuchtend, undurchsichtig, gaben die Kälte weiter in die riesige, spinnwebverhangene Kuppel, in das Balkenwerk, das ins Dunkel ragte. Der gußeiserne Ofen knisterte friedvoll, erwärmte jedoch nur die Luft seiner unmittelbaren Umgebung. Die Kälte hing in den dunklen Dachbalken, und die großen Leinwände, die an einer Wand lehnten, waren durch den schleichenden Frost aneinander festgefroren. Das Wasser im Eimer neben dem leeren Kupferkessel war zugefroren. Ein Mann, eingemummt in seinen Wollmantel, bewegte sich wie eine Fliege vor einem großen, unvollendeten Historiengemälde auf und ab. Vielleicht waren die Gestalten auf dem Gemälde Römer, denn ihre Schwerter und Umhänge blitzten im flackernden Licht der Talgkerzen rot auf. Die Nüstern eines Pferdes traten hervor, verschwanden wieder. Auf der gesprungenen Glasscheibe, die ihm als Palette diente, war eine Kerze befestigt. Seine Hände, die in fingerlosen Handschuhen steckten, suchten immer wieder ihre Nähe. Durch das Ofengitter flackerte der Feuerschein und ließ große Schatten zu Füßen des Meisters tanzen. Er bewegte sich langsam, ein schwerfälliges, entstelltes Ungeheuer. Leises Knarren, sanftes Kratzen und der gelegentliche, dumpfe Aufprall fallender Holzscheite waren die einzigen Geräusche in dieser frostigen Nacht. Dann öffnete sich eine Tür, brachte die kalte Luft in Bewegung, und ein kleines Kind stand im Dunkel des oberen Treppenabsatzes.

Es war aus der Dunkelheit aufgetaucht, und nun hielt es inne wie eine Erscheinung, ein ungebetener Geist. Der Mann starrte es einen Augenblick lang an, ignorierte es dann. Ohne sich umzudrehen, sagte er: »Mach die Tür zu. Der Wind kommt durch die Hintertreppe herauf.«

»Das macht hier auch keinen Unterschied.« Das Mädchen hatte die Stimme eines Erwachsenen. Plötzlich wirkte es wie ein Zwerg.

»Ich habe gesagt, du sollst die Tür schließen«, wiederholte der Mann, ohne die Stimme zu heben, und fuhr mit seiner Arbeit fort. Mit übertriebener Kraft schlug sie die Türe zu, der Frost blitzte auf bei dem Erzittern der Innenscheiben. Stille umgab die beiden Gestalten. Die eine unbeweglich vor dem starren Gemälde, die andere schweigend auf dem staubigen Schemel beim Ofen. Der Frost glitt verstohlen aus den Fugen, überzog die Dächer in der Dunkelheit mit Weiß.

Das Kind starrte lange Zeit auf das Bild, auf einem Zipfel seines Kleides kauend. Es starrte und starrte, bis vor ihm im Kerzenschein die mächtigen fleischigen Schenkel einer der Sabinerinnen aufleuchteten. Plötzlich erhob sich seine hohe Zwergenstimme in der frostigen Stille. »Ich werde niemals heiraten«, sagte es.

Der Maler schenkte ihm keine Beachtung, also wiederholte es den Satz.

Diesmal antwortete er mir, ohne sich herumzudrehen, während er ungerührt an den roten Muskeln eines zum Raub ausgestreckten Römerarms arbeitete. »Dann, Kind, mußt du ein Mann werden. Lerne, in dieser Welt zu leben. Verdiene dein eigenes Geld. Und mache keine Schulden.«

Er lachte verbittert. Dann sagte er nichts mehr und fuhr mit seiner Arbeit fort.

Mein ganzes Leben habe ich im Exil verbracht. Grimmig über meine Privatsphäre wachend, bin ich durch meine Welt gereist, habe tropische Himmelsstriche aufgesucht und Gefahren, Entdeckungen, Kriegsgericht und Krankheit herausgefordert. Nie bin ich wohlhabend gewesen. Nie wurde ich geliebt. Auf meinem Tisch steht eine kleine altmodische Miniatur, die Silhouette einer Frau mit lockigen Haaren. Wenn jemand die Unbesonnenheit besitzt, nach ihrer Herkunft zu fragen, antworte ich ihm, es handle sich um meine Mutter, und zwar in einem Ton, der weitere Nachfragen unterbindet. Häufig entschuldigt sich dann der Fragende oder drückt mir sein tiefstes Beileid aus. Doch diese Frau ist nicht meine Mutter. Ich habe sie vor Jahren kennengelernt, in irgendeinem abgelegenen Winkel der Kolonien. Sie war schön, zornig und gelangweilt. Ich war ein junger Offizier, schweigsam, mürrisch, und ein Trinker. Sie forderte mich zum Tanzen auf, indem sie mir versicherte, dies gehöre in der Wildnis, in der wir uns befanden, zum guten Ton.

In diesem Punkt mußte ich sie berichtigen. Das, was sie Wildnis zu nennen pflegte, besaß de facto eine hochentwickelte Eingeborenenkultur, die die unsere in vielerlei Hinsicht übertraf. Sie verbeugte sich anerkennend, als wir die Tanzfläche betraten, und sagte ganz ernst: »Ich sehe, daß wir beide radikale Anschauungen vertreten. Wir werden sehr gut miteinander auskommen.«

Und sie sah mir direkt ins Gesicht, ohne rot zu werden, ganz wie ein Straßenmädchen. »Und gehe ich recht in der Annahme, Sir, daß wir uns in jeder Beziehung gleichen? Klein, rothaarig und jähzornig?«

»Ihr Wuchs und die Farbe Ihres Haars, Madame, vermehren Ihren Liebreiz nur. Doch was Ihr Temperament angeht, das bleibt noch herauszufinden.«

»Ich danke für das Kompliment. Anstandshalber muß ich Ihnen mitteilen, daß Ihr Temperament einen außergewöhnlichen Ruf genießt, der Ihnen vorausgeeilt ist. Stimmt es, daß Sie in Afrika ein Dutzend Duelle ausgefochten und den Gegner jedes Mal getötet haben?«

Das war der nicht sehr vielversprechende Beginn unserer Bekanntschaft. Doch sie schrieb mir, besuchte mich einmal sogar im Krankenhaus bei der Visite. Natürlich habe ich sie hinausgeworfen. Sie war wie eine Fliege, wenn es heiß ist. Es gelang mir nicht, sie loszuwerden.

Nach sechs Monaten ließ ich mich erweichen. Ihre Eltern waren nicht zu Hause. Sie war allein mit ihrem sechzehnjährigen Bruder und den Dienern. Ich aß mit ihnen zu Abend, in voller Uniform. Ich war der einzige Gast. Der Junge und ich tranken so viel Alkohol zum Essen, daß er bei der Hitze fast bewußtlos wurde. Wir bahrten ihn auf wie einen Gentleman. Dann sah sie mich mit hochgezogenen Augenbrauen an, noch immer ohne zu erröten. Ja, sie war die Frau, die, nachdem ich ihr wieder und wieder Genuß verschafft hatte, so daß die Laken durch ihre Befriedigung ganz feucht geworden waren, nach meinen Kragenknöpfen griff. Ich hielt sie eine Armlänge entfernt von meinem Körper und lächelte. Ich spürte ihre Anspannung und ihre Ratlosigkeit – dann kam der Augenblick des Entzückens und der Erkenntnis, Freude. Sie hielt die Kerze näher an mein Gesicht, ihre Augen leuchteten wie Glühwürmchen im nassen Guineagras.

»Was bist du?« fragte sie.

»Du weißt es«, gab ich zurück. Und ich bedeckte die feuchte Haut ihrer Brüste mit Küssen, die sie in ebensolcher Weise erwiderte.

Natürlich gab es Gerüchte. Tatsächlich habe ich um ihretwillen ein Duell ausgefochten, den Mann getötet und wurde daraufhin an einen anderen Ort versetzt.

Wasser. Alles Wasser, das ich berühre, ist verschmutzt. Meine Diener kochen sogar das Wasser, das sie mir jeden Morgen bringen, für mich ab. Ich sehe, wie das Wasser von den Antiseptika getrübt wird. Von Keimen und Krankheit getränkte Lappen, Kleidungsstücke, die in eisernen Eimern auf ihre Verbrennung warten. Das einzige Wasser, das ich ertrage, sauber, schneidend, mit salzigem Wind, ist das Meer. Ich wandere nachts am Strand entlang. Die Kokospalmen ragen in die Dunkelheit hinaus, Sand sammelt sich an ihren Wurzeln. Ich spüre den Atem des Totengräbers in meinem Gesicht, das langsame Heben, Klatschen und Gurgeln der Ebbe. Die Spuren meiner Stiefel verschwinden augenblicklich im weichen Sand. Die Erde erneuert sich. Wir hinterlassen keine Spuren.

Dann sehe ich sie, sie sitzen in einem Kreis. Große schwarze Frauen aus dem Dorf, sie hocken da wie Göttinnen, rauchen in der Dunkelheit oder kauen Blätter. Sie sprechen. Sie achten nicht auf mein Kommen. Eine Frau, das Kopftuch stolz wie eine ägyptische Krone, lehnt sich leicht zu mir herüber. »'n Abend, Doktor.«

Ich neige meinen Kopf zum Gruß. Ich spreche nicht.

»Iss gut, Mann. Sie hinsetzen.« Ihre Zähne blitzen im Dunkel auf. »Sie hinsetzen, wir wissen, was Sie sind.«

Der feuchte Sand klebt an den Schnallen meiner Schuhe, meinem Gesicht, den Wurzeln der Kokospalmen. Die Frauen sprechen weiter – in einer Sprache, die ich nicht verstehe.

Ich sitze unter ihnen, zufrieden. Hier werde ich endlich nicht mehr mißverstanden.

Melanie Fletcher

Hermaphrodite

»Zur Hölle mit diesem flegelhaften, zwanghaft lüsternen, Unzucht treibenden DUMMKOPF!«

Aphrodite sah erschrocken auf. »Meine Herrin?«

Hera, Königin der Götter, warf der Göttin, die es sich ihr gegenüber bequem gemacht hatte, einen finsteren Blick zu.

»Mein Gatte«, zischte sie. »Ich kann dir sagen, Aphrodite, ich habe endgültig die Nase voll von Zeus und seinen Liebeleien!«

Die Göttin der Liebe seufzte. Heras neuester Ausbruch hatte begonnen, als sie entdeckt hatte, daß der König der Götter vom Olymp verschwunden war. Wieder einmal. Da dies bedeutete, daß Zeus seiner Lieblingsbeschäftigung nachging – Jungfrauen verführen –, hatte die Königin erwartungsgemäß einen Wutanfall bekommen. Und da Aphrodite für die Arena der Liebe und ihre Opfer zuständig war, hatten die anderen Götter sie dazu ausersehen, sozusagen in die Höhle der Löwin zu gehen und die Königin zu beruhigen.

Nicht, daß sie sich allzuviel Mühe gegeben hätte. »Glaubt mir, meine Herrin, ich verstehe Euch vollkommen«, sagte Aphrodite entnervt. »Ich habe wirklich große Achtung vor Vater Zeus, aber er hat sich eine von meinen Priesterinnen nach der anderen vorgenommen wie ein Matrose auf Landurlaub. In den meisten Fällen wäre ich sogar bereit, darüber hinwegzusehen – schließlich bin ich die Göttin der Liebe –, aber er macht sich ja noch nicht einmal die Mühe, sich zu entschuldigen.«

»Warum sollte er denn auch? Er ist doch nicht der Ansicht, daß er irgend etwas falsch gemacht hätte«, schnaubte Hera. »Zeus glaubt, daß, was auch immer aus seinen Lenden hervorgehen mag, absolut vollkommen ist, all die Bastarde, die er gezeugt hat, eingeschlossen. Ich weiß noch nicht einmal, wie viele er inzwischen hat.«

Aphrodite runzelte nachdenklich die Stirn. »Nun, da wären erst einmal Apollon, Artemis und Hermes. Und Athene, aber die ist ja eigentlich eher mutterlos als ein Bastard. Dann wären da noch Dionysos, Perseus, Helena«, nun nahm sie ihre Finger zu Hilfe, »Pollux, Minos, Rhadamanthys, Epaphos –«

Die Königin rollte die Augen. »Ach, Aphrodite. Bitte!«

»Nun, Ihr wolltet es doch wissen.«

»Das war rhetorisch gesprochen, meine Liebe«, sagte Hera gequält. »Ich wollte eigentlich nur sagen, daß mein Gatte den Geschlechtstrieb eines Kaninchens hat und das Taktgefühl eines etruskischen Ziegenhirten. Weißt du eigentlich, welche Gestalt er bei manchen dieser schwachköpfigen Mädchen annimmt? Mal ist er ein Stier, dann ein Schwan, ja und dann dieser eigenartige goldene Regen bei der kleinen – wie heißt sie noch gleich –«

»Danaë«, sagte Aphrodite abwesend. »Ja, und es scheint tatsächlich, als würde er für eine Verführung vor nichts zurückschrecken, besonders dann, wenn das Opfer jung und weiblich ist und – ähm ...« Sie verstummte.

»Einen großen Busen hat?« fragte Hera spitz.

Aphrodite war nicht so dumm, einen Blick auf die ziemlich kleinen Brüste der Königin zu werfen. »Äh, ja.«

»Natürlich.« Wieder schnaubte Hera verächtlich. »Mein Gemahl, der Gott mit dem Busenfimmel!«

Aphrodite schüttelte den Kopf. »Eigentlich, meine Königin, glaube ich gar nicht, daß es wirklich um Brüste geht«, sagte sie nachdenklich. »Natürlich spielt auch körperliche Schönheit eine gewisse Rolle, aber ich glaube, Vater Zeus findet sein größtes Vergnügen an etwas ganz anderem.«

»Und das wäre?«

»Die Kontrolle zu haben.«

Hera zog eine ihrer vollkommenen Augenbrauen hoch. »Erkläre mal.«

»Nun, abgesehen von ein paar Ausnahmen beschränkt Vater Zeus seine – Aktivitäten – für gewöhnlich auf junge, recht naive Mädchen, die er mit seinen Verwandlungen und Zaubertricks blenden kann. Selbst die Nymphen und Halbgöttinnen, die es ja eigentlich besser wissen sollten, können ihm nicht recht widerstehen – er ist nun einmal ihr König und Gott. Also kennt Zeus nur eine Seite der Verführung, und zwar die Lust, die er als dominanter Partner empfindet, was nach einer Weile ziemlich berauschend wirken kann.« Die Göttin lächelte trocken. »Wenn er wüßte, wie es ist, mitspielen zu müssen, wäre er vielleicht nicht ganz so begierig darauf, weitere Kerben in seinen Blitzstrahl zu schnitzen.«

Hera spitzte die Lippen. »Mitspielen zu müssen«, wiederholte sie. Dann lächelte sie unerwartet, und die Raumtemperatur sank um zehn Grad. »Meine Güte, manchmal erstaunst du mich, Aphrodite.«

Die andere Göttin blinzelte. »M-meine Herrin?«

»Ja, du bist wirklich ein Genie«, säuselte Hera in einem Tonfall, der in der Göttin der Liebe den Wunsch aufkommen ließ, sich unter einem Sofa zu verkriechen. »Es geht hier nur darum, die Kontrolle zu haben, meinst du? Und der arme, alte Zeus hat sich davon berauschen lassen. Aber wenn ich es recht bedenke, ist es doch nicht ganz fair, daß mein lieber Gatte nur eine Seite des Spektrums kennt – er sollte alle Erfahrungen machen können.« Sie tippte sich mit dem Finger an die Lippen. »Wir müssen ihm einfach helfen, denke ich.«

»Hm. Ihr meint doch nicht etwa …«

»Ja, doch, ich denke, das meine ich …« Die Königin strahlte. »Ich werde allerdings deine Hilfe brauchen, denn schließlich bist du eine Expertin auf diesem Gebiet. Du wirst mir doch helfen, oder?«

Aphrodite grübelte gerade über eine gute Ausrede nach, als sie aus dem Befehlston der anderen Göttin den Schmerz heraushörte. Hera war die Königin der Götter, sowohl durch Geburt als auch durch Heirat, und selbst sie war gezwungen, hilflos zuzusehen, wie ihr Gatte sich der Reihe nach alle Nymphen und Halbgöttinnen auf dem Olymp vornahm. Und dann waren da noch die Priesterinnen, die unschuldigen Jungfrauen, die tugendsamen Ehefrauen – all die armen Sterblichen, benutzt und zurückgelassen, als wären sie nichts.

Aphrodite stellte sich Zeus vor, den mächtigen Zeus, plötzlich machtlos. Wehrlos. *Hilflos.*

Es würde zu seinem Besten sein. Sie war schließlich die Göttin der Liebe, und die Liebe findet immer einen Weg.

Lächelnd lehnte sie sich im Sofa zurück und nahm sich eine Weintraube. »Meine Herrin«, murmelte sie. »Was soll ich tun?«

Zeus, Herr der Götter, König des Himmels und der Erde, vergnügte sich in Gestalt eines Albatros. Er flog hoch über der griechischen Landschaft dahin und ließ sich von Zephyros und seiner eigenen gewaltigen Flügelspannweite mühelos durch die frühlingswarme Luft tragen. Der Olymp war ein schöner Ort, sinnierte er, aber so eine gelegentliche Spritztour auf die Erde war ein Vergnügen, dem er einfach nicht widerstehen konnte.

Natürlich war die schöne Aussicht nicht das einzig Interessante, was die Erde zu bieten hatte. Auf einen Gott wie ihn wartete stets eine kleine Spielerei mit einem hübschen jungen Ding – aha – wie zum Beispiel mit dem Mädchen da unten in dem Lorbeerhain. Zeus grinste vor sich hin, stieß hinab, damit er sie sich näher ansehen konnte, und wäre beinahe aus der Luft gefallen. *Bei Kronos und Rhea, ist die aber niedlich!* lachte er in sich hinein.

Ohne den Gott über sich zu bemerken, ging das Mädchen mit einem Korb über dem Arm durch den Hain. Sie war groß und schlank, hatte dunkle Haut, die mit einem Paar meerblauer Augen kontrastierte, und eine Fülle kastanienbraunen Haars, das sie mit einem Band aus dem Gesicht hielt. Das Beste, sinnierte Zeus, war ihr wunderbarer Körper – volle, straffe Brüste, runde Hüften und lange, wohlgeformte Beine – alles bedeckt von einem kurzen Kleid, das leicht beseitigt werden konnte.

Der Vogel-Gott genoß die Leidenschaft, die ihm durch die Adern strömte, als er auf sein Ziel zuflog. Schließlich steuerte er den Boden direkt vor den Füßen des Mädchens an und gab erst im letzten Moment seine Göttlichkeit zu erkennen.

Das Mädchen war sprachlos, als der riesige Seevogel sich vor ihr niederließ, um dann in einer Wolke aus Licht zu verschwinden. Plötzlich stand sie vor einem großen, gutaussehenden Mann mit Bart, der sie räuberisch angrinste.

»Sag mal, was macht denn eine so schöne Sterbliche wie du in einem Hain wie diesem?«

Das Mädchen riß die Augen weit auf und umklammerte den Korb fest vor der Brust.

»W-wer seid Ihr?« stammelte sie.

Der Mann grinste noch ein wenig breiter. »Ich bin Zeus, König der Götter und Herrscher über Himmel und Erde«, antwortete er mit einem Hauch von Unterschall. Mit den Echos, die daraufhin durch das Wäldchen rollten, war er sehr zufrieden. »Du hast vielleicht schon von mir gehört?«

Sofort sank das Mädchen in die Knie. »Herr«, murmelte sie, wobei sie das Gesicht mit den Händen bedeckte. »Womit habe ich diese Ehre verdient?«

Zeus gefiel ihre Frömmigkeit. *Außerdem ist das eine hervorragende Stellung.*

»Du hast mit deiner Schönheit mein Herz gefangengenommen«, verkündete er großartig und ließ dabei den Blick über ihre Brüste gleiten. »Sag mir deinen Namen, schönes Mädchen, und ich werde ihn auf ewig im Himmel niederschreiben lassen.«

Das Mädchen ließ die Hände fallen, doch ihre Augen wurden von den dichtesten, üppigsten Wimpern beschattet, die Zeus jemals gesehen hatte.

»Mein Name ist Mentirea, Herr.« Dabei nahm sie schnell den Korb vom Arm und holte eine kleine Amphore Wein hervor. »Bitte, o Göttlicher, es ist warm und Ihr müßt ermüdet sein vom Fliegen. Erlaubt mir, Euch einen Kelch voll kühlenden Weins zu reichen.«

Der Gott hob eine Augenbraue. »Und gastfreundlich bist du auch noch«, sagte er anerkennend. »Da muß ich wohl öfter hierherkommen. Ja, Mentirea, reiche mir etwas Wein.«

Das Mädchen senkte den Kopf und goß etwas von dem blutroten Wein in einen Becher aus Buchenholz. Dann reichte sie den Kelch einem skeptisch dreinblickenden Zeus.

Buche. Hmmm, mal sehen, was sich da machen läßt. Der Gott ließ seine magischen Kräfte spielen, und das Buchenholz verwandelte sich in reich mit Gold verzierte Eiche. Zufrieden nippte er an dem Wein und erfreute sich an dessen reichhaltigem Geschmack; nach Traube, Sonnenschein und Erde.

»Das ist ein großartiger Jahrgang«, bemerkte er und leckte sich die Lippen. »Woher hast du ihn?«

Mentirea wurde rot vor Freude. »Ich stamme aus einer Weinhändlerfamilie, Herr. Dieser Wein ist ein ganz besonderer. Er wird nur Königen und Priestern an Festtagen gereicht.«

»Wie passend.« Zeus leerte den Kelch, gab ihn der Sterblichen zurück und ging dann erneut zum Angriff über. »Du bist ein braves Mädchen, meine Kleine, und obendrein so hübsch. Ich wette, dein Vater ist von morgens bis abends damit beschäftigt, deine Verehrer abzuweisen.«

Mentirea schüttelte den Kopf »Oh, nein. Ich habe keine Zeit für Jungs. Vater sagt, sie wollen immer nur das eine. Deshalb läßt er mich so viel wie möglich arbeiten. Ich darf ja noch nicht einmal an den öffentlichen Festen teilnehmen. Heute hat er mich nur gehen lassen, weil Melenpus soviel zu tun hat und der Weinkrug zum Tempel gebracht werden muß.« Sie zog einen verführerischen Schmollmund. »Gegen ein kleines Abenteuer hin und wieder hätte ich durchaus nichts einzuwenden«, sagte sie wehmütig. »Die ganze Zeit zu Hause zu hocken ist schon langweilig.«

Und so fängt es an. »Du armes Ding«, säuselte Zeus und rückte ein wenig näher. »Vielleicht könnte ich dir zeigen, was du bisher verpaßt hast, hmmm?«

Sie wurde munter. »Ihr würdet mich zu einem Fest mitnehmen?«

»Nun, nicht direkt.« Zeus lachte in sich hinein und hob ihr Kinn mit einem Finger an. »Eigentlich wollte ich dir eher zeigen, was du bei den Jungs verpaßt hast. Es sei denn, du möchtest deinen Gott verärgern, indem du seine Aufmerksamkeiten zurückweist.«

Als sie begriff, was er meinte, wurde Mentirea rot und senkte den Blick. »Mein Herr«, sagte sie zögernd. »Ich bin Euch treu ergeben, und ich würde Euch niemals zurückweisen. A-aber, ich meine, ich habe noch nie ...«

»Aber das weiß ich doch«, sagte Zeus mit beruhigender Stimme. »Es ist offensichtlich, daß du noch Jungfrau bist, meine Kleine. Deine Unschuld strahlt von dir aus wie ein herrliches Licht. Aber verbringe den Nachmittag mit mir, und ich werde dieses Licht dämpfen und durch die Kraft meiner Liebe in einen warmen, fraulichen Schimmer verwandeln.«

Einen Moment lang war ihr Gesicht ausdruckslos. Hätte er es nicht besser gewußt, hätte Zeus schwören können, daß sie versuchte, nicht zu lachen. Aber das war völlig ausgeschlossen. *Das bilde ich mir nur ein – das Mädchen ist eindeutig entzückt.*

Wie aufs Stichwort nahm ihr Gesicht wieder diesen lieblichen Ausdruck an. »Mein Herr, es wäre mir eine Ehre, hier bei Euch zu liegen.« Sie drehte sich eine Locke um den Finger und warf ihm einen scheuen Blick zu. »Doch ich hätte da einen Wunsch ... nun, Ihr seid natürlich von sehr schöner Gestalt, aber ... könntet Ihr Euch wohl für unsere Liebe verwandeln?«

Zeus zögerte. Er hatte sich auf ein wenig Sex in seiner eigenen Gestalt gefreut – aber ihm kam in den Sinn, daß sie wahrscheinlich all diese Geschichten gehört hatte, und Jungfrauen mögen es, wenn man sich um sie bemüht. Außerdem konnte er auf diese Weise seine Macht zur Schau stellen und das Mädchen noch mehr verzaubern.

»Natürlich, meine Blume.« Er kam sich überaus großzügig vor. »Was hättest du denn gern? Einen herrlichen Albatros vielleicht, oder einen Nebel, weich wie Daunen? Oder wie wäre es mit einem starken –«

»Könntet Ihr Euch in eine Frau verwandeln?«

»Eine Fr–« Der Gott blinzelte, dann lachte er laut los. »Meinst du das im Ernst, meine Kleine?«

»Ja«, sagte Mentirea scheu. »Es tut mir leid, mein Herr und Gebieter, aber die männliche Gestalt, mag sie auch so wunderbar sein wie die Eure, kann mich nicht recht erregen. Der Körper einer Frau jedoch ...« Sie faßte sich an den Hals, und ihr Gesichtsausdruck veränderte sich. »Mein Herr, habt Ihr jemals auf einem sonnenbeschienenen, grasbewachsenen Hügel gelegen, während ein lieblicher Wind über Euch hinwegwehte, neben Euch ein kicherndes Mädchen mit samtweicher Haut, bereit, sich Euch völlig hinzugeben?« Mentireas Augen leuchteten. »Könnt Ihr Euch vorstellen, ihre Lippen zu schmecken, sie seufzen zu hören, während Ihr ihre Brüste liebkost und Eure Finger zwischen ihre Schenkel gleiten laßt, um die feuchten Haare dort zu kraulen. Diese seidige Haut zu berühren und jenen winzigen Knubbel, so daß sie nach Luft schnappt und Euch noch mehr begehrt?«

Zeus fühlte sich leicht schwindelig. Er lächelte über das erregte Mädchen und ihre lustvollen Worte. »Ja, ich weiß, was du meinst.« Er spürte, wie das Blut ihm in den Unterleib schoß.

Mentirea sah ihm direkt ins Gesicht. »Oh, aber könnt Ihr Euch vorstellen, wie es ist, solche Zuwendungen zu *empfangen*, mein Herr?« murmelte sie. »Im Körper einer Frau zu stecken und all die Freuden zu genießen, die Euch eine andere Frau bescheren kann?«

Das ließ ihn verstummen. »Äh, nun ja, nein, eigentlich nicht«, gab er zu. Doch je länger Zeus darüber nachdachte, um so besser gefiel ihm diese Vorstellung. Es konnte ja wohl kaum schlimmer sein, als im Körper eines Schwans zu stecken. Er trat einen Schritt zurück, stellte sich einen vollkommenen Frauenkörper vor und leitete seine göttlichen Kräfte in dieses Bild hinein. Eine strahlende Wolke aus Licht hüllte ihn ein und verdeckte seinen Körper, während dieser sich verwandelte. Als das Leuchten schwächer wurde, war aus dem hünenhaften Zeus eine großbrüstige Amazone geworden, mit lüsternem Blick und welligem rotem Haar, das ihr weit über den Rücken fiel. Zeus war mit sich zufrieden.

»Na, was sagst du?« wollte SiEr wissen.

Mentirea schüttelte den Kopf. »Vergebt mir, Herr, aber Ihr gefallt mir nicht«, sagte sie sanft. »Ihr seid so überwältigend groß – Ihr könntet mir weh tun und es noch nicht einmal bemerken. Es wäre mir sehr viel lieber, wenn Ihr ungefähr – so gebaut wäret«, und sie zeigte auf sich.

Zeus dachte über diesen Wunsch nach. »Nun, wenn du das wirklich möchtest«, sagte er zweifelnd.

»O ja, bitte!«

»Na, gut. Laß mich mal sehen.« SiEr konzentrierte sich

noch einmal, und dieses Mal wogte und schimmerte das Licht ein wenig länger, ehe es die neue Gestalt enthüllte. Als der Schein verschwand, sah Mentirea, daß Zeus nun etwas kleiner war als sie, schulterlanges, rotbraunes Haar hatte und große grüne Augen in einem Elfengesicht. Wie gewünscht, hatten die neuen Kurven des Gottes nun etwas eindeutig Nymphenhaftes: SiEr hatte schmale Hüften und kleine, feste Brüste, die sich beim Atmen leicht auf und ab bewegten. Ein kleines V aus rötlichen Locken bedeckte das zarte Schmollen des unteren Lippenpaares und hob sich wunderschön gegen die porzellanfarbene Haut ab.

»Gefalle ich dir jetzt besser?« fragte Zeus mit heller Stimme.

»Oh, ja«, hauchte Mentirea und schlug die Hände zusammen. »Liebster Zeus, Ihr seid das schönste Geschöpf auf Erden! Aber nun kann ich Euch ja nicht mehr gut Zeus nennen, oder? Wie wäre es mit – Zeia?«

»Solange Hermes nichts davon erfährt«, grummelte Zeus/Zeia.

Mentirea kicherte, nahm die auf wunderbare Weise verwandelte GottIn an der Hand und führte sie unter einen Lorbeerbaum. Dort legten sie sich auf den warmen Boden.

Aufgrund ihrer Erfahrungen erwartete Zeia, daß das Mädchen ein wenig mit ihren Brüsten spielen und sich dann sofort die Trophäe zwischen ihren Beinen nehmen würde. Sie war überrascht, als Mentirea einfach ihr Haar zur Seite schob und die empfindliche Stelle direkt unter ihrem Ohr küßte.

»Langsam, meine Schöne«, murmelte sie. »Wir haben den ganzen Nachmittag.«

Verwirrt schloß Zeia die Augen und ließ den Kopf zurückfallen, damit Mentirea ihren Hals liebkosen konnte. Das Mädchen ließ sich nicht lange bitten und legte eine Flammenspur an Zeias Hals hinunter, bis sie an der empfindlichen Grube innehielt und schnupperte. Eine Hand streichelte die Schulter der GottIn und wanderte dann unendlich zärtlich zu ihrer Brust hinunter. Zeia war erstaunt über die erotische Kraft dieser Berührung. Sie ertappte sich dabei, wie sie die Luft anhielt und darauf wartete, daß Mentirea ihr die Brust streichelte. Doch statt dessen arbeitete die Sterbliche sich wieder aufwärts und weidete sich an Zeias Mund. *Erde und Lüfte!* Zeia stöhnte leise auf und verlor sich in dem Kuß. Ihre Lippen entspannten sich, als die Zunge des Mädchens flink zwischen ihnen hindurchschlüpfte, um das süße Innere ihres Mundes zu erforschen und ein erregendes Kribbeln durch Zeias Körper zu senden. Ein ganzes Zeitalter schien zu vergehen, bis Mentirea sich mit einem etwas atemlosen Lächeln von ihr löste.

»Das habt Ihr mit Euren Jungfrauen nie gemacht, oder?« sagte sie schelmisch, wobei sie die GottIn verspielt ins Kinn zwickte.

»Nein, ich wäre niemals auf die Idee gekommen – oh, ah.« Eine Hand war über Zeias Brust geglitten und hatte begonnen, sanft die Brustwarze zwischen zwei Fingern zu kneten. »Das ist wunderbar.« Zeias Augen waren vor Lust weit aufgerissen.

»Es gefällt Euch also?«

»Aber ja«, sagte Zeia verträumt. Der lustvolle Druck, hart an der Grenze zum Schmerz, schien ihr direkt zwischen die Beine zu dringen. »Mentirea, es fühlt sich so *gut* an.«

»Das habe ich Euch doch gesagt«, murmelte das Mädchen. »Sex ist mehr als nur ein bißchen Fummeln und dann rein damit, Herr.« Und nun wanderte Mentireas Zunge an Zeias Hals hinunter bis zur Spitze der anderen Brust. Unter dem erregenden Sog bäumte sie sich auf. Sie dachte an nichts anderes mehr als an die samtweiche kreisende Zunge an ihrer einen Brust und die geschickten Finger auf der anderen Seite. Sie stöhnte auf, als Mentirea die Warze mit einem leisen Geräusch losließ, und ihr Stöhnen wurde lauter, während ihr Mund seine Reise abwärts fortsetzte, kurz innehielt, um die heiße, feuchte Spalte unter ihren Brüsten zu küssen, ehe er schließlich an der Grenze zu dem lockigen Wald zur Ruhe kam, der ihren Venusberg umgab.

Sanft schob Mentirea Zeias Beine auseinander, beugte sich über den violetten Kern aus Fleisch und atmete den salzigen Moschusduft ein. Sie spitzte den Mund und blies ganz leicht über die freiliegenden Schamlippen, wobei sie den Luftstrom mit der Zunge regelte, bis er zu einem bebenden Strahl wurde. Zeia schnappte nach Luft und schlug den Kopf hin und her unter diesem köstlichen Angriff auf ihre Klitoris.

»Oooooh ja, bitte«, hauchte sie.

Mit einem Lächeln machte sich Mentirea daran, flink an den Schamlippen auf und ab zu züngeln und dann direkt über den geschwollenen Knubbel. Sie wurde mit einem glucksenden Stöhnen von Zeia belohnt.

»Tut das weh, Herr?« fragte sie mit süßer Stimme. »Soll ich aufhören?«

Einen Moment lang konnte Zeia nicht antworten, so verzückt war sie von dem Gefühl, das Mentireas Zunge ihr dort unten bereitete. »Nein – ja – aaah, ich –«

»Schon gut. Verstehe.« Das Mädchen senkte den Kopf und machte sich wieder an die Arbeit. Mit außergewöhnlichem Geschick leckte und lutschte sie an Zeias Pussi. Mentirea führte erst einen, dann zwei Finger in die enge Höhle ein, und während sie es Zeia mit den Fingern machte, fuhr sie gleichzeitig fort, mit zuckender Zunge den Kitzler der GottIn zu bearbeiten, wobei sie hin und wieder innehielt, um an den süß-salzigen Säften zu lecken, die ihr aufs Kinn träufelten.

Die Freuden empfangende Zeia war vor Erregung kurz davor, den Verstand zu verlieren – *Oh, ja ich hätte nie oooh ja fester nein DA ja lutsch sie lutsch mich leck mich Samt wie Samt und ooooh ich kann nicht ich kann nicht nein bitte aaah ja jajaja aaaah–*

»Oh, ihr GÖTTER!!« Zeia klammerte sich am Gras fest und schrie, als eine Welle der Ekstase durch ihren Körper rollte. Sie bäumte sich auf, umklammerte Mentireas Kopf mit den Schenkeln und ritt die magische Zunge des Mädchens ins Ziel. »AaaahuuuhJAAAA!«

Zeias Schreie hallten noch immer durch den Hain, als sie sich endlich völlig erschöpft zu Boden sinken ließ. Sie kicherte und schenkte dem Himmel ein dümmliches Grinsen.

»So etwas hätte ich nie für möglich gehalten!« flüsterte sie. »Oh, Mentirea, du bist ein Goldstück. Was meinst du«, sie hielt inne und holte Luft, »möchtest du gern eine Nebengöttin sein? Ich bin sicher, daß ich da etwas ausrichten kann auf dem Olymp.«

Mentirea kicherte. »Nicht nötig, Herr.« Ihre Stimme klang leicht gedämpft.

»Oh, ich denke doch«, sagte Zeia selbstgefällig. Sie bemerkte nicht, daß die Wangen des Mädchens rauher geworden waren, als sie mit dem Gesicht an der Innenseite ihrer Schenkel entlangstrich. »Du bist eindeutig besser als all meine anderen Jungfrauen.«

»Lag das denn wirklich an ihnen?« Die Stimme klang rauh, irgendwie tiefer. »Sie hatten doch eigentlich gar keine Wahl, oder?«

»Nun ja, das nicht«, seufzte Zeia, den Blick noch immer gen Himmel gerichtet. »Aber so läuft das nun einmal bei diesem Spiel.«

»Der Verführer bestimmt die Regeln?«

»Natürlich«, sie sah hinunter. »Warum fragst du –?«

Zeia traute ihren Augen nicht. Der Mensch, der sie von da unten angrinste, war ganz eindeutig keine Frau. »Mentirea?« quiekte sie.

»Mentirius«, verbesserte der Mann und fuhr fort, Zeias Pussi zu streicheln und dabei die verwirrte GottIn anzulächeln.

Auf den zweiten Blick konnte Zeia die Ähnlichkeit zwischen dem Mann und der verschwundenen Jungfrau feststellen – beide waren attraktiv, Teint und Haare waren gleich, nur die Kurven waren durch geschmeidige Muskeln ersetzt worden, und auf der jetzt männlichen Brust sproß dichtes Haar. Auch das Gewand war ein anderes: Es hatte sich in einen kurzen Chiton verwandelt, der die Hüften bedeckte.

»Ich dachte mir, jetzt überrasche ich Euch mal mit einer kleinen Verwandlung«, sagte Mentirius mit weltmännischem Charme. »Und wie wäre es nun mit einem neuen Spiel, hmm?«

Bevor Zeia reagieren konnte, sprang der Mann über sie in die Hocke. Mit einer Hand packte er beide Handgelenke und hielt sie über ihrem Kopf auf dem Boden fest. Mit der anderen liebkoste er ihre Brüste, wobei er ihr grob in die Brustwarze kniff, damit sie hochstand.

»Wie war das gleich, der Verführer bestimmt die Regeln?« Er rieb seine Wange an ihrer. »Warum spielen wir nicht ein wenig, und dann sagt Ihr mir, wie Ihr es findet?«

Zeia verstand immer noch nicht ganz, was vor sich ging und versuchte vergeblich, der Berührung seiner Hände auszuweichen. »W-wer bist du? Was tust du da?«

»Was glaubt Ihr denn?«

Endlich fiel der Groschen, und fassungslose Wut durchströmte sie. »Das kannst du nicht mit mir machen – ich bin der König der Götter!«

»Dann beweist es doch. Verwandelt Euch in einen Stier! Streckt mich mit einem Donnerschlag nieder. Haltet mich zurück.« Die letzten Worte trällerte er in einem beleidigenden Sing-Sang und knetete dabei ihre Brustwarzen.

»Das werde ich auch!« Zornig befahl Zeia ihrem Körper, sich in seine ursprüngliche Gestalt zurückzuverwandeln, mit kräftigen Muskeln, damit sie diesen unbedeutenden Wurm in einen Fettfleck stampfen könnte, um ihn dann mit Hilfe eines glühenden Blitzstrahls zu verbrennen.

Nichts passierte.

Sie versuchte es noch einmal, mit demselben Ergebnis. Plötzlich dämmerte es ihr. »Der Wein«, flüsterte sie entsetzt.

Mentirius kicherte. »Richtig, mein kleines Göttchen. Der Wein ist verzaubert. Das habe ich einer guten Freundin zu verdanken. Der Zauber hält natürlich nur kurze Zeit an – sehr bald wird alles wieder beim alten sein«, fügte er hinzu und schnupperte dabei an ihrem Nacken. Seine Hände spielten weiterhin mit ihren Brüsten und streichelten das empfindliche Tal dazwischen. »Aber bis dahin wirst du mir ausgeliefert sein. Ich nehme an, das ist etwas ganz Neues für dich.«

Zeia gab sich alle Mühe, das Verlangen zu ignorieren, das in ihr wuchs, und versuchte, den Gestaltwandler zu beißen. »Schwein. Walrotz. *Bürokrat.*«

»Tsts, was für eine Sprache!« Mentirius ließ seine Hand tiefer gleiten, bis hinunter zu ihrem Bauch, wo sie sanfte Kreise zog. »Immerhin besser als ›Was macht denn ein Mädchen wie du in einem Hain wie diesem?‹ – also wirklich, Zeus. Der Spruch ist älter als die Pyramiden.«

Die GottIn kochte. Und wand sich. Und zappelte unter Mentirius' gekonnten Berührungen. Als er sich herunterbeugte, um an ihrer Haut zu knabbern, spürte Zeia, wie sie zwischen den Beinen feucht wurde und kämpfte gegen das Bedürfnis an, sie zu öffnen. Ein glühendes Gift aus Wut, Schuldgefühlen und sexueller Erregung wühlte sie auf – und ganz unerwartet entdeckte sie auch einen Faden von Göttlichkeit. Sie ergriff ihn und klammerte sich daran wie eine Ertrinkende.

»Das … wirst du … bereuen«, stieß sie atemlos hervor und sammelte alle Willenskraft, die sie aufbringen konnte, um den Faden wachsen zu lassen.

»Irgendwie bezweifle ich das«, antwortete Mentirius und bewegte seine Finger zwischen ihren Schenkeln. Zeia stöhnte durch ihre zusammengebissenen Zähne hindurch und leitete verzweifelt etwas von der rohen Lust, die seine Zärtlichkeiten in ihr hervorriefen, in ihre Göttlichkeit. *Noch ein wenig mehr, bitte. Bitte, ja –*

Jetzt! Zeia preßte so fest sie konnte, setzte die Göttlichkeit frei und befahl ihr, ihre Gestalt zu verändern. Gleißendes Licht explodierte aus dem Nichts heraus und kreiste sie beide ein. Sie freute sich hämisch, als sie spürte, wie die sexuelle Hitze verschwand, während ihre Gestalt sich zu wandeln begann.

Als Zeus' Ohren wieder Form annahmen, war das erste, was er hörte, ein träges Lachen.

»Oh, das ist wirklich toll«, sagte Mentirius bewundernd.

Noch etwas benommen von der Verwandlung, sah der Gott an seinem neuen Körper hinunter. Glücklicherweise war es ein bekannter. Unglücklicherweise war es nicht sein eigener.

»Himmel, ich sehe ja aus wie Ganymedes«, stöhnte er.

»Euer Diener?« fragte Mentirius mit süßer Stimme. Seine Hand befand sich immer noch zwischen den Beinen des Gottes und streichelte, was nun zu einem erigierten Penis geworden war. »Ja, ich fand schon immer, daß er ein hübscher Junge ist, und sein Körper steht dir wunderbar. Nun will ich doch mal sehen, ob er genauso beweglich ist wie das Original.« Und im nächsten Augenblick ließ er seinen Arm unter Zeus' Rücken gleiten und drehte ihn mit einem Schwung auf den Bauch.

»Mentirius, uaaaah.« Zeus stöhnte, als kräftige Finger seine Hinterbacken teilten und eine heiße Zunge an seinem unteren Loch leckte. Die Erregung war enorm, beinahe unerträglich, und Zeus spürte, wie Wellen durch seinen Sack und seinen Schwanz rollten. »Warum tust du mir das an?« fragte er flehentlich.

»Weil ich es kann.« Die Zunge schlängelte sich die Ritze hinunter bis zur Unterseite von Zeus' Sack. »Weil es Spaß macht. Findet Ihr nicht, daß es Spaß macht?«

»Neeein, verdammt«, stöhnte Zeus. »Es gefällt mir überhaupt nicht.«

Mentirius kicherte. »Natürlich gefällt es Euch, Herr.«

Die Zunge verschwand, und Zeus stellte entsetzt fest, daß er sie vermißte.

»Eurem Schwanz gefällt es. Und Eurem Körper auch.«

Vergeblich wehrte sich der Gott gegen die Wahrheit in dieser Behauptung.

»Aber meinem Verstand nicht. Es ist nicht fair!«

Mentirius hielt inne. »Wer sagt denn, daß ich fair zu sein habe? Ihr habt es selbst gesagt – der Verführer bestimmt die Regeln, und der Verführte muß mitspielen.«

Zeus machte den Mund auf und zu wie ein Fisch am Haken. Er hatte das Gefühl, an seinen eigenen Worten zu ersticken.

»Aber so habe ich das doch nicht gemeint«, platzte er schließlich heraus. »Ich verführe Jungfrauen – Ich vergewaltige sie nicht.«

»Nicht?«

Zeus' Mund blieb offenstehen, als Mentirius' Worte ein Bild in ihm wachriefen, von einem weinenden Mädchen in einer Höhle. Er hatte beim Fortgehen ihr Schluchzen gehört, doch in Gedanken war er bereits eine Million Meilen weit fort gewesen, bei der nächsten Schlacht, der nächsten Eroberung. Und sie war nicht die einzige gewesen, die geweint hatte. Er gab sich geschlagen.

»Oh. Ich ... oh. Aber ... ich wollte doch nicht ...«

»Ganz sicher nicht«, stimmte Mentirius zu. »Und dennoch habt Ihr Euch ziemlich danebenbenommen, Herr. Und das Seltsame daran ist, daß es auf diese Weise auch nicht annähernd so viel Spaß macht. Ihr wehrt Euch zu sehr, um es zu genießen, und ich muß mich anstrengen, Euch festzuhalten. War es nicht schöner, als wir beide willig waren und Lust hatten?«

»Nun ja ...«

Plötzlich waren Zeus' Arme frei, und er konnte sich auf den Rücken rollen. Mentirius sah nachdenklich auf ihn herab und streckte die Hand aus, um dem Gott eine Haarsträhne aus der Stirn zu streichen.

»Es war doch schöner, oder nicht?«

Zeus entfuhr ein bebender Seufzer. »Das war es«, sagte er langsam. Und tief im Innern erkannte er, daß es stimmte.

An diesem Nachmittag, als Zeia, hatte er soviel Freude, soviel schiere Lust empfunden wie schon seit tausend Jahren nicht mehr.

»Ich hätte nie gedacht, daß es so sein kann.«

»Dann habt Ihr Eure Lektion gelernt. Ich bin stolz auf Euch, Herr«, murmelte Mentirius und sah ihn anerkennend an. Dann veränderte sich sein Blick, wurde intensiver und hing in der Stille, bis er die Welt auszufüllen schien.

Der Gott hielt die Luft an und stellte fest, daß er sich wünschte, der schöne Mann über ihm möge ihn noch einmal berühren.

»Mentirius«, sagte er zögernd. »Mentirius, hast du mich gern?«

Der Gestaltwandler lachte leise. »Ob ich dich gern habe? Ich liebe dich. Ich habe dich schon immer geliebt, du dummer Gott.« Seine Stimme änderte sich, wurde schwer vor Begierde. »Und ich will dich lieben. Ich will dich bumsen bis zur völligen Erschöpfung. Aber du mußt mich wollen, sonst ist es die Mühe nicht wert. Bitte, sag, daß du mich willst.«

Zeus bebte, als er die Hitze spürte, die vom Körper seines Geliebten ausging. All diese Kraft und Leidenschaft, und sie galt nur ihm allein. »Ich will dich«, flüsterte er.

»Sag mir, daß ich dich ficken soll.«

»Fick mich. Bitte.«

Mentirius beugte sich zu ihm herunter und küßte ihn mit roher Leidenschaft. Zeus stöhnte unter der heftigen Attacke auf und griff nach dem Chiton. Er war nicht mehr da.

»Er war nur im Weg«, flüsterte Mentirius. Er packte die

göttlichen Schenkel, beugte sie nach oben und setzte seinen bereits schlüpfrigen Schwanz an die heiße, runzlige Öffnung.

»So?«

»Mmmmmm, ja.« Zeus lächelte. Er preßte dagegen, bis ihm der Druck beinahe zuviel wurde. Dann öffnete er sich, und die plötzliche Enge ließ sie beide nach Luft schnappen. Der Sterbliche hielt inne und wartete darauf, daß der Körper des Gottes ihn annahm. Als es soweit war, fing er an, vorsichtig zu stoßen, so daß der Gott sich am puren Gefühl erfreuen konnte.

Heiß. Samt. Dick, so unglaublich dick. Perfekt wie ein Schlüssel zum Schloß, so paßten sie zusammen. Mit keiner seiner Jungfrauen, nicht einmal mit Ganymedes hatte er das so empfunden. Nur, diesmal war er das Gefäß, das gefüllt wurde. Er begann zu stöhnen, zuerst leise und zurückhaltend, dann immer hemmungsloser, während das Beben in seinem Körper ihm auch den letzten Widerstand nahm. Grinsend beugte Mentirius sich zwischen Zeus' breit gespreizten Beinen weiter vor und berührte die wachsende Erektion des Gottes mit dem Bauch, damit auch er ein wenig Reibung abbekam.

»Himmel!« Zeus schnappte nach Luft. »Hör bloß niemals auf.«

»Wie es Euch beliebt, Herr.« Die Stöße wurden kräftiger, während der Schwanz des Sterblichen wie ein Kolben in Zeus' Arsch auf und ab fuhr. Dann ließ Mentirius ein Knie zwischen Zeus' Schenkel gleiten und änderte damit den Eintrittswinkel, bis der Gott glaubte, er könne ihn in seinem Hals spüren. Wieder spannten sich seine Muskeln an, und dann schrie er, als eine Ekstase durch seinen Körper strömte, die ihn für einen Augenblick blind machte.

Klebriges spritzte ihm über den Bauch, und eine Sekunde später kam auch Mentirius und tauchte bis zum Schaft ein, während er sich an Zeus' Mund festsaugte und die Schreie des Gottes in seinen aufnahm.

Endlich, nach Luft schnappend, zog sich der Sterbliche zurück. Zeus ließ die Beine sinken und seufzte glücklich, während Mentirius ihn erschöpft umarmte. Eine halbe Ewigkeit lagen sie so da und aalten sich in der Wärme der griechischen Nachmittagssonne.

Irgendwann sah Zeus auf den Kopf hinunter, der auf seine Brust gebettet lag. »Mentirius?« murmelte er.

»Ja?«

»Wer bist du wirklich? Du hast es fertiggebracht, den König der Götter zu überwältigen. Das ist bisher noch niemandem gelungen. Selbst mit Hilfe anderer wäre das nicht möglich gewesen ohne eine Spur von Göttlichkeit in dir. Also, wer bist du?«

Mentirius lächelte. »Ihr würdet überrascht sein, Herr.«

»Ist mir egal. Überrasche mich.«

»Wenn Ihr darauf besteht.« Das Lächeln verwandelte sich in ein schelmisches Grinsen. Einen Moment lang schimmerte Mentirius, dann wurde sein Haar blond und sein Körper nahm weibliche Kurven an. Und ein vertrautes Gesicht.

Zeus machte große Augen. »HERA?«

»Keine andere, mein Gemahl.« Die nackte Königin der Götter streckte eine Hand aus und kniff ihm in die Brustwarze. »Ich war es leid, allein zu Hause herumzusitzen, während du dir auf der Erde eine Jungfrau nach der anderen vorgenommen hast. Da habe ich Aphrodite um Hilfe gebeten«, sagte sie in selbstgefälligem Ton. »Na, was denkst du?«

Zeus versuchte, böse zu sein, aber es gelang ihm nicht. »Es war sehr ... lehrreich.«

»Und?«

»Ich verstehe jetzt, was du meinst«, gab er zu. »Aber das hättest du mir doch auch einfach sagen können.«

»Und mir den ganzen Spaß entgehen lassen? Sei nicht albern.« Sie warf ihm einen koketten Blick zu. »Es hat doch Spaß gemacht, oder?«

Zu ihrer großen Überraschung nahm er ihre Hand und

küßte sie. »Ja, das hat es, meine Liebe«, murmelte er. »Ich glaube, ich habe dich viel zu lange vernachlässigt – ich hatte keine Ahnung von deinen Verwandlungskünsten. Vielleicht«, und diesmal war es an ihm, sie verschmitzt anzugrinsen, »vielleicht sollten wir mal herausfinden, was wir damit noch so alles anstellen können. Natürlich nur, wenn du möchtest.«

Hera sah ihn erstaunt an. Dann zeigten sich ihre Grübchen. »Ja, vielleicht sollten wir das tun«, lachte sie.

NICHOLAS ROYLE

Jack

Für Johnny Lucas stand eines fest: Die Tatsache, daß New York offenbar unbegrenzte Möglichkeiten bot, obwohl es auf einem begrenzten Raster erbaut war, stellte einen Widerspruch in sich dar und war zugleich einer der Gründe, warum er diese Stadt liebte. Alles – jede Bar, in der man ein Bier trank, jedes Kino, in dem man sich inmitten lautstarker Buhrufe und hemmungslosen Geplappers den neuesten Film ansah – war durch ein Koordinatenpaar fixiert.

In diesem Augenblick, als er mit dem letzten Stück einer Salamipizza die Tomatenreste auf dem Teller zusammenwischte und vertilgte, befand er sich Zweite, Ecke Zehnte.

Zweite und Zehnte.

X und Y.

Abszisse und Ordinate.

Nur Männer konnten Städte auf der Basis eines Koordinatensystems entwerfen.

Nur Männer konnten so kühl und rational sein – und so narzißtisch –, eine Stadt nach ihrem eigenen Vorbild zu erschaffen. Schließlich hatten nur Männer sowohl X- als auch Y-Chromosomen.

Er schob den Teller weg und nahm den letzten Schluck Bier direkt aus der Flasche. Der Kellner kam, um abzuräumen. Einsfünfundsiebzig, kräftig gebaut, dunkler Teint. Die Ärmel seines weißen T-Shirts hochgekrempelt, um die

Früchte endloser Stunden im Fitneßstudio seines Onkels, Broadway, Ecke Zwölfte, zur Schau zu stellen. Oder Park, Ecke Hundertachtzehnte. Johnny Lucas beobachtete, wie er sich aus der Hüfte nach vorne beugte, um den Teller vom Tisch zu nehmen, die Füße fünfzehn Zentimeter auseinander.

»Möchten Sie noch was zum Nachtisch?«

»Nur einen doppelten Espresso«, entgegnete Johnny, sein Stuhl knarrte, als er sich zurücklehnte.

Johnny Lucas verlangte die Rechnung. Als ihm der Kellner seine Visa-Karte zurückgab, sagte er: »Vielen Dank, Mr. Lucas. Beehren Sie uns mal wieder.«

»Nennen Sie mich Johnny. Eigentlich bin ich nämlich schon zum dritten Mal hier. Zum dritten oder vierten Mal. Ich mag die Pizzas. Und ich mag den Holzofen.«

»Freut mich, das zu hören, Johnny. Ich glaube, ich kann mich sogar erinnern, daß Sie schon mal bei uns waren.«

Der Kellner lächelte. Würde er immer noch lächeln, nachdem Johnny Lucas zur Tür hinausgegangen war? Johnny konnte sich nicht sicher sein. Er konnte sich nie sicher sein dieser Tage – das war das Problem. Oder eines der Probleme.

Ein weiteres Problem wartete in dem Raum, der ihm als Atelier und als Schlafplatz diente, im fünften Stock eines Hauses ohne Fahrstuhl in der Avenue B, zwischen der Dritten und der Vierten. Es gab bessere Wohngegenden, doch gab es auch finanziell bessergestellte Menschen, die es sich leisten konnten, dort Wohnungen zu mieten. Das war schon immer so und würde auch so bleiben. Dafür konnte er Helen allerdings nicht die Schuld geben.

Helen war *nicht* das Problem, das im fünften Stock in der Avenue B auf ihn wartete.

Was Helen betraf, so hatte sie aufgehört, ein Problem zu sein, nachdem sie vier Jahre zuvor in London ihrer vermeintlich unerschütterlichen Ehe den Rücken gekehrt hatte.

»Du hast so lange daran herumgemeißelt, bis alles in die Brüche gegangen ist«, hatte sie ihm vorgeworfen.

Johnny Lucas war Bildhauer. Vielleicht hat schon jemand von ihm gehört, doch das ist eher unwahrscheinlich. Als die Bombe platzte, war er gerade auf dem besten Weg, sich einen Namen zu machen. Kleine, unauffällige Ausstellungen in winzigen Galerien in Spitalfields, Rezensionen in Hochglanz-Kunstzeitschriften, ein oder zwei Besprechungen im *Guardian*. Und dann sollte noch etwas in einer der Sonntagszeitungen erscheinen. *Ein Tag im Leben von ...* oder *Wie wir uns kennengelernt haben* oder irgend so ein Geschwafel über Johnny Lucas und einen Maler, von dem die Mehrheit der Leser tatsächlich schon gehört haben könnte. Voller Begeisterung setzte Johnnys Agentin alle erdenklichen Hebel in Bewegung, um aus seinem explosionsartig steigenden Bekanntheitsgrad Kapital zu schlagen. Alles lief nach Plan.

»Vermasseln Sie es diesmal nicht«, hatte sie ihn gewarnt – seine Agentin, Cassandra, Clarissa, irgend etwas mit C. Als sei es seine Angewohnheit, Dinge zu vermasseln.

»Machen Sie sich deswegen keine Sorgen«, beruhigte er sie. »Ich werde sogar rechtzeitig mit meiner neuen Arbeit fertig.«

»Dann sehen Sie mal zu, daß Sie das schaffen.«

Aber er wurde natürlich nicht fertig, und Helen ließ die Bombe im denkbar ungünstigsten Moment platzen. Sah sie denn nicht, wie unpassend der Zeitpunkt war? Ganz abgesehen davon, daß es sein Leben in Stücke riß.

»Du bist besessen«, warf sie ihm vor und deutete wütend auf die zahllosen Büsten, die kreuz und quer über den Boden der Garage verstreut waren, die er als Atelier nutzte.

»Ich bin Bildhauer«, gab er aufbrausend zurück. »Ich gestalte Skulpturen. Das ist mein Job, okay? So wie du Kreuzworträtsel verfaßt, fertige ich Skulpturen an. Tut mir leid, wenn du denkst, ich wäre besessen, aber das gehört nun mal dazu. Es ist Teil des verdammten Jobs.« Er hielt inne, sah sie an – sie redeten aneinander vorbei. Blind vor Wut fuhr er fort: »Schließlich wußtest du, daß ich kein Busfahrer bin, als du mich geheiratet hast. Mein Gott, es hat dir sogar gefallen, daß ich Bildhauer bin. Du hast eine klitzekleine Chance gewittert, daß ich groß rauskommen würde, und dachtest, du könntest dich dann in meinem Ruhm sonnen. Erinnerst du dich noch?«

Sie starrten sich über gut fünfzig von Johnnys Ebenbildern hinweg an. Manche davon lebensgroß, andere überlebensgroß, das eine oder andere ein Schrumpfkopf.

»Na ja, es nimmt doch langsam Formen an, oder? Der Artikel im *Independent*. Die Ausstellung in der Jago-Galerie. Offenbar stehen die Kaufinteressenten Schlange. Die Presse wird auch nicht mehr lange auf sich warten lassen. Da packt einen eben die Besessenheit – *Schatz.*«

Er blickte sich vergeblich um, Halt suchend – nach irgend etwas, um sich festzuhalten. Um eine andere Stellung einzunehmen. Eine neue Angriffshaltung.

»Es liegt nicht daran, daß du Bildhauer bist«, sagte sie und verbiß sich nur mit Mühe eine Gehässigkeit, die sie ebenso getroffen hätte wie ihn, »sondern an deinem Motiv. Weißt du, was du bist? *Mensch mit überdurchschnittlicher Ichbezogenheit, sieben Buchstaben. Erster Buchstabe N, letzter Buchstabe T.*«

Sie verfaßte nicht etwa Kreuzworträtsel für die *Times*. Nur für eine der Frauenzeitschriften.

Daraufhin drehte sie sich um und ging.

Johnny dachte, er hätte sie leicht taumeln sehen, als sie auf dem Weg nach draußen am Türrahmen anstieß. Wäre sie dabei auf ihren hohen Absätzen umgeknickt, wäre er zu ihr hinübergegangen und hätte versucht, sie zu beschwichtigen. Vielleicht wären sie sogar noch zusammen. Es war alles schon so lange her.

Das Problem, das in seinem Apartment in der Avenue B auf ihn wartete, war nichts Banales wie unbezahlte Rechnungen oder die Androhung, daß der Strom abgeschaltet wird – sie hatten ein kleines Vermögen mit ihrem Haus gemacht, indem sie es genau zum richtigen Zeitpunkt gekauft und wieder verkauft hatten. Geld war nicht das Problem.

Das Problem war eine weitere Büste. Genauer gesagt, das Rohmaterial für eine weitere Büste. Das Problem war, daß er noch nicht genügend Rohmaterial hatte. Und – Narzißt hin oder her – auch das, was er benutzte, um an sein Rohmaterial zu kommen, war nur noch eingeschränkt verfügbar. Strenggenommen überhaupt nicht mehr. Die Quelle war versiegt.

Bevor er das Haus verließ, um eine Pizza essen zu gehen, hatte er wie immer allein in seiner Wohnung in der Avenue B gesessen, sich an eine Flasche Bier geklammert und auf die Tür des Kühlschranks gestarrt, in dessen Gefrierfach sich sein Rohmaterial verbarg. Eine Stunde lang hatte er sich kaum bewegt.

Nachdem Helen angekündigt hatte, daß sie ihn verlassen würde – und es ihr gelungen war, durch die Tür zu gehen, ohne dabei hinzufallen –, konnte sie nichts mehr aufhalten. Es würde keinen Aufschub geben, soviel stand fest. Und kein Zurückkommen. Nicht umsonst hatte ihr Vater Johnny Lucas bei der Hochzeit zur Seite genommen und ihm, betrunken wie er war, geraten: »Hartes Stück Arbeit hast du dir da aufgehalst. Die stolzeste Frau weit und breit. Sieh zu, daß du dich gut um sie kümmerst.« Nichts hätte Johnny die Freude an diesem Tag verderben können, doch klangen ihm die Worte seines Schwiegervaters in den Ohren, als er Helen mit einem gewissen Abstand ins Haus folgte und beobachtete, wie sie von Zimmer zu Zimmer ging und alles, das auch nur entfernt so aussah, als gehörte es ihr und nicht ihm, in eine riesige Stofftasche stopfte.

Er wußte, es hatte keinen Sinn zu protestieren, nicht jetzt, und seine Ohnmacht ließ ihn nur noch wütender werden.

Während sie im Erdgeschoß herumpolterte, schlich er im Schlafzimmer umher und onanierte wie wild. Er hörte die Haustür zuschlagen und stolperte zum Fenster, um zuzusehen, wie sie ging. Sie schleuderte ihre Taschen in den schwarzen BMW – ein Geschenk ihres Vaters, dem er nicht nachtrauern würde – und kollidierte mit einer Blechmülltonne, als sie rückwärts aus der Einfahrt fuhr. Er onanierte noch immer, ohne den Schmerz wahrzunehmen, und als sie nach ihrem Wendemanöver mit quietschenden Reifen auf der Straße zum Stehen kam, spürte er die Unabwendbarkeit, die Unmittelbarkeit seines Höhepunkts. Sie beschleunigte und fuhr davon. Wie eine Pupille, die unvermittelt dem Tageslicht ausgesetzt wird, schrumpfte der BMW zu einem schwarzen Punkt im Grau der geteerten Vorstadtstraße zusammen. Johnny war kurz davor, zu explodieren. Von der ungewohnten Situation überrumpelt, tastete er mit der freien Hand das Fensterbrett nach einem Gegenstand ab, mit dem er ein größeres Malheur verhindern konnte.

Eine kleine blaue Glasvase. Sie würde ihren Zweck erfüllen.

Sie tat es.

Später am selben Tag, in der Küche, im Erdgeschoß: ein Glas Whisky, eine offene Flasche, *Deanston*.

Ein Aschenbecher – er hatte alle Schränke durchwühlen müssen, bis er einen fand. Die Zigaretten waren vertrocknet. Sie waren seit zwei Jahren für Gäste aufbewahrt worden, die Schachtel offen, der Inhalt unberührt. Und die blaue Glasvase, auf deren Boden noch immer die perlmuttweiße Flüssigkeit schlummerte.

Der Tisch vor ihm war übersät mit Zigaretten. Er hatte die Schachtel ausgeleert und brachte es nicht übers Herz, ihren Inhalt auf einem Haufen auf der Tischplatte liegen zu lassen. Er legte eine Zigarette im rechten Winkel an eine andere, so daß sie eine Ecke bildeten. Dann fügte er auf einer Seite eine weitere hinzu und nahm noch drei Zigaretten, um das Rechteck zu vervollständigen. Er formte ein zweites Rechteck, für das er eine Seite des ersten benutzte. So fuhr er fort, bis aus den ungefähr dreißig schlanken Papierröhrchen ein Gitter entstanden war, das sich über den Küchentisch erstreckte.

Er rauchte eine Zigarette, zündete die nächste an der verlöschenden Glut der vorigen an, nahm eine nach der anderen und arbeitete sich dabei von den Ecken zum Zentrum seines Netzwerks vor.

An irgendeinem Punkt dieses undurchschaubaren geometrischen Gebildes aus Rauch ersann er seinen Plan. Den großen Plan. Die Büste ›Self‹, die der Künstler Marc Quinn aus fünf Litern seines eigenen Blutes angefertigt hatte, war der breiten Öffentlichkeit damals noch nicht bekannt. Johnny Lucas hatte seine Idee ganz unabhängig davon. Allerdings würde er kein Blut verwenden und auch keiner Menschenseele davon erzählen, bis er genug Rohmaterial gesammelt hatte. Es würde sein bedeutendes, geheimes Projekt werden, erdacht an dem Abend, als *sie* ihn verließ.

Wenn sie dachte, sie könnte ihm seine Daseinsberechtigung rauben, indem sie ihn sitzenließ, hatte sie sich getäuscht. Er konnte sich eine neue schaffen, im Handumdrehen. Das würde ihm zum Durchbruch verhelfen. Nicht irgendein lächerlicher Artikel in einer Sonntagsbeilage. Oder ein paar Plastiken in einer windigen Galerie, umringt von Anzugträgern, die Gläser mit warmem Wein oder Orangensaft in der Hand hielten, während sie sein ganz persönliches Inferno begutachteten. Nein, danke.

Er holte Skizzenblock und Füllfederhalter. Ein Maßband. Irrsinnige Kalkulationen flossen aus seiner Feder. Nachdem er sich sicher war, das Volumen seines Spermas korrekt berechnet zu haben, goß er es in eine Plastiktüte und deponierte es im Gefrierfach.

Zwei Milliliter.

Das Volumen seines Kopfes kannte er bereits – im Lauf

der Jahre hatte er genügend Gußformen davon angefertigt und sie mit den verschiedensten Materialien gefüllt. Dieses würde nur das letzte einer langen Kette sein. Es würde zwar länger als gewöhnlich dauern, doch das Warten würde sich lohnen. Unterdessen würde sein Schweigen das Interesse der Leute wecken. Er würde seine Termine absagen, die Ausstellung im *Sindy*. Seine Agentin loswerden. Weggehen. Ja, das war es: er würde weggehen. Das Land verlassen.

Vier Liter betrug das Volumen seines Kopfes einschließlich des Halses. Sieben Pints, mehr oder weniger. Aber er würde bei Litern bleiben, der Genauigkeit halber. Denn die war wichtig.

Er würde sein Rohmaterial einmal am Tag sammeln. Und nur einmal am Tag. Er würde weder einen Tag auslassen, noch würde er es zweimal an einem Tag tun. Wenn er die Häufigkeit steigerte, ging das zu Lasten der Menge – dafür reichte sein biologisches Wissen aus. Einmal täglich, von dem Tag an, als sie ihn verließ. Und in – wieviel? – zweitausend Tagen, in fünfeinhalb Jahren, würde er genug haben, um den Kopf anzufertigen. Und noch bevor das erste Quantum Zeit hatte zu gefrieren, wußte er, wie er ihn nennen würde.

Er würde ihn ›Jack‹ nennen.

Auf dem Weg zurück vom Pizzarestaurant in die Avenue B bummelte Johnny Lucas durch die Straßen. Um die Zeit totzuschlagen. Um die Rückkehr ins Atelier und zur hämischen Tür des Kühlschranks hinauszuzögern. Und dem Problem darin.

Damals, als er noch mit Stein arbeitete, war ein Problem etwas gewesen, das ein paar Tage lang auf dem Boden seines Ateliers stand, bevor er sich darüber im klaren war, wie er ihm sein Ebenbild entlocken konnte. In dieser Hinsicht hatte Helen recht: sein Thema änderte sich nie wirklich. Aber das war in Ordnung. Ganz zu Beginn hatte er sich im Bett hin und her gewälzt, auf der Suche nach einem Motiv – und nach einem Medium –, das ihn ausfüllen würde. Einmal verwendete er Drahtkleiderbügel, alte Ausgaben des *Guardian* und kübelweise Tapetenkleister – allerdings ohne Aussicht auf einen originellen Einfall –, dann wieder arbeitete er aus tropischen Harthölzern die Umrisse eines Vogels heraus, der sich vielleicht einmal darauf niedergelassen hatte. Doch egal wessen künstlerisches Frühwerk man betrachtet, redete er sich ein, man findet ein heilloses Durcheinander vor.

Er meißelte sich von einem undurchführbaren Projekt zum nächsten, bis er an einem nebligen Herbstabend regungslos in seinem unbeleuchteten Atelier saß, dem schwindenden Tageslicht ausgeliefert, und auf einem Felsbrocken mitten auf dem Boden die Schatten Form annehmen sah. Einen Sekundenbruchteil bevor er den Blick abwendete, nahm er im tristen Spiel von Licht und Dunkel das schemenhafte Abbild seines Gesichts wahr.

Er wagte nicht, wieder hinzusehen, für den Fall, daß er es sich nur eingebildet hatte. Aber dann tat er es doch und stellte fest, daß es noch immer da war, obwohl es bereits wieder von der übermächtigen Dunkelheit verschluckt wurde. Er griff nach Skizzenblock und Zeichenkohle und bannte mit zitternder Hand diese völlig neue Facette seines Gesichts auf Papier.

Am nächsten Morgen war er bei Tagesanbruch im Atelier und machte sich mit wilder Entschlossenheit über den Sandstein her. Eine Woche später vernichtete er alle seine bisherigen Arbeiten. Er widmete dem Selbstbildnis täglich zwölf Stunden.

Im Lauf der nächsten Jahre wählte er die verschiedensten Steinbrocken aus: manche, weil sie sein Ebenbild förmlich zur Schau trugen, andere, weil er es in ihnen vermutete, jedoch noch keinen Weg sah, den Code des Steins zu entschlüsseln – die schwierigen Steine bezeichnete er als Probleme.

Das Problem, mit dem er sich jetzt in New York konfrontiert sah, war völlig anderer Natur.

Zweite, Ecke Erste betrat er eine Bar und bestellte ein Bier. Das Lokal war ihm zuvor noch nie aufgefallen. Von außen sah es auch so klein aus, daß es kaum auffiel. Innen war es behaglich, dunkel und elegant. Der Typ hinter dem Tresen war mehrfach gepierct. (Schon beim Anblick von Ringen durch die Augenbrauen kamen Johnny die Tränen.) An der Decke hingen Lautsprecher, aus denen elektronische Alpträume à la *Cabaret Voltaire* dröhnten. Johnny kannte sie aus den Spelunken in Camden Town, die er in den frühen Achtzigern frequentiert hatte – vor Helens Zeit.

Die Gäste bewegten sich in der Bar wie Haie in einem Aquarium. Sie tauchten aus der Dunkelheit auf und musterten jeden Neuankömmling mit funkelnden Augen, um dann mit einer ruckartigen Bewegung ihrer in Leder gehüllten Körper kehrtzumachen und wieder mit der Finsternis zu verschmelzen. Aber er empfand es nicht als Bedrohung. Eigentlich fühlte sich Johnny sogar wohl. Hinter dem Tresen befand sich eine lange Reihe von Kühlschränken mit gläsernen Schiebetüren. Unmengen von Flaschen: Budweiser, Miller, Coors, Dixie Blackened Voodoo Lager. Genau wie in jeder normalen Bar mit Billardtisch und karierten Tischdecken stand auf einem Bord an der Wand ein Fernseher. Es lief *CNN*, und Johnny sah hin, während er sein Dixie Blackened Voodoo Lager gierig aus der Flasche trank. Der Ton war abgestellt, doch mußte man nicht von den Lippen lesen können, um zu verstehen, daß über den homosexuellen Serienmörder berichtet wurde, der in den Sommermonaten in New York aufgetaucht war. Er war durch die Bars und Clubs gestreift und stand unter Verdacht, für die Morde an vier homosexuellen Männern in der Zeit von Juni bis August verantwortlich zu sein. Zuerst war seine Spur mit der von Andrew Cunanan verwechselt worden – dem selbstgefälligen Chamäleon und mutmaßlichen Liebhaber Gianni Versaces.

Johnny erinnerte sich an den Tag nach Versaces Ermordung: Obwohl es tausend Meilen südlich von New York in Miami passiert war, sprachen die Leute in den Straßen von East Village über nichts anderes. Und überall in Alphabet City gaben Hobby-Schnüffler für jeden, der sie hören wollte, ihre eigenen kleinen Lieblingstheorien zum besten.

Doch dann richtete Cunanan seine Pistole gegen sich selbst, zu einem Zeitpunkt, als erst zwei der vier miteinander in Verbindung stehenden New Yorker Morde begangen worden waren. Der nächste geschah kurz nach Cunanans Selbstmord, und dann, nach einer Pause von einigen Wochen, wurde die jüngste Bluttat verübt.

Das hatte die Schwulen nicht davon abhalten können auszugehen, stellte Johnny fest und bestellte ein weiteres Bier.

Die Morde konzentrierten sich nicht auf einen bestimmten Teil Manhattans, also waren alle Stadtteile gleich sicher – oder unsicher.

Ein großer Mann, so um die Vierzig, der irgendwie durchtrieben aussah, lehnte neben Johnny an der Bar und bot ihm eine Zigarette an, die er gerne annahm.

»Ich kann mich nicht erinnern, Sie hier schon mal gesehen zu haben«, sagte der Mann, dessen Gesicht im Licht seines plötzlich aufflammenden Feuerzeugs zuckte.

Johnny gab keine Antwort, sondern sah dem Mann nur zu, wie er seine Zigarette anzündete. Dieser faßte das als Einladung auf, sich auf den freien Barhocker neben ihm zu setzen.

»Macht einen schon nachdenklich, oder?« bemerkte der Mann mit Blick auf den Fernseher. Der Nachrichtensprecher berichtete noch immer von den Morden.

Johnny zuckte mit den Achseln und sah in Richtung Barkeeper.

»Was trinken Sie?« fragte er den Mann.

»Bier.«

Mit einer routinierten Bewegung zauberte der Barkeeper

eine Flasche Budweiser aus einem der Kühlschränke hervor, öffnete sie und stellte sie schwungvoll auf den Tresen.

»Sie sind nicht von hier, oder?« fragte der Mann.

»Eigentlich nicht. Mein Name ist Lucas. Johnny Lucas. Ich bin Künstler – Bildhauer.«

»Interessant«, erwiderte der Mann über sein Bier gelehnt. »Mit was arbeiten Sie denn? Also, ich meine, mit Felsbrocken oder schnitzen Sie irgendwelchen Schnickschnack aus Holz oder was?«

»Früher habe ich so ziemlich alles verwendet. Heute bin ich wählerischer. An das, womit ich arbeite, kommt man momentan nicht besonders gut dran. Es gibt sozusagen Engpässe.«

Wie konnte er diesem Typ – diesem Fremden – sagen, daß seine Quelle versiegt war? Daß er so viele Jahre damit verbracht hatte, sich selbst zu vergöttern und dabei von Selbstverliebtheit zu Selbstverachtung gelangt war. Daß jetzt alle Bilder, die er sich beim Onanieren verzweifelt ins Gedächtnis zu rufen versuchte, von einem überwältigenden Mangel an Selbstwertgefühl ausgelöscht wurden.

Sex mit jemandem, den man liebt, hatte Woody Allen es genannt.

Wenn es jedoch zur zwanghaften Besessenheit wurde, fing man an, diesen Jemand zu hassen. Der Akt an sich wurde bedeutungslos – und führte, um es auf den Punkt zu bringen, zu keinem Ergebnis.

Er erledigte es grundsätzlich morgens. Als allererstes. Er begann den Tag damit. Das erste Mal, als Helen gerade im Begriff war, ihn zu verlassen, hatte es nichts mit Phantasien zu tun. Es war vielmehr eine instinktive Handlung, eine Verinnerlichung seiner Wut, ein rein mechanischer Vorgang, mit dem er seinen Schwanz malträtierte – und das hatte das Schema vorgegeben. Wenn er sich danach beim Onanieren ein Bild ins Gedächtnis rief, war es immer der Kopf, den er eines Tages anfertigen würde. Als er Marc

Quinns ›Self‹ in der Saatchi-Galerie entdeckte – zu diesem Zeitpunkt hatte er bereits zwei Jahre an seinem eigenen, sehr ähnlichen Projekt gearbeitet, das jedoch noch keine Formen angenommen hatte, zumindest nicht im wörtlichen Sinne –, tauchte unweigerlich seine eigene, ebenfalls in einer Kühlvorrichtung installierte Büste vor seinem inneren Auge auf. Quinns Skulptur ärgerte ihn nicht wirklich: Vielleicht waren sie beide einfach auf derselben Wellenlänge, hatten sie doch unabhängig voneinander dieselbe Idee gehabt. Während ›Self‹ durchaus etwas Poetisches an sich hatte – Quinn hatte sich über einen Zeitraum von mehreren Monaten fünf Liter seines Blutes abgezapft, was der Gesamtmenge des Blutes im menschlichen Körper entsprach –, war Johnny Lucas entschlossen, noch einen Schritt weiter zu gehen. Seine Hingabe an die Kunst war noch größer. Für den erforderlichen Zeitraum würde er auf Sex verzichten – auf jeglichen Sex, außer mit sich selbst. Er würde sich eisern an einen Zeitplan halten und bis auf weiteres an keinem anderen Projekt arbeiten. Dieses ironische Zeugnis seiner Selbstbesessenheit würde nicht nur sein wichtigstes Werk und ein Meilenstein der modernen Kunst werden, sondern auch die umstrittenste Skulptur, seit Damien Hirst erstmals einer Kuh mit der Kettensäge zu Leibe gerückt war – seit Carl Andrés Installation aus Mauersteinen – seit Michelangelos ›David‹. Johnny Lucas' ›Jack‹ würde neue Maßstäbe setzen.

Er wußte, ein Teil der Presse – die Tageszeitungen, die hirnlosen Boulevardblätter – würden ihn einen WI***ER nennen, doch er würde zuletzt lachen und in die Kunstgeschichte eingehen.

Charles Saatchi würde ihn anflehen, das Werk ausstellen zu dürfen.

Auch wenn die fertige Skulptur bislang nicht mehr als eine Halluzination war, eine ungewisse Sache, hatte sich ihr Bild im Lauf der Zeit unauslöschlich auf seiner Netzhaut eingebrannt. Nach fünf Jahren jedoch ließ seine Macht nach. Es konnte nicht mächtiger sein als sein Urheber, und als seine Selbstbesessenheit schwand und seine Selbstverachtung wuchs, verlor es seine stimulierende Wirkung. Entweder lähmte es ihn völlig, oder er legte Hand an sich, bis er rot und wund war, ohne daß etwas passierte. Plötzlich hatte sich sein Rhythmus von einmal täglich auf einmal pro Woche verlangsamt, und so schleppten sich die Monate dahin, bis er sich in der Bar im Zentrum Manhattans wiederfand, Zweite, Ecke Erste, sein Vorrat an Rohmaterial nur zwei Milliliter vom Soll entfernt.

Noch ein Mal – mehr war nicht nötig.

So nah, und doch meilenweit entfernt. Er steckte nun schon geschlagene drei Wochen in dieser Sackgasse fest.

»Vielleicht ist das hier nicht Ihre Art von Lokal?« gab der Mann zu bedenken und legte seine Hand auf Johnnys Bein. »Sollen wir weiterziehen? Woanders ein Bier trinken? Was meinen Sie?«

Vielleicht war es tatsächlich nicht seine Art von Lokal. Vielleicht wußte er einfach nicht mehr, was seine Art war.

»Früher war alles so einfach«, sagte Johnny und nahm einen Schluck Blackened Voodoo nach dem anderen. »Ich dachte, ich wüßte, was Sache ist. Ich stand auf Frauen. Basta. Es bestand nicht der geringste Zweifel, verstehen Sie? Und dann kam Giacomo.«

Der Mann fing an, Johnnys Bein zu streicheln.

»Giacomo war der hübscheste Junge, den ich je gesehen hatte. Und ich habe bis zum heutigen Tag noch keinen hübscheren Jungen gesehen. Wir haben in einer Bar in London gearbeitet. Das ist jetzt fünfzehn Jahre her. Mir wurde klar, daß ich mich immer aufs Arbeiten freute, ohne zu wissen, warum. Mit der Zeit erschien ich sogar früher zur Arbeit als nötig. Man mußte kein Genie sein, um zu merken, daß ich es tat, weil ich hoffte, in derselben Schicht wie Giacomo zu arbeiten. Wenn ich dort ankam und er schon da war, fühlte ich mich so gut, daß mir irgendwann bewußt wurde, daß er der Grund dafür war.«

Die Hand des Mannes, die Johnnys Schenkel hinaufwanderte, hielt auf halbem Weg inne.

»Ziemlich stark, dieses Zeug«, sagte Johnny und versuchte, das Etikett auf der Flasche Blackened Voodoo zu lesen. Er nahm einen großen Schluck und bestellte beim Barkeeper eine weitere Runde.

»Ich dachte, ich wäre einfach froh, ihn zu sehen. Als wäre er ein Kumpel oder so, mit dem man Spaß haben kann. Allerdings unterhielten wir uns kaum. Er sprach überhaupt kein Englisch, und ich kann ungefähr drei Worte Italienisch. Genug, um drei Italienerinnen abzuschleppen –, leider nicht alle auf einmal. Drei *blinde* Italienerinnen, hat ein Freund von mir immer gescherzt. Also saßen wir nur da und tranken Kaffee, während die Stühle noch auf den Tischen um uns herum standen.«

Johnny hatte nicht bemerkt, daß der Mann seine Hand weggenommen hatte und über Johnnys Schulter sah.

»Die anderen nannten ihn alle Jack, aber ich mochte den Namen lieber, den ihm seine Eltern gegeben hatten. Ich habe ihn im Bus auf dem Weg zur Arbeit geübt. Giacomo. Was für ein toller Name, dachte ich. Seine Haare standen senkrecht nach oben. Weiß Gott, wie er das hingekriegt hat, woher er die Energie nahm, sich jeden Morgen dieses Zeug hineinzuschmieren, was auch immer es war. Seine Haut war einfach makellos. Seine Augen – ja, welche Farbe hatten sie eigentlich? Blau? Grün? Keine Ahnung. Sie waren wunderschön und klar. Ich wollte ihn nicht vögeln oder mich von ihm vögeln lassen. Ich wußte nicht einmal, ob er überhaupt schwul war. Verstehen Sie? Ich habe nicht einmal die Möglichkeit in Betracht gezogen, daß *ich* schwul sein könnte. Alles, was ich wußte, war, daß ich mich gut fühlte in seiner Nähe. Er war ein Traum.

Vielleicht stellte ich mir vor, neben ihm zu liegen. Ihn

anzusehen. Vielleicht mit dem Finger über seine haarlose Brust hinunter zu seinem Bauch zu fahren. Mir vielleicht sogar seinen Schwanz anzusehen, verstehen Sie? Zu sehen, wie er reagiert … Nachzusehen, *ob* sich etwas bewegt … Zu beobachten, wie es geschieht. Zu wissen, *ich* habe es bewirkt. Danach zu greifen. Meine Hände darum zu legen, beide Hände. Würde er mich ansehen? Mich berühren? Wahrscheinlich hätte er es getan, aber es spielte keine Rolle. Ich wäre auch zufrieden gewesen, wenn er passiv geblieben wäre. Ich wollte ihn ja gar nicht vögeln.« Johnny hob den Finger – obwohl ihn niemand beachtete. »Es ging nicht um den Akt an sich. Diese ganze Schweinerei und der Schmerz und die Peinlichkeit. Nein, es ging wirklich nicht darum.«

Johnny war mittlerweile auf dem Tresen zusammengesackt und allein. Der Mann war verschwunden. Doch das einzige, was Johnny jetzt noch wahrnahm, waren seine kristallklaren Erinnerungen an Giacomo. An die Erregung, die er unweigerlich verspürte, wenn er jeden Morgen die letzten hundert Meter zur Arbeit zurücklegte. Aus irgendeinem Grund durchschaute er nie wirklich Giacomos Arbeitszeiten. War er nicht da, wenn Johnny kam, hoffte er, der Junge hätte sich verspätet. Falls er nicht mehr auftauchte, dachte er nur daran, daß er ihn am nächsten Morgen sehen würde. Manchmal ging er sogar zur Arbeit, wenn er vormittags frei hatte.

In all seinen Träumen von Giacomo und sich selbst ging es niemals um Sex. Der Gedanke, es mit ihm zu machen, ließ ihn völlig kalt. Analverkehr. Er hatte es nie auf diese Art und Weise mit einer Frau getrieben und war auch nie darum gebeten worden. Es war das letzte, was er sich vorstellen konnte, und dennoch war er in der Lage, sich auszumalen, wie er Giacomos Schwanz in die rechte Hand nahm und in den Mund führte. Wie er die Zunge über seine Eichel gleiten ließ und die Lippen um ihn schloß. Ihn so weit wie möglich in den Mund nahm. Und mit ein bißchen Glück, wenn das Leben auch nur einen Teil von dem hielt, was es versprach, würde er spüren, wie der Junge *seinen* Schwanz in die Hand nahm und sanft massierte.

Doch wie oft war etwas so gelaufen, wie er es geplant hatte?

Würde er wirklich in einer Schwulenbar Zweite, Ecke Erste sitzen und jedem seine Geschichte erzählen, der ihm gerade zuhören wollte – ihm, dem klassischen betrunkenen Barbesucher –, wenn auch nur irgendwas so gelaufen wäre, wie er es geplant hatte?

Wohl kaum.

Wäre die Welt tatsächlich wieder in Ordnung, wenn es ihm gelänge, die letzen zwei Milliliter Sperma zu produzieren, sie zu den 3998 Millilitern in seinem Gefrierfach hinzuzufügen, den ganzen Block schmelzen zu lassen und in die Form zu gießen?

Würde es irgendeinen Unterschied machen, wenn er es so verwendete, wie es war – strenggenommen zwei Millimeter unter dem Soll? Was für einen Unterschied konnte es machen? Niemand wüßte davon, und selbst wenn, wäre es egal.

Aber ihm war klar, daß *er* es immer wissen würde.

Er hatte immer vier Liter für einen lebensgroßen Kopf verwendet, und so sollte es auch diesmal sein, bei seinem Meisterwerk. Bei seinem womöglich letzten Werk. Es war eine Frage des Stolzes.

Egal wie das Ergebnis ausfallen würde, gut oder schlecht, er mußte es zu Ende bringen. Er trat auf der Stelle, solange er es nicht zu Ende brachte. Und wenn er es nicht allein schaffte, dann sollte er vielleicht damit aufhören, es allein zu versuchen. In dieser Hinsicht zu kapitulieren, würde seinem Werk sogar eine zusätzliche Bedeutung verleihen. Versuche es nicht im Alleingang, wende dich an deinen Nächsten – etwas in der Art. Sich alleine zu betrinken war allerdings nicht der beste Weg, um seinen Nächsten kennenzulernen.

Wieder zurück in der Avenue B, konnte Johnny nicht einschlafen, obwohl er müde und betrunken war. Er wälzte sich so lange im Bett hin und her, bis er nicht mehr wußte, wo oben und unten war. Schließlich schaltete er das Licht an und griff nach etwas zum Lesen. Eine drei Wochen alte Ausgabe von *Time Out New York*. Der Nachrichtenteil enthielt einen großen Artikel über den homosexuellen Serienmörder. Er versuchte, sich in die Lage der Polizei zu versetzen – gab sie sich keine Mühe, weil er nur Schwule tötete? Wahrscheinlich. Und warum wurde er als »homosexueller« Serienmörder bezeichnet? Weil er ausschließlich Schwule tötete oder weil er selbst schwul war? Falls letzteres zutraf, wie hatte er es publik gemacht? Ließ er die Leichen immer hübsch sauber und ordentlich zurück? Wer konnte mit Sicherheit behaupten, daß er nicht ein heterosexueller Serienmörder war, der es auf Schwule abgesehen hatte? Was wußte die Polizei und verschwieg es?

Johnny blätterte weiter zum Feuilleton. Er fragte sich, warum er Rezensionen immer so langweilig fand, bis ihm bewußt wurde, es lag daran, daß sie Johnny Lucas grundsätzlich übergingen.

Er überflog den Kleinanzeigenteil und hielt sich eine Weile bei den Kontaktanzeigen auf. Dann kam ihm eine Idee.

Drei Wochen nach der Episode mit dem großen, verschlagen aussehenden Mann befand sich Johnny Lucas wieder in der Bar Zweite, Ecke Erste. Vor ihm auf dem Tresen stand eine noch fast unberührte Flasche Dixie Blackened Voodoo Lager. Johnny war froh, daß von dem großen Mann nichts zu sehen war – er würde ihn also nicht ignorieren müssen.

Johnny hatte in *Time Out* eine Kontaktanzeige aufgegeben. »Typ aus England sucht männlichen Begleiter, mit dem man Spaß haben kann« – oder so ähnlich. Spaß haben. Keine Verpflichtungen. Kein Streß. Er bekam genug Zuschriften, um die offensichtlich Verrückten und Beinahe-Psychopathen aussondern zu können. Nach ein paar Telephongesprächen entschied er sich für einen Typen, der sich Eddy nannte. Sein Akzent war undefinierbar, und Johnny fragte ihn nicht, woher er kam. Allerdings erzählte der Typ von sich aus, daß er nicht aus der Stadt war und es schwierig fand, in New York den Überblick zu behalten. Kompliziert, sich zurechtzufinden. Zu viele Straßen. Osten und Westen. Avenuen, Nummern und Namen. Sie verabredeten sich in der Bar Zweite, Ecke Erste. Johnny würde am Tresen sitzen und eine Flasche Dixie Blackened Lager trinken. Der Typ sagte von sich nur, daß er mittelgroß war und seine Haare grau wurden, mehr nicht. Johnny dachte, das würde reichen.

Allerdings hatte der Kerl schon eine halbe Stunde Verspätung. Johnny war beim zweiten Bier, und noch immer keine Spur von ihm. Er blieb jedoch gelassen. Wenn der Typ nicht auftauchte, dann eben nicht, und damit basta. Vielleicht hatte er kalte Füße bekommen oder was auch immer – es war nicht weiter wichtig.

Um 20.45 Uhr, fünfundvierzig Minuten nach der vereinbarten Zeit, glitt ein mittelgroßer Mann mit sehr kurz geschnittenem, leicht ergrautem Haar auf den Barhocker neben Johnny und blieb ihm halb zugewendet sitzen. Strenggenommen gingen ihm die Haare bereits aus und machten den Eindruck, als hätten sie nicht erst vor kurzem begonnen, grau zu werden. Doch Johnny konnte dem Mann ein bißchen Eitelkeit nachsehen.

»Hi«, sagte der Mann.

»Hi«, entgegnete Johnny. »Möchten Sie ein Bier?«

Der Mann zögerte einen Moment, blickte Johnny in die Augen und sagte, nachdem er eine Entscheidung gefällt zu haben schien: »Gern. Ein Bier wäre nicht schlecht. Ein Bier wäre genau richtig.«

»Zwei Bier, bitte.«

Falls sich der Barkeeper noch an Johnnys letzten Besuch erinnern konnte, war er taktvoll genug, es sich nicht anmerken zu lassen.

»Wie geht's denn so?« fragte Johnny, als sie beide ein kaltes Bier in der Hand hielten.

»Eigentlich ziemlich gut«, antwortete der Mann und nickte bedächtig. »Ziemlich gut.«

»Ich nehme an, es ist nicht einfach, Leute kennenzulernen, wenn man neu in der Stadt ist.«

»Gut möglich«, sagte der Mann und kippte sein Bier hinunter.

Er hatte zwar nicht gerade Ähnlichkeit mit Quasimodo, entsprach aber trotzdem nicht Johnnys Vorstellung vom perfekten Partner – auch nicht für einen Abend. Aber von einem Blind Date durfte man eben nicht zuviel erwarten. Mittelgroß, das ging in Ordnung – Johnny war selbst kein Riese –, und irgendwie gefielen ihm die kurzgeschnittenen Haare. Wenn er sein Bier trank, konnte man sehen, wie sich seine Schädeldecke kaum merklich bewegte. Allerdings waren sich ihre Blicke nicht mehr begegnet, seit der Mann ihm gleich zu Beginn in die Augen gestarrt hatte. Er wirkte beinahe ein wenig unstet. Aber das lag bestimmt an seiner Nervosität.

»Machen Sie das öfter?«

»Mich mit Fremden in Bars treffen?«

Johnny nickte.

»Ich denke, wir sind alle Fremde, wenn Sie wissen, was ich meine. Und wir bemühen uns, es nicht zu sein.«

»Stimmt genau.«

Daraufhin blickte ihn der Mann ein zweites Mal an, und auf seinen Lippen zeichnete sich der Anflug eines Lächelns ab. Gerade genug, um zu verstehen zu geben, daß er sich nicht allzu ernst nahm und Johnny es auch nicht tun sollte. Beide Männer lachten und wurden etwas lockerer.

»Was machen Sie denn so?« fragte der Mann, leerte sein Bier und nahm mit dem Barkeeper Blickkontakt auf. »Noch zwei Bier.«

Johnny konnte sich nicht mehr daran erinnern, wieviel er

dem Mann am Telephon erzählt hatte. Er wußte nur, daß er nicht den *tatsächlichen* Grund genannt hatte, warum er jemanden treffen wollte.

»Ich bin Künstler.«

»Aha.«

Eddy hatte ihm ein bißchen davon erzählt, was er beruflich machte.

»Sie sind im Vertrieb oder so ähnlich, stimmt's?«

»So könnte man es nennen. Ich kaufe und verkaufe. Sorge dafür, daß Dinge den Besitzer wechseln. Wie wär's mit einem Ortswechsel?«

Johnny war sich seiner Sache sicher, trotzdem wollte ein Teil von ihm die Angelegenheit so schnell wie möglich hinter sich bringen.

»Ich wohne nur ein paar Straßen von hier«, sagte er.

Und wieder erschien der Anflug eines Lächelns auf den Lippen des Mannes.

In seinem Apartment in der Avenue B schenkte Johnny zwei Gläser Whisky ein.

»Pur, ohne Eis«, sagte der Mann.

»Wie sonst?«

Es waren große Gläser.

Aus irgendeinem Grund – ob es die neuartige Situation war oder der Anblick des gespannten Hosenschritts des Mannes, als er sich auf dem Sofa zurücklehnte – war Johnny erregter, als er es seit Tagen gewesen war. Am Nachmittag hatte er Gleitcreme und eine Packung Kondome besorgt – die strapazierfähigsten, die es gab. Als Johnny mit den Drinks an der Stirnseite des Sofas vorbeiging, packte ihn der Mann an der Gürtelschnalle, und seine Finger glitten in den Bund von Johnnys Hose. Mit der freien Hand nahm er eines der beiden Gläser und leerte es in einem Zug. Er warf den Kopf zurück, und aus seinem Rachen drang ein merkwürdiges Geräusch. Johnny blickte auf die Hand an seiner Taille, dachte, was soll's, und kippte seinen Whisky ebenfalls hinunter.

Der Mann zog ihn aufs Sofa hinunter und preßte seinen Mund auf Johnnys, während er ihm den Gürtel öffnete. Johnny versuchte, an Giacomo zu denken, doch der Gegensatz zwischen dem Jungen mit seinem unverbrauchten Gesicht und dem plumpen Fremden war einfach zu groß. Je weiter der Mann in Johnnys Unterhose vordrang, desto unsicherer und unerfahrener wirkten seine Bewegungen. Johnny mußte seinen Hintern vom Sofa heben und seine Jeans selbst hinunterschieben. Der Mann fiel über seinen Schwanz her wie ein hungriger Gast über ein Festmahl, und Johnny wurde bewußt, daß er die Initiative ergreifen mußte, um zu bekommen, was er wollte. In seinem Übereifer erwischte der Mann Johnny mit den Zähnen.

»Hey, immer mit der Ruhe«, sagte Johnny. »Steh auf. Stell dich hin.«

Völlig unterwürfig tat der Mann jetzt genau das, was Johnny sagte, ließ ihn seine Jeans öffnen und bis zu den Kniekehlen nach unten ziehen. Daraufhin schob er seine Boxershorts selbst hinunter, und Johnny befahl ihm, sich mit dem Gesicht zur Lehne auf das Sofa zu knien. Johnny war nicht darauf eingestellt, sich vögeln zu lassen, und der beste Weg, das zu verhindern – und der Begegnung das abzugewinnen, was er brauchte – war, den Typen selbst zu vögeln.

Die Kondome und die Gleitcreme lagen auf dem Couchtisch. Johnny war inzwischen hart und bereit. Er rollte ein Kondom über seinen Schwanz und schmierte ein bißchen Gleitmittel an die Stelle, um die es ging. Er holte tief Luft und –

Er war erstaunt, wie leicht er eindrang. Vermutlich lag es an der Creme – er hatte sie früher einmal benutzt, um seinen Ehering über einen stark angeschwollenen Fingerknöchel zu pressen, auf den er sich mit dem Hammer geschlagen hatte.

Der Mann atmete schwer und hielt sich an der Sofalehne

fest, den Kopf zur Seite geneigt. Johnny stieß zu und fand seinen Rhythmus. Unweigerlich wurde er dabei an den Geschlechtsakt mit Helen erinnert, doch auf diese Irritation hätte er gerne verzichtet. Vielleicht war es diesmal ein bißchen enger, was allerdings kein Nachteil war, ging es ihm doch einzig und allein darum, sein Kondom zu füllen.

Aber *ganz* so nüchtern sah es Johnny nicht. Es ließ sich nicht abstreiten, daß es ihn anturnte. Er beugte sich nach vorne, faßte um die Hüften des Mannes und berührte seinen Schwanz, dessen Größe ihm einen Schauer der Erregung über den Rücken laufen ließ. Während er weiterhin gleichmäßig vor und zurück glitt, schloß sich seine rechte Hand fest um den Penis des anderen und bewegte sich energisch auf und ab. Am Rand von Johnnys Blickfeld begann es weiß zu flimmern. Er schloß die Augen und fühlte, wie sich sein Empfinden vollständig auf einen Punkt konzentrierte.

Der Mann war ihm völlig unwichtig. Er war eine Leerstelle, ein Nichts, ein Platzhalter. Ein Schwanz-Double für Johnny selbst.

Ihn zu halten war für Johnny, als hielte er sich selbst und würde dabei noch von einer fremden Hand berührt. Es war einfach eine andere Art zu onanieren.

Johnny vernahm vage, wie der Mann unverständliche Laute ausstieß und fühlte mit einem Mal, daß er selbst unweigerlich auf den Höhepunkt zusteuerte. Er setzte seine Stöße fort, bis sie beide gleichzeitig mit einem lauten, vereinten Stöhnen kamen.

Im Badezimmer streifte Johnny das Kondom ab und machte einen Knoten hinein, um seine Trophäe gut zu verwahren. Nachdem es fest verschlossen war, hielt er es unter das kalte Wasser und brachte es danach im Schrank über dem Waschbecken in Sicherheit. Er wusch sich die Hände und kehrte ins Zimmer zurück.

Der Mann war aufgestanden und machte seinen Gürtel zu.

»Ich muß los«, sagte er, und wieder machte sich auf seiner unteren Gesichtshälfte dieses zaghafte Lächeln breit. »Ich rufe dich an.«

Johnny zögerte. Was war schon dabei? Er konnte immer noch nein sagen.

»Klar, ruf mich an.«

Der Mann sah ihn erwartungsvoll an.

»Deine Nummer?« fragte er schließlich.

»Die hast du doch schon.«

»Woher sollte ich deine Nummer haben?«

»Du hast mich doch vor ein paar Tagen angerufen.«

»Hör mal, Kumpel, ich weiß nicht, worauf du hinauswillst, aber ich habe dich nicht angerufen. Ich habe dich vorher noch nie gesehen oder mit dir gesprochen.«

Johnny stand da und starrte den Mann an.

»Ich glaube, ich gehe jetzt besser«, sagte der Mann, nahm seine Lederjacke und ging zur Tür. Er öffnete sie, verschwand, ohne sich umzudrehen, im Dunkel des Treppenhauses und zog sie hinter sich zu. Johnny stand in der Mitte des Zimmers, die Hände in die Hüften gestützt.

Nach einer Weile ging er zum Kühlschrank und nahm die Plastiktüte mit dem gefrorenen Block Sperma heraus. Er stellte sie auf den Tisch zwischen Sofa und Fernseher, warf einen Blick auf das Sofa und drehte eines der Kissen um. Dann holte er die letzte Portion aus dem Badezimmerschrank und schüttete sie dazu. Sie bildete eine winzige Pfütze in einer Unebenheit auf der Oberfläche des Blocks.

Er fühlte nichts.

Er blieb einen Moment sitzen und betrachtete den Block. Dann schaltete er den Fernseher an; ein Nachrichtensender lief.

Es war ein weiterer Mord geschehen. Die Leiche eines dreißig- bis vierzigjährigen Mannes war in einer verlassenen Lagerhalle Elfte, Ecke Fünfundzwanzigste gefunden worden, aber der Reporter stand vor einer Bar Erste, Ecke

Zweite, die er als »bei Homosexuellen beliebten Treffpunkt« bezeichnete.

Erste, Ecke Zweite.

Laut Paß war der Tote Eddy Jongehans, ein holländischer Tourist, der seinen dreiwöchigen Urlaub in New York verbringen wollte. Wie üblich hatte der Killer nichts entwendet und nur seine charakteristischen Spuren hinterlassen, die von der Polizei aus Furcht vor Nachahmungstätern selbstverständlich nicht bekanntgegeben wurden. Der einzige Hinweis für die Ermittler, so der Reporter, war ein Stück Papier im Portemonnaie des Toten. Ein Papierfetzen aus einer Zeitschrift, auf dem mit rotem Filzstift eine Kontaktanzeige eingekreist war.

Johnny Lucas starrte fassungslos auf den Bildschirm.

Eddy Jongehans hatte die X- und Y-Koordinaten durcheinandergebracht. Hatte die Straße vor die Avenue gestellt. Er hätte in die Zweite Avenue, Ecke Erste Straße gehen sollen, doch er war statt dessen in die Erste Avenue, Ecke Zweite Straße gegangen – Erste, Ecke Zweite, nicht Zweite, Ecke Erste –, nur konnte er das nicht wissen. Er war nicht aus der Stadt, wie er Johnny am Telephon gesagt hatte. Er fand es kompliziert, sich in New York zurechtzufinden. Johnny lebte schon so lange in Manhattan und hatte angenommen, der Mann wäre mit dem Prinzip vertraut, die Avenue der Straße voranzustellen.

Wenn sich die Ermittler wenige Stunden später gewaltsam Zutritt zu Johnnys Wohnung verschaffen würden – nachdem sie ausfindig gemacht hatten, wer die Kontaktanzeige aufgegeben hatte –, würden sie davon ausgehen, Johnny Lucas sei geflohen, weil er sich selbst zur leichten Beute gemacht hatte. Sie wüßten nicht, was sie von der langsam größer werdenden Spermapfütze halten sollten, die den Couchtisch und fast einen Quadratmeter des Teppichs bedeckte. Daß es etwas mit Reue zu tun haben könnte, würden sie sicher nicht denken.

Sue Thomas

Virtuelle Talente

eine Konfiguration von
The[+]Net[+]of[+] Desire

Virtuelle Körpersprache

<<wie ist das eigentlich>>

Wenn wir einem Menschen zum erstenmal in natura begegnen, was tun wir dann?

Wir sehen ihn an.

Und in diesen ersten paar Sekunden, oftmals bevor auch nur ein einziges Wort gewechselt wird, bilden wir uns ein Urteil. Noch ehe wir überhaupt Hallo gesagt haben, ist in unserem Kopf bereits ein differenziertes Bild entstanden, basierend auf den üblichen Daten – Geschlecht, Alter, Rasse, Aussehen und Kleidung, allesamt gewürzt mit unseren eigenen Erfahrungen und Vorurteilen. Und sobald der andere nahe genug an uns herankommt, um unsere Geruchsnerven zu aktivieren, können wir ihn auch riechen. Häufig ist diese letzte Information so einflußreich, daß sie alle bis dahin gezogenen Schlüsse außer Kraft setzt.

Und wenn der oder die andere dann schließlich spricht, können wir unseren ohnehin schon recht umfassenden Datenpool noch erweitern. Wir bekommen ein verläßlicheres Bild von den Verhältnissen, den Vorlieben und den Prioritäten des anderen. Wir können dem, was er sagt, die Art, wie er es sagt, hinzufügen, und diese Informationen passen fast immer zu denen, die wir bereits gesammelt haben.

Aber wenn diese beiden Datensätze (*was* der andere sagt und *wie* er es sagt), nicht so recht zusammenpassen, sind wir schnell gewarnt, daß es Schwierigkeiten geben könnte, daß mit dem anderen vielleicht etwas nicht stimmt oder daß er uns zu täuschen versucht. Und so achten wir vielleicht besonders auf die Worte unseres Gegenübers. Vielleicht stellen wir ein paar forschende Fragen, und wenn die Antworten uns nicht gefallen, werden wir mit einiger Sicherheit unsere Meinung revidieren. Aber es kommt nicht häufig vor, daß die Daten nicht zusammenpassen. Wir haben sie mit Augen und Nase aufgenommen und mit Hilfe der Ohren gesichert, und alles paßt. Wunderbar!

In der textbasierten virtuellen Welt jedoch (auch bekannt unter den verwirrenden Bezeichnungen MUDs und MOOs), ist die Bandbreite der uns zur Verfügung stehenden Informationen gewaltig eingeschränkt, so daß ein ganzer Körper in einem einzigen beschreibenden Absatz zusammengefaßt wird. Während wir im *wirklichen Leben* Worte benutzen, um noch einmal die Daten zu überprüfen, die die anderen Sinne uns bereits übermittelt haben, sind wir in der virtuellen Welt vollständig auf Worte angewiesen. Unsere Einschätzung unserer Mitspieler und Mitspielerinnen beruht ausschließlich auf den Worten, die sie selbst eingeben. Es ist, als würde man sich ein Hörspiel im Radio anhören, wo die eigene Phantasie einen großen Teil einer jeden Szene auffüllt.

Dieses Komprimieren und Kodieren bringt es mit sich, daß wir uns konzentrieren müssen, und zwar **vollkommen**.

Hier, wo Worte gleich Körper sind, tritt die Beziehung zwischen Atem- und Schreibrhythmus in Kraft, auf eine Weise, wie sie nur bei synchroner Kommunikation möglich ist. Jede Zeile, jeder Satz, jeder Absatz bezieht seine Form und seine Zeichensetzung vom Atemrhythmus des Schreibers oder der Schreiberin in dem Moment, da er oder sie etwas schreibt. Das bedeutet, daß ein Mitspieler, während er die Zeilen liest, die bei ihm auf dem Bildschirm erscheinen, wahrscheinlich an genau denselben Stellen ein- und ausatmet wie die Schreiberin, als sie diese Zeilen eingab.

Manchmal lesen Liebende die Worte des anderen laut, während sie auf dem Bildschirm erscheinen, atmen dabei den Rhythmus der Zeichensetzung und umschließen die Silben mit Lippen und Zunge, als wäre jede einzelne ein begehrter Körperteil des Partners oder der Partnerin. Die Spieler sind ganz konzentriert, tasten sich durch jeden Satz, zählen den Takt: pro Silbe ein Schlag, eine Pause von einer Sekunde für Kommata und Strichpunkte, zwei Sekunden für Doppelpunkte und drei an jedem Satzende. Ein Zuschauer könnte den Eindruck gewinnen, sie würden Noten lesen, was sie auch tun, aber es ist eher ein Konzert aus Worten als aus Musik, das da still durch ihre Köpfe fließt, während sie an ihren Tastaturen sitzen und murmelnd jeden einzelnen Vokal erneuern, jeden Konsonanten, jeden Satz.

Wie sollte also der Körper von der Virtualität getrennt sein, wenn schon das Lesen allein es Körper und Verstand ermöglicht zu interagieren?

Die intensive Konzentration ist es, welche die vollkommene Gedankenverschmelzung hervorbringt, wie sie sich hin und wieder zwischen zwei Spielern ereignet. Mit anderen Worten, wir geben der Mixtur unsere Vorlieben bei, um daraus zu machen, was immer uns gefällt. Doch die virtuelle Spielerin braucht all diese Theorie nicht zu verstehen, um Gefallen an den gleitenden Übergängen zwischen einer Identität und einer anderen zu finden. Fast instinktiv nimmt sie eine andere Gestalt an, während sie von einem Bewußtseinszustand in den nächsten gleitet. Wie so eine Gestalt aussieht? Das liegt ganz im Ermessen des Erfinders …

Liis und Obsidian

Liis. Ihre Wangen sind gerötet, ihre Lippen feucht. Sie trägt ein schwarzes seidenes Abendkleid, das an manchen Stellen ein wenig gerissen ist. Unter dem Kleid ist ihr Körper rund und voll. Ihre Füße sind nackt und etwas schmutzig, die Zehennägel dunkelrot lackiert. Wenn man sie ansieht, strömt einem eine Duftmischung aus Rosen, Honig und Blut entgegen.

Liis döst auf dem Sofa im Wohnzimmer von PuppetMOO.

Plötzlich ist sie hellwach. Sie spürt, daß noch jemand im Raum ist.

»Hallo?« sagt sie.

Und dann: »Ist da jemand?«

»Entschuldigung, störe ich?« Ein tiefer Klang, wie das Donnern bei einem Erdrutsch, und von diesem Moment an nimmt sie Obsidian intensiv wahr. Er steht nicht eigentlich neben ihr ... es ist eher so, als sei er überall.

Was für eine angenehme Stimme, denkt sie und ist selbst überrascht, als sie spürt, wie sie rot wird.

»Nein, du störst überhaupt nicht.«

Jetzt wird er sichtbar.

Obsidian. Entstanden aus einer großen Hitze, doch er fand die Welt zu kalt ...

Tiefschwarz, scharfkantig.
Nimm dich in acht.

Der Zugang zur virtuellen Welt

Stellen Sie sich den virtuellen Spieler vor, wie er vor seiner Tastatur sitzt, die Augen fest auf den Bildschirm gerichtet, die Finger verharren bewegungslos oder tippen rasch. Nur sein Atem ist zu hören, und das Geräusch des eingebauten Ventilators, der die Luft massiert.

Betrachten Sie eine zweite Spielerin, die Geliebte des ersten, die sich kaum bewegt, kaum einen Laut von sich gibt, und doch: Innerhalb dieser Schale aus Fleisch fließt das Blut durch die Adern, rast das Herz, läuft das Gehirn auf Hochtouren.

Sie sind hier und sind es auch wieder nicht; sie sind in unterschiedlichen Räumen, doch gleichzeitig befinden sie sich zusammen in einem binären Labyrinth namens PuppetMOO, wo ihr Blut in Strom umgewandelt wird, ihre Arterien in Kabel, ihre Gehirntätigkeit in Code.

Sehen Sie, wie sie sich konzentrieren, wobei die meisten ihrer wichtigsten körperlichen Sinne untätig bleiben ... ihr Gehör, ihr Geschmacks-, Geruchs- und Tastsinn sind allesamt in den Hintergrund gedrängt, während eine andere Gruppe von Sinnen sie ablöst, die wie durch ein Tor durch ihre Augen eintritt und ausschließlich diese als Medium benutzt, um die Pfade des Gehirns zu aktivieren.

Und wie sieht dieses Sensorium aus? Es ist nicht neu; die Technologie, die es benutzt, allerdings schon. Im Mittelalter war es den Menschen so vertraut wie die eher schlichten körperlichen Welten der wohlbekannten Fünf. Heutzutage sind wir mehr an die Art von Daten gewöhnt, die wir mit Hilfe unserer Hauptsinne wahrnehmen; durch Tasten, Schmecken, Hören, Sehen und Riechen. Gewiß, ohne diese kartesischen Fünflinge wäre uns alles verschlossen, was außerhalb des Gefängnisses unseres eigenen Körpers vorgeht. Doch über die Jahrhunderte haben Philosophen viel Zeit darauf verwendet, dieses Sensorium zu identifizieren und zu quantifizieren, und dabei ist eine interessante Vielfalt an Sinnen herausgekommen: Hitze, Kälte, Vergnügen, Unbehagen, Verlangen, Furcht, Härte, Nässe und Sprache, um nur einige zu nennen.

Sprache. Heute neigen wir dazu, in unseren Sinnen ausschließlich Empfänger von Daten zu sehen; früher dagegen wurde ihnen eine eigene Handlungsfähigkeit zugesprochen. So nahm man zum Beispiel an, man könnte durch die Augen Strahlen aussenden, die aktiv auf das betrachtete Objekt einwirkten. Man kann auch die Sprache als eines dieser sensorischen Ausdrucksmittel betrachten. Doch für uns ist es schwierig, in solchen Bahnen zu denken, weil wir sklavisch an die Vorstellung von der Dominanz des Fleisches über den Geist gebunden sind.

Es gibt noch einen weiteren, neueren *Sinn*, der in Cyberia ins Spiel kommt, und das ist unsere tägliche Auseinandersetzung mit einer Umwelt, die von Elektrizität beherrscht ist. Schon jetzt leben wir in einer primitiven Form von Cyberspace, einem Cyberspace des Gehörs, denn wir sind ständig vom Summen und Brummen von Haushaltsgeräten und Stadtlärm umgeben. Unser Gehirn ist darauf eingestellt, ganze Bildschirme voll Text, komplexe Mischungen aus Fließtext, Dialogen, Musik, Toneffekten und unterschwelligem Datentransfer einzuordnen, zu verarbeiten und zu begreifen. Wir haben uns an die Emissionen von Elektrogeräten gewöhnt, an den Lärm, die wechselnden Magnetfelder, an die ständige Bombardierung mit jeder Art von Strahlung, von energiereichen Gammastrahlen bis hin zu den schwächsten Radiowellen.

Wenn wir in das Cyber-Sensorium eintreten, müssen wir darauf gefaßt sein, daß unser Denken überraschende Sprünge vollführt, während es sich anderen Formen der Wahrnehmung öffnet.

Zunächst mag es so scheinen, als sei das vorherrschende Sinnesorgan in Cyberia das Auge – schließlich muß man den Bildschirm ja sehen können. Doch obwohl unsere Augen natürlich sehr nützlich sind, sollten wir uns nicht auf sie allein verlassen, denn das könnte uns davon abhalten, den Sprung zu vollführen, der nötig ist, um in ungewohnte Bereiche vorzudringen. Der Vorgang des Sehens erfordert Distanz, inneren Abstand, Objektivität – und oftmals auch

Selbstbeherrschung. Er beruht auf einem kollektiven Glauben an nur drei Dimensionen. Doch was jeder Neuling im Cyberspace gleich zu Anfang lernen muß, ist, daß er sich *nicht* allein auf das verlassen darf, was seine Augen wahrnehmen – es gibt stets mehr zu entdecken als das, was auf den ersten Blick enthüllt wird.

Im dritten Jahrhundert erkannte der Philosoph Origenes eine Gruppe von spirituellen Sinnen, Gegenstücke zu den körperlichen, die es ermöglichten, transzendentale Phänomene wahrzunehmen, wie zum Beispiel die Lieblichkeit im Wort Gottes. Dieser Doktrin von den fünf spirituellen Sinnen wurde im Mittelalter viel Glauben geschenkt. Sie ließ später die Vorstellung von einem inneren Sensorium aufkommen, bestehend aus Erinnerungsvermögen, Instinkt, Vorstellungskraft, Phantasie und gesundem Menschenverstand. Dieses Sensorium wurde als Prozessor für jene Daten betrachtet, die die körperlichen Sinne gesammelt hatten.

Man könnte es fast mit dem Rechnerkern Ihres Computers vergleichen. Zweifellos wird sich sowohl das spirituelle als auch das innere Sensorium im Cyberspace als sehr nützlich erweisen, denn hier wird auf nie dagewesene Weise unsere intimste intellektuelle Phantasie in Anspruch genommen. Haben wir uns erst einmal durch Blicke, Laute oder Berührungen Zutritt verschafft, umgeht der Computer die körperlichen Sinne und schleust uns direkt ein, und schon sind wir dort

<<endlich drin>>

endlich erlöst von unserem Körper, der uns schon so lange Zeit blockiert.

Liis und Obsidian

Obwohl er nicht einmal eine richtige Beschreibung hat, scheint Obsidian überall zu sein. Liis kann ihn beinahe atmen hören.

Oliver hat ein feines Gespür für Ebbe und Flut der elektronischen Impulse in seinem Computer. In diesem Moment, als das uralte Geschöpf summt und dröhnt und bebt, wird ihm bewußt, daß die Verbindung jeden Moment abbrechen kann.

»Ich möchte gern wissen«, setzt sie an, ohne etwas von den technischen Schwierigkeiten zu ahnen, die gerade im *wirklichen Leben* auftreten, »... darf ich dich etwas fragen?«

»Natürlich.«

»Was genau *bist* du eigentlich? Die meisten, die ich hier getroffen habe, hatten menschliche Gestalt, aber du scheinst irgendwie überhaupt keine Gestalt zu haben ...«

»Hmmm ...« Obsidians Farbe verdunkelt sich, seine scharfen Kanten schimmern, während ihn das dringende Verlangen durchflutet, sich zurückzuziehen. Lange hat er in Abgeschiedenheit gelebt, wenn das auch nicht immer so war. Aber in letzter Zeit hat er gelernt, seine eigene Gesellschaft der einer Gruppe vorzuziehen, und er hat sich erst heute hinausbegeben, angetrieben von dem plötzlichen und unerklärlichen Wunsch nach ein wenig freundlicher Konversation.

Er denkt über ihre Frage nach und überlegt, ob seine Antwort wohl seltsam klingen wird. Dann wird ihm klar, daß ihm das eigentlich egal ist – schließlich, wenn man in der virtuellen Welt nicht man selbst sein kann, wo dann? Er beginnt ...

»Was du siehst, ist einfach das, was ich bin. Es ist nur eine andere Art der Darstellung, wobei das Wesentliche im Vordergrund steht und nicht irgendeine Verzierung.«

Das Wesentliche. Ja, das gefällt ihm.

»Aber findest du das nicht ziemlich intim?« Sie ist verlegen, läßt aber nicht locker. »Normalerweise fängt man doch mit der äußeren Gestalt an und arbeitet sich nach innen vor, lernt den anderen dabei allmählich kennen, aber indem du es so machst, setzt du dich doch selbst aus ... machst dich so ... verwundbar.«

»Das stimmt schon. Obwohl ich gestehen muß, daß dieser Körper eigentlich genau das Gegenteil bewirken sollte. Aber vielleicht ist es einfacher, sich hinter einer simplen Darstellung zu verstecken als hinter einer abstrakten Idee. Hmm. Ich werde mal darüber nachdenken.«

Ihre direkte Art gefällt ihm, macht ihn aber gleichzeitig auch verlegen. »Um ehrlich zu sein, ich bin schon lange nicht mehr hiergewesen – das ist seit einer ganzen Weile mein erster Ausflug.«

Er hält inne.

Der Bildschirm ist so verschmutzt, daß Oliver kaum etwas erkennen kann – und er will doch lesen, was da steht. Er will wissen, wer dieser Mensch ist. Er fährt mit der flachen Hand über die verstaubte Glasoberfläche, die sich kribbelnd und knisternd mit einer statischen Entladung zur Wehr setzt. Oliver verzieht das Gesicht, nimmt die Hand vom Bildschirm und stößt aus Versehen an den Rechner, woraufhin das Stromkabel aus der Fassung gleitet. Totalausfall.

»Und warum ...?«

Sie verstummt, als sie merkt, daß sie allein im Raum ist.

Obsidian ist fort. Das einzige, was sie noch von ihm wahrnimmt ist

ein schwacher, teeriger Geruch und ein leichtes Glitzern in der Luft.

Verdammt! Ein loses Kabel – so was Dummes! Er muß sich Tesafilm besorgen und es befestigen. Vielleicht sollte er sich ein neues Kabel kaufen. Mal sehen. Er stellt das Transistorradio an, sucht nach beruhigender Musik und steckt den Stecker wieder ein. Als er auf [-on-] drückt, ertönt ein Knistern, ein Zischen und dann das Brummen des Ventilators, gefolgt vom Aufheulen der Festplatte beim Laden, aber dann wird alles wieder schwächer, und Oliver hört nur noch das Klimpern eines Klaviers, dessen Melodik die aufgewühlte Luft glättet.

Hat er sich davongemacht? Ist seine Verbindung unterbrochen? Vielleicht kommt er bald zurück, aber vielleicht sieht sie ihn auch nie wieder.

Ach, hier kann es schon manchmal frustrierend sein! Ist sie dazu verdammt, ständig interessanten Leuten zu begegnen und sie dann wieder zu verlieren? Diesmal nicht, denkt sie, diesen lasse ich nicht so schnell wieder los.

Fluchend beugt er sich vor und ruckelt an dem hinteren Kabel, wiederholt die Operation mehrmals, und die Maschine zischt und spuckt, bis endlich alles wieder angeschlossen ist und der Bildschirm blinkt. Er fängt an zu schreiben. Aber der Rechner heult und jault im Takt mit den elektrischen Gitarren, Signale gehen zwischen Radio und Computer hin und her. Er beißt die Zähne aufeinander. Der Lärm, die statischen Entladungen, das flackernde Licht des Bildschirms gehen ihm durch Mark und Bein. Energisch schaltet er das Radio aus und versucht sich zu konzentrieren.

Liis ist enttäuscht. Plötzlich fühlt sie sich sehr einsam. Gerade will sie in die Abgeschiedenheit ihres eigenen Raums zurückkehren, als Obsidian wieder auftaucht.

»Hallo!« sagt sie leise. »Ich dachte schon, ich hätte dich verloren.«

»Aber nein … nur ein kleines technisches Problem.«

Er lächelt.

Sie lacht und küßt ihn auf die Wange.

»Gut! Ich bin froh, daß du wieder da bist!«

Stille.

Also, was passiert hier jetzt?

Nur einen Moment lang zögert er, aber irgend etwas geht hier vor, was er nicht ignorieren kann, was die Zukunft auch bringen mag. Er schaudert, dann zieht er sie an sich.

»küß mich …«
»küß mich …«
»küß mich …«

Louise starrt auf ihre Finger über den Tasten und stellt sich deren Gegenspieler vor, irgendwo weit weg, im selben Moment dieselben Worte tippend.

»küß mich …«
»küß mich …«
»küß mich …«

Oliver ist wie erstarrt, so stark sind seine Empfindungen. Jeder Nerv kribbelt, sein Penis schwillt an, sein Herz pocht.

Hier sitzen sie nun, halten sich in den Armen, sagen aber kein Wort.

Louise ist an den Bildschirm gekettet. Ihr Kopf dröhnt, das Blut rast ihr durch die Adern.

Plötzlich hört er sich selbst in die Dunkelheit flüstern: »Ich will dich.«

Seine Worte lassen ihre Bildschirme mit einem Flackern wieder zum Leben erwachen.

»Ja«, murmelt sie.

Sie lehnt den Kopf an seine Schulter.

Innerhalb von wenigen Sekunden hat hier etwas stattgefunden.

Die beiden haben sich gegenseitig erkannt und eingeordnet, und es kam zu einer Übereinstimmung, die sich einfach nicht erklären läßt, und die dennoch in der wirbelnden Luft des Cyberspace beinahe greifbar wird.

Im wirklichen Leben *ist sie zweifellos greifbar. Louises Finger zittern auf den Tasten, und Olivers Stirn glänzt vor Schweiß.*

Obsidian streicht ihr übers Haar und atmet den Duft von purpurroten Rosen ein.
Sie seufzt.
»Was passiert mit uns?«

Als Obl/iq hat Oliver schon oft virtuelle Erotik praktiziert, doch es kommt ihm vor, als sei Liis seine allererste Geliebte. Bei ihr ist er Obsidian, ist er noch einmal Jungfrau.

Er lehnt sich in seinem Stuhl zurück, legt sich die Tastatur auf die Knie und macht dann Liebe mit Louise, langsam, zögernd. Er läßt sich von ihr durchdringen, seine Hände liebkosen zuerst die Tasten, dann der Reihe nach jeden einzelnen Teil seines Körpers. Er streichelt die zarte Haut an seinem Bauch, seinen Hals, die angespannten Schläfen. Er fährt mit dem Finger innen an der Unterlippe entlang, wobei er die Zunge dagegen zucken läßt, als sei es nicht sein Finger, sondern der seiner Geliebten.

Und Louise versteht langsam, wie hohl die Freuden waren, die sie bis jetzt erlebt hat im Vergleich zu dem Glück, das ihr die Nähe zu Obsidian bringt, dieses Bewußtsein, das ihrem eigenen so vertraut scheint. Sie streckt die Hand nach dem Bildschirm aus und zeichnet das O in seinem Namen nach. Sie sehnt sich danach, ihre Finger in ihn hineinzustoßen, als sei sein ganzer Körper ein einziges O, als würde er nur exi-

stieren, um Louise und ihren Hunger zu umfassen. Dann, geduldig, sanft, findet sie sich in einer seltsamen und wunderbaren Neuheit wieder.

Es gehört gar nicht viel dazu, sich in der virtuellen Welt zu verlieben. Aber was führt dazu? Es gibt keine körperlichen Interaktionen, keine Pheromone, keine Körpersprache. Man kann sich weder sehen noch riechen noch gegenseitig berühren. Man hört weder die Stimme des Geliebten, noch schmeckt man seine Lippen.

Es gibt nur Worte, Worte und Elektronen. Das ist alles.

»Du hast mich verhext«, flüstert sie.

»Vielleicht«, kommt die Antwort. »Aber dafür gehöre ich jetzt dir.«

»Bist du eine Frau? Ein Mann? Ist mir egal. Es macht keinen Unterschied. Ich liebe dich.«

»Ich weiß nicht, wer du bist. Deinen Namen. Was du machst. Wie alt du bist. Aber ist das wirklich wichtig?«

»Das einzige, was mich interessiert, ist, daß alles andere ein Trugbild war. *Du* bist der, nach dem ich schon immer gesucht habe.«

»Das ist etwas Neues. *Wir* sind etwas Neues.«

Louise schließt die Augen, öffnet sie wieder, und er ist immer noch da, seine Sätze laufen horizontal über den Bildschirm wie ein Brustkorb des Begehrens, der nichts enthält als ihre beiden schlagenden Herzen.

Carol Emshwiller

Sex und/oder Mr. Morrison

Ich kann meine Uhr nach Mr. Morrisons Schritten auf der Treppe stellen, nicht daß er genau auf die Minute käme, aber genau genug für mich. So um acht Uhr dreißig. (Meine Uhr geht sowieso vor.) Jeden Tag kommt er heruntergestapft, dann stelle ich sie zehn Minuten zurück, oder acht Minuten oder sieben. Das könnte ich natürlich sowieso tun, auch ohne ihn, aber es wäre zu schade, wenn diese Energie beim Herunterkommen, dieses schwere Stampfen und Schnaufen und Stöhnen ungenutzt bliebe. So habe ich mein Leben auf diesen morgendlichen Rhythmus eingestellt. Begräbnistempo könnte man das nennen, Begräbnis nur deshalb, weil Mr. Morrison fett und darum langsam ist. Er ist wirklich ein netter Mann, soweit Männer nett sein können. Er lächelt immer.

Ich warte unten, manchmal schaue ich hoch, manchmal halte ich den Wecker in der Hand. Ich lächle ein Lächeln, das hoffentlich nicht so sehnsüchtig ist wie seines. Mr. Morrisons Mondgesicht hat manchmal so einen Mona-Lisa-Ausdruck. Dieser Mann hat bestimmt Geheimnisse.

»Ich stelle meine Uhr nach Ihnen, Mr. M.«

»Hey, hey … na so was.« Brummen, Schnaufen. »Also«, Bauch nach rechts gehievt, »ich hoffe nur …«

»Ach, für *mich* sind Sie pünktlich genug.«

»Heh, heh. Oh. Oh, ja.« Er trägt schwer am Gewicht der

Welt, vielleicht ist er aber auch von den hundert Meilen Luft über ihm so erdrückt und ermattet? Wie viele Pfunde pro Quadratzentimeter lasten auf ihm? Es fehlt ihm die innere Kraft, sich dessen zu erwehren. Die Muskeln unter seiner Haut sind wie Pudding.

»Keine Zeit zum Reden«, sagt er. (Er hat nie Zeit.) Und weg ist er. Ich mag ihn und seinen kleinen Bostoner Stakkato-Akzent, aber ich weiß, daß er zu stolz ist, um nur ein bißchen freundlich zu sein. Stolz ist eigentlich das falsche Wort (schüchtern auch). Aber was soll's.

Er dreht sich noch mal um, und seine mürrische Miene erhellt sich etwas, als er mir zuzwinkert. Vielleicht ist es auch nur ein Zucken. Er denkt, wenn er überhaupt etwas von mir denkt: Was kann sie sagen, und was kann ich zu ihr sagen? Was kann sie schon wissen, was ich nicht schon wüßte? Und so watschelt er x-beinig zur Tür hinaus.

Und jetzt beginnt der Tag.

Es gibt so einiges, was ich tun kann. Ich halte mich gerne im Park auf. Manchmal miete ich mir ein Boot und rudere so herum und füttere die Enten. Ich gehe gern ins Museum und in die vielen Kunstgalerien bei freiem Eintritt, und dann noch Schaufensterbummeln, und wenn ich sehr sparsam bin, kann ich mir ab und an eine Matinee leisten. Doch ich richte es immer so ein, daß ich vor Mr. Morrison zurück bin. Ob er seine Tür wohl absperrt, wenn er in der Arbeit ist?

Sein Zimmer liegt genau über meinem, und er ist zu massig, um unbemerkt zu bleiben. Das Haus ächzt mit ihm, wenn er aus dem Bett steigt. Der Boden knarzt unter seinen Schritten. Sogar die Wände rascheln, und der trockene Leim der Tapete knistert. Das soll aber nicht heißen, daß ich mich beklage. Ich bleibe ihm auf diese Weise doch auf der Spur. Manchmal äffe ich hier unten seine Bewegungen nach, vom Bett zur Kommode, stapf, stapf. Kommode, Schrank und wieder zurück. Ich denk ihn mir da, plattfüßig. Denk ihn dir. Denk dir, wie seine immensen Beine in Hosen gleiten, ihre gottähnlichen Dimensionen (kein normales Wesen hat solche Beine), diese Thor-Beine in Hosenbeine so weit wie Kavernen. Denk dir diese beiden Landschaften mit ihrem dünnen, strohblonden Bewuchs, wie sie blind ihren Weg in die rockähnlichen Dinger aus brauner Wolle finden, die noch feucht sind von gestern. Oh. Hups. Hoch gehen die Hosenträger. Und ich kann ihn sogar hier atmen hören.

Ich kann mich dreimal so schnell kämmen wie er, und bin schon draußen und warte am Treppenabsatz, während er erst seine Tür öffnet.

»Ich stelle meine Uhr nach Ihnen, Mr. M.«

»Keine Zeit, keine Zeit. Bin schon weg. Also ...« und er schließt die Eingangstür so sachte, daß man meinen könnte, er hat vor seinen eigenen fetten Händen Angst.

Und so, ich sagte es bereits, beginnt der Tag.

Die Frage ist (und vielleicht ist das die Frage des Tages): wer ist er eigentlich, einer von den Normalen oder einer von den Anderen? Das herauszufinden wird nicht ganz leicht sein bei jemand so Fettleibigem. Keine Ahnung, ob mir das gelingen wird. Nun ja, ich stelle mich darauf ein, daß es einiges an Zeit beanspruchen wird, aber ich bin ja behende. Immer dieser Krach und das ewige Rauf und Runter, und dann habe ich kürzlich die ganze Nacht unter einem Busch im Central Park gekauert und bin zweimal die Feuerleiter hoch aufs Dach und wieder runter (aber gesehen hab ich so gut wie nichts, und ich bin mir über die Anderen immer noch im unklaren).

Ich glaube nicht, daß der Schrank der richtige Ort ist, denn er hat kein Schlüsselloch, aber vielleicht könnte ich die Tür einen Spaltbreit öffnen und meinen Schuh dazwischenklemmen. Vielleicht merkt er es nicht. Oder ich könnte unters Bett kriechen. Wenngleich ich klein und dünn bin, Kindergröße etwa, wird es nicht so einfach sein, aber es war ja auch nicht einfach, auf dem Dach nach Liebespaaren Ausschau zu halten.

Manchmal wünsche ich mir, eine flinke, kleine Eidechse zu sein, graugrün oder beigebraun. Dann könnte ich unter seinem Bauch hineinschlüpfen, wenn er die Tür öffnet, und er würde mich gar nicht bemerken, obschon seine Augen so schnell wie seine Füße lahm sind. Trotzdem, ich wäre schneller. Ich würde hinter das Bücherregal flitzen oder hinter seinen Schreibtisch oder ganz still in einer Ecke liegen, denn sicher sieht er kaum etwas vom Boden. Sein Zimmer ist nicht größer als meines, und sein Bauch und seine Riesenbeine füllen es bestimmt völlig aus. Er sieht die Decke und die Bilder an der Wand, die Oberflächen von Nachttisch, Schreibtisch und Schreibunterlage, aber der Fußboden und die untere Zimmerhälfte wären sicher für mich. Keine Eidechse zu sein macht gar nichts, außer fürs Reinkommen. Aber wenn er seine Tür nicht absperrt, gibt es kein Problem, und ich kann mir tagsüber in aller Ruhe meine Verstecke ausgucken. Am besten nehme ich mir ein bißchen was zum Essen mit, wenn es in dieser Nacht sein soll. Keine Cracker und keine Nüsse, sondern geräuschlose Dinge wie Käse und saftige Feigenkekse.

Wenn ich es recht bedenke, scheint es so, als hätte ich mir Mr. Morrison für zuletzt aufbewahrt, so wie ein Kind sich den Zuckerguß noch aufhebt, wenn der Kuchen schon verspeist ist. Ich sehe jetzt, daß das dumm von mir war, denn da er ja einer der attraktivsten Kandidaten ist, hätte er der erste sein müssen.

Und deshalb beginnt der Tag heute damit, Vorräte anzulegen und einen Spähtrip nach oben zu unternehmen.

Das Zimmer sieht wüst aus. Es gibt kein Bücherregal, aber eine Unmenge von Büchern und Zeitschriften. Ich werfe einen Blick hinter die Bücherberge. Ein weiterer gilt dem Schrank. Der ist voller schlaff herunterhängender Riesenjacketts, in denen ich mich prima verstecken kann. Wie die Schultern überhängen bei diesen normalen Kleiderbügeln! Dann ein Blick unters Bett und unter den Schreibtisch. Ich quetsche mich unter den Nachttisch. Ich kuschle mich ein unter den in der Ecke aufgetürmten schmutzigen Hemden und Socken. Oh, hier gibt es ja bessere Verstecke als im Central Park. Ich beschließe, sie alle zu benutzen.

Hierzusein ist irgendwie schön, denn ich hab Mr. Morrison einfach gern. Allein schon seine Leibesfülle hat etwas Beruhigendes, denn er ist groß genug, daß er jedermanns Vater sein könnte. Sein Zimmer mit all den Dingen in Vater-Größe gibt einem ein Gefühl der Sicherheit. Jung und faul, so fühle ich mich hier.

Ich esse ein paar Feigenkekse, während ich im Schrank auf seinen Schuhen sitze, weichen, weiten Schuhen mit heruntergetretenen Seiten, die mehr wie Kissen aussehen als wie Schuhe. Dann mache ich ein Nickerchen in den schmutzigen Hemden. Aussehen tut es, als wären es fünfzehn oder so, in Wirklichkeit sind es aber nur sieben und einige Socken. Danach krieche ich unter den Schreibtisch, lege die Arme um die Knie und warte etwas, bekomme aber leichte Zweifel. Dieser Hängebauch – soviel weiß ich jetzt – übertrifft alle meine Erwartungen. Es gibt sicher nichts, was er nicht überschatten oder verbergen könnte. Warum sitze ich hier und grabe meine Fingernägel in die Schreibtischbeine, wenn ich ebensogut draußen Tauben füttern könnte? »Gib's auf«, sage ich mir. »Willst du etwa den ganzen Tag und auch noch die halbe Nacht hier zusammengestaucht und eingebunkert sein?« Aber ich war in letzter Zeit schon x-mal hier, und das immer umsonst. Warum also nicht ein letzter Versuch? Denn Mr. Morrison ist der aussichtsreichste Kandidat von allen. Seine Augen haben so etwas Chinesisches, da seine Fettbacken die Augen verengen. Er hat eine römische Nase, die in einem gewöhnlichen Gesicht zu dominant erschiene, hier aber ganz verloren wirkt. Zwergenmaß eben. »Rette mich«, schreit die Nase. »Ich versinke.« Ich würde es ja versuchen, aber ich habe nach Mr. Morrisons Rückkehr andere, wichtigere Pflichten zu erfüllen, als seine Nase zu retten. Jawohl,

Pflichten zum Wohle aller, und *aller* sage ich ganz bewußt. Man glaube ja nicht, daß ich hierin im geringsten voreingenommen wäre.

Wissen Sie, ich war vor einiger Zeit tatsächlich in einer Matinee. Ich habe das Royal Ballet ›Sacre du Printemps‹ tanzen sehen, dabei fiel mir auf ... Also, was würden *Sie* davon halten, wenn Sie sie in diesen Trikots sehen würden, die Nacktheit vortäuschen sollen? Nackttrikots habe ich sie genannt. Und all die gutgekleideten, gebildeten Leute klatschten Beifall, die akzeptierten das, obwohl sie ganz genau wußten ... na ja, eben die Umkehrung von ›Des Kaisers Neue Kleider‹. Nun überlegen Sie mal, es gibt nur zwei verschiedene Geschlechter, und jeder von uns gehört zu einem von ihnen und kennt sich doch sicher, also höchstwahrscheinlich, mit dem anderen einigermaßen aus. Aber in diesem Punkt habe ich mich vielleicht geirrt. Sie würden vielleicht denken ... nun ja, was ich mir ja auch schon gedacht habe, daß es Andere unter uns geben muß.

Aber nicht etwa aus Furcht oder Ekel suche ich nach ihnen. Ich bin offen und unvoreingenommen. Sie können sehen, daß ich es bin, wenn ich Ihnen sage, daß ich noch nie die Organe, die mich gezeugt haben, gesehen habe, weder die meines Vaters noch die meiner Mutter. Irgendwie seltsam, oder? Weiß der Himmel, wie *die* waren und was das über mich sagt.

So warte ich also hier, wippe ungeduldig mit den Zehenspitzen und kaue Fingernägel. Ich betrachte die unbehandelte Schreibtischunterseite genauer und ritze sie mit dem Daumennagel an. Ich knabbere weitere Kekse und überlege, ob ich ihm das Bett machen soll oder nicht, entscheide mich aber dagegen. Ich lutsche so lange an meiner Armbeuge herum, bis sie sich rötet. Die Zeit will und will nicht vergehen, wie bei den Schuluhren, und ich krieche über den Boden und lasse mich hinter den Büchern und Zeitschriften nieder. Ich lese Dutzende von Kapitelanfängen. Dem Staub hier hinten und dem Hemden- und Sockenlager davor entströmt ein gewisser Geruch und steigt mir in die Nase, so daß ich ein graues animalisches Wohlbehagen empfinde, das mir ein Gefühl der Sicherheit gibt, als gehörte ich tatsächlich hier in dieses Zimmer und dürfte hier herumkriechen und würde von Mr. Morrison überhaupt nicht bemerkt, außer daß er mir vielleicht den Kopf tätscheln würde, wenn ich an ihm vorbeigehe.

Rums ... Pause. Rums ... Pause. Sein Kommen ist nicht zu überhören. Das Haus ruft: Da ist er. Die Fußböden wachen quietschend auf und neigen sich zum Treppenhaus hin. Das Geländer gleitet unter seinen fetten, glitschigen Händen zurück. Die Tapete scheint plötzlich voller Wanzen zu sein. Er denkt (wenn er überhaupt an mich denkt): Nanu, welch ein Segen, heute steckt sie ja gar nicht den Kopf aus der Wohnungstür. Dann kann ich mich ja ganz aufs Hochsteigen konzentrieren. Die Beine gegen den Druck heben. Oh. Uff. Pause, so tun, als würde ich das Bild an der Wand anschauen.

Ich ziehe mich wieder unter den Schreibtisch zurück.

Komisch, daß er als erstes die Zeitung auf den Schreibtisch legt und sich dann hinsetzt, seine Knie an meiner Nase sind wie gleichmäßige Wände, Knie-Hochöfen, die sich heiß und feucht anfühlen und zarte Duftwolken von nasser Wolle und Schweiß verströmen. Wie weit und rund sie sind, diese Knie. Ein weicher Mutterbusen vor mir. Warum kann ich nicht einfach meine Wange daranlegen? Wie ruhig er dasitzt, ohne die Zehen zu bewegen, ohne rhythmische Anspannung der Schenkel. Er ist nicht wie wir, doch wäre jemand wie er zu *kleinen* Dingen imstande?

Wie sich die Indizienkette verdichtet, aber das ist auch schon alles bis jetzt, und es wird Zeit für Konkretes. Nur eins, eine einzige Tatsache würde ja schon reichen.

Er liest und bringt seine Hose am Schritt in Ordnung, dann liest er weiter. Seine Ausdünstung nach Knoblauchwürstchen erinnert mich daran, daß es längst Zeit fürs Abendessen ist, und ich hole meinen Käse heraus und beiße winzige Stücke davon ab wie ein Häschen, eins langt mir eine halbe Stunde.

Schließlich geht er über den Flur ins Bad hinüber, und ich mache es mir wieder unter den Hemden und Socken gemütlich und strecke die Beine. Vielleicht macht er es wie meine Mutter und zieht sich unter einem Nachthemd aus? Das hieße in seinem Fall ein riesiges Ding, so groß wie ein Doppelbettlaken.

Aber nichts dergleichen. Er hängt sein Jackett auf den kleinen Bügel und seinen Schlips über den Schranktürknopf. Sein Hemd fliegt zu mir rüber, und ich muß mir ein neues Guckloch buddeln. Dann fort mit den mißhandelten Schuhen, dann mit den Socken. Dann kommen die immensen Hosen dran, mit bedächtiger Anstrengung (er schaut dabei zum Fenster hinaus). In seinen gelblichen Unterhosen fängt er an, sich erst mal hinten zu kratzen, was wahre Beben an seinem Hintern auslöst.

Wo kann er diese monströsen Unterhosen nur aufgetrieben haben? In welchem Kaufhaus haben sie schön gefaltet im Regal gelegen? In welcher Fabrik haben Frauen an Nähmaschinen gesessen und diese außerirdischen Ungetüme gefertigt, eine nach der anderen, eine nach der anderen? Mars? Venus? Eher schon Saturn. Oder vielmehr ein winziges Fleckchen, ein Jupitermond mit weniger Luftdruck per Quadratzentimeter und weniger Erdenschwere, wo Mr. Morrison problemlos drei Stufen auf einmal nehmen und über Zäune springen könnte (denn er ist sicher gar nicht besonders alt) und die ganze Nacht mit Mädchen tanzen, die seiner Größe entsprechen.

Er richtet seine orientalischen Augen auf die Deckenlampe und zieht die Boxershorts aus, läßt sie zu Boden fallen. Ich sehe Gebirge von Schenkeln und Pobacken. Wie kann ein solcher Mann überhaupt nackt vor einem doch so kleinen Spiegel stehen? Wie hypnotisiert verliere ich mich. Unmöglich, seine Hautfarbe zu beschreiben, so wie es einem mit blaugrauen Augen oder dem Ozean geht: sonnengebräunt, rosa, olivfarben und rot und dazwischen ein bläuliches Elefantengrau. Seine Augen werden eine derartige Fülle gewohnt sein: diese Überfülle, diese Unmenge, diese Opulenz seiner selbst, diesen überschäumenden Überschwang, dieses Umfassende, dieses Astronomische.

Ich bin jetzt gänzlich gezähmt. Ich liege in meinem Kokon aus Hemden und zittere nicht einmal. Meine Augen nehmen nicht wahr, was sie sehen. Er ist außerhalb meiner Welt. Können Sie sich vorstellen, wie dünn ihm meine Handgelenke erscheinen müssen? Er denkt (wenn er mich überhaupt zur Kenntnis nimmt), er denkt: sie könnte aus einer anderen Welt sein. Wie befremdlich ihre Knöchel und Schienbeine aussehen. Ihre Augen erst, die quellen aber hervor. Ihr kantiges Gesicht hat grüne Schatten (denn ich muß zugeben, daß ich vielleicht genauso anomal an meinem Ende der »Menschheitsskala« bin wie er an seinem).

Plötzlich habe ich Lust zu singen. Mein Atem schnurrt in meiner Kehle in Hymnen, die so langsam sind, wie Mr. Morrison selbst sie singen würde. Kann das Liebe sein? frage ich mich. Meine erste *richtige* Liebe? Aber war ich nicht schon immer leidenschaftlich an Menschen interessiert? Oder vielmehr an denen, die mich angezogen haben? Aber ist dieses Gefühl nicht ein ganz und gar anderes? Erfahre ich Liebe so spät erst in meinem Leben? (La, la, li, la, von dem aller Segen kommt ...) Ich schließe die Augen und vergrabe den Kopf in den Hemden. Ich grinse in die schmutzigen Socken. Können Sie sich vorstellen, daß *er* mit *mir* Liebe macht?

Unter seinem entrückten, zur Decke gerichteten Blick krieche ich auf allen vieren wieder hinter die alten Bücher. Das ist ein sicherer Ort, um diesen Schwachsinn loszuwerden. Vom Alter her könnte er (hätte ich je geheiratet) der jüngste meiner Söhne sein. Doch wenn er einer meiner Söhne wäre, wie konnte er dann nur so groß geraten? Ich sehe schon, daß ich ihm niemals folgen kann (wie es mit den Söhnen eben geht). Ich muß ihn lieben wie eine Maus die Hand liebt, die den Käfig säubert, und ebenso blind, denn sicher sehe ich hier nur einen Teil von ihm. Ich vermute mehr. Ich vermute tiefere Weiten. Ich vermute ungeheure Masse, die ich mir jetzt noch gar nicht vorstellen kann. Nachbilder bleiben gerundet auf meinen Augäpfeln zurück. In den Zimmerecken scheint ein mysteriöses Dunkel zu walten. Und sein Schatten fällt gleichzeitig auf das Fenster auf der einen wie auch auf den Spiegel auf der anderen Seite. Er gleicht einem Eisberg, von dem sieben Achtel unsichtbar sind.

Aber soeben hat er sich nach mir umgedreht. Ich luge zwischen den Büchern hervor und halte mir eine Zeitschrift über den Kopf, wie man es bei Regen tut, eine Maßnahme, nicht um mich zu verstecken, sondern um nicht zuviel von ihm abzukriegen.

Und da stehen wir einander Auge in Auge gegenüber. Wir fixieren einander, und es sieht nicht danach aus, als ob er von mir mehr begriffe als ich von ihm, dabei sieht es doch normalerweise so aus, als hätte er den schnelleren Kopf, denn er ist gedanklich sofort auf und davon, läßt halbe Sätze im Raum stehen. Seine Augen blicken nicht einmal sehnsüchtig und auch nicht überrascht. Doch sein Bauchnabel ... hier ist es schließlich, das Auge Gottes. Er ist eingebettet in einen weiten, fahlen Himmel wie die Sonne auf der Ekliptik, und schickt mir ein glutvolles Zwinkern, ein freundliches, fettes Zwinkern herüber. Das Bauch-Auge akzeptiert und versteht. Das Bauch-Auge erkennt mich und sieht mich, so wie ich immer gesehen werden wollte. (Ja, obgleich ich durch das Schattenreich des Todes gehe.) Ich sehe dich nun.

Doch jetzt sehe ich ihn. Die Haut hängt in losen, plastischen Falten herunter, und da ist ein kleiner, kupferfarbener Kreis wie eine aus Pfennigen gebildete Münze. In der Mitte ist ein Loch, am Rand ist es voll Grünspan. Dies muß wohl eine Art »Nackttrikot« sein, und wie immer die Geschlechtsteile aussehen mögen, jedenfalls sind sie unter diesem heißen, genarbten Hautimitat verborgen.

Ich schaue in seine Jungmädchenaugen, und da ist ein großes Nichts, so leer, als ob die Augäpfel weiß wären ... so leer, als ob er geschlechtslos wäre ... wie eine Jungenpuppe mit einem runden Loch zum Wasserlassen (etwas, was dreijährigen Jungen große Angst macht).

Gott, denke ich. Ich bin nicht religiös, aber ich denke: mein Gott, und dann stehe ich auf und laufe humpelnd zur Tür hinaus, fliege förmlich die Stufen hinunter. Ich schlage die Zimmertür hinter mir zu und krieche unter mein Bett. Das naheliegendste aller Verstecke, aber einmal darunter, wäre es mir unerträglich, wieder hervorzukommen. Ich liege da und lausche auf sein Gepolter auf den Treppenstufen, das Stampfen seiner Füße, die die Stufen zertrümmern, auf seine Hand, die das Geländer fortstößt, wenn er wie eine alles verschlingende Welle heranrollt.

Ich weiß, was ich dann sagen werde. »Wir akzeptieren. Wir akzeptieren.« Ich werde sagen: »Wir werden lieben« (ich liebe es bereits), »was immer du bist.«

Ich liege und lausche und betrachte die herabhängenden Enden meiner Bettdecke in der absoluten Stille des Hauses. Kann hier in dieser ungewöhnlichen Stille überhaupt jemand sein? Muß ich etwa an meiner eigenen Existenz zweifeln?

»Wer weiß«, werde ich sagen, »ob ich selbst zu den Normalen gehöre.« (Wie soll man das denn wissen, wenn doch alles verborgen ist?) »Sag allen, daß wir akzeptieren. Sag ihnen, daß es an den Nackttrikots liegt, die so häßlich sind. Sag ihnen, die Wahrheit ist schön. Deine baumbestandene Mulde, dein Gehänge, Falten, Brunft, Dellen, Buckel – wir akzeptieren sie. (Wir werden lieben.) Deine Schleifen, Sehnen, Würmer, Knöpfe, Feigen, Kirschen, Blütenblätter, deine sanfte kleine Krötengestalt, warzig und grünlich, deine Katzenaugen und Rattenschwänze, deine Austern, einäugig zwischen deinen Beinen, Ringelnattern, Schnecken, wir akzeptieren sie. (Ist die Wahrheit denn nicht viel liebenswerter?)

Doch eine so lange Stille. Wo ist er? Er muß mir doch hinterherkommen (oder?), nach dem, was ich gesehen habe. Nach all diesem Verstecken, und wenn er dieses Suspensorium da vorn wirklich braucht, dann *muß* er mich irgendwie zum Schweigen bringen, mich sogar zerstören. Aber wo bleibt er denn? Vielleicht meint er, ich hätte meine Tür abgeschlossen. Hab ich aber nicht. Hab ich nicht.

Warum kommt er denn nicht?

Yann Martel

Self

Meine Eltern zählten zu den ersten Feministen, und wenn sie von den Geschlechtern sprachen, benutzten sie nie das Wort »entgegengesetzt«. Und in der Tat, warum sollten die Geschlechter einander entgegengesetzt sein? Das Wort ist aggressiv, trifft eine Bestimmung durch Negation und sagt sehr wenig aus. Die Geschlechter verhalten sich zueinander komplementär, sagten meine Eltern – ein komplizierteres Wort, das sie mir durch eine Analogie erklärten. Männlich und weiblich seien wie Regen und Boden. Nur daß ich, während sie von Sexualität sprachen, von unpersönlichen biologischen Einzelheiten, meinte, sie sprächen von Liebe und verbreiteten sich über etwas, was ich bereits wußte. Das Universum erschien mir damals erstaunlich gut konstruiert. Man stelle sich vor: Irgendwo da draußen, ganz für sich und unabhängigen Ursprungs, gab es ein anderes Geschlechtsorgan, maßgearbeitet für das meine, für mich. Ich machte mich auf die Suche nach diesem komplementären Geschlechtsorgan, nach meiner wahren Liebe.

Es gibt kein größeres Mysterium als dies, das Mysterium der Libidobesetzung. Weshalb bringen manche Menschen die Fische dazu, sich in unseren Augen zu drängen, während andere sie ganz und gar fischlos lassen? Ist die Liebe ein einzigartiges Futter, das nur unsere eigenen Fische nährt? Oder ist sie jede Art von Futter, die zufällig in der Nähe ist, wenn unsere Fische Hunger kriegen? Ich habe keine Ahnung, weshalb ich mich in Noah Rabinovitch verliebte. Es ist zu lange her. Manchmal ist die Erinnerung ein ferner Beobachter, der Gefühle benennen, sie aber nicht vermitteln kann, und das ist hier der Fall. Sicher war Noah in gewisser Weise mir komplementär. Wenn ich allein war, war ich glücklich, ein Ganzes, aber wenn wir zusammen waren, war dieses Ganze größer. Die Dinge hatten einen zusätzlichen Glanz, eine größere und tiefere Perspektive. Doch ich könnte das gleiche, nur in einem etwas geringeren Maß, von anderen Menschen sagen, ja selbst von Tieren oder Gegenständen. Doch da war noch mehr. Nur weiß ich nicht, was. Ich glaube mich zu erinnern, daß ich Noahs Art zu gehen mochte. Er ging, also liebte ich ihn.

Eines Tages, meine Mutter war gerade in den Kindergarten gekommen, um mich abzuholen, teilte ich ihr mit, ich hätte meine künftige Frau gefunden, und stolz deutete ich auf Noah, der neu war im Pinocchio. Sein Vater war israelischer Diplomat, und sie waren gerade in Kostarika angekommen, mitten im Jahr. Noah trat auf meine Mutter zu, streckte die Hand aus und sagte, er freue sich, seine künftige Schwiegermutter kennenzulernen. (Noah war widerlich höflich.) Doch dann besaß er die Frechheit, hinzuzufügen, daß *ich seine* Frau werden würde, und wir beide begannen wieder den gleichen lästigen Streit, den wir schon den ganzen Vormittag geführt hatten und den ich für erledigt gehalten hatte. Aus irgendeinem Grunde wollte keiner von uns die Frau sein.

Meine Mutter unterbrach uns mit der Frage, weshalb ich meinte, Noah würde meine Frau werden. Es gibt Umstände, wo man nicht herausplatzen kann: »Parce que je l'aime!«, »Because I love him!«, »¡porque le amo!« Ich äußerte mich konkreter: Noah habe das Geschlechtsorgan, das meinem komplementär sei. Wirklich? erwiderte sie, und ein nicht zu beherrschendes Lächeln huschte über ihr Gesicht, für mich ein erster Fingerzeig, daß mir etwas entgangen war. Sie nahm mich bei der Hand, verabschiedete sich von Noah auf englisch, und wir steuerten auf den Wagen zu. Ich erinnere mich deutlich daran, daß ich mich im Weggehen umdrehte und mit unendlicher Traurigkeit in der Stimme »Tschüs, Noah« blökte, denn mir kam dunkel zu Bewußtsein, daß ich soeben meinen Mann verloren hatte. Ehe meine Mutter mir die Autotür öffnete, beugte sie sich zu mir herunter, drückte mich gegen meinen Willen und gab mir einen Kuß. Auf der Heimfahrt machte sie mich mit den grundlegenden Tatsachen meiner Sexualität bekannt. Die Dinge waren viel beschränkter, als mein für alles empfänglicher Kopf sich das vorgestellt hatte. Es gab in Wahrheit nur *zwei* Geschlechter, nicht unendlich viele. Und jene kleinen Hintern und Finger, die ich bei meinen verschiedenen »Ich-zeig-dir-meinen-wenn-du-mir-deinen-zeigst«-Übungen gesehen hatte, waren die fraglichen komplementären Geschlechtsorgane, und es gab jeweils nur zwei, einen kleinen Hintern für einen kleinen Finger. Ich war verblüfft. Diese Frage der Komplementarität bezog sich lediglich auf einen gewöhnlichen *biologischen* Punkt, eine Laune der Anatomie? Auf der Speisekarte der Augenfische standen nur zwei Dinge zur Auswahl? Und es war im voraus bestimmt, welche sie wählen konnten, entweder einen kleinen Hintern oder einen kleinen Finger, Steak oder Huhn? Was ist das bloß für ein Restaurant, Mutter? Tatsächlich hatte ich bislang nur kleine Hintern und kleine Finger bemerkt, aber ich hatte geglaubt, dies spiegle lediglich den kleinen Umfang meiner Stichprobe wider. (In ähnlicher Weise war ich, obgleich die meisten meiner Altersgenossen im Pinocchio weiß waren, auf Grund der Hautfarbe einiger und bestärkt durch Dinge, die ich im Fernsehen und in Zeitschriften gesehen hatte, ziemlich sicher, daß es schwarze, braune, gelbe, rote, blaue und orangefarbene Menschen gab, ja, vielleicht sogar gestreifte.) Doch nein, meine Mutter blieb dabei, es gebe nur zwei. Und was noch erstaunlicher war, sie sagte, daß kleine Hintern ausschließlich bei Mädchen vorkämen und kleine Finger ausschließlich bei Jungen. Mädchen seien *per definitionem* weibliche Wesen mit kleinen Hintern, und sie könnten nur Ehefrauen werden. Jungen seien *per definitionem* männliche Wesen mit kleinen Fingern, und sie könnten nur Ehemänner werden. Ich solle mir diese Kombinationen merken, denn andere gebe es nicht. Nein, Ehemänner könnten keine Mädchen sein. Nein, eine Ehefrau könne eine andere Ehefrau nicht heiraten. Nein, nein, nein.

Im Verlauf einer kurzen Autofahrt wurde aus mir unzweifelhaft ein Junge, ich entdeckte eines der für mich kennzeichnenden Merkmale, und das Universum, bis dahin mit Myriaden von Möglichkeiten, zerbrach in zwei Lager. Ich war untröstlich.

»Est-ce que je peux toujours aimer Noah?« je demandai, éclatant en sanglots.

»Kann ich Noah trotzdem liebhaben?« fragte ich und brach in Tränen aus.

»Bien sûr,« répondit ma mère doucement, me passant la main dans les cheveux. »Aime-le autant que tu veux. Il est important d'avoir des amis.«

»Aber ja«, erwiderte meine Mutter besänftigend und fuhr mir mit der Hand durchs Haar. »Hab ihn lieb, soviel du willst. Es ist wichtig, Freunde zu haben.«

Freunde? Oh, Mutter. Ich bekam die Erlaubnis zu lieben, doch ich konnte spüren – ich kann nicht ganz erklären, wie –, daß Ozeane jetzt in Aquarien gefangen waren. Sie muß sich irren, dachte ich. Ich bearbeitete sie weiter, überzeugt, daß es ein Mißverständnis gegeben hatte. Doch ich war so maßlos verwirrt, daß ich mich der Sache nur vom Kleinen her nähern konnte, von diesem kniffligen Punkt der Biologie her.

»Femelle et mâle? C'est tout? Même sur les autres planètes?«

»Mann und Frau? Ist das alles? Selbst auf anderen Planeten?«

»Nous sommes

»Wir sind nur auf diesem

seulement sur cette planète-ci, mon amour, la planète Terre.«

»Pourquoi elle s'appelle Taire? Ça veut dire quoi, Taire?«

»Ça veut dire ›ici‹ en grec et en latin.«

»Et nous sommes seulement sur cette planète-ci?« je dis, regardant par la fenêtre, comme si le bord de la planète était juste passé le champ.

»C'est très grand, tu verras.«

»Il n'y a personne sur aucune les étoiles?«

»Pas que nous sachions.«

»Et il n'y a personne sur la lune?«

»Non.«

»Seulement ici?«

»Seulement ici.«

»La Taire?«

»La Terre.«

»Femelle et mâle?«

»Mâle et femelle.«

»Alors elle est femelle ou mâle, cette voiture?«

»Euh ... façon de parler, elle – non, non. Mâle et femelle s'appliquent

Planeten, Schatz. Wir sind nur auf dem Planeten Erde.«

»Warum heißt er Ärde? Was bedeutet Ärde?«

»In Griechisch und Latein bedeutet es ›hier‹.«

»Und wir sind nur auf diesem Planeten?« fragte ich und blickte aus dem Fenster, als ob der Rand des Planeten direkt hinter dem Feld läge.

»Du wirst sehen, er ist groß.«

»Und es gibt niemanden auf irgendeinem der Sterne?«

»Nicht daß wir wüßten.«

»Und es ist niemand auf dem Mond?«

»Nein.«

»Nur hier?«

»Nur hier.«

»Ärde?«

»Erde.«

»Frau und Mann?«

»Mann und Frau.«

»Und dieses Auto, ist es Frau oder Mann?«

»Uh ... nun, sozusagen – nein, nein. Mann und Frau verwenden wir nur, wenn seulement aux êtres vivants. Cette voiture est une simple machine. Elle n'a pas de sexe.«

»Ahhh.«

Un moment de réflexion.

»Alors il est femelle ou mâle, cet arbre?«

»Non. Seulement les êtres vivants – et qui bougent.«

»Mais il bouge, l'arbre. Et tous les autres. Regarde.«

»Oui, mais c'est le vent ça. Ils doivent bouger d'eux-mêmes. Vivants, et qui bougent d'eux-mêmes.«

»Il est quoi, le vent? Femelle ou mâle?«

»Non, non, non. Le vent n'est pas un être vivant.«

»Mais il bouge!«

»Oui, je sais. Mais il est invisible. Pour être mâle ou femelle, une chose doit être vivante, bouger d'elle-même, et être visible.«

»Alors c'est pour ça, les microscopes? Pour voir le sexe des petites choses?«

wir von etwas Lebendigem reden. Dieses Auto ist nur eine Maschine. Es hat kein Geschlecht.«

»Ohhh.«

Eine nachdenkliche Pause.

»Und dieser Baum, ist er Mann oder Frau?«

»Nein. Nur Dinge, die lebendig sind und sich bewegen.«

»Aber er bewegt sich doch. Und alle anderen auch. Sieh nur.«

»Ja, aber das ist der Wind. Die Dinge müssen sich von selbst bewegen. Dinge, die lebendig sind und sich von selbst bewegen.«

»Was ist der Wind? Frau oder Mann?«

»Nein, nein, nein. Der Wind ist nichts Lebendiges.«

»Aber er bewegt sich!«

»Ja, ich weiß. Aber er ist unsichtbar. Um männlich oder weiblich zu sein, muß etwas lebendig und sichtbar sein und sich von selbst bewegen.«

»Also dafür sind die Mikroskope da? Damit man das Geschlecht von kleinen Dingen feststellen kann?«

»Tiens, regarde, une vache.«

»Elle est femelle ou mâle, cette vache?«

Ma mère regarda.

»C'est une vache femelle.«

»Oh, sieh mal, eine Kuh.«

»Ist diese Kuh männlich oder weiblich?«

Meine Mutter sah hin.

»Es ist eine weibliche Kuh.«

Sie lächelte. Sie hatte es geschafft, dachte sie.

Viele Biologiestunden später, als ich erfuhr, daß Pflanzen tatsächlich ein Geschlecht haben, als ich die Ausdrücke Stempel, Staubgefäß und Pollen richtig verstand, entdeckte ich mit Freude die bedächtige, aufgeladene Sexualität der Natur. Kein Wunder, daß der Frühling so eine sinnliche Zeit war. Die Bäume waren keine harten, reizbaren Dinge, sondern verschwiegen orgastische Wesen, die auf einer Ebene stöhnten, die für unsere rohen Ohren viel zu tief war. Und Blüten waren schnelle, explosive Orgasmen, wie Umarmungen unter der Dusche.

Was Noah Rabinovitch und die sonderbaren Verstümmelungspraktiken der Juden anging, so dauerte es eine Weile, bis ich begriff, daß seine beschnittene Vorhaut ihre Ergänzung in etwas anderem fand als in meinem eigenen Penis.

Tags darauf versteckten wir uns in der Pause hinter der nächsten Ecke, und fröhlich erbot ich mich sogleich, seine Frau zu werden.

»In Ordnung«, sagte er beiläufig, so als ob ich ihm soeben eine Murmel angeboten hätte und nicht mein Leben. »Hier, sieh mal, was ich habe«, setzte er hinzu und zog ein nagelneues Coca-Cola-Jojo aus der Tasche. »Komm, wir spielen damit.« Und er schritt davon, seine enttäuschte und verstimmte Frau im Schlepptau.

Meine Beziehung zu Noah war trotzdem tief befriedigend. Äußerlich betrachtet, erschienen wir als die besten Freunde (wie Mutter gesagt hatte), und wir verhielten uns auch nicht anders, aber innerlich spürte ich jenes wunderbare, knisternde Gefühl, die Grundlage jeder Liebe: Komplizenschaft.

Noah verschwand aus meinem Leben so plötzlich, wie er aufgetaucht war. Am 26. Februar 1969 starb Premierminister Levi Eshkol an einem Herzinfarkt. Golda Meir trat an seine Stelle. In der langen Reihe der darauf folgenden dominoartigen Veränderungen war die Rückberufung des Diplomaten Etan Rabinovitch nach Jerusalem im Sommer 1970, am Ende des ersten Schuljahres, kaum anderthalb Jahre, nachdem er seinen neuen Posten angetreten hatte, eine ferne, aber besonders schmerzhafte Auswirkung.

Mein letztes Jahr in Kostarika verbrachte ich als Witwe. Zur Gesellschaft hatte ich nur das Biest Fernsehen, das ich eifrig verfolgte und dem ich meine Abneigung dadurch zeigte, daß ich mich weit weg setzte, und dazu den Jungen, der mich angegriffen hatte, diesen Wilden an der Peripherie meines Spielplatzes.

Obgleich ich mich für das Geschlecht anderer interessierte, erinnere ich mich nicht, als Kind sehr neugierig gewesen zu sein, was meinen eigenen Penis anging. Er war das Organ, mit dem ich urinierte, ein zufälliger Teil meiner Identität, *c'est tout*. Durch eine Art unmerklicher kultureller Osmose ging mir auf, daß er ein »privates« Teil war, doch das machte ihn nicht zu einer Quelle von Interesse, geschweige denn von Scham oder Verlegenheit. Es war in der gleichen Weise privat, wie ein Schlafzimmer privat ist: Gäste läßt man zum Plaudern im Wohnzimmer Platz nehmen, und nur, wenn sich ein hinreichender Grad von Vertrautheit eingestellt hat, zeigt man ihnen vielleicht das ganze Haus, und sie sehen das Schlafzimmer. In der Pubertät veränderte sich der Grad meines Interesses dramatisch, und mein Penis wurde zum Gegenstand hingebungsvoller Zuwendung, die Quelle einer Lust, die so mächtig war, daß ich sie überirdisch nennen könnte, doch selbst da hatte ich nie das Gefühl, daß dieses kleine Glied – denn nichts anderes ist es – eine Inspiration für Architektur oder Organigramme oder irgend etwas anderes sein könne.

Ich besitze ein Schwarzweißfoto von mir aus einer Zeit, als ich noch recht klein war, vielleicht drei. Ich stehe an einem warmen, sonnigen Tag draußen im Freien, nackt, am oberen Ende einer Holztreppe. Ich halte mein über alles geliebtes, zerschlissenes Handtuch fest. Der Fotograf, mein Vater, befindet sich unter mir, und ich schaue ihn ernst an. Noch hemmt mich kein Schamgefühl – wie ich dastehe, ist jeder Quadratzentimeter meiner Haut gleichermaßen vorzeigbar. Gemessen an meiner Körpergröße, erscheint mein Geschlecht sehr groß. Vielleicht haben Geschlechtsorgane ihre eigene Wachstumsrate, oder ihr Wachstum setzt früher ein. Und doch ist es winzig: ein Hodensack wie eine halbe Walnußschale, daran ein Penis, der nichts weiter ist als ein stummeliger Hautzylinder. Doch wirklich überrascht bin ich davon, wie die beiden außen an meinem Körper schweben. Auf meiner Schicht Babyfett erscheinen sie irgendwie lose und nebensächlich. Sie sind da, aber sie könnten auch woanders sein, wie ein großer Leberfleck – scheinbar könnten sie durch eine einfache Operation entfernt werden wie ein großer Leberfleck, sollten sie bösartig werden. Nichts deutet darauf hin, wie tief sie in mir verwurzelt sind, wie sie in gewisser Weise die Hälfte meines Selbst sind und wie sehr der Punkt, an dem sie mit meinem Körper verbunden sind, ein Dreh- und Angelpunkt ist.

Kurze Zeit nach jener bedeutsamen Autofahrt mit meiner Mutter zeigte ich ihr einen dicken, fetten Wurm, den ich im Garten gefangen hatte.

»Il est femelle ou mâle, ce ver de terre?«

»Ist dieser Regenwurm weiblich oder männlich?«

Meine Mutter, eine beherrschte Frau, eine Frau, die auch in schwierigen Situationen stets Haltung bewahrte, zeigte kaum Ekel. Sie nahm vorsichtig die Papiere, an denen sie gerade arbeitete, unter meinem baumelnden Wurm fort, und sie sah erst ihn an und dann mich.

»En fait, les deux. Le ver de terre est à la fois mâle et femelle. C'est une exception à la règle.«

»Nun, eigentlich beides. Der Wurm ist sowohl männlich als auch weiblich. Er ist eine Ausnahme von der Regel.«

Sowohl männlich als auch weiblich! Ich betrachtete dieses überragende braune Geschöpf genau, während es sich schlaff in meiner Hand wand. Sowohl als auch! Wie merkwürdig!

»Où sont ses organes sexuels?«

»Wo sind seine Geschlechtsorgane?«

»Je ne suis pas sûre. Ils sont très petits. Tu ne peux pas les voir.«

»Ich weiß nicht genau. Sie sind sehr klein. Man kann sie nicht sehen.«

»Eh bien, son nom est Jésus-Christ et elle est ma meilleure amie!«

»Also, er heißt Jesus Christus, und sie ist meine beste Freundin.«

»Et aucun des deux ne reste dans la maison. Ils seront plus heureux dans le jardin.«

»Und keiner von beiden bleibt hier im Haus. Im Garten werden sie glücklicher sein.«

Ich trug dieses Weltwunder fort. Jedesmal, wenn mir die Worte wieder in den Sinn kamen – »Sowohl männlich als auch weiblich« –, war ich aufs neue erstaunt. Wenn es Gott gab – ? – hatte Er, Sie, Es bestimmt den sich krümmenden, stumpfen Kopf eines Wurms. Ich blickte hinauf zum Himmel. Ich konnte ihn sehr gut sehen: einen riesigen, wunderschönen Wurm, der die Erde umkreiste und sich voller Grazie durch die weißen Wolken bewegte. Ich spielte ein paar Minuten mit Jesus Christus und schnitt die beiden dann mit einem scharfen Messer in sehr kleine Stücke, um ihre Geschlechtsorgane zu suchen. Sowohl männlich als auch weiblich. Unglaublich.

Lucy Taylor

Hyänenwinter

An unserem ersten Morgen in New Orleans, als ich mich gerade prüfend im Badspiegel betrachte, kommt Cyn aus der Dusche und schlingt ihre wohlriechenden, nassen Arme um mich. Ihr Haar liegt wie eine kupferrote Badekappe eng am Kopf an. Sie duftet nach Seife und Mandelshampoo, und obwohl jetzt keine Zeit dafür ist, begehre ich sie.

Ihre Hände gleiten langsam abwärts, greifen nach meinem Schwanz, halten ihn hoch und reiben ihn an meinem Bauch. Aus einem mir unverständlichen Grund – Scham vielleicht oder die Tatsache, daß ich Angst habe, was ich ihr oder auch mir selbst nicht eingestehen mag – entziehe ich mich ihren Zärtlichkeiten. Im Spiegel wirken ihre großen, starren Augen noch schlaftrunken, trotzdem sieht sie sie – meine Angst –, das verrät mir ihr Blick.

»Noch kannst du zurück, Rene.«

Ein Angebot, es mir anders zu überlegen – wie lieb von Cyn, doch auch verräterisch. Wie kann sie meine Furcht und meine Sehnsucht begreifen? Mit ihr zu leben und zu verfolgen, wie sie die Grenze von einem Geschlecht zum anderen überschreitet, läßt in mir das Gefühl aufkommen, ein Wanderer zu sein, der sich auf der Suche nach fernen Ufern befindet, wohin ihn innere Stimmen rufen und locken, zu dem ihm aber auf ewig der Zugang verwehrt bleibt. Wie dem auch sei, immerhin hat sie mich an diesen Punkt gebracht, an dem ich mir die Frage stelle, ob nicht der Körper, der sich normalerweise nur im Alterungsprozeß verändert, in Wahrheit eine Art Käfig ist, und die ureigenste Ausdrucksform des Selbst die Fähigkeit, sich in beidem, Mann wie Frau, wiederzuerschaffen.

»Schau, es gibt jetzt kein Zurück. Wir haben diese weite Fahrt gemacht, haben das Hotelzimmer genommen, haben uns hier verabredet, keine Chance, mein Geld zurückzubekommen.«

»Scheiß aufs Geld. Es ist nicht wichtig. Du allein zählst.«

»Ich will das hier tun, Cyn. Wenn ich es nicht tue, werde ich immer denken, ich hätte etwas verpaßt.«

Ich lange hinter mich, um ihre Möse zu streicheln. In ihrem üppigen Schamhaar ertasten meine Finger etwas, was sich anfühlt wie eine große Klitoris oder ein sehr kleiner Penis. Erstaunt ziehe ich sie leicht zurück.

»War dir klar, daß du an dem Tag, an dem ich mich mit Hyena treffe, deine Periode bekommen würdest? Hast du deshalb dieses Datum gewählt?«

Sie nickt. »Ja, ich habe in den Kalender geschaut. Dies ist eine total neue Erfahrung für dich. Ich muß wohl gedacht haben, daß ich ausgeschlossen wäre, wenn ich mich nicht auch verändern würde.«

Ich betrachte ihren lieblichen Frau-im-Begriff-ein-Mann-zu-werden-Körper im Spiegel. Dann wieder meinen eigenen erwachsenen Männerkörper, der mich frustriert und enttäuscht, obgleich er die einzige mir bekannte Realität ist. Dann wieder ihren, der mich sogar jetzt, da ich im Begriff bin, so zu werden wie sie, noch erregt und mir schreckliche Angst einjagt.

Ich erinnere mich an unsere Begegnung in einem Club in SoHo, in dem sich Menschen dieser geheimen Subkultur treffen, deren Geschlecht mit jedem Wechsel der Hormonphase schwankt und schwindet, ganz wie Planeten, die ihre Umlaufbahn ändern, wenn sie in einem anderen Sonnensystem kreisen. Als sie am Ende des zwanzigsten Jahrhunderts bei uns auftauchten, dachte man, daß sie aufgrund einer Luft- oder Wasserveränderung oder irgendeiner hormonalen Störung entstanden seien, aber Cyn und ihresgleichen meinen, daß sich die menschliche Spezies zu einer höheren Daseinsstufe hin entwickelt.

Bei mir, einem unisexuellen Mann, waren die Androgenen zu einer intellektuellen und erotischen Obsession geworden. Ich sehnte mich danach, meine Neugier ein für allemal zu befriedigen. Wochenlang hatte ich mich intensiv damit beschäftigt, hatte versucht, Näheres zu erfahren, hatte den richtigen Leuten Geld zugesteckt, damit sie mir die Adresse eines ihrer Clubs gaben. Das geht nicht anders, denn derartige Lokale wurden oft niedergebrannt und zerbombt. Den Androgenen, die zugleich gefürchtet und beneidet werden, wurden die Geschlechtsteile und Brüste abgeschnitten und die Fotos von ihren Leichen dann vor die Lokale gelegt, in denen sie verkehrt hatten.

Kein Wunder also, daß die Luft erfüllt schien von einer nervösen Mischung aus Furcht und erotischen Botenstoffen.

Ich saß an einem Ecktisch, betrachtete eingehend die beiden Toilettentüren, die mit einer Landschaft beziehungsweise Meeresansicht bemalt waren, und versuchte gerade herauszufinden, ob das wohl als männliche beziehungsweise weibliche Entsprechung gedacht war, oder ob ich mit dieser Betrachtungsweise falsch lag und die Bilder nur dekorativ sein sollten, als ich Cyn erblickte, ein geschmeidiges, luchsähnliches Wesen, um dessen Hals ein goldbedruckter schwarzer Seidenschal geschlungen war.

Immer wenn ich nervös bin, falle ich bedauerlicherweise in ein pubertäres Verhalten zurück und versuche das dadurch zu kompensieren, daß ich mich betont forsch und flegelhaft gebe. Als ich auf Cyn zuging, fragte ich sie also dreist, ob die Person, die ich da gerade anspräche, Mann oder Frau sei.

Von oben herab entgegnete Cyn, eine derartige Frage sei etwa so unverfroren, wie wenn ein Fremder einen Mann nach der Länge seines Schwanzes frage. Das saß, ich trat den Rückzug an, doch Cyn nahm ihren Schal ab, wickelte ihn mir um den Hals und führte mich an einem Ende auf die Tanzfläche. Ich erinnere mich, daß das Ficken in jener Nacht nicht viel anders war als mit anderen Frauen vor ihr. Und doch hatte ich wegen des Wissens, wer Cyn war, ein völlig anderes Gefühl dabei. Es war wie ein Trip durch einen erotischen Spiegel, der mich hungrig auf mehr machte.

Damals war Cyn für mich ein Experiment, ein großer Wurf, die sexuelle Entsprechung einer exotischen Reise in ein Land, das zu besuchen man sich erträumt hat, in dem man aber niemals leben will. Ich hatte eigentlich vor, sie am nächsten Morgen zu verlassen, dann am Morgen darauf. Bis vor kurzem hatte ich noch das Gefühl, daß ich sie schon länger als ein Jahr »verließ«, aber wie hätte ich auf sie verzichten können – wo doch Cyn die Verbindung zu dieser verlockenden anderen Welt darstellte?

»Laß mich wenigstens mitkommen«, sagt sie, beschnuppert meinen Hals und spielt auf meinem Penis Flöte. »Ich möchte dasein, wenn es vorbei ist.«

»Wir haben doch bereits besprochen, daß ich allein gehen muß.«

Cyn knirscht mit den Zähnen, beißt sich auf die Unterlippe. Angst in jedem Augenaufschlag.

»Ich glaube, ich habe mehr Angst davor als du. Ich kenne dich nur als ›normalen‹ Mann. Wenn sich nun nicht nur dein Körper verändert? Wenn es nun mehr ist als das?«

»Dann gehört das eben zum Abenteuer dazu.«

»Was ist, wenn du mich nach deiner Verwandlung nicht mehr willst?«

Der gleiche Gedanke war mir auch schon gekommen, aber ich darf mir diese Chance nicht entgehen lassen.

Ich ziehe mich an, während Cyn auf dem Bett sitzt. Im

Gehen schaue ich in ihren Koffer und ziehe den schwarzgoldenen Schal heraus, den sie an unserem ersten Abend getragen hatte. Um Fröhlichkeit vorzutäuschen, wickle ich ihn mir um den Hals.

»Für den Fall, daß du mich nicht erkennst«, sage ich, aber sie findet das gar nicht lustig.

Im Sommer gibt es keine heißere Stadt als New Orleans, und im Winter könnte es selbst in der Arktis nicht kälter sein. Wir haben jetzt Januar. Die Kälte sitzt nicht höflich auf der Haut, sondern beißt sich wie mit Rattenzähnen in sie hinein. Ich trage zwei Pullover, eine Weste und meinen Wintermantel und friere immer noch, als ich ein Taxi herbeiwinke.

Ich gebe der Taxifahrerin eine Adresse an. Nach zehn Minuten sind wir bereits vor einem blaß pfirsichfarbenen Haus mit schmiedeeisernen Balkonen und Zäunen in einer ziemlich unbelebten Straße des Französischen Viertels, wo sie mich rausläßt. Keine Touristen hier. Keine Kutschfahrten oder Andenkenläden, keine schokoladenbraunen Halbwüchsigen, die Karten für Shows feilbieten, in denen angeblich alles von Bühnensex bis Voodoo-Psychozauber geboten wird. Nur blasse, rissige, efeubewachsene Mauern und ein Pärchen jade- und türkisfarbener Papageien in einem Korbkäfig, den man durch ein Fenster sieht.

Ich warte in einer mit Reisstrohmatten ausgelegten Lounge, in der es irgendwie um zehn Grad kälter zu sein scheint als draußen, und höre einem Orchestergeplätscher zu, das wie die musikalische Entsprechung von Hieroglyphen klingt. Meine Hoden sind klein und hart, meine Pobacken zusammengekniffen und verknotet, wie der Mund eines trotzigen Kindes, dem man einen Löffel Arznei vors Gesicht hält. Will ich wirklich und wahrhaftig hiersein? Ist das Leben von Unisexuellen, zu denen bis vor kurzem noch die meisten Menschen zählten, wirklich so öde, so leer?

Aber ich träume eben davon, die überschäumende Erotik

einer Frau zu erfahren, dieses überschwengliche Lustgefühl, das von sich rundenden Hüften und Bauch ausgelöst wird, Brüsten, die gegen die zarten Innenseiten der Oberarme pendeln, und der erstaunlichen Aufnahmebereitschaft einer Vagina, die feucht wird, um zu empfangen, und sich ausdehnt, um sich anzupassen.

Wie kann ich ganz Mann sein, ohne auch Frau zu sein? Oder ganz Frau, ohne einmal Mann gewesen zu sein?

Das Wesen, mit dem ich hier verabredet bin, ist unter dem Namen Hyena bekannt, ein Name, der, wie mir Cyn erzählt, von dem mittelalterlichen Glauben herrührt, daß die Hyäne ihr Geschlecht jedes Jahr wechselt. Zum gleichen Preis, den man für eine Kreuzfahrt nach Bali bezahlt, kann man sich ihre Dienste erkaufen.

Die Shoji-Tür wird zurückgeschoben. Eine dünne, bleiche Person, die an eine Wachsfigur erinnert, kommt herein.

»Zieh dich aus und leg alles auf den Stuhl«, weist eine melodiöse Stimme mich an. »Folge mir dann.«

Das längliche Wolfsgesicht der Hyena ist weiß gepudert – ihr Mund ein winziger roter Strich in einem überirdisch ebenmäßigen Gesicht, ihre Augen olivgrüne Schlitze, deren dunkler Glanz durch goldfarbenen Eyeliner unterstrichen wird. Sie trägt ein Kleid aus Seidenbrokat und winzige Goldbrokatslipper. Nachdem ich meine Kleidung abgelegt und ordentlich zusammengefaltet habe, führt sie mich durch einen Korridor zu einem verspiegelten Raum, wo aus vielen heißen Schläuchen Dampfwolken aufsteigen. In dem duftenden Dampf höre ich Wasser auf die Fliesen tropfen. Die Hängepflanzen sind so üppig, daß sie die Decke überwuchern.

»Wir werden uns jetzt lieben«, sagt sie, »aber du wirst der passive Partner sein. Vielleicht gefällt es dir, wie schon so manchem vor dir.«

Sie läßt ihr Kleid von den Schultern gleiten, große, blasse Brüste kommen zum Vorschein, die von etwas umschlossen werden, was ich für ein prächtiges Unterkleid aus hautenger Spitze halte. Diese Illusion währt nur kurz. Dann erkenne ich, daß ihre Haut in komplizierten Schwarzweißmustern tätowiert ist. Ornamente, die wie Spinnennetze aussehen, verbinden die kakaobraunen Nippel ihrer großen, herunterhängenden Brüste und ziehen sich den Bauch hinunter bis zu ihrem Schamhaar. Ich sehe nichts Gegenständliches – die Tätowierungen bilden vielmehr eine komplexe Geometrie, die mich an die kunstvollen Muster der schmiedeeisernen Zäune erinnert, die ich im Viertel gesehen habe, oder an die Arabesken in einem afghanischen Läufer.

Sie greift hinunter und führt mich an meinem Schwanz ins Wasser, und ich kann ihre Tätowierungen betrachten, die sich vom Rücken bis zum Po ziehen. Sie wölben sich, wo sie sich wölbt, Muster, die sich in sanften Variationen wiederholen wie die Zeichnungen auf einem Tier oder einer Pflanze.

»Von jetzt an darfst du nur sprechen, wenn ich es erlaube.«

Ich sinke ins duftende Seifenwasser, aus dem sich graue Dampfwolken zur Decke kräuseln. Das Wasser geht uns bis zum Hals. Alles, was ich von Hyena sehen kann, sind ihre großen, dunklen, olivfarbenen Augen, aber sogar diese verändern sich jetzt – sie glühen in irisierendem Grün und Indigo und Taubengrau. Flattrige Mandelaugen, die sich im wohlriechenden Wasser spiegeln.

Hyena schiebt ihren grazilen Körper gegen den meinen. Sie gleitet mit ihrem seifenschäumenden Körper hinter mir auf und ab, ihre Brüste und Schamhaare reiben sich an meinem Rücken. Sie befiehlt mir, mich auf einer Steinbank am Ende des Pools niederzusetzen. Dann läßt sie sich im Grätschsitz zu mir hinunter.

Ihr Inneres fühlt sich treibhausfeucht und seidig an. Ihre Brustwarzen drücken gegen meine Brust, ihre Pobacken machen es sich auf meinen Schenkeln bequem. Sie beschreibt mit ihren Hüften enge Kreise, dann sitzt sie in perfekter

Balance mit halbgeschlossenen Augen da, während ihr Atem langsamer wird und fast ganz aussetzt.

Wir sitzen da in schwebender, bewegungsloser Erregung.

So reglos dazusitzen erfordert all meine Selbstbeherrschung und Konzentration.

Ich betrachte ihr verschlossenes Gesicht. Die geschminkten Lippen, die goldumrandeten Augen: Feine Linien um ihren Mund ähneln Gänsefüßchen. Ist das etwa die Andeutung eines Bartes unter ihrem Make-up?

Jedesmal, wenn ich mich winde oder spreche, ermahnt sie mich, ruhig zu sein.

Wir sitzen.

Hyena beginnt mich mit ihren Muskeln zu massieren – ein rhythmisches Pulsieren in ihrem Inneren, ähnlich dem nassen Sog eines Mundes beim Oralsex. Ein Ziehen, dann ein etwas stärkeres Ziehen, dring i n n n n mich ein, lädt ihre Möse ein – was mein Schwanz fühlt, muß das Gegenteil dessen sein, was ein Baby empfindet, wenn es durch den Geburtskanal gepreßt und zwischen die aufgerollten Lippen der Vagina gestoßen wird.

Ihre Brüste quetschen auf meine Brust und werden flach. Mein Penis ist in ihrer warmen Feuchtigkeit eingeschlossen, aber diese warme Feuchtigkeit fühlt sich an wie mein eigenes Fleisch. Ficke ich Hyena, oder fickt sie mich? Sind das ihre Brüste oder meine?

Ihre dunklen Pupillen kreisen wie Wasser, das eine Dachrinne hinunterläuft. Mit Augen und Möse zieht sie mich tiefer in sich hinein, tiefer als ich hinein will, weit hinaus über das, was sich wie ein seelischer Punkt ohne Wiederkehr anfühlt.

Das Bewußtsein meines eigenen Umfangs beginnt zu verschwimmen. Mein Schwanz fühlt sich an, als würde er sich allmählich in meinen Bauch zurückziehen; wo er Platz macht, dehnt ihr Fleisch sich und füllt meines aus. Das Gefühl ist merkwürdig beunruhigend.

Plötzlich werde ich wütend. Ich möchte rammeln und stoßen, um meine körperliche Oberhoheit sicherzustellen. Ich möchte sie ficken, aber Hyena legt ihre Hände auf meine Schultern und signalisiert damit: sei ruhig.

Ich versuche mich herauszuwinden, werde aber festgehalten. Es ist ein Augenblick voller Ehrfurcht und Schrecken – Erinnerungen an unflätige Witze, die ich über kopulierende Hunde gehört habe, verbinden sich mit dem Adrenalinschub meiner eigenen primitiven Angst.

»Was ist los?« Meine Stimme klingt naß und heiser, als ob meine Kehle vom Sperma zugeschnürt wäre.

Sie sagt nichts – aber ihr Griff lockert sich vorübergehend – ich beginne herauszurutschen – doch ergreift sie mich wieder, bis es sich anfühlt, als würde ich von einer Faust gehalten. Ihre Arme schlingen sich um mich, Hände arbeiten sich zu meinem Rücken vor. Ich muß an lange, glatte, biegsame Pflanzen mit zarten Blütenblättern denken, die so stark sind wie ein Halseisen, efeudunkle Kletterpflanzen, die sich um meinen Hals winden, Schlangen aus salzigem, grünschwarzem Seetang und zartem, tödlichem Kudzu.

Sie ist in mich eingedrungen, umfängt mich. Panik nagt an meiner Haut. Wir sind zutiefst, unumkehrbar eins, aber dieses Einssein ist wie Ertrinken.

Bleib ruhig, bleib ruhig, sage ich mir, oder ist es die Stimme der Hyena, die bereits Zugang zu meinem Gehirn hat, denn ich traue ihr zu, daß sie auch dorthin eindringt, sogar dann noch, als ich mit dem Gedanken spiele, in sie einzudringen.

Wir sitzen.

In dem bernsteinfarbenen, gedämpften Licht kann ich Bewegung erkennen, glaube aber zuerst, daß es die Schatten der Farne oben sind, die von einer unsichtbaren, auf der Haut der Hyena spielenden Brise bewegt werden. Denn sie bewegt sich, während sie gleichzeitig vollkommen ruhig dasitzt.

Das heiße Wasser, der Körperdruck der Hyena machen mich schwindlig, bis ich merke, daß nicht ihr Körper, sondern ihre Haut sich verändert – ihre Tätowierungen wogen und wallen, rollen sich ein und wieder aus, schwingen wie langes Haar unter Wasser, das von der Strömung aufgetürmt und hin- und hergewirbelt wird. Ein Licht- und Schattenspiel, denke ich zuerst. Doch dann wird mir klar, daß ein pechschwarzes Wirrwarr, eine komplizierte Vereinigung von Swastiken und Kreuzen über den Torso der Hyena kriecht und sich auf meinen ergießt. Es kommt mir vor, als würden sich Insektenschwärme versammeln, winzige Stechameisen sich in Formationen bewegen und über ihre Haut zu meiner wandern.

Mein Schrei wird von ihrer langen Kehle aufgesogen. Ihr süßer Speichel füllt meinen Mund. Eine duftende Zunge leckt und hämmert über meine Zähne. Als sie sie zurückzieht, sind ihre Lippen voller als vorher, dunkler, fast schwarz, und mir fällt jetzt auf, daß die Tätowierungen über ihr ungezähmtes Gesicht gekrochen sind und sich an ihrem Mund festgebissen haben. Panik läßt mich zu Eis erstarren. Ich fühle mich ausgelaugt, ausgelöscht, doch es ist nicht die süße Auflösung, von der Mystiker und Liebhaber schwärmen, sondern der Tod in winziger, quälender, sich erhöhender Dosis.

Mein Hirn schlägt Rad. Gehört das Zucken, das ich verspüre, zu ihrem oder zu meinem Bein? Füllt mein Schwanz ihre Möse aus, oder dringt ihr Schwanz jetzt in mich ein? Es erschreckt mich, daß ich das nicht sagen kann, denn nicht zu wissen, wo ihre Genitalien enden und meine anfangen, ist, als wäre man geschlechtsneutral, weder Frau noch Mann, aber Teil eines einzelnen Ganzen, das beides ist.

Meine Arme und Beine sind durch Schlangenlinien und Swastiken an ihre gebunden, Muster, die den keltischen Kreuzen oder verschnörkelten Mustern eines türkischen Minaretts nachempfunden sind. Ihre Brüste haben sich so fest an meine Brust gelegt, daß das gewölbte Fleisch auch meines sein könnte. Die Tätowierungen werden dort grün und gelb wie ein eigenartiges und heimtückisches Pflanzenleben auf unseren Treibhaushäuten.

Ich versuche, meine eng an den ihren liegenden Arme zu befreien. Bei meinem ersten Versuch, sie loszubekommen, ziehen sich die Tätowierungsranken zusammen und verfestigen sich zu einem bärtigen Kuß. Ich fühle Wärme die Arme herunterlaufen. Aber es ist nur der Schweiß der Hyena und mein eigener, der sich mit dem Dampf, der vom Wasserschaum aufsteigt, vermischt.

Und noch etwas.

Ein Tanz aus Fleisch. Ihres kommt mir entgegen, überrennt mich, meines gibt nach und ergibt sich.

Die Gliedmaßen der Hyena werden länger, ihre Züge gröber, die Brüste welken. Im trüben Licht scheint ihr Gesicht elastisch, die Backenknochen sind hoch gespannte Pole, über denen sich seidige Haut spannt und neu formt. Hinten an ihrer Vagina bildet sich ein Schwanz, der mich in mein eigenes Fleisch zurückstößt, in mich eindringt und mir die Illusion nimmt, meine Haut könnte mich abschotten und ich bliebe beim Liebesakt unverändert und unberührt.

Als ich meine Augen zu öffnen wage, sind die Tätowierungen wie eine gehorsame Käferschar auf die Haut der Hyena zurückgekrochen. Ein Gesicht, das einem Mann wie einer Frau gehören könnte, starrt mich an. Ein Schwanz, der meiner oder ihrer sein könnte, schrumpft, rutscht heraus und hinterläßt in mir ein Gefühl von gähnender Leere.

Ich höre Wasser an Hyenas Schenkel schwappen, als sie den Pool verläßt. Ich versuche ihr zu folgen, bin aber unsagbar müde, meine Muskeln fühlen sich an wie weingetränkte Schwämme, schwer und leblos. Die ungewohnten Fleischhügel auf meiner Brust sind prall gefüllt und schmerzen.

Starke Hände heben mich hoch und nehmen mich mit. Ich

werde zu einem Bett gebracht und festgezurrt. Das Wickeln empfinde ich als angenehm, weil es mich wieder in meinen Körper zurückbringt und meine Hauptparameter neu definiert.

Meine Haut.

Meine neue und tiefe Isoliertheit.

Meine Weiblichkeit.

Mattheit überkommt mich wie ein strenger Winter, und ich versinke in einen todesähnlichen Schlaf.

Morgen?

Mitternacht?

Der Raum, in dem ich mich befinde, ist klein und dunkel, verdächtigerweise ohne Spiegel. Ich stehe langsam auf und fasse meinen neuen Körper bewußt nicht an. Ich gehe in den Raum mit den vielen Heißwasserschläuchen, wo Hyena und ich gebadet haben.

Im Wasser sind jetzt viele Badende, tollen herum, einige lieben sich auch. Ein Mann kommt die Leiter des Pools hochgestiegen und strahlt mich an.

Wenngleich ich Cyn schon öfter als Mann gesehen habe, erstaunt mich ihre Verwandlung immer noch. Ihre Brust ist flach und muskulös, ihre Hüften sind schmaler geworden, Schenkel und Waden sind jetzt muskulös und hart. Der gestern noch winzige Schwanz hat jetzt Erwachsenengröße.

Was mich allerdings am meisten verwundert, ist nicht Cyns Verwandlung, sondern die Tatsache, daß sich im Grunde genommen gar nichts geändert hat. Ob Mann, ob Frau, es ist immer noch unverwechselbar, unbestreitbar Cyn. Meine Partnerin, meine Geliebte.

Und ich?

Spiegel ringsum im Raum. Ich möchte hineinschauen, wage es aber noch nicht, obwohl ich weiß, daß nichts von dem, was ich sehen werde, wirklich neu ist, nur neuerdings sichtbar.

Mir fällt auf, daß ich Cyns Schal nicht mehr habe. Halb

so schlimm. Denn da kommt sie auch schon lächelnd auf mich zu. Ich weiß nicht, was sie sieht, jedenfalls weiß sie, daß ich es bin.

Die Spiegel können warten. Im Augenblick ist nur das Bild von mir interessant, das in Cyns Augen zu sehen ist.

A. L. Kennedy

Zu Fall gekommen

Ich weiß es, sobald ich den Hörer abnehme und diese Stimme in mein Ohr dringen lasse – ist sie einmal da, ist es egal, wie es passiert. Es *wird* passieren.

»Komm jetzt!«

»Was?«

»Ich brauche dich. Du mußt sofort kommen!«

»Ich arbeite gerade.«

»Und ich nicht. Ich bin zu Hause. Komm schon.«

»Du glaubst doch nicht –«

»Doch. Sag ihnen, daß du dich krank fühlst. Du mußt irgendwo hin. Es hat einen Notfall gegeben. Dies ist ein Notfall.«

»Ich kann nicht!«

»Wirst du jetzt wohl kommen. Ich will es. Ich will dich.«

»Ich kann nicht.«

»Ich will dich.«

»Wirklich, es ist unmöglich.«

Aber, wirklich, genau so passiert es. Ich gehe durch die von Tippen, Klappern oder Stille erfüllten Flure und einfach aus dem Gebäude, ohne überhaupt zu merken, ob ich meinen Mantel angezogen habe. Ich bin auf dem Weg zu einem anderen Ort.

Es ist wie ein Fallen, und jeder kann fallen. Wenn ich jetzt darüber nachdenke, frage ich mich, ob wir nicht alle von Zeit zu Zeit darauf warten, bereit zum Sprung, jenen Raum zu finden, wo wir uns ungehindert fallen lassen können. Wie ein innerlicher Selbstmord.

Also verlasse ich meinen Arbeitsplatz und beginne zu fallen. Die Tür nach draußen schließt sich hermetisch hinter mir, und ich bin irgendwo, wo ich sonst nicht hingehen kann. Hier gehen wir alle zusammen; sind zusammen. Passen auf unsere Füße auf, sehen unsere Körper; uns allen rast dieselbe Musik im Kopf. Wir bewegen uns durch einen großen, blauen Walzer, ohne zusammenzustoßen. Ohne auszugleiten, und ich habe meine ganz eigene, persönliche Richtung, direkt vor mir. Man könnte mir eine Mauer in den Weg stellen, und ich würde sie einfach niedertreten. Heute kann ich das. Schaut auf mein Herz, und ihr werdet es schlagen sehen, sogar durch den Mantel.

Dies sind die einzigen Augenblicke, die ich habe, in denen es mir reicht, einfach nur ich zu sein. Es ist wunderbar.

Vielleicht hat es tagelang geregnet, vielleicht trete ich auf eine schmierige Mischung aus gesalzenem Schnee und Unrat, Hundekot und Erbrochenem – die üblichen Gehwege, die wir benutzen müssen –, aber heute werde ich es weder bemerken noch davon berührt werden. Die Engel haben es beschlossen; heute werde ich rein bleiben. Die Luft wird leuchten.

Wenn ich zur Seite blicke, hat das einen beunruhigenden Effekt. Alles ist verschwommen, als blickte ich aus einem fahrenden Auto. Habe ich einmal meine Richtung gefunden, kann ich eine beachtliche Geschwindigkeit erreichen. Die letzte Ecke saust rechts vorbei, die Sonne hängt ein strahlendes Banner in jedes Fenster, und da sind sie, der Grund für mein Kommen, die Taxis.

Aus der Entfernung betrachtet, bin ich mir nicht sicher, warum die Taxis immer eine Rolle gespielt haben. Ich weiß nur, daß ich immer ein Taxi genommen habe, wenn ich fiel.

Wenn ich es mir leisten konnte und wenn ich es nicht konnte, und auch wenn ich mir Geld leihen mußte, bevor ich einstieg. Es war fast so, als hätten sie irgendeinen Anspruch auf mich. Unbeschreibbar. Manchmal erwischte ich mich dabei, wie ich diesen Telefonanruf möglichst kurz hielt, nur um loszukommen, um einzusteigen.

»Komm jetzt.«

»Ja. Ich nehme ein Taxi, bin schon unterwegs.«

Etwas in der Art.

Stehe ich bei den Taxis, halte ich für einen wundervollen Moment inne – ich genieße das – und strecke dann meine Hand nach der Tür aus. Drinnen, in dem nach Lufterfrischer, Zigarette und Schuhsohlen riechenden Taxi, wird alles anders. Ich bewege mich fort, und die Angst kommt.

Mein Gesicht ist neben dem Fenster; ich werde deutlich sichtbar. Ich bin erfüllt von dem Gefühl, auf dem Weg zu sein, und wachse. Es scheint mir, als würde ich auf Leinwandgröße anschwellen. Sicher wird jemand, mit dem ich arbeite, jemand, den ich kenne, irgendein Gesandter von Gottes Zorn, mir etwas von der Freude wegnehmen, bevor das Taxi ankommt. Denn sie ist viel zu groß für mich ganz allein; ich sollte bei meiner Arbeit sein, ich sollte irgend etwas für irgend jemanden erledigen, den ich nicht kenne. Ich sollte nicht so auffällig wachsen.

Ich habe Angst vor Augen, die mich so sehen und dann nicht begreifen. Ich selbst begreife nichts; ich falle. Es liegen Wiesen und offene Meere von Raum zwischen Arbeiten und Bezahlen und Einkaufen und Kochen und Essen und Schlafen und allgemeinen Haushaltsaufgaben, wo ich ich sein kann, machen kann, was ich will. Ich muß nicht länger aus dem Fenster sehen und mich fragen, wer mein Leben jetzt hat und ob ich es vermisse.

Ich sitze im erwartungs-gefüllten Taxi und kann die Stops, die Lichter, die auffliegenden Tauben genießen. Meine Fahrt dauert ewig und ist im Nu vorbei.

Wenn ich dem Fahrer sein Geld gebe, bemerke ich nur vage, wieviel, denn Geld ist irrelevant. Es liegt in meiner Hand, besiegt – nur für diesen Tag haben wir die Plätze getauscht, und ich kann es mit einem breiten, sorglosen Lächeln hinüberreichen, bevor die Tür hinter mir zuschlägt.

Ich stocke kurz, wenn ich aus dem Taxi steige, ein zeitweiliger Verlust des Rhythmus, der nur natürlich ist, bevor ich die Stufen unter mir wegschiebe und langsam zum Lift gehe. Fast da.

Ich stürze in einer stickigen, kleinen, bekritzelten Kiste die Stockwerke hinauf, mit einem Pochen im Magen, das alles gutmacht. Dann das Herzklopfen bei der Ankunft, die Tür gleitet zur Seite, die letzten Stufen, noch eine Tür. Dann fühle ich die Bewegung, den Druck zwischen meinem Gesicht und einem anderen; die Berührung von Händen, von Luft, von Atem in Atem.

Ich falle nicht länger. Ich weiß, was jetzt passiert.

Ich will mich nicht daran erinnern. Ich würde es lieber ruhen lassen und hoffen, daß es nicht wieder zurückkommt, aber ich weiß, daß ich nicht stark bin und daß ich diese Zeiten sehr vermisse, in denen ich ich war und das genügte. Einmal alle zwei oder drei Monate konnte ich die Welt verändern. Ich bin nur ein Mensch, das gefällt mir, sogar jetzt.

Und doch konnte ich an den Tagen, an denen ich nicht fiel, nicht daran denken – der Fall war irgendwie jenseits meiner Vorstellungskraft. Ein besonderer Himmel, die Bewegung eines Windstoßes, die Verbindung von Wort und Gefühl konnten mich dann und wann mit einem Gefühl der Vollständigkeit erfüllen, wenn man es so nennen kann, aber zum Großteil existierte ich einfach und zwang mich, damit zufrieden zu sein.

Dann änderte sich sogar diese Zufriedenheit. Es fing am Taxistand an, als ich eines Morgens ankam und feststellte, daß keine Taxis da waren; ich würde warten müssen.

»Wir haben kein Glück.«

Die Stimme war ruhig, sanft, wirklich sehr angenehm.

»Ich sagte, wir haben kein Glück. Seltsam für diese Tageszeit.«

»Ja.«

»Ich glaube, ich habe Sie hier schon mal gesehen.«

»Schon möglich.«

»Ich meine an diesem Stand. Ich warte sehr oft an diesem Stand, wegen dem, was ich mache. Es ist mein Stand.«

»Nun, ich glaube, es ist auch meiner. Wenn er überhaupt jemandem gehört.«

Ich bin normalerweise nicht so schlecht gelaunt, aber ich war schon zu weit auf meiner Reise, um mich auf etwas anderes zu konzentrieren, und ich spreche nicht gerne mit fremden Leuten – ich komme mir dabei dumm vor. Am Ende spreche ich über das Wetter, dabei ist das Wetter ja wirklich nicht zu übersehen, und auch die fremde Person – wer auch immer – hat es sicher bereits bemerkt. Wir täten besser daran, den anderen zu fragen, ob unser Gesicht noch da war.

Entgegen meiner Natur und meinem besseren Wissen, und vielleicht weil das Schicksal es nur so einrichten konnte, wandte ich mich der fremden Person zu und fragte mit einem leicht ironischen Unterton, auf den ich ziemlich stolz war: »Was machen Sie denn?«

»Wie bitte?«

»Sie sagten, Sie wären oft hier wegen dem, was Sie machen. Ich fragte mich, was das sein könnte.«

»Ich verstehe. Was ich mache.« Das Lächeln war jetzt ganz da. »Ich mache Liebe.«

»Was?«

»Das mache ich. Ich meine nicht, daß ich dafür mein Gehalt bekomme. Ich meine, daß dies das Wichtigste ist, was ich mache. Meine Berufung.«

Ich wollte danach fortgehen – dies war offensichtlich nicht die Art Mensch, mit der ich normalerweise sprechen würde, nicht einmal die Art, die über belanglose Dinge sprechen konnte. Ich war jedoch nicht in der Lage zu gehen. Es war dieses Wort – Berufung –, ich wußte genau, was gemeint war. Für einen Herzschlag oder zwei wurde mir klar, daß wir beide gemeinsam fielen, uns überholten und wieder überholten, kurz aneinanderstießen, während wir unsere jeweiligen Flugbahnen hinabrasten. Ich hatte noch nie zuvor jemanden getroffen, der mir so ähnlich war. Worte waren nicht nötig, aber mein Gegenüber sprach trotzdem.

»Ich habe Sie beleidigt.«

»Nein, nein.«

»Dann habe ich Sie überrascht. Ich habe es nur erwähnt, weil ... weil ich dachte, wir hätten ähnliche Gründe, hier zu sein. Ein Techtelmechtel, eine Affäre, einen Fick. Etwas in der Art?«

Dies alles wurde mit einem trunkenen Grinsen vorgebracht, und natürlich war ich auf einmal wieder allein, trudelte auf eine Art davon, die niemand zu verstehen schien. Niemand wußte etwas. Ich wollte erklären, wie ich die Dinge sah. Es ging dabei nicht um Sex, nicht darum, Amok zu laufen, nicht um gefährliche Krankheiten, Perversion, Schweiß. Damals hätte ich nur sagen können, daß der einzige Weg, mich nicht ständig eingepfercht zu fühlen, meine kleinen Reisen zu jemand Vertrautem waren, wann immer ich sie brauchte, alles andere war egal. Ich mußte fallen können, mich manchmal mit jemandem so treffen, wie es andere Leute nicht taten, außerhalb des Alltäglichen sein. Das klingt jetzt wie eine vorübergehende Laune, exzentrisch, aber es war das Zentrum meines Lebens, und eine vollkommen fremde Person trampelte alles nieder – interpretierte absichtlich alles falsch, was mir heilig war.

Ich wünschte, ich hätte das so erklärt, anstatt nur zu sagen: »Nein, nichts in der Art.«

»Sie können es mir ruhig sagen. Wir sind beileibe nicht die einzigen. Ich kenne den Typ.«

»Ah-ha.«

»Nein, Sie verstehen nicht, was ich meine. Wir sind nicht die einzigen, die hierher kommen, um ein Taxi zu nehmen, um ... etwas in der Art zu tun. Ich kenne diesen Blick. Sie auch, wenn Sie darüber nachdenken. Sie wissen, wie es sich anfühlt. Glauben Sie vielleicht, man sieht das nicht?«

Ich wollte das nicht hören. Es war, als sähe ich mein eigenes Spiegelbild mir zuzwinkern und dann ohne mich davongehen.

»Ich denke, daß man etwas sieht.«

»Natürlich sieht man etwas. Als es mir zum ersten Mal klar wurde – was wir alle machten –, als ich mir die lächelnden, davonkriechenden Taxis ansah ... sogar jetzt kann ich mir kaum ein Lachen verkneifen.«

Die Leute um mich herum waren nicht länger zusammen, und der Tag sah so aus, wie er es normalerweise tat. Nichts war mehr besonders. Ich hatte ein metallenes Gefühl an der Stelle, wo meine Leber sein sollte, und war vor allen Dingen verärgert.

»Nein, ich verstehe nicht. So ist es nicht.«

»Was heißt ›so‹?«

»So wie Sie es klingen lassen – als ob wir alle nur rumlaufen und tun würden, was uns gefällt. Niemand kann das. Es gibt Folgen, Krankheiten, Menschen sterben daran.«

»Vergnügen ist nicht tödlich. Ich lebe jetzt seit über zehn Jahren in einer Beziehung, wir sind einfach nur etwas unkonventionell. Ich dachte, ich hätte mich klar ausgedrückt – dies ist ein Teil von mir, und niemandes Hysterie wird mich davon abhalten, ich zu sein. Wir sind vorsichtig, weil es uns wichtig ist, und wir sind glücklich. Irgendwelche Einwände?«

»Nein, nein, es tut mir leid.«

»Wissen Sie wirklich nicht, wie es ist, wenn Sie diesen Anruf machen wollen – um ihn zu sehen, sie zu sehen, wer immer für Sie wichtig ist? Wollen Sie sagen, daß Sie es einfach aufgeben würden, wenn jemand es von Ihnen verlangte?« Es entstand eine häßliche kleine Pause. »Sie tun es doch? Sie rufen an?«

»Nein.«

»Wirklich?«

»Ich rufe nicht an. Ich werde nur angerufen.«

Danach sagten wir nichts weiter. Es herrschte höfliches Schweigen; als ob ich etwas Obszönes gesagt hätte. Als mein Taxi endlich kam, wollte ich es nicht mehr, aber ich nahm es trotzdem. Ich würde zu spät kommen und war in der falschen Stimmung, und ich konnte nicht anders, als nach anderen Taxis Ausschau zu halten, um zu sehen, wer darin saß und ob sie glücklich waren.

An diesem Nachmittag war es nicht besonders gut. Ich könnte nicht sagen, was dabei nicht stimmte, und wir machten damals kein Drama daraus, aber die Atmosphäre war seltsam. Ich war irgendwo im Nacken verspannt.

Wir brauchten mehrere Wochen, um die Differenzen, die sich zwischen uns aufgebaut hatten, auszuräumen, und während der gesamten Zeit hatte ich eine ganze Taxiflotte voller Leute, die ich nicht kannte, im Hinterkopf. Sie waren alle besonders, ohne mich.

Vielleicht war es diese leichte geistige Verwirrung, die mich ständig denken ließ, wie seltsam es war, daß ich nie anrief. Immer nahm ich das Taxi. Nie rief ich an, wurde immer gerufen. Dennoch schien es mehr als wahrscheinlich, daß das Ganze auch andersherum funktionieren würde. Darin lag eine angenehme Logik. Das einzige neue Element wäre dabei die Überraschung. Wer konnte einem die mißgönnen? Es würde trotzdem eine erwartungsvolle Fahrt geben, Spannung, eine Belohnung für das Warten. Kein Problem. Also rief ich an.

»Jetzt sofort.«

»Wer ist da?«

»Du weißt genau, wer da ist. Ich muß dich sehen. Komm jetzt.«

»Ich kann jetzt nicht.«

»Ich will es aber.«

»Ich kann nicht.«

Ich wartete drei Stunden daheim, aber niemand kam. Ich blieb den ganzen Abend zu Hause, aber niemand kam.

Einige Zeit später, ein paar Monate später, fand ich mich an jenem Stand wieder, auf ein Taxi wartend. Es würde ein unschuldiges Taxi sein, und es war mir etwas peinlich, dort zu stehen. Genau gesagt, war die ganze Situation unangenehm, denn seit jenem unglücklichen Anruf hatte ich kein Taxi mehr in prickelnder Stimmung genommen, und das wollte ich auch jetzt nicht. Alles erinnerte mich daran, daß ich verlernt hatte zu fallen. Ich konnte es nicht allein.

»Hallo. Ich dachte mir doch, daß Sie es sind.«

Es war unverkennbar diese Stimme. Dieser Mund. Die ruhigen Augen.

»Da wären wir also wieder. Sie wollen nicht reden?«

»Wir wären hier nicht wieder. Ich nehme ein Taxi, weil ich zu spät dran bin.«

»Wie schade. Probleme in der Arbeit?«

»Was meinen Sie damit?«

»Zu häufiges Fehlen?«

Ich mußte nicht hinsehen. Ich wußte, der Mund würde lächeln.

»Wenn es Sie überhaupt etwas angeht, es waren Probleme zu Hause. Keine Taxis mehr. Punkt. Brauche ich nicht mehr.«

»Wie schade. Das sind ja verheerende Neuigkeiten. Hören Sie, ich schreibe Ihnen das hier auf. Rufen Sie mich an, ja?«

»Was?«

»Rufen Sie mich an. Das ist meine Nummer.«

»Scheiße, warum sollte ich das tun?«

»Rufen Sie mich an, und warten Sie's ab.«

Ich kann nur sagen, daß ich schockiert war. Da meine Fahrt nicht so wichtig war wie die früheren, ging ich einfach wortlos weg. Ich brauchte den Stand nicht; ich konnte ein Taxi auf der Straße anhalten; es war egal.

Ich weiß nicht, ob Sie die Geschichte von dem Guru kennen, der seinem Schüler sagte, daß ein Leben in Meditation ganz einfach sei, solange man niemals auch nur einmal an einen Affen dachte. Natürlich waren danach die Meditationen des Schülers erfüllt von Affen jeder Art und Farbe, eine lange Reihe leicht spöttischer Affenbilder.

Ich las, um mehr über meinen Seelenzustand herauszufinden, um ihn zu heben, und war dabei über diese Geschichte gestolpert. Jedesmal, wenn ich eine Straße hinunterlief, dachte ich an den Schüler, den Guru, sogar an den Affen, aber keiner von ihnen half mir, denn mein spezielles Problem waren die Taxis. Sie waren überall. Ich wollte mich nicht fragen, wohin sie fuhren und warum. Ich wollte nicht nachts auf dem Rücken liegen und hoffen, daß das Telefon klingelte und daß es eine Fahrt geben würde und Hände, die ich in meinen Händen halten könnte. Ich wollte mir keine Träume vom Fallen wünschen. Aber ich fragte, hoffte und wünschte fast die ganze Zeit. Alles, was ich tat, wollte ich nicht tun.

Sie können sich schon denken, was als nächstes kam. Was hätte ich sonst tun können, außer noch etwas, das ich nie vorgehabt hätte? Wen kannte ich sonst noch, der auch nur die geringste Erfahrung auf diesem Gebiet hatte? Ich hatte meiner Meinung nach keine andere Wahl.

Ich hatte die Nummer der fremden Person nicht weggeworfen. Ich hatte sie ganz hinten in einer Schublade versteckt, in der Hoffnung, ich würde vergessen, wo ich sie hingelegt hatte, oder daß sie sich in Luft auflösen würde: einfach plötzlich verschwinden.

Ich brauchte nicht einmal eine Minute, sie zu finden – ein Fetzen Papier, von etwas Wichtigerem abgerissen, mit sieben Ziffern auf der einen Seite. Ich trank einen Kaffee und rief an. Besetzt. Das nächste Mal hob keiner ab; eine Stunde später das gleiche. Ich gab der Nummer noch zwei oder drei Mal eine allerletzte Chance, das letzte Mal an einem späten Sonntag nachmittag.

»Hallo.«

Ich wußte nichts zu sagen.

»Hallo?«

Wir hatten uns einander nie vorgestellt, und selbst wenn wir es getan hätten, war ich mir nicht sicher, weswegen ich eigentlich anrief. Hilfe, vielleicht.

»Wie bitte?«

»Hm?«

»Hören Sie, ich werde jetzt auflegen.«

»Nein. Ich meine, ich – hallo.«

»Aha. Wir haben uns am Taxistand getroffen, oder?«

»Ja, ja. Tut mir leid, es war so.«

»Es tut Ihnen leid?«

»Nein, es tut mir überhaupt nicht leid. Ich habe es nicht so gemeint.«

»Also, warum rufen Sie an? Ich habe Ihnen meine Nummer aus einem bestimmten Grund gegeben – nicht für ein belangloses Gespräch. Warum rufen Sie an?«

»Ich ... weil ich ... Angst habe.«

»Wovor?«

»Vor dem, was ich tun könnte.«

»Wem?«

»Ich weiß es nicht. Hauptsächlich mir. Ich muß immer daran denken: die Taxis, die Fahrten ... das alles. Ich kann irgendwie nirgendwo mehr hingehen. Ich dachte, weil Sie Bescheid wissen ... Sie haben mir Ihre Nummer gegeben.«

»Schon gut, schon gut. Keine Sorge. Also ...«

Ich hörte ein leises Rascheln am anderen Ende der Leitung. Man stelle sich vor, das gleiche Geräusch, weit weg im Zimmer eines fremden Menschen und in meinem Kopf. Telefone sind wunderbar.

»Ja, das ist es. Hören Sie zu? Sind Sie noch dran?«

»Ja, ja.«

»Ich möchte, daß Sie ein Taxi an diesem Stand nehmen. Ich möchte, daß Sie damit ins Odeon-Kino fahren. Wenn Sie dort sind, kaufen Sie sich eine Karte für die nächste Vorführung in Kino drei. Gehen Sie rein und setzen Sie sich in die vierte Reihe von hinten. Ist das klar?«

»Ja –«

Weit weg, in dem anderen Zimmer, wurde der Hörer aufgelegt, und ich konnte nicht einmal mehr danke sagen, oder auf Wiedersehen.

Und draußen stand der Halbmond am Himmel, die Leute bewegten sich wieder zusammen, die Musik war wieder da, und wir waren besonders. Ich setzte mich in das Taxi, legte die Hände in den Schoß und ließ die Welt abtauchen, und fand mich an einem viel besseren Ort wieder. Sogar im Halbdunkel wußte ich, daß meine Finger mit jedem Herzschlag ein wenig auf- und abhüpften; das Leben prickelte wieder.

Kino drei war fast leer, angenehm kühl. Ich lehnte meinen Kopf ein wenig zurück, während vor mir die Filmvorschauen abgespult wurden; ich konnte meinen Atem fühlen, wie er tief in mich hineinströmte und dann wieder heraus.

»Guter Film, oder?«

Ich hielt den Hörer fest, damit er nicht so zitterte.

»Sie sind nicht gekommen.«

»Ich hatte ihn schon gesehen.«

»Ich dachte, Sie würden da sein.«

»Da haben Sie falsch gedacht. Hat Ihnen der Film gefallen?«

»Ich … Ja, er hat mir gefallen, aber ich habe auf Sie gewartet.«

»Das hätten Sie nicht tun sollen. Ich habe nicht gesagt, daß ich dort sein würde. Sie wissen nicht, weshalb Sie anrufen, oder?«

»Was?«

»Ist schon in Ordnung. Ich weiß es. Geben Sie mir Ihre Nummer daheim und die in der Arbeit. Sind Sie noch da?«

»Ja.«

»Dann geben Sie mir die Nummern. Sie wollen doch, daß das hier weitergeht, oder?«

Auch wenn ich keine Ahnung hatte, was ich da tat, wollte ich doch, daß es weiterging, also gab ich ihm meine Nummern, einfach so.

Ich glaube nicht, daß ich zuwenig Stolz habe; glauben Sie, daß ich zuwenig Stolz habe? An meiner Stelle hätten Sie vielleicht diese Nummern durch die Leitung geschickt, ohne es demütigend zu finden. Ich hatte nicht gewußt, warum ich ins Odeon fuhr, und, ja, ich hatte Gesellschaft erwartet, aber zumindest passierte jetzt etwas. Ich fühlte mich viel besser, wieder viel besonderer. Das passiert einem nicht alle Tage. Vielleicht würden Ihnen ein oder zwei Monate auf den Seychellen reichen, ein Kühlschrank voller Kokain, ein Nachtsichtgewehr und zweihundert Schuß. Diese Dinge würden mich nicht interessieren, aber ich würde es niemandem zum Vorwurf machen, wenn er das Beste aus dem macht, was er hat. Ich hatte eine Stimme am Telefon.

Ich glaube also, daß ich etwas von meinem Stolz bewahrte, gebe aber zu, daß ich ohne viel Würde auf den nächsten Anruf wartete. Als er kam, wurde ich aufgefordert, bei den Sunlight Cottages im Park zu warten. Anruf Nummer drei schickte mich ans Meer; Anruf Nummer vier zum großen alten Friedhof, und bei jedem Ausflug traf ich niemanden, sprach mit niemandem, sah niemanden, den ich kannte.

»Es tut mir leid, aber was wird hier gespielt?«

»Zwei Uhr, an der Abtei. Seien Sie dort.«

»Aber Sie werden nicht dort sein.«

»Ich weiß.«

»Warum soll ich dann gehen?«

»Weil ich es Ihnen sage. Oder wollen Sie das hier nicht mehr?«

»Bitte, ich will nicht, daß es aufhört. Das will ich nicht. Scheiße, ich will nur wissen, was ich hier tue. Bitte.«

Ein Seufzer. Er schlich sich durch all die Meilen Telefondraht zu mir, leise, aber unmißverständlich.

»Sie verstehen immer noch nicht?«

»Nein.«

»Dann hat es auch keinen Sinn weiterzumachen.«

»Nein. Bitte.«

Ich zuckte in der Erwartung zusammen, den Telefonhörer auf die Gabel knallen zu hören, aber nichts passierte.

»Bitte legen Sie nicht auf. Wenn Sie es erklären würden, würde ich es verstehen, ich bin sicher.«

»Was gefällt Ihnen daran?«

»Ich ... was meinen Sie damit?«

»Was gefällt Ihnen daran? Warum nehmen Sie die Taxis? Was empfinden Sie dabei? Sie müssen es wissen, Ihnen geschieht es doch. Ihr Herz ballt sich zusammen und bebt, oder? Der Anruf kommt, und ihr Blut strömt plötzlich bis hoch in die Ohren. Sie können es rauschen hören. Es pulsiert durch Ihren ganzen Körper, Sie können es nicht aufhalten, und Ihr Magen schwingt und verkrampft sich und wird dann zu einem Loch, das durch Ihren Rücken gestoßen wird. Oder?«

»J –«

»Genau. All Ihre Sinne leuchten – es ist, als ob jemand eine Tüte von Ihrem Kopf gezogen hätte, und das Leben ist schön und Sie fühlen sich besonders. Ja?«

»Mmm hmm.«

»Und jetzt können Sie meinem Gedächtnis auf die Sprünge helfen – hat Ihnen der Film gefallen?«

»Ja, hat er.«

»Sie waren dort, weil Sie beschlossen hatten, dorthin zu gehen – niemand sonst. Sie waren glücklich. Sie waren dort und nirgendwo anders, nicht einmal in Ihrer Phantasie.«

»Ich glaube –«

»Glauben Sie nicht, dafür haben wir keine Zeit, tun Sie es einfach. Seien Sie dort.«

»Wieder im Kino?«

»Haben Sie meine Nummer noch?«

»Ich denke schon.«

»Sie werden merken, daß ich sie geändert habe, und daß ich Sie nicht mehr anrufen werde. Das geht schon zu lange so.«

»Nein!«

»Kümmern Sie sich selbst um sich. Leben Sie wohl.«

Ich fand das Gespräch nicht sehr hilfreich. Ich erinnere mich genau daran, denn es war das letzte, natürlich. Ich stellte mir vor, daß ich vielleicht wütend sein würde, aber die Wut kam nie; da war nur eine Taubheit, die mich manchmal am frühen Morgen weckte oder es mir schwer machte, mich auf meine Arbeit zu konzentrieren. Lange Zeit dachte ich, daß es einfach so weitergehen würde, aber dann verflog die Taubheit, und ich fühlte mich traurig.

Ich fühlte mich besonders traurig, weil ich dachte, den Sinn des Ganzen wirklich verstanden zu haben. Ich bin nicht wirklich so schrecklich dumm. Ich weiß etwas über Selbsterkenntnis, und daß man etwas für das Kind in einem selbst tun muß, ich habe Bücher gelesen. Ich dachte mir, daß es keine Rolle spielte, wo ich im Taxi hinfuhr, solange ich fuhr. Es spielte keine Rolle, wer anrief. Es spielte keine Rolle, ob jemand anrief, ich konnte trotzdem ein Taxi nehmen, mich entscheiden, wo ich hinwollte, und dann losfahren. Ich mußte mich nie wieder von meiner eigenen Existenz beengt fühlen.

Ich fuhr zurück zum Kino, und es funktionierte nicht. Ich ging wieder in den Park, und es funktionierte nicht. Ich nahm ein Taxi, um an dem bestimmten Häuserblock vorbeizufahren, den ich so oft besucht hatte, und es funktionierte nicht. Ich ging die Straßen auf und ab, sehr oft nachts, suchte nach einem Weg ins Leben, einem kleinen Spalt, durch den man fallen konnte, und es funktionierte nicht.

Zuletzt habe ich das hier geschrieben. Es könnte mir helfen, alle diese Worte auszubreiten und mich daran zu erinnern, wie es sich anfühlte, wirklich zu leben. Ich habe das Problem von allen Seiten beleuchtet. Ich mußte mich sogar in den fremden Menschen am Telefon hineinversetzen, und das muß heißen, daß wir uns jetzt ein wenig näher sind als zur Zeit unserer Bekanntschaft. Vielleicht haben wir jetzt Wissen gemeinsam, das wir damals nicht hatten.

Ich kann sagen, daß ich mich so friedvoll fühle wie schon eine ganze Weile nicht mehr, und ziemlich müde. Wenn ich dies noch einmal durchlese, sehe ich vielleicht klarer. Ich glaube zu hoffen, daß sich alles, was ich geschrieben habe, zu einem kleinen bißchen mehr verbindet, als ich die Absicht hatte, und dieses kleine bißchen wird das sein, was ich die ganze Zeit über gesucht habe. Ich glaube, genau das hoffe ich.

M. M. Hall

Süßer Lohn

Die Bonbonverkäuferin

Ich bin eine Frau, die aus vielen Leerstellen besteht. Deshalb bin ich jetzt hier, vor dem Kamin kniend bete ich die Wärme an und nicht das Kreuz. Ich will an etwas glauben, aber wie kann das möglich sein, wenn meine ganze Existenz eine Ansammlung unbeantworteter Fragen ist?

Hände mit Linien auf den Innenflächen, die ich nicht deuten kann. Füße mit schwieligen Zehen von Schuhen, die nicht richtig passen. Schultern, die sich zu stark zusammenziehen und verspannt sind vor Sorgen. Blasse Haut, noch immer glatt und alterslos, bis auf die kleine Stelle über den Brüsten, die herausschreit: »Hey, ich bin kein Teenager mehr, verklagt mich doch!« Das Stück leicht sonnenverbrannter Haut erinnert mich immer daran, wie gedankenlos ich früher war, als ich, ohne mich je einzucremen, in T-Shirts mit V-Ausschnitt in der Sonne lag oder im Garten arbeitete. Erstaunt berühre ich diese Haut. Ich wünsche mir, daß mich jemand anders mit seiner Hand dort berührt.

Manchmal, wenn ich in einem Laden bin oder irgendwo in der Öffentlichkeit, wo viele Menschen sind, sehe ich, wie die Leute sich berühren. Ich bin mein Leben lang so wenig berührt worden, daß ich mir gar nicht vorstellen kann, wie es ist, regelmäßig berührt zu werden. Ich habe das Gefühl, von so viel Hautkontakt müßte man bewußtlos werden. Der Druck muß schrecklich sein. Nicht, daß ich niemals berührt worden wäre, so ist es nicht. Aber als Kind waren es nicht in dem Sinne Berührungen. Es waren Schläge oder Ohrfeigen. Keine Umarmungen. Meine Großmutter Ida hat mich manchmal umarmt. Aber die ist schon lange tot.

Die Hoffnung, auf Erfüllung vergeht. Oder wenigstens die Hoffnung, jemanden kennenzulernen. Ich will keine Kontaktanzeige aufgeben oder von einer Single-Bar in die nächste rennen mit einem falschen Lächeln auf den Lippen und der Verzweiflung, die an mir klebt wie billiges Parfum.

Liegt es daran, daß ich nicht mehr an Gott oder mich selbst glauben kann?

Ich starre ins Feuer. In meinem Schlafzimmer hängt ein Kruzifix, aber da ist es zu kalt zum Beten.

Ich sollte gehen.

Alles, was ich im Leben habe, ist ein Bonbonladen, der mir gehört und den ich leite. Ich bin ein süßes Nichts. Die Einsamkeit hat mich aufgefressen und gerülpst.

Der Gourmand

Billiger Kaviar schmeckt mir nicht. Das Zeug in den Pseudo-Delikatessen-Abteilungen der Mittelklasse-Supermärkte. Billige Schokolade schmeckt mir nicht. Europäische Schokolade mag ich lieber. Aber wenn sonst nichts zu haben ist, dann esse ich auch billigen Kaviar und billige Schokolade. Wenn man Hunger hat, und das Geld knapp wird, ist es erstaunlich, wie schnell die Geschmacksnerven sich anpassen.

»Greg, du mußt lernen, mit weniger auszukommen; das ist manchmal von Vorteil«, hat meine Mutter Maureen immer gesagt. Maureen war Sekretärin, Chefsekretärin, sagte sie gleich dazu, »eine ausgebildete Fachfrau ohne Doktortitel«. Sie hat meine Schwester Kate und mich allein großgezogen, ohne die Unterstützung unseres Vaters Alec, dem Säufer, der uns verließ und in der Gosse landete, als ich ungefähr acht war und Kate vier. Er starb vor – wie lange ist das jetzt her – zehn Jahren? Ich habe ihn nie richtig gekannt, aber das tolle Foto von ihm aus dem Zweiten Weltkrieg, das Mom so verehrte, hat mir gefallen. Er hatte die Mütze verwegen ins Gesicht gezogen, und sein Blick erinnerte mich an einen romantischen Filmschauspieler, Paul Newman oder Steve McQueen, der Unruhe stiftet und über die ganzen Dummköpfe lacht, die nicht über sich selber lachen können. »Er war nicht immer ein Versager«, sagte meine Mutter dann und nahm das Foto in die Hand, dessen Silberrahmen manchmal angelaufen war. Gewöhnlich aber war es poliert. »Wir hatten eine schöne Zeit zusammen. Zwar kurz, aber immerhin.«

Dafür habe ich meinen Vater gehaßt. Doch trotz der Vielzahl seiner Schwächen liebte Mom ihn immer noch. Sogar nach der Scheidung. Sie liebte ihn immer noch. Ich weiß nicht, ob ich ihn je geliebt hatte. Ich glaube, ich habe ihn einfach nicht richtig gekannt. Er hat mich immer mit den Augen eines Besuchers angesehen. Eine Postkartenliebe. Nie kam von ihm ein richtiger Brief. An keinen von uns. Aber als er uns an den Feiertagen noch besuchen kam, machte er die beste Schokoladentorte, die ich je gegessen habe. Die Pekannußtorte an Thanksgiving war phantastisch. Nach dem Krieg arbeitete Dad als Koch in einer Cafeteria. Außerdem erinnere ich mich an seine Cheeseburger. Ich habe seitdem immer noch nichts gegessen, was vergleichbar wäre. Und Karamel hat er gemacht – phantastisch! Ist es nicht komisch, daß ich noch genau weiß, was er gekocht hat, mich aber nicht daran erinnere, was er jemals zu mir gesagt hat? Seine Stimme ist wie ein gespenstisches Kratzen auf der Schiefertafel meiner Kindheit. Verdammt, er war ein Scheißkerl, uns so sitzenzulassen.

»Er hätte nie die Air Force verlassen sollen, weißt du? Das hat ihn in den Alkohol getrieben«, erklärte Mom immer wieder. Wen kümmert's?

Ich habe nicht geheiratet. Ich bin vierzig Jahre alt. Ich bin ein alter Trottel. Ich arbeite für eine große Zeitung. Da habe ich meine eigene Feinschmeckerkolumne. Ich habe ein Kochbuch über Nachspeisen geschrieben, das ein Bestseller wurde: *Ihre wohlverdiente Belohnung*. Ich fahre einen Sportwagen und habe vier Kreditkarten. Ich sollte keine Schulden haben, habe ich aber trotzdem. Ich esse gut; ich lebe gut. Ab und zu nehme ich an gesellschaftlichen Ereignissen teil, wo ich reiche Witwen und zickige Geschiedene treffe, die mich heiraten würden, wenn ich sie lassen würde. Ich habe einen dicken Bauch, aber wer hätte den nicht, wenn er so viele Restaurants rezensieren müßte? Es ist ein elender Job, aber einer muß es ja machen. Das ist halt so.

Ich sollte meinen Rasen selber mähen, aber ich bezahle ein paar Jungs dafür. Ich bräuchte mehr Bewegung. In letzter Zeit habe ich angefangen, ein bißchen in der Nachbarschaft herumzuspazieren. Es ist nicht die schönste Nachbarschaft der Welt, aber auch nicht die schlechteste für einen Typen wie mich, der in einer miesen Gegend aufgewachsen ist, den Worten meiner Mom nach auf der Schattenseite des Lebens.

Die Bonbonverkäuferin beschließt, aus dem Haus zu gehen

Manchmal verstrickt man sich so tief in dumme Gedanken, daß man nicht mehr herauskommt. Die Gedanken drehen sich im Kopf, und die Einsamkeit schreit einen an, bis man ganz taub wird.

Als Kind schrieb ich massenweise Tagebücher. Neulich habe ich beim Frühjahrsputz eine Kiste voll gefunden. Ich habe mich sofort hingesetzt und gelesen, was für ein dummes Kind ich war. Aber als ich das mit meinem jetzigen Tagebuch verglich, merkte ich, daß sich nichts Wesentliches verändert hatte. Ich bin immer noch ein dummes Kind, jetzt in einem Körper mittleren Alters. Meine Freundin aus der High-School, Kirsten, sagt immer: »Amy, du *bist* im mittleren Alter – du willst es dir nur nicht eingestehen.« Netterweise sagt sie nicht dazu: »... und dich nicht so benehmen«. Dafür sollte ich wohl dankbar sein. Kirsten, die Lehrerin, ist mit Hans verheiratet, einem Installateur mit einer lukrativen Nebenbeschäftigung als Klobrillenhändler. Sie haben drei Kinder, ein schönes Haus, zwei Hunde und eine Katze – vermögend im Königreich der Familie, dem ich irgendwie entronnen sein muß. Sie wissen auf jeden Fall, was Liebe ist. Ich weiß nicht, ob ich das jemals wissen werde. Aber in letzter Zeit denke ich viel darüber nach. Ich habe das Bedürfnis, berührt zu werden, aber ich weiß nicht einmal, wie man das macht. Jedem Mann, mit dem ich mich treffe, jage ich anscheinend Angst ein, weil ich ihn so oft berühren will, und ich scheine Männer anzuziehen, die überhaupt nicht gern berührt werden. Mein Exfreund Sid hat sich einmal aus meiner Umarmung gewunden und gerufen: »Himmel, ich hab das Gefühl, ich werde vergewaltigt.« Danach haben wir uns getrennt. Nichts löscht das Feuer so gründlich wie Scham. Ich habe mich für mein Verlangen geschämt. Dabei wollte ich doch nur im Arm gehalten werden.

Mutter ließ sich nicht gern berühren. Mein Vater umarmte mich nur, wenn es unbedingt sein mußte, aber das war mir egal, denn wenn er mich umarmte, wußte ich, daß er es so meinte. Mom hat mich einfach nicht mehr oft umarmt, nachdem ich laufen gelernt hatte. Wenn ich um eine Umarmung oder einen Kuß bettelte, sagte sie, das wäre kindisch und ich sei doch jetzt kein Baby mehr. Meine Eltern starben an einem regnerischen Aprilabend, als ich dreizehn war. Sie wurden Opfer eines betrunkenen Autofahrers. Meine Großmutter Ida hat sich dann um mich gekümmert. Sie ließ Berührungen zu, aber nicht oft. Eigentlich sollte man meinen, daß ich für Berührungen nichts übrig habe, bei der Familie.

Ich schweife ab.

Ich bin zuviel allein.

Ich habe drei Katzen, Cleveland, Otis und Jo Jo. Nur Otis läßt sich streicheln.

Ich rede zuviel. Ich habe mir ein paar Tage im Bonbonladen frei genommen. Eigentlich: Kaffee-Bonbon-Croissant-etc.-Laden.

Habe ihn am Rand eines szenigen, immer beliebter werdenden Viertels am Rand der Innenstadt eröffnet. Ich mache phantastisches Karamel. Aber Karamel allein reicht nicht aus auf dieser Welt. Mein kleiner Bonbonladen »Süßes Nichts« wurde bald zu »Süßes nichts und Kaffee zum Mitnehmen«, dann zum »Bonbonladen-Café«. Schließlich wurde »Süßes Nichts« eine eigene Marke, der Name, unter dem ich mein abgepacktes Karamel verkaufte. Ich habe jetzt zehn Angestellte. Ich kann es mir leisten, ab und zu freizunehmen.

Und dann passiert es! Mein Hunger kommt zurück. Meine Einsamkeit kennt keinen Herbst, Winter, Frühling und Sommer. Sie kennt keine Jahreszeiten, geht nie vorbei. Immer etwas zu tun haben, das ist der Schlüssel. Meine Oma sagte oft: »Müßiggang ist aller Laster Anfang« oder: »Ist deine Wohnung blank und rein, wirst du es auch im Herzen sein«. Sie hat mir gezeigt, wie man Karamel macht.

Meine Mutter kochte gern. Als ich acht war, hat sie mir beigebracht, wie man Mürbteig für Obstkuchen macht. Das weiß ich noch genau, auch wenn ich mich nicht mehr an ihre Stimme oder ihr Gesicht erinnere – obwohl sie in meinen Träumen manchmal zu mir zurückkommt. Ich erinnere mich an einige Berührungen von ihr, als ich noch klein war. Ich weiß noch, wie sie mich einmal im Arm gehalten und geschaukelt hat, als ich krank war. Es war so ein schönes Gefühl. Ich war so glücklich, ich wollte, daß es nie aufhört.

Ich habe manchmal solche Sehnsucht. Ist das ein Verbrechen? Ich mache gern Mürbteig, ich mag seine weiche Konsistenz, nicht zu klebrig und nicht zu trocken, damit es eine perfekte Kruste gibt. Oder perfektes Karamel – ich kann es auf dem Herd machen oder in der Mikrowelle. Eigentlich ist es egal, aber auf die altmodische Art mache ich es lieber. Wenn es perfekt wird, also nicht zu hart, nicht zu weich, dann macht mich das vollkommen glücklich.

Ich muß raus aus diesem Haus. Die Stille bringt mich um.

Ich muß irgendwas tun.

Ich mache einen Spaziergang.

Der Gourmand trifft die Bonbonverkäuferin

Ich brauche neue Schuhe. Ich bin so kurzatmig geworden, daß ich mich schon anhöre wie ein hechelnder Hund. Bald fange ich auch noch an zu sabbern. Es ist lächerlich. Ich bin nicht in Form. Jetzt ist es fast Juli. Zu heiß für einen Spaziergang. Dabei ist es wirklich ein schöner Abend. Haufenweise Junikäfer und Glühwürmchen. Und ich hatte gedacht, daß beides bedrohte Tierarten sind.

Man kann kaum frische Luft schnappen.

Ein Mädchen kommt auf mich zu. Auch sie atmet irgendwie schwer, obwohl sie nicht so dick ist wie ich, nur ihre Hüften sind etwas breit. Ihre Beine sind etwas zu dünn, aber hübsch. Ich könnte wahrscheinlich mit einer Hand ihren Knöchel umfassen. Ihre Shorts sind eng. Ihre Brüste hängen ein bißchen. Man kann auch fast nicht mehr sagen, daß sie ein Mädchen ist. Sie ist eine Frau. Und sie lächelt mich an. Ich komme mir unbeholfen vor. Das Leben ist eben nicht immer wie eine Restaurantkritik.

Ich merke, daß ich ganz schön schwitze.

»Hi«, flüstert sie, als sie dicht vor mir ist.

»'n Abend.«

Sie nickt mit einem schelmischen Grinsen, das mich an das Lächeln meines Vaters erinnert, eine Haarsträhne verwegen über dem Gesicht. »Heiß, nicht wahr?«

Wir halten inne, gleichzeitig, und schauen uns mit plötzlichem, befangenem Interesse an.

»Zu heiß. Ich fürchte, ich bin nicht in Form«, sage ich, spreche damit das Offensichtliche aus und lache schnaubend.

»Ach, ist doch in Ordnung«, antwortet sie. »Gute Nacht.« Die Frau geht ihrer Wege. Ich will ihr nachgehen, nur würde das wohl zu sehr nach Serienmörder aussehen. Statt dessen gehe ich zurück nach Hause, an meinen unordentlichen, aber klimatisierten Zufluchtsort.

Doch irgendwie ist es traurig. Mein Gefühl wollte, daß ich ihr folge, aber ich hatte Angst. Ich geb's nicht gerne zu, aber so ist es.

Die Bonbonverkäuferin macht Karamel für sich selbst

»Ich Idiotin.« Ich schlage die Haustür zu.

Otis miaut zustimmend und rennt zu seiner Schüssel. Automatisch gebe ich ihm Brekkies. Süße kleine fischförmige Katzenbonbons.

Ich fange an, Karamel zu machen. Meine Nerven beruhigen sich langsam. Ich schaffe das. Es ist in Ordnung, mit Fremden zu reden. Ein großer, dicker, schwitzender Mann bei einem Spaziergang, den er dringend nötig hat.

»Ich habe auch geschwitzt«, murmele ich und rieche besorgt an meinen Achseln. Nicht so schlimm. Ein Hauch von *Dune* umgibt noch mein Handgelenk.

In der Küche ist es heiß. Ich muß raus aus der Küche.

»Ich habe keine Lust mehr zum Kochen«, sage ich zu Otis. Jo Jo streicht um den Kühlschrank herum und maunzt nach ihren Brekkies. »Hol's dir doch selber!« Cleveland sitzt neben Jo Jo. Otis leckt sich die Pfoten. »Es ist einfach nicht fair!«

Ich starre den liegengebliebenen Karameltopf an und auf

die kleine Fettrolle, die über meinen Gürtel quillt, als ich mich bücke, um den Katzen ihre Brekkies zu geben.

»Bin ich zu alt und zu häßlich, oder was? Hast du ›fett‹ gesagt, Otis? Schau lieber mal in den Spiegel, du schwabbelige Pelzkugel!«

Der Gourmand geht ins Bett

Ich schalte zwischen David Letterman und Jay Leno hin und her und versuche rauszufinden, ob eins von beiden eine neue Sendung ist und keine Sommerpausenwiederholung. Ich hasse Talkshow-Wiederholungen. Man erkennt sie immer am Eingangsgerede. Anspielungen auf Ereignisse, die im letzten oder vorletzten Jahr aktuell waren. Das ist ziemlich deprimierend. Statt dessen schau ich mir *Nightline* an. Das ist wenigstens nicht zu intellektuell für eine Nacht wie diese. Ich beiße in ein Milky Way und denke darüber nach, was aus mir geworden ist: Ich sitze zu Hause auf einer kahlen Matratze und blase Trübsal. Ich ziehe an der alten Steppdecke zwischen meinen Beinen und grübele über die Sinnlosigkeit des Universums nach. Ich könnte ein bißchen im Internet surfen, aber ich habe meine alten Rechnungen nicht bezahlt. Ich bin auf zwei verschiedenen Servern angemeldet.

E-Mailen wird auch langsam stumpfsinnig.

Einmal bin ich tatsächlich bis nach Denver gefahren, um mich mit einer aufreizenden Mieze zu treffen, die ich übers Internet kennengelernt hatte. Und dann habe ich festgestellt, daß sie eine siebzig Jahre alte Vettel war, achtmal verheiratet und mit rabenschwarzen Haaren, die schon langsam ausfielen. Sie behauptete, halb Cherokee und halb Choctaw zu sein. Und wir wären seelenverwandt. Der Witz an dem ganzen Treffen war, daß sie befand, ich hätte zuviel Fett auf den Rippen und an der entscheidenden Stelle zu wenig. Für sie zumindest. Ja, sie brachte mich sogar dazu, die Hosen fallen zu lassen. Sie war siebzig, aber gut gebaut. Sie hatte eigene Fitneßbücher und -videos gemacht, die alle Bestseller waren: *Stramme Muskeln für Senioren, Stramme Hintern für Senioren* und so.

»Ja, wo ist er denn?« krächzte die Alte, als ihre Klauen nach Sie-wissen-schon-was griffen.

Das hat mich tief getroffen. Aber nicht so sehr wie meine eigene Dummheit.

Ich habe keine Lust mehr auf Talkshows und verbiesterte alte Frauen.

Aber dieses Mädchen! Sie war so süß. Ich kannte mal ein absolut süßes Mädchen, das meine Brust berührte und mich zum Seufzen brachte. Am College habe ich Gedichte geschrieben. Doch keins davon wurde außerhalb des internen Literaturmagazins veröffentlicht. Kochrezepte können auch poetisch sein. Ich schreibe welche. Ich koche aber nicht. Jetzt ist mein Geheimnis raus. Ein Autor von Kochbuch-Bestsellern, der nicht kocht. Ich würdige das, was andere kochen.

Ich krame nach dem neuesten Playboy, auf der Suche nach Inspiration, lasse ihn aber für *Schöner Wohnen* liegen. Ich suche und suche, bis ich auf das Foto einer lächelnden Köchin aus irgendeinem fernen Land stoße, die zeigt, wie sie Karamel macht; mit lächelnden Augen, aber einem traurigen Gesichtsausdruck. Stolz, aber traurig. Sie sieht ein bißchen verschwitzt aus. Ihr Hemd ist über ihren Brüsten etwas zu eng. Es sieht aus, als ob die eine Brustwarze das Hemd gleich zum Zerreißen bringt. Das erregt mich, und ich fange an, meinen nackten Körper zu streicheln, der noch feucht vom Duschen ist. Ich schließe einen Moment die Augen und streichle meinen Penis. Dann öffne ich sie plötzlich und greife wieder nach der Zeitschrift. »Mein Gott –« Kerzengerade setze ich mich auf und lese den Artikel genauer. Sie ist nicht aus einem anderen Land, sie kommt hier aus der Gegend.

»Ich bin nicht einfach Bonbonverkäuferin«, erklärt Amy Carlton. »Ja, so hat es vielleicht angefangen. Die haben mich schon in der High-School Bonbonmädchen genannt, weil ich immer Karamel gemacht habe für die Wohltätigkeitsveranstaltungen. Und dann habe ich bei einem Wettbewerb gewonnen, der von einer bekannten Schokoladenfabrik veranstaltet wurde.« – »Guter Gott, sie ist es. Wo –?« Ich überfliege den ganzen Artikel.

Im Bonbonladen

Er hat die schönsten Augen, die ich je gesehen habe. Er schaut mich dauernd mit diesem Lächeln an. Er hat die Zeitschrift in der Hand. Das ist mir so peinlich. Er möchte ein Interview mit mir machen. Ich frage ihn, ob er erst etwas essen möchte. Er will.

»Dieser Kuchen ist unglaublich. Sie müssen mir unbedingt das Rezept geben.«

»Damit Sie es stehlen können?«

»Natürlich nicht, aber jetzt, wo Sie es sagen, sollte ich das in Erwägung ziehen.«

Er hat große Hände. Alles an ihm ist groß. Im positiven Sinn. Ich habe gern das Gefühl, klein zu sein in den Armen eines großen Mannes ... Ich will, daß er mich in den Arm nimmt, will mich in seiner Stärke *ganz* fühlen. Ich glaube, ich verliebe mich gerade. Die Art, wie er mein Essen genießt. Die Art, wie seine sinnlichen Lippen den kleinsten Krümel erschmecken und in Verzückung geraten. Die Art, wie sich seine schläfrigen Lider schließen, in trägem Genuß des weichen Karamelüberzugs.

Ich schaue auf seine Hände. Ich stelle mir vor, wie es sich anfühlt, wenn sie meine Brüste streicheln, so wie er es gerade mit seiner Gabel tut: der Daumen streicht über den Griff, als wäre er aus feinstem Silber. Er ißt ein Stück Schokoladentorte. »Wie konnte mir nur dieser Laden entgehen? Das ist wirklich eine berufliche Blamage.«

»Na ja, Mr. Barstow, was soll ich sagen – offensichtlich sind Sie und Ihre ganze Zeitung etwas nachlässig gewesen.«

»Ich hätte nicht sagen dürfen, wer ich bin. Jetzt muß ich Ihnen jemand anderen vorbeischicken, um die Kritik zu schreiben. Es ist bei unserer Zeitung nicht üblich, uns als Kritiker vorzustellen. Aber trotzdem hätte ich gerne, daß die Zeitung einen Artikel über Sie bringt. Es tut mir leid, daß wir das bisher noch nicht getan haben. Jetzt machen wir es aber ganz sicher. Ich selbst möchte das Interview nur führen, wenn es ein persönliches, inoffizielles ist, auf einer so vertraulichen Ebene, daß man es gar nicht abdrucken könnte. Nein, ich möchte keine Kritik über Sie schreiben, Amy Carlton.« Greg Barstow ißt den letzten köstlichen Krümel und spült ihn mit Milch herunter. »Aber ich würde sehr gerne mit Ihnen ausgehen, Sie einladen. Sie haben wunderschöne Augen.«

Ich sage mir, daß das nicht nur leere Worte sind, als sein Blick mit dem meinen verschmilzt. Ich stelle fest, daß seine Augen genau die Farbe von Nestlé-Schokoladenstreuseln haben. »Ein Rendezvous?«

Ich sehe mich im Bonbonladen nach lauschenden Kunden um, oder nach Betty, meiner besten, aber auch neugierigsten Kellnerin, oder nach Will, ihrem Assistenten, einem Praktikanten von der High-School. »Aber Mr. Barstow, und dabei haben Sie noch nicht mal mein Karamel probiert.« Ich muß lachen, als er die letzten Krümel von seinem Zeigefinger leckt.

»Ich kann es kaum erwarten, Amy. Es würde mich freuen, wenn Sie mich einfach Greg nennen. Ja?«

Ich fühle mich leicht wie eine Feder. Mein Körper könnte an die Decke schweben. Vielleicht wird er mich im Arm halten. Vielleicht wird er mich hin und her wiegen. Vielleicht wird er mich an all den geheimen Stellen berühren, die keiner je berührt hat. Vielleicht wird er mich auffressen, ganz herunterschlucken. Aussaugen. Ich bin so hungrig und so durstig.

In der Küche

Das Karamel war wunderbar.

Sie nahm mich mit in die Küche.

Wir machten Karamel. Ich sage wir, aber eigentlich hat sie alles alleine gemacht, ich habe nur zugesehen und heimlich mitgeschrieben.

Es ist das Karamel meines Vaters.

Ich weiß nicht, woher sie das kann.

Sie sagte, das Rezept ist von ihrer Großmutter Ida. Vielleicht kannten sich die beiden. Ich werde dem nachgehen.

Sie berührt mich immer wieder. Mit den Fingern steckt sie einen cremigen Bissen nach dem anderen in meinen Mund. Ich suche nach ihrem Mund. Wir teilen die Schokolade. Ich lecke. Sie leckt. Sie steckt mir Schokolade in die Hose. Ich erstarre, beginne dann, vor Vorfreude und Angst zu zittern. Was, wenn ich ihr nicht genug bin?

Im Schlafzimmer

»Bist du wie alle anderen?« platze ich heraus. Wird er sich nicht gehenlassen? Wird er mich nicht anfassen wollen? O Gott! Ich finde ihn. Nicht so groß, nicht wie alles andere an ihm. »Halt mich fest, bitte, Greg, bitte?«

Im Bett, wir wälzen uns hin und her. Plötzlich reißt er mir die Kleider herunter.

Ich rieche ihn.

Süße Gerüche. Karamelgerüche. Und Blumen. Rosenöl? Flieder? Lavendel.

Vanille.

Haut und Haut berühren sich, reiben aneinander. Vereinen sich. Verschmelzen. Ich möchte soviel Nähe, daß wir uns verlieren.

Hin und her wiegen. In den Armen meiner Mutter. Ich spüre ihre Brüste auf meiner Haut. Den Atem meines Vaters in ihrem Gesicht.

»Daddy«, weint sie.

»Mama«, antworte ich.

In ihn dringt etwas hinein, groß vor soviel Verlangen, soviel Einsamkeit. Anders zu sein, bringt vielleicht zurück, was verloren war. »Iß mich«, sage ich. »Schluck mich herunter, ganz.« Ich drücke den ganzen Schmerz in den anderen hinein.

Der Gourmand ist schließlich satt

Wir werden eins.

Wiegen uns im Boot der Sehnsucht.

Es ist nicht mehr da. Er hat es und es ist in mir.

Der Orgasmus explodiert wie ein zu lange gekochtes Ei in der Mikrowelle. Oder wie Kompott mit zuviel Früchten, in einem Topf von überquellender, klebriger Süße. Ich bin von oben bis unten voll damit. Er ißt mich. Meine Hände sind die Hände meiner Mutter, die über Schreibmaschinentasten zittern. Sie hat das Internet nie gekannt. Sie war niemals so frei. Er ißt mich. Er leckt meine Seele. Aus meinen Brüsten tropft Honig auf seine Brust.

Ich seufze, berühre seinen Penis für einen letzten Kuß.

Ich bin nicht hungrig. Ich kann keinen Bissen zu mir nehmen.

Die Bonbonverkäuferin wird erwachsen und ein Mann

Die Hände beschenken noch immer. Die Lippen küssen noch immer. Berühren ist gut. Was verloren ist, kann auf die wundersamste Weise wiedergefunden werden.

Teilen heißt lieben.

Berühren heißt loslassen.

Liebe ist ein Wechselbalg. Wie Karamel. Es sind die Zutaten.

Einzeln schmeckt eine Kirsche gut. Aber in Schokolade getunkt, ist das etwas anderes. Es gibt Regeln, und dann wieder keine. Abwesenheit und Anwesenheit. Kirschkaramel. Bananenkaramel. Karamel mit Nüssen. Karamel ohne Nüsse. Vanille-Mokka-Karamel. Kokos-Überraschungs-Karamel. Walnuß-und-Blaubeer-Karamel. Was ist Karamel? Am besten nur mit Schokolade außen herum, ohne Nüsse. Einfachheit. Das verkauft sich am besten.

Im Dunkeln kann man sein, wer immer man will. Es ist nicht das Eindringen oder das Körperteil, das eindringt. Es ist: gehalten werden, berühren, die Seelen austauschen. Das Nicht-Verlassenwerden, die Wut zur Seite schieben und das verlorene Kind wiederfinden.

Ich bin sein Vater. Er ist meine Mutter.

Wir schlucken und schlafen ein, endlich satt.

Neil Gaiman

Veränderungen

1.

Später wurde auf den Tod seiner Schwester verwiesen, auf den Krebs, der ihr zwölfjähriges Leben auffraß, auf die hühnereigroßen Tumoren in ihrem Gehirn und darauf, daß er sie in dem weißen Krankenhaus sterben sah, als siebenjähriger Junge, mit großen braunen Augen, laufender Nase und kurzgeschorenem Haar. Und es hieß »Das war der Anfang von allem«, und vielleicht war es auch so.

In der Filmbiographie *Reboot* aus dem Jahr 2018 (Regie: Robert Zemeckis) wird hier abrupt geschnitten. Die nächste Einstellung zeigt ihn als Teenager. Er sieht seinen Biologielehrer an Aids sterben, und wir werden Zeuge, wie die beiden über das Sezieren eines großen, hellbäuchigen Frosches diskutieren.

»Warum müssen wir ihn denn zerstückeln?« fragt der junge Rajit, während die Musik lauter wird. »Sollten wir ihn nicht lieber lebendig machen?« Sein Lehrer, den der inzwischen verstorbene James Earl Jones spielt, wirkt zunächst betreten, dann begeistert, hebt seine Hand vom Krankenbett und legt sie auf die knochige Schulter des Jungen. »Wenn jemand dazu in der Lage ist, Rajit, dann bist du es«, sagt er mit polternder Baßstimme.

Der Junge nickt und starrt mit einer leidenschaftlichen Entschlossenheit in den Augen in die Kamera, die an Fanatismus grenzt.

Dies ist nie geschehen, und doch ist die Szene entscheidend für all das, was danach passierte, wie so oft Ungeschehenes der Schlüssel zur Wirklichkeit ist.

2.

Ein grauer Novembertag: Rajit ist jetzt ein hochgewachsener Mann in den Vierzigern mit dunkel umrandeter Brille, die er gerade nicht trägt. Das Fehlen der Brille betont seine Nacktheit. Er sitzt in der Badewanne und probt den Schluß seines Vortrags, während das Wasser langsam kalt wird. Im täglichen Leben ist seine Körperhaltung leicht gebeugt, doch davon ist jetzt nichts zu sehen. Er wägt seine Worte ab, bevor er spricht. Er ist kein guter Redner.

Heute ist er allein in der Wohnung in Brooklyn, die er mit einem anderen Naturwissenschaftler und einem Bibliothekar teilt. Sein Penis ist zusammengeschrumpft und sieht im lauwarmen Wasser aus wie eine Nuß. »Dies bedeutet«, sagt er laut und mit Bedacht, »daß wir den Kampf gegen den Krebs gewonnen haben.«

Dann hält er inne und nimmt die Frage eines imaginären Journalisten entgegen, der am anderen Ende des Badezimmers steht.

»Nebenwirkungen?« fragt er sich selbst mit hallender Badezimmerstimme. »Ja, es gibt ein paar Nebenwirkungen. Soweit wir es beurteilen können, jedoch keine, die irgendwelche bleibenden Veränderungen hervorrufen.«

Er steigt aus der ramponierten Keramikwanne, geht nackt zur Toilettenschüssel und übergibt sich heftig. Das Lampenfieber durchbohrt seine Eingeweide wie ein Messer. Als sein Magen völlig leer und der Brechreiz abgeklungen ist, spült Rajit seinen Rachen mit Mundwasser, zieht sich an und nimmt den Schnellzug ins Zentrum von Manhattan.

3.

Es handelt sich um eine Entdeckung, so wird im *Time Magazine* zu lesen sein, die »die Medizin ebenso gravierend und nachhaltig verändern wird wie die Entdeckung des Penicillins.«

»Was wäre, wenn –« sagt Jeff Goldblum, der den erwachsenen Rajit in der Filmbiographie spielt, »nur mal angenommen – was wäre, wenn man den genetischen Code des Körpers neu eingeben könnte? So viele Krankheiten entstehen, weil der Körper vergessen hat, wie er sich verhalten soll. Der Code ist durcheinandergebracht worden. Das Programm ist abgestürzt. Was wäre – was wäre, wenn man es wieder zum Laufen bringen könnte?«

»Du bist ja verrückt«, erwidert seine hübsche blonde Freundin – im Film. Im wirklichen Leben hat er keine Freundin. Im wirklichen Leben beschränkt sich Rajits Sexleben auf unregelmäßige kommerzielle Treffen mit den jungen Männern vom AAA-Ajax Begleitservice.

»Hey, es ist wie bei einem Computer«, meint Jeff Goldblum und formuliert es treffender, als Rajit es je getan hat. »Anstatt zu versuchen, alle durch ein abgestürztes Programm verursachten Defekte einzeln zu beheben, Fehler für Fehler, Symptom für Symptom, kann man das Programm auch einfach neu installieren. Alle nötigen Informationen sind bereits vorhanden. Wir müssen unsere Körper nur damit beauftragen, die RNS und die DNS neu zu überprüfen – das Programm neu einzulesen, wenn du so willst –, um dann neu zu starten, zu rebooten.«

Die blonde Schauspielerin lächelt und unterbricht seine Worte mit einem leidenschaftlichen Kuß. Sie wirkt amüsiert und beeindruckt.

4.

Die Frau hat Milz-, Lymphknoten- und Unterleibskrebs: Non-Hodgkin-Lymphome. Außerdem hat sie eine Lungenentzündung. Sie hat Rajits Vorschlag zugestimmt, bei ihr eine neuartige Behandlungsmethode zu testen. Sie weiß auch, daß es in Amerika gesetzwidrig ist zu behaupten, Krebs sei heilbar. Bis vor kurzem war sie eine dicke Frau. Inzwischen hat sie Gewicht verloren und erinnert Rajit an einen Schneemann in der Sonne: Mit jedem Tag schmilzt sie weiter, mit jedem Tag, so kommt es ihm vor, verschwimmen ihre Konturen noch mehr.

»Es ist kein Medikament im herkömmlichen Sinne«, erklärt er ihr. »Es setzt eine Reihe chemischer Abläufe in Gang.« Sie sieht ihn verständnislos an. Er injiziert zwei Ampullen farbloser Flüssigkeit in ihre Venen.

Innerhalb von Minuten schläft sie ein.

Als sie erwacht, ist sie vom Krebs geheilt. Kurz darauf stirbt sie an Lungenentzündung.

Rajit hat die beiden Tage vor ihrem Tod damit verbracht, sich zu überlegen, wie er erklären soll, warum die Patientin – wie die Autopsie zweifelsfrei beweist – jetzt einen Penis hat und in jeder Hinsicht, sowohl was ihre Körperfunktionen betrifft als auch bezüglich ihrer Chromosomen, ein Mann ist.

5.

Zwanzig Jahre später, in einem winzigen Apartment in New Orleans (obwohl es ebensogut in Moskau oder Manchester oder Paris oder Berlin sein könnte): Heute ist ein besonderer Abend, und Jo/e wird einen großen Auftritt haben.

Zur Wahl stehen ein französisches Polonaise-Hofkleid im Stil des achtzehnten Jahrhunderts (mit Glasfaser-Gesäßpolster und drahtverstärktem Korsett, um das spitzenbesetzte, purpurfarbene Mieder zur Geltung zu bringen) und eine Reproduktion von Sir Philip Sidneys Hofgewand, aus schwarzem, mit Silberfäden durchsetztem Samt, komplett mit Halskrause und Hosenbeutel. Letztendlich, nach reiflicher Überlegung, fällt Jo/es Entscheidung: Dame sticht Bube. Noch zwölf Stunden: Jo/e öffnet das Fläschchen mit den roten Pillen – jede rote Pille ist mit einem X gekennzeichnet – und nimmt zwei davon ein. Es ist zehn Uhr vormittags. Jo/e legt sich ins Bett und beginnt mit halb erigiertem Penis zu onanieren, schläft jedoch ein, ohne vorher zu kommen.

Das Zimmer ist sehr klein. Überall hängen Kleidungsstücke. Auf dem Boden liegt eine leere Pizzaschachtel. Normalerweise schnarcht Jo/e laut, das Freebooten dagegen verläuft völlig geräuschlos. Es könnte sich dabei genausogut um eine Art Koma handeln.

Jo/e wacht um zehn Uhr abends auf und fühlt sich zart und wie neugeboren. Damals, als Jo/e noch ein Neuling in der Partyszene war, hatte jede Veränderung eine unerbittliche Selbstanalyse zur Folge, eine eingehende Prüfung von Muttermalen und Brustwarzen, Vorhaut oder Klitoris, um herauszufinden, welche Spuren verschwunden und welche geblieben waren. Doch inzwischen ist Jo/e ein alter Hase und zieht Gesäßpolster, Reifrock, Mieder und Kleid an. Die neuen Brüste (hoch und konisch) sind zusammengepreßt, und der Reifrock schleift auf dem Boden, so daß Jo/e darunter die vierzig Jahre alten Doc-Martens-Stiefel tragen kann (man weiß ja nie, wann es zu laufen gilt oder zuzutreten, und mit seidenen Halbschuhen wäre niemandem gedient).

Eine hohe, gepuderte Perücke rundet das Erscheinungsbild ab. Und ein Spritzer Eau de Cologne. Dann macht sich Jo/e am Reifrock zu schaffen, schiebt einen Finger zwischen die Beine (Jo/es Originalitätsanspruch, den die Doc Martens Lügen strafen, verbietet das Tragen von Unterwäsche) und danach hinter die Ohren, aus Aberglaube vielleicht, oder um die Chancen zu erhöhen, jemanden abzuschleppen. Um 23.05 Uhr klingelt es an der Tür, das Taxi ist da, und Jo/e läuft die Treppe hinunter. Jo/e geht auf den Ball.

Morgen abend wird Jo/e eine weitere Dosis nehmen; Jo/es berufliche Identität unter der Woche ist strikt männlich.

6.

Rajit hat im geschlechtskonvertierenden Effekt des Rebootens nie mehr als eine Nebenwirkung gesehen. Der Nobelpreis wurde ihm für die Krebsbekämpfung verliehen (wie sich herausstellte, wirkte das Rebooten zwar gegen die meisten Formen von Krebs, jedoch keineswegs gegen alle).

Für einen so klugen Mann war Rajit erstaunlich kurzsichtig. Es gab einiges, was er nicht vorhersah. Zum Beispiel:

Daß es Leute geben könnte, die – obwohl unheilbar an Krebs erkrankt – vorzogen zu sterben, anstatt sich einer Geschlechtsveränderung zu unterziehen.

Oder daß die katholische Kirche gegen Rajits chemisches Präparat, das mittlerweile unter dem Markennamen »Reboot« vertrieben wurde, Sturm laufen würde, vor allem deshalb, weil die Geschlechtsveränderung dazu führte, daß der schwangere weibliche Körper den Fötus beim Rebooten absorbierte: Männer können nicht schwanger werden. Etliche andere religiöse Gruppierungen sprachen sich ebenfalls gegen Reboot aus, wobei sich die meisten auf Genesis I, 27 beriefen: »Gott schuf sie als Mann und Weib.«

(Zu den religiösen Gruppierungen, die Reboot ablehnten, gehörten der Islam, die Christliche Wissenschaft, die Russisch-Orthodoxe Kirche, die Römisch-Katholische Kirche (mit einer Reihe von Gegenstimmen), die Vereinigungskirche, die Anhänger des Frommen Weges, die Orthodoxen Juden sowie die Fundamentalistische Allianz der Vereinigten Staaten.

Zu den Gruppierungen, die Reboot befürworteten, vorausgesetzt, es wurde von einem qualifizierten Mediziner als die geeignete Behandlungsmethode empfohlen, zählten die meisten Buddhisten, die Kirche Jesu Christi der Heiligen der letzten Tage, die Griechisch-Orthodoxe Kirche, die Scientologen, die Anglikanische Kirche (mit einer Reihe von Gegenstimmen), die Anhänger des Neuen Weges, die Liberale Jüdische Gemeinde und das New-Age-Bündnis Amerikas.

Religiöse Gruppierungen, die sich von Anfang an für die Anwendung von Reboot zum Vergnügen einsetzten, gab es keine.

Obwohl sich Rajit darüber im klaren war, daß Reboot die Geschlechtsumwandlungs-Chirurgie überflüssig machen würde, kam er gar nicht auf die Idee, daß es irgend jemand aus Experimentierfreude oder Neugier anwenden könnte oder um dem Alltag zu entfliehen. Er sah daher auch nicht den Schwarzmarkt für Reboot und ähnliche chemische Präparate vorher, und genausowenig die Tatsache, daß innerhalb von fünfzehn Jahren, nachdem Reboot mit dem Segen der Gesundheitsbehörden auf den Markt gebracht worden war, der illegale Verkauf von synthetischen Reboot-Imitaten (die bald unter der Bezeichnung »Bootlegs« bekannt wurden) Gramm für Gramm den von Heroin und Kokain um mehr als das Zehnfache übersteigen würde.

7.

In einigen Ländern des Neuen Kommunistischen Staatenbundes Osteuropas wurde der Besitz von Bootlegs mit der Todesstrafe geahndet.

Aus Thailand und der Mongolei verlautete, daß dort Jungen gewaltsam zu Mädchen umgebootet wurden, um ihren Wert als Prostituierte zu steigern.

In China wurden neugeborene Mädchen zu Jungen umgebootet: Viele Familien opferten alles, was sie besaßen, für eine einzige Dosis. Alte Leute starben nach wie vor an Krebs. Der anschließende Geburtenrückgang wurde erst dann als Problem erkannt, als es bereits zu spät war. Die geplanten drastischen Maßnahmen erwiesen sich als schwer durchführbar und trugen ihren Teil zur letzten Chinesischen Revolution bei.

Wie Amnesty International mitteilte, wurden in verschiedenen arabischen Ländern Männer verhaftet und oftmals vergewaltigt und getötet, die nicht ohne weiteres nachweisen konnten, daß sie von Geburt an Männer waren und nicht in Wirklichkeit Frauen, die dem Tragen des Schleiers entgehen wollten. Die meisten arabischen Staatsoberhäupter bestritten, daß sich derartige Fälle ereigneten oder jemals ereignet hätten.

8.

Rajit ist in den Sechzigern, als er im *New Yorker* liest, daß das Wort »Veränderung« zunehmend Konnotationen abgrundtiefer Anstößigkeit und Unsittlichkeit annimmt.

Schulkinder kichern verlegen, wenn sie beim Studium der Literatur aus der Zeit vor der Jahrtausendwende auf Formulierungen wie »Mir war nach einer Veränderung« oder »Zeit für eine Veränderung« oder *Ein Hauch von Veränderung* stoßen. Während einer Englischstunde in Norwich erntet ein Vierzehnjähriger mit der Entdeckung von »Nicht jede Veränderung ist eine Verbesserung« schrecklich obszönes Gelächter.

Ein Vertreter der *King's English Society* wendet sich in einem Brief an die *Times* und beklagt den Verlust eines weiteren tadellosen Wortes für den englischen Sprachschatz.

Einige Jahre später wird einem Jugendlichen in Streatham

erfolgreich der Prozeß gemacht, weil er in der Öffentlichkeit ein T-Shirt mit dem deutlich lesbaren Aufdruck »Ich bin ein veränderter Mann!« getragen hat.

9.

Jackie arbeitet im *Blossoms*, einem Nachtclub in West Hollywood. Es gibt Dutzende, wenn nicht sogar Hunderte Jackies in Los Angeles, Tausende landesweit, Hunderttausende weltweit.

Manche von ihnen arbeiten für die Regierung, andere für religiöse Organisationen oder in der freien Wirtschaft. In New York, London und Los Angeles stehen Leute wie Jackie an den Türen von Clubs, in denen sich die Szene trifft.

Und das ist es, was Jackie tut. Jackie sieht sich die Leute an, die hereinkommen, und denkt: »Ursprünglich M, jetzt W; ursprünglich W, jetzt M; ursprünglich M, jetzt M; ursprünglich M, jetzt W; ursprünglich W, jetzt W ...«

An »natürlichen Abenden« (der derbe Ausdruck lautet »unverändert«) sagt Jackie oft: »Tut mir leid. Heute geschlossene Gesellschaft.« Leute wie Jackie haben eine siebenundneunzigprozentige Trefferquote. In einem Artikel im *Scientific American* wird die Vermutung geäußert, daß die Fähigkeit, das ursprüngliche Geschlecht eines Menschen erkennen zu können, unter Umständen genetisch vererbbar sei: eine Begabung, die schon immer existiert hat, der jedoch bislang noch keine wirklich überlebenswichtige Bedeutung zukam.

Jackie wird in den frühen Morgenstunden beim Verlassen des *Blossoms* auf dem Parkplatz hinter dem Club zusammengeschlagen und denkt bei jedem neuen Stiefeltritt ins Gesicht und gegen die Brust und an den Kopf und in die Leisten: »Ursprünglich M, jetzt W; ursprünglich W, jetzt W; ursprünglich W, jetzt M; ursprünglich M, jetzt M ...«

Nach der Entlassung aus dem Krankenhaus erhält Jackie – jetzt auf einem Auge blind, Gesicht und Brust ein einziger, riesengroßer violett-grüner Bluterguß – einen gigantischen Strauß exotischer Blumen mit einem Begleitschreiben, in dem steht, daß Jackies Job noch nicht wieder besetzt wurde.

Nichtsdestotrotz nimmt Jackie den Expreßzug nach Chicago und dann einen Regionalzug nach Kansas City, um dort zu bleiben und als Maler und Elektriker zu arbeiten: Berufe, für die Jackie vor langer Zeit ausgebildet wurde. Jackie kehrt nicht mehr zurück.

10.

Rajit ist inzwischen in den Siebzigern. Er lebt in Rio de Janeiro. Er ist reich genug, um sich jeden Wunsch zu erfüllen. Trotzdem hat er mit niemandem mehr Sex. Vom Fenster seines Apartments aus beäugt er argwöhnisch seine Mitmenschen, starrt hinab auf die gebräunten Körper an der Copacabana und wundert sich.

Den Leuten am Strand ist er ebenso gleichgültig wie Alexander Fleming, der Entdecker des Penicillins, einem Jugendlichen mit einer Virusinfektion. Die meisten von ihnen denken, Rajit muß mittlerweile tot sein. Niemanden interessiert es.

Es wird vermutet, daß sich verschiedene Krebsformen weiterentwickelt haben und mutiert sind und damit gegen Reboot immun geworden sind. Viele Bakterien- und Viruserkrankungen sind ebenfalls gegen Reboot resistent. Einige werden sogar von der Anwendung von Reboot gefördert. Von einer – es handelt sich dabei um eine neuartige Form von Gonorrhöe – nimmt man an, daß sie den Reboot-Prozeß für die Bakterienübertragung nutzt, wobei sie anfangs im Körper der infizierten Person schlummert und erst dann ausbricht, wenn sich die Genitalien in die des anderen Geschlechts umgebildet haben.

Dennoch steigt die durchschnittliche Lebenserwartung in der westlichen Hemisphäre.

Warum manche Freebooter – Hobby-Rebooter – normal zu altern scheinen, während bei anderen überhaupt keine Anzeichen eines Alterungsprozesses zu erkennen sind, ist den Wissenschaftlern ein Rätsel. Manche behaupten, letztere würden durchaus altern, jedoch nur in den Zellen. Andere beharren darauf, daß es noch zu früh ist, um das zu beurteilen, und daß niemand absolute Gewißheit hat.

Rebooten kehrt den Alterungsprozeß nicht um; allerdings gibt es Anzeichen dafür, daß er bei manchen Anwendern gestoppt wird. Viele ältere Menschen, die sich bislang gegen Rebooten zum Vergnügen gesträubt haben, beginnen damit, es regelmäßig anzuwenden, egal, ob es ihr Gesundheitszustand verlangt oder nicht – sie werden zu Freebootern.

11.

Bei der Wettervorhersage wird mittlerweile nur noch von *unbeständig* oder manchmal auch von *variabel* gesprochen. »Umformen« oder »umgestalten« wird jetzt gewöhnlich als *modifizieren* bezeichnet.

12.

Rajit, der an Prostatakrebs erkrankt ist, liegt in seiner Wohnung in Rio im Sterben. Er ist jetzt Anfang Neunzig. Reboot hat er nie angewendet; allein die Vorstellung macht ihm angst. Der Krebs hat sich inzwischen bis zu den Beckenknochen und den Hoden ausgebreitet.

Er läutet die Glocke. Es vergeht eine kurze Zeit, bis die

Krankenschwester ihre tagtägliche Seifenoper abgeschaltet, ihre Kaffeetasse abgestellt hat. Schließlich betritt sie das Zimmer.

»Bringen Sie mich an die frische Luft«, fordert er die Schwester mit heiserer Stimme auf. Zunächst gibt sie vor, ihn nicht zu verstehen. Er wiederholt das Gesagte in seinem holprigen Portugiesisch. Die Schwester antwortet mit einem Kopfschütteln.

Er hievt sich aus dem Bett – eine zusammengeschrumpfte Gestalt, so stark gebeugt, als hätte sie einen Buckel, so zerbrechlich, als würde der leiseste Lufthauch sie umwehen – und macht sich auf den Weg zur Wohnungstür.

Die Krankenschwester versucht, ihn davon abzubringen – vergeblich. Dann geht sie mit ihm in den Flur und hält ihn am Arm, während sie auf den Aufzug warten. Er hat die Wohnung seit zwei Jahren nicht mehr verlassen. Auch vor seiner Krebserkrankung hat Rajit die Wohnung nicht verlassen. Er ist fast blind.

Die Schwester führt ihn hinaus ins gleißende Sonnenlicht, über die Straße und hinunter zum Sandstrand der Copacabana.

Die Leute am Strand starren den kahlköpfigen und verfallenen alten Mann in seinem antiquierten Schlafanzug an, der mit farblosen, einst braunen Augen durch fingerdicke, dunkel umrandete Brillengläser um sich blickt.

Er starrt zurück.

Sie sind goldfarben und bildschön. Einige sind im Sand eingeschlafen. Die meisten sind nackt oder tragen die Art von Badekleidung, die ihre Nacktheit noch unterstreicht und hervorhebt.

Da erkennt Rajit sie.

Später, viel später wurde eine weitere Filmbiographie gedreht. In der letzten Szene fällt der alte Mann am Strand auf die Knie, was er auch in Wirklichkeit getan hat. Blut tropft aus dem offenen Hosenschlitz seines Schlafanzugs, durchtränkt den ausgeblichenen Stoff und bildet eine dunkle Pfütze im weichen, weißen Sand. Er starrt sie an, blickt von einem zum anderen, mit ehrfürchtigem Gesichtsausdruck, wie jemand, der letztendlich gelernt hat, der Sonne entgegenzublicken.

Er sagte nur ein einziges Wort, als er starb, umgeben von goldfarbenen Menschen, die keine Männer waren und keine Frauen.

Er sagte: »Engel.«

Und die Leute, die sich die Filmbiographie ansahen, die ebenso goldfarben, so bildschön, so *verändert* waren wie die Leute am Strand, wußten, das war das Ende von allem.

Und Rajit hätte es auch so gesehen.

Geoff Ryman

Omnisexuell

Es waren Vögel in ihr. Sollten sie jetzt zur Welt kommen? Einer von ihnen flatterte mit den Flügeln gegen die Wände der Gebärmutter. Der Mann fühlte das Flattern auch. In einem Paradies der Wechselseitigkeit fühlte er, was sie fühlte, aber sie war nicht real. Diese Welt hatte sie geboren, aus dem Gedächtnis heraus.

Eine Taube wand sich aus ihr heraus. Der runde weiße Kopf, die überraschten schwarzen Augen machten ihn lächeln. Sie zwinkerte, bedeckt von Säften, und dann, nach weiteren Konvulsionen, hatte sie sich befreit. Die Frau legte sich die Taube auf den Bauch, um sie zu wärmen, sie lag zwischen ihnen und säuberte sich. Plötzlich flog sie weg.

Er barg sein Gesicht in ihr, er liebte ihren Geschmack.

»Bleib so«, sagte sie und hielt seinen Kopf, zeigte ihm, wo sie seine Zunge spüren wollte.

Und er fühlte seine eigene Zunge, auf einer empfindlichen neuen Spalte, die sich quer über seinem Hodensack geöffnet zu haben schien.

Sie gebar eine zarte, milchige Substanz, die wie weiße Schokolade schmeckte. Er ernährte sich davon in den Tagen ihres Zusammenseins.

Sie wurde von einem Kolibri entbunden. Da wußte er, was passierte. Auf der DNA sind das Gedächtnis und die Gene verschlüsselt. Hier, zu einer anderen Zeit, an einem anderen

Ort, waren das Gedächtnis und die Gene durcheinandergeraten. Sie gebar Erinnerungen.

»Gleich, gleich«, sagte sie ihm und nahm seinen Kopf wieder zwischen die Hände. Der Kolibri glitt von einem Körper in den anderen, arbeitete sich aus ihr heraus und durch die Kehle in seinem Körper nach unten. Der Mann atmete sehr vorsichtig, wagte nicht, sich zu bewegen, um keinen Würgereiz zu bekommen. Er fühlte, wie sich ein Knäuel warmer Federn ballte und einrollte. Er fühlte, wie sein Atem am Rücken des Vogels vorbeiströmte, und er schluckte, um ihm behilflich zu sein.

Der Vogel machte sich ein Nest im Magen des Mannes. Das Summen der Flügel verursachte ein Gefühl andauernder Erregung. Er wußte, daß er den Vogel verdauen würde. Die Zellwände des Vogels würden zusammenbrechen und die Last der Gene freigeben. Er wußte, sie würden sich mit den seinen vereinigen. Das Leben hier funktionierte anders.

Er wurde schwanger. Überall auf seiner Haut warfen sich riesige, bleiche Blasen auf, das befreiende Skalpell herbeisehnend. Er drückte sie zusammen, bis sie platzten, war erleichtert, als Flüssigkeit und neues Leben daraus hervorschossen.

Er gebar etwas, das wie Stücke roher Leber aussah. Er preßte die Stücke unter der bleichen, losen Haut der Blasen hervor, sie fielen zu Boden. Sie zogen sich zu Muskelknoten zusammen und streckten sich wieder. Auf diese Weise bewegten sie sich über den Boden, und der Staub haftete an ihnen wie ein Überzug aus feinem Wildleder.

Sie konnten sprechen, mit zarter Stimme. »Nach Hause«, riefen sie. »Nach Hause, nach Hause, nach Hause«, wie Vögel. Sie wollten zu ihm zurück. Sie waren ein Teil von ihm, erinnerten sich, daß sie er waren, sie selbst hatten keine Form. Sie brauchten seine Form, um existieren zu können. Nachts froren sie und sammelten sich wimmernd um ihn. Sie wollten in seinen Körper zurück. Schließlich aß er sie, um sie wieder ganz zu machen. Eine andere Möglichkeit konnte er sich nicht vorstellen.

Ihre Mutter aß sie auch. »Sie kommen als Kolibris wieder zur Welt«, sagte sie ihm. Statt dessen gebar sie Rosensträuße und Gegenstände, die wie kleine Spielzeuglokomotiven aussahen.

Er traute ihr nicht. Er wußte, sie würde seine Erinnerungen von seinen Stückchen ablesen. Sie sammelte die Erinnerungen anderer Menschen. Sie sah seine Zweifel.

»Ich bin wie ein Buch«, sagte sie. »Bücher sind der Geist der Welt, der die äußere Form von Papier und Wörtern annimmt. Sie sind das Werk aller, eine Sammlung. Ich bin das auch. Ich habe an allem teil. So wie du.«

Ihre Direktheit machte ihn verlegen. Seine Zweifel waren nicht gemindert. Raschelnd ging er durch eine Tundra intelligenter Gräser. Die Haare auf den Gerstenähren drehten sich wie Antennen. Auch das Gras hatte an allem teil.

Als er zu der Frau, die nicht real war, zurückkam, war sie gewachsen. Sie lag eingerollt im Gras und umarmte ihn; sie öffnete sich und umschloß ihn. Warmes Fleisch, lachsrosa und blau geädert, schloß sich feucht und schützend über ihm, brutzelnd wie ein Steak und pochend wie Beethoven. Er lebte in ihrem Körper.

Neugierige Bänder erforschten ihn sanft, öffneten ihn. Sie schmiegten sich in seine Ohren, krochen in seine Nasenlöcher, schlängelten sich in seinen Anus, drangen dünn wie eine Nadel in seine Penisspitze. Sie entknoteten seinen Bauchnabel, um ihn zu füttern. Fleischlichkeit war wie ein Meer, in dem er, für eine Zeitlang, sein unabhängiges Dasein aufgehen ließ.

Welche Verbindung konnte vollständiger sein als diese? Als er nach einigen Monaten wieder auftauchte, war er ein anderer Mensch. Er hatte ein anderes Gesicht. Es war aus ihm herausgewachsen, aus seinem alten. Er blickte in ihre Augen und sah das Spiegelbild seines neuen Gesichts. Es war ein Schock für ihn. Dies war das Gesicht eines Eroberers, eines Helden, älter, wie ein Kopf auf einer römischen Münze.

Ihre Augen erwiderten seinen Blick, amüsiert und zärtlich. »Du wirst jetzt fortgehen«, sagte sie zu ihm. »Du langweilst dich jetzt. Du solltest immer auf Langeweile oder Abscheu hören. Sie sagen dir, wenn es Zeit ist zu gehen.«

In der anderen Welt, jener, aus der er gekommen war, gab es ein Leuchtschild vor seinem Fenster.

DAS MORGEN BAUEN, stand da zu lesen, MIT DEN MENSCHEN VON HEUTE.

Er hatte nicht den Eindruck, daß das möglich war.

Wenn sich auf den Fensterscheiben wie kleine Höcker die Regentropfen sammelten, lösten sie das rote Leuchten auf in glühendrote Blutstropfen aus Licht. Er hörte dem Wind draußen zu oder kämpfte sich durch die stürmischen Straßen, unter Wolken, die die Farbe von Tauben hatten.

Alles war mit Beton versiegelt. Es gab keine Bäume; die Häuser waren in billiger Fertigbauweise erstellt, sie wurden nicht gepflegt. Außer den Menschen gab es nichts, das weich war.

Die Menschen lebten dort, wo sie auch arbeiteten. Am Morgen krochen sie unter ihren Schreibtischen hervor, schläfrig, verlegen, höflich. Sie rochen nach körperlichen Prozessen; in verblichenen Bademänteln, die die Gerüche verbergen sollten, schleppten sie sich in die Waschräume. Ihre Brüste, ihre Hintern waren verhüllt und verborgen. Krankheit war wie ein Pesthauch, wie eine Art strahlendes Ektoplasma. Die Augen voller Staub, zog er durch die stürmischen Straßen, schaute auf die jungen Menschen. Er konnte die Schönheit ihrer Gesichter und Körper nicht fassen, und das Herz tat ihm weh. Nicht auszudenken, sie würden alt werden. Er wollte sie halten und sie berühren, so daß ihre Schönheit nicht ungeachtet vergehen würde, so daß sie nicht nur einem oder zwei anderen allein gehören würde.

Der Gedanke tat ihm weh, daß sie ihre Schönheit hier verlieren könnten.

Er sah, daß sie sie verloren. Er sah, was aus ihnen werden würde. Die Menschen, mit denen er zusammenarbeitete, hatten kleine Kocher unter ihren Schreibtischen und bereiteten sich kleine Mahlzeiten. Überall im Büro roch es nach Kohl. Ihre scheuen Gesichter wurden faltig und fahl, bis sie schließlich nur mehr finster und verrunzelt in die Welt blickten. Der Verlust löste Sehnsucht in ihm aus. Er begehrte die Alten. Er sehnte sich danach, ihnen die Hand entgegenzustrecken und die Geister ihrer jüngeren Seelen zu trösten, sehnte sich danach, zum Blühen zu bringen, was von ihren Körpern übriggeblieben war. Er begehrte die Jungen, die verdammt waren.

Sie mußten nicht so leben. Sie konnten die Freiheit wählen. So wie er. Er hatte eine Berufung, die Berufung zu lieben. Um eine Berufung zu haben, ist es nötig, Ehrgeiz und Normalität aufzugeben. Er ging weg, um an einem anderen Ort zu leben, einem Ort, wo die Liebe erlaubt war, wo das Leben anders ablief, auch Krankheit und Fortpflanzung. Diejenigen, die dort hingingen, konnten lieben ohne Risiko und sauber zurückkehren. Er hatte nicht die Absicht zurückzukehren. Er hatte seinen Schreibtisch und die Kohlgerüche aufgegeben. Man nannte ihn eine Hure.

Dies ist keine Geschichte von anderen Planeten. Es ist eine Geschichte von inneren Antrieben. Er wurde an einen anderen Ort, in eine andere Zeit getrieben. Es kamen Besucher dorthin, um geliebt zu werden. Und er liebte sie. Es war ein Paradies der Höflichkeit. Da waren die Annäherungen, elegant oder scheu; und die Scherze; und die liebevollen Abschiede; und die leise Verlegenheit bei der Trennung, wenn es nicht geklappt hatte, und das zärtliche Streicheln des Haars, was bedeutete – es war schön, und jetzt ist es zu Ende. Einige von ihnen konnten nie glauben, daß er es nicht für Geld tat. Sie gingen und glaubten es.

Der Mann erkannte allmählich, daß er sich eine endlose Aufgabe gestellt hatte. Man konnte die menschliche Schönheit nicht umfassend umarmen, es sei denn, man warf sich in Fäden durch den Raum zwischen die Welten und nähte alle Menschen und Planeten in einem einzigen glitzernden Spinnennetz zusammen. Man vermochte es nicht, ausreichend zu geben und zu empfangen, es sei denn, man wäre kein Mensch mehr. Ein Paradies der Höflichkeit reichte nicht ganz aus.

Seine Vorlieben begannen sich zu ändern. Er wollte hineingehen und nicht hinaus, wollte bei einem Menschen bleiben. Er begegnete der Frau, die nicht real war. Er erkannte, daß diese Welt sie geboren hatte. Warum sie sich für ihn entschieden hatte, wußte er nicht. Konnte sie seine Gedanken aus seinem Samen lesen? Zuerst hatten sich seine Vorlieben, dann sein Körper geändert, aufgrund der Liebe und der Viren.

Und nun langweilte ihn das auch.

Er verließ die Frau, die nicht real war, und wanderte über die karge Tundra. Sein Körper war verrückt geworden. Ihm entströmte ein beständiger Strom neuen Lebens, kleine und feuchte Wesen, wie Nacktschnecken, sie brachen aus seinem Mund hervor oder tropften aus seinem Penis. Er ließ sich eine Tasche auf dem Bauch wachsen und wärmte sie darin. Sie krabbelten daraus hervor, mit Fledermausflügeln oder Krallen, die aussahen wie der Stachel eines Skorpions. Andere schwirrten um ihn herum wie Kolibris. Seine Nippel schwollen an und wurden hart, sie sonderten eine dicke, salzige, schweißdurchsetzte Paste ab. Seine summenden Kinder bissen hinein, gierig nach Nahrung. Die anderen klammerten sich aneinander oder an seine Brustbehaarung, liebkosten ihn mit den Lippen.

An trockenen, öden Sträuchern wuchsen Beeren. Er aß sie und die fleischigen Auswüchse, die wie Pilze aus der Erde hervorschossen. Als er sie aß, war ihm klar, daß genetische

Informationen auf ihn übergingen und, über seine Brüste, auf seine merkwürdigen Kinder. Sein Körper wurde noch verrückter.

Dann wurde es Herbst, und alle seine Kinder fielen von ihm ab wie Blätter.

Nach dem ersten Schnee baute er sich eine Höhle in den Schneeverwehungen. Er leckte an den Wänden, und seine Spucke fror fest. Er lebte in der Höhle, nackt, erwärmte sie mit seiner Körperwärme. Er kroch durch den warmen, glasartigen Tunnel nach oben zum Eingang, um sich Schnee zu holen. Der Schnee lebte, schmeckte nach Müsli und Samen. Er fühlte sich an Menschen erinnert, reale und nicht reale.

Warum war er überhaupt hierhergekommen, wenn er sich nur allein in einen Raum aus Spucke kauerte? Er begann sich nach Gesellschaft zu sehnen. Er begann sich nach dem Wald zu sehnen, aber einem von Phantasie unberührten Wald. Er war ein Widerspruch in sich. Ohne Einfachheit ist es schwer, sich zu bewegen. Er blieb, wo er war.

Bis er sah, wie sich jenseits der Wand aus Spucke etwas bewegte, und er versuchte, Kontakt damit aufzunehmen. Er sah, wie es sich bewegte, im Eis. Dann bemerkte er, daß es nur Widerspiegelungen seiner selbst waren. Er warf sich in seine Kleider und verließ die Höhle mitten im Winter.

Der Schnee lebte und liebte ihn. Er legte sich auf seine Schultern und gerann zu einer festen Decke aus lebender Materie, die ihn wärmte. Beim Gehen wandte er seinen offenen Mund zur Nahrungsaufnahme nach oben. Wieder der Geschmack von Samen.

Die Welt war reif, voller Pheromone. Und die Welt zog ihn an, mit beständigen unterschwelligen Versprechungen von Sex oder etwas dieser Art, von Gelegenheit, Veränderung. Wozu waren Instinkte gut, wenn das, wohin sie führten, keine genaue Form oder Gestalt hatte? Was er suchte, waren Form und Gestalt.

Der Schnee düngte seine Zunge. Sie wurde unförmig und schwer. Sie platzte auf, während er weiterging, und das Blut rann über sein Kinn und die Kehle hinab. Er kniete über dem Eis nieder, um sein Spiegelbild zu sehen, und streckte die Zunge heraus. Sie war bedeckt mit wild zuckenden weißen Fortsätzen. Er setzte sich auf den Boden und weinte, hielt die Hände vors Gesicht. Es schien, als gäbe es keinen Ausweg, weder vorwärts noch zurück.

Er brach ein Stück Eis heraus und benutzte es wie eine Klinge zum Abschaben seiner Zunge. Die weißen Dinger quiekten, als sie sich mit einem saugenden Geräusch ablösten. Die Eisklinge wischte er im Schnee ab. Der Schnee schmolz, absorbierte die weißen Teile, zog sie nach unten.

Er aß das Eis. Das Eis war aus Zucker gemacht. Es war neutral, nicht lebendig. Es war wie die Zuckerklumpen, die sich an den Stielen seiner Zimmerpflanzen zu Hause angesammelt hatten. Für ihn war die andere Welt immer noch sein Zuhause. Er mied den Schnee fortan und lebte den Winter über von Eis.

Er stapfte in Richtung Süden. Sogar die Lichtstrahlen waren sexuell. Sie trafen auf ihn, massives Gelb. Sie schossen durch ihn hindurch, durchbohrten ihn, bis sein Fleisch schmerzte. Sie infizierten die Knochen in seinen Unterarmen und Schenkeln mit einem dumpfen Sehnen. Seine Knochen bewegten sich aus eigenem Antrieb. Wie Zähne begannen sie zu wackeln und lösten sich.

Sein linker Oberschenkelknochen befreite sich zuerst. Er riß sich aus dem Bein und zog dabei die makellose, knorpelummantelte Gelenkkugel aus der Pfanne. Es klang wie ein Kuß. Der Knochen fiel zu Boden und verschwand im Schnee. Als er versuchte, ihn wiederzufinden, riß sich der Knochen über dem rechten Ellbogen durch die Schulter ins Freie und entkam in den lebendigen Schnee. Er war somit auch verloren. Der Mann war lahm.

Er trank sein eigenes Blut, um seine Kräfte zu regenerieren. Er ging und schlief, und neue Kinder wuchsen ihm. Da waren neue Arme, neue Beine, alles, aber sie gehorchten ihm nicht. Sie hatten ihren eigenen Willen. Sie zogen sein Gesichtsfleisch nach hinten ab, während er schlief, zerrten an den Lippen, so daß er seinen eigenen nackten Schädel gebar. Seine Knochen wollten ein Korallenriff werden. Sie hielten ihn auf der Stelle fest. Die Platten seines Schädels trieben zarte Kalziumblüten, wie Blumen aus Salz. Er wartete, sehnsüchtig, geduldig, ruhig, hoffnungslos.

Es wurde Frühling. Aus dem Schnee erwuchs ein fleischiger Wald, rosa und geädert. Es gab fette, ledrige Blumen und Akazien, die wie Kühe muhten. Rosafarbenes Spargelkraut lief auf unzähligen Wurzeln dahin und schnatterte. Seine Knochen wuchsen sich zu Kerkern und Ecktürmen aus, zu entfalteten Fächern, zu überkrustetem Gesträuch und zu Furunkeln, die wie Gehirne geformt waren. Sein Körper lauerte in versteckten Kammern und verlangte wieder nach Fleisch. Er schnellte aus seinem Versteck hervor wie eine Muräne und schnappte sich herumtollende Fleischstückchen, die er nach innen zog und mit messerscharfen Knochenpanzern umhüllte.

Schließlich langweilte er sich wieder. Langeweile und Abscheu waren zurückgekehrt wie seine Bewegungsfähigkeit.

Das Korallenriff bebte. Mit den ersten Konvulsionen stürzten fragile Türme ein und zerbröckelten. Sie zerschmetterten die phantastischen Kalziumspiralen und Brücken. Sie brachen die durchsichtigen Knochenkuppeln auf. Die ganze Masse begann zu schwanken, abzuknicken. Er befreite sich aus ihr, glitt aus den vielen Räumen heraus.

Er hatte keine Ähnlichkeit mehr mit einem menschlichen Wesen. Er lag auf dem Rücken, unfähig sich aufzurichten. Es war die erste Sommernacht, warm und still. Auf dem Rücken liegend, konnte er die Sterne sehen. Er versuchte sich ein Lied vorzusingen, und seine vielen Münder sangen für ihn. Schlafend wiegte sich der Wald sanft im Wind.

Er liebte die Welt. Endlich, endlich kam er ihr nahe. Unter seinen tausend Augenlidern quoll mit Macht Samen hervor und verbrannte seine Augen. Er floß aus seinen Muränenmündern, aus seinen vielen Ani und aus seinen unzähligen Genitalien, ein springender Chor, in der Farbe wie Mondlicht. Die Hoden platzten, einer nach dem anderen, wie Mohnkapseln. Das männliche Geschlecht war nicht mehr das seine. Er schlief in einer Lache aus seinem eigenen Blut, Schweiß und Samen.

Am Morgen war sie versickert, hingegeben an diese lebendige Welt. Die Erde um ihn herum wogte, strahlte. Alles lebte. Regen setzte ein und wusch ihn sauber. Die Körperstellen, die das Riff berührt hatten, brachen in dicken roten Schwielen auf.

Eines seiner Kinder kam zu seinem Vater. Form und Geschlecht waren unbestimmt. Es hatte einen riesigen Mund und war über und über mit Beulen bedeckt, als hätte es Akne. Es war noch immer nicht erwachsen.

Es fand seine wirklichen Arme und Beine, fand diejenigen, die lahm waren, und mümmelte daran und wärmte sie. Mit der Zungenspitze schnippte es einzelne Knochen aus sich heraus und drückte sie durch die alten Wunden hindurch an die richtige Stelle. Dann stutzte es ihn mit Bissen zurecht, beschnitt die Auswüchse, so daß er seine frühere Form annähernd wiederfand.

»Reite auf mir«, flüsterte sein Kind. Erschöpft schaffte er es gerade, auf den Rücken des Kindes zu klettern. Die Stacheln eines Igels fixierten seine Hände und Füße und hielten ihn auf dem Rücken fest. Die Dornen ernährten ihn, leiteten Zucker in seine Venen. Während er getragen wurde, ruhte er sich aus und nahm an Gewicht zu.

Seine Sehnsüchte trugen ihn durch die Welt. Er blickte in

den sich verändernden Himmel und hatte so Gelegenheit nachzudenken. Er konnte auseinanderbrechen und sich selbst wieder zusammensetzen. Seine DNA konnte Erinnerungen und Wünsche in andere Körper übertragen. DNA konnte auf ihn übergehen und dadurch bewirken, daß sich sein lebendiges Fleisch unterschiedlich verhielt. War es nur die Macht, die ihn antrieb? Die Welt nach seinem Bild zu gestalten? Oder war die Welt einfach so schön, daß sie den Impuls auslöste, sie zu verschlingen und im Gegenzug verschlungen zu werden?

Sein Kind setzte ihn in einem Maisfeld ab. Große fette Blätter standen von den Stielen ab wie riesige Grashalme und bewegten sich leicht in der angenehmen Brise. Er hatte noch nie ein Maisfeld gesehen, nur darüber gelesen. Er hatte mit dieser Welt zusammen eines gezeugt.

»Du bist zu schwer geworden«, sagte sein Kind. Es sprach angestrengt, die Sätze kurz und zerhackt vom Keuchen des Atems. »Wie lange lebe ich?«

»Ich weiß es nicht«, sagte er. Es sah zu ihm auf aus kleinen blauen Augen. Er gab ihm einen Kuß und strich über das rauhe Haar auf seinem Kopf. »Vielleicht wachsen mir Flügel«, sagte es. Dann wuchtete sich die massige Gestalt zur Seite und machte sich mit schleppenden Schritten und Stöhnen auf den Rückweg.

Das Maisfeld reichte bis zum Horizont. Er streckte die Hand nach oben und brach einen Maiskolben ab. Als er hineinbiß, quoll Blut daraus hervor. In dem Feld stand eine Vogelscheuche. Sie winkte ihm zu. Er sah weg. Er wollte nicht wissen, ob sie lebendig war.

Er ging zwischen den regelmäßigen Reihen tiefer und tiefer in das Feld. Schließlich kam er an eine gepflegte Rabatte auf dem Uferstreifen eines Flusses. Das Ufer war hoch und steil, der schlammbraune Fluß floß träge dahin.

Er hörte ein Wiehern. Im Zickzack kam ein Palomino-

Pony die steile Böschung heraufgaloppiert. Die blonde zerzauste Mähne hing fast bis zum Boden.

Es blieb stehen und blickte zu ihm hinüber. Sie schauten einander an. »Woher kommst du?« fragte er vorsichtig. Der Wind fuhr in die Mähne. Es hing Farn darin, wirr. Der Farn war braun und rauh und real. »Wo kommt das her?« fragte er.

Es schnaubte und bewegte den Kopf heftig auf und ab, zeigte in die Richtung des Flusses.

»Hast du Hunger?« fragte er. Es wurde ruhig. Er brach einen Maiskolben ab, entfernte die äußeren Blätter und hielt ihn dem Pony hin. Es nahm ihn mit weichen tastenden Nüstern, zerbiß ihn in seinem Maul wie einen Apfel. Der Mann zog ihm den Farn aus der Mähne.

Es ließ ihn mit ihm zusammen den Fluß entlanggehen. Es reichte ihm kaum bis zur Taille, und seine Hinterbeine waren von Rachitis so deformiert, daß die Kniegelenke beim Gehen fast aneinanderrieben. Er nannte es Lear, wegen des wirren weißen Haars und wegen der Krone aus Wiesenkräutern.

Sie gingen an dem Maisfeld entlang. Es endete plötzlich, eine letzte geordnete Reihe, und dann kam ein Durcheinander von Pflanzen auf trockenem Grasland: Lorbeerbäume, die ihn an seine Jugend erinnerten, kleine, mit Kerzen und Glaskugeln dekorierte Kiefern, fedriger Fenchel, Maulwurfshügel mit kleinen, qualmenden Kaminen. Waren sie alle seine Kinder?

Sie kamen zu einer Ebene voll riesiger Schneckenhäuser, leer und marmoriert. Was er immer hatte werden wollen und aufgegeben hatte. In den leeren Höhlen rauschte es, ein Klang wie Wind; das Geräusch des Meeres; das Geräusch von Stimmen ausländischer Radiosender spät in der Nacht, schwankend und dringlich.

All die ungehörten Stimmen. Der Fluß wurde schmaler und klarer, plätscherte über glattpoliertes Gestein. Die Sümpfe lagen hinter ihm. Die Wolken hingen tief und zogen schnell dahin. Es hatte den Anschein, als lugte die Sonne immer gerade hinter ihnen hervor, als befände sie sich in einem Wettlauf mit ihnen.

Sie kamen in ein mit Farngestrüpp und verkrüppelten Bäumen bedecktes Moorgebiet. Hier, schien Lear zu sagen, hierhin, habe ich gesagt, werde ich dich bringen. Hier wolltest du hin. Es nickte heftig mit dem Kopf und trottete auf verkrüppelten Beinen davon.

Der Mann kniete nieder und aß von dem Gras. Er riß ganze Büschel ab und stopfte sie sich in den Mund. Es war fade und schmeckte nur nach Chlorophyll und Zellulose. Ihm schien es so köstlich wie Minze.

Er ging ein Stück ins Wasser. Es war beißend kalt, fremd und sauber. Er rang nach Luft – er war kein Held im Wasser. Er durchquerte den See halb laufend, halb schwimmend und erreichte das Waldland am gegenüberliegenden Ufer. Kleine alte Eichen waren mit Moos bedeckt statt mit Orchideen. Hinter dahinjagenden kleinen Wolken strahlte die Sonne hervor. Alles roch nach lehmiger Erde und faulendem Laub und Haselkätzchen im Schatten.

Er setzte sich in einer kleinen Lichtung auf den Boden. Da war eine Buche. Ihr Stamm war gebogen und glatt, fast wie poliert. Der Wind säuselte am Stamm auf und ab, und der Baum bewegte sich mit ihm. Der Erdboden bewegte sich, und heraus kamen seine Kinder, gestaltlos, formlos, rieben sich an seiner Hand, um gestreichelt zu werden. »Nach Hause«, miauten sie.

Alles bewegte sich. Alles war lebendig in einem Paradies der Wechselseitigkeit. Der Mann, der real war, hatte den Garten gezeugt, der ihn gezeugt hatte.

Die Frau kam und setzte sich neben ihn. Sie war kleiner, schlaffer, zeigte Ansätze eines Doppelkinns. »Ich bin jetzt real«, sagte sie. Sie sahen dem Tanz der Bäume zu, bis die vier Sonnen untergegangen waren. Alle Sterne begannen zu singen.

Die Autorinnen und Autoren

Quellenhinweise

MICHAEL BLUMLEIN lebt als Arzt und Schriftsteller in San Francisco. Seine Romane und Kurzgeschichten (die erste erschien 1984) sind in den Bereichen Science-fiction und Horror angesiedelt. Ein wiederkehrendes Thema sind Metamorphosen des Geschlechts. Begehren, Maskierung und ein obsessives Verhältnis zur Kleidung stehen im Mittelpunkt der bizarren, hintergründigen Erzählung *Hymenoptera*, in der die Grenzen nicht nur des Geschlechts, sondern der biologischen Gattung überschritten werden. *Hymenoptera* (© 1995 Michael Blumlein) wurde übersetzt von Christian Kennerknecht.

POPPY Z. BRITE wurde 1967 in New Orleans geboren. Ihr erster, 1992 erschienener Roman *Lost Souls*, eine verstörende, homoerotische Erzählung von Vampirismus, Lust und Dekadenz, fand großen Beifall bei Lesern wie Kritikern. Sie hat inzwischen zwei weitere Romane, eine Sammlung von Kurzgeschichten sowie die Biographie *Courtney Love* (dtv 24135) veröffentlicht. *Freiraum* beschreibt sie als »eine Art Autobiographie des Geschlechts ... es ist nicht unbedingt fiktiv, aber das ist es auch nicht unbedingt *nicht*, wenn das überhaupt einen Sinn ergibt«. – *Freiraum* (*Enough Rope*, © 1998 Poppy Z. Brite) wurde übersetzt von Julia Rabl.

ANGELA CARTER (1940–1992) ist eine der großen englischen Autorinnen des 20. Jahrhunderts. In ihren Werken, wie z. B. *Blaubarts Zimmer* und *Nächte im Zirkus* (dtv 11048), die häufig ein phantastisches Element enthalten, sind die Geschlechterrollen ein zentrales Thema. Die Erzählung *Reflexionen* (*Reflections*, © 1995 The Estate of Angela Carter) wurde übersetzt von Charlotte Breuer und wird hier veröffentlicht mit Genehmigung Nr. 58472 der Paul & Peter Fritz AG in Zürich.

PATRICIA DUNCKER wurde in Jamaika geboren, lebte lange in Frankreich und lehrt heute an der University of Wales. Bekannt wurde sie mit ihrem ersten Roman *Die Germanistin* (dtv 12620), der ihr den Dillons' First Fiction Award und den McKitterick-Preis für den besten Romanerstling 1996 einbrachte. Inzwischen hat sie einen zweiten Roman geschrieben, über das Leben von James Miranda Barry, um die es auch in der vorliegenden Erzählung geht: Sie hat wirklich gelebt, wurde um 1795 geboren, besuchte etwa fünfzehnjährig das Edinburgh College, scheinbar ein »zerbrechlicher junger Mann«, und machte 1812 als erste Frau in Großbritannien den Doktor der Medizin (auch wenn das außer ihr kaum jemand gewußt haben dürfte). Barry trat in den Militärdienst ein, der ihn nach Südafrika, in die Karibik, auf die Krim und nach Kanada führte. Die Erzählung *James Miranda Barry* (© 1989 Patricia Duncker) wurde übersetzt von Sophie Zeitz.

CAROL EMSHWILLER hat zwei Romane und mehrere Erzählungsbände veröffentlicht. *Sex und/oder Mr. Morrison* (*Sex and/or Mr Morrison*, © 1967 Carol Emshwiller) wurde übersetzt von Helga Reimann. – Die Idee zu dieser Geschichte entstand, als die Autorin eine Aufführung von Strawinskys *Sacre du Printemps* besuchte und ihr auffiel, wie absurd es eigentlich war, daß die Tänzer »Nackttrikots« trugen, statt wirklich nackt zu sein. Sie erinnerte sich, daß sie als kleines Kind geglaubt hatte, die Menschen würden ihre Geschlechtsteile nur deshalb so sorgfältig verbergen, weil sie bei jedem absolut anders aussähen. »Und wenn die Leute unbekleidet wären, würde man wunder was für sonderbare und phantastische Dinge zu sehen bekommen, dachte ich.«

MARY FLANAGAN ist in den USA geboren und aufgewachsen, hat aber auch viele Jahre in London gelebt. Zuletzt ist von ihr der erotische Thriller *Das Begehren der anderen* erschienen, die Geschichte einer mysteriösen Prostituierten, die im Paris der dreißiger Jahre von einem englischen Professor gefangengehalten und als Untersuchungsobjekt für seine Forschung zur Sexualität mißbraucht wird. Eine Definition dessen, was in der menschlichen Sexualität als »normal« gilt, wurde von den Ärzten der dreißiger Jahre mit einer Bestimmtheit gegeben, wie es heutzutage kaum jemand wagen würde. Für viele von uns ist »normal« eine veränderliche Größe, genau wie für die Figuren in dieser Geschichte ... aber natürlich *gibt* es Grenzen! – *Was heißt schon normal?* (*What's normal?*, © 1998 Mary Flanagan) wurde übersetzt von Katrin Ehmke.

MELANIE FLETCHER, eine amerikanische Science-fiction-Autorin und Graphikerin, lebt in den Niederlanden. Ihre Erzählung *Hermaphrodite* (© 1996 Melanie Fletcher) wurde ins Deutsche übertragen von Nicole Kruska. – Wenn sie auf sexuelle Abenteuer aus waren, wechselten die griechischen

Götter nicht einfach die Kleider; sie zogen umfassendere Wandlungen vor. Besonders Zeus ist berühmt für seine kurzen, lustvollen Metamorphosen, mit denen er begehrenswerte, nichtsahnende Sterbliche betörte. In *Hermaphrodite* erlebt Zeus eine der erregendsten Verwandlungen überhaupt, was Melanie Fletcher so kommentiert: »Etwas an der Fähigkeit, zwischen den Geschlechtern hin- und herzuwechseln, ist ausgesprochen sexy; nicht androgyn zu sein, sondern zwittrig, die besten Merkmale beider Geschlechter zu etwas Neuem, Aufregendem zu verbinden. Außerdem hat es mir Spaß gemacht, Zeus eins auszuwischen.«

NEIL GAIMAN ist vor allem mit seinen Graphic Novels und Fantasy-Comics bekannt geworden, insbesondere mit dem *Sandman*-Zyklus. Er schrieb das Drehbuch zu einer BBC-Fernsehserie über das Leben in einem fiktiven unterirdischen London, das zur Grundlage seines Romans *Niemalsland* wurde. Neil Gaiman wurde 1960 in England geboren und lebt derzeit mit seiner Frau und seinen drei Kindern im Mittleren Westen der USA. Die hier abgedruckte Geschichte *Veränderungen* (*Changes*, © 1998 Neil Gaiman), deutsch von Thomas Bauer, beleuchtet die Zusammenhänge zwischen Krankheit und Sexualität und präsentiert ein völlig neues unanständiges Wort ...

M. M. HALL ist Autorin, Künstlerin, Redakteurin und Lehrerin, hat viele Kurzgeschichten in verschiedenen Zeitschriften und Anthologien veröffentlicht und die Anthologie *Wild Women* (1997) herausgegeben. Sie lebt in Texas. – Möglich, daß man in der Pornographie darauf angewiesen ist, die geschlechtsspezifischen Merkmale der Beteiligten zu betonen – »Schau her, das ist die Frau und das der Mann, und das hier ist der Beweis« –, in der Hoffnung, Zuschauer oder Leser zu erregen. Im wirklichen Leben aber können die ekstatischsten sexuellen Erlebnisse gerade die sein, bei denen solche augenscheinlichen Unterscheidungen nicht ins Gewicht fallen; dort nämlich, wo sogar das Wesen des Verlangens selbst unbestimmt bleibt und wo nur wichtig ist, daß ein Begehren, ein Hunger dagewesen ist und gestillt wird. Die Erzählung *Süßer Lohn* (*Sweet Reward*, © 1998 Melissa Mia Hall) wurde übersetzt von Sophie Zeitz.

GRAHAM JOYCE hat eine große Zahl hochgelobter, düsterer psychologischer Fantasy-Romane geschrieben, drei davon wurden mit dem August Derleth Award ausgezeichnet. Die vorliegende Erzählung *Pinkland* (© 1998 Graham Joyce) wurde übersetzt von Dietmar Hefendehl. – Begegnen sich Menschen im Internet, sind ihre Körper immateriell – man ist, was man behauptet zu sein. Eigentlich sollte es egal sein, was zwei Was-auch-Immers in beiderseitigem Einverständnis in der virtuellen Realität unternehmen, aber je heißer eine Liebesaffäre in der Virtualität wird, desto stärker wird der

Wunsch der Liebenden, ihre Leidenschaft in Fleisch und Blut zu übertragen. Psyche führte eine perfekte Ehe, aber ihr Gemahl wollte sich ihr nur in der Dunkelheit hingeben. Er warnte sie, daß er sie verlassen müsse, wenn sie ihn jemals sähe, aber sie war nicht zu bremsen und zündete trotz allem eine Lampe an.

A. L. KENNEDY wurde 1965 in Dundee geboren und lebt zur Zeit in Glasgow. Für ihren Erzählungsband *Night Geometry and the Garscadden Trains* erhielt sie den Scottish Arts Council Book Award, den Saltire Award für die beste Erstveröffentlichung und den Mail on Sunday/John Llewellyn Rhys Prize. Ihr erster Roman *Looking for the Possible Dance* wurde mit dem Somerset Maugham Award ausgezeichnet. Seither sind ein weiterer Roman und zwei Erzählungsbände erschienen; dem einen, *Now That You're Back*, ist die Erzählung *Zu Fall gekommen* entnommen (*Failing to Fall*, (© 1994 A. L. Kennedy). Sie wurde übersetzt von Julia Rabl. – Wir sind es gewohnt, Menschen schnell und einfach als Mann oder Frau identifizieren zu können. Wenn dies unmöglich ist, wenn eine gewisse Unsicherheit bleibt, fühlen sich die meisten Menschen unwohl. Doch manchmal kann, wie in *Zu Fall gekommen*, diese Unsicherheit Trägerin eines enormen erotischen Potentials werden.

PAUL MAGRS wurde 1969 in der Grafschaft Durham in England geboren. Zur Zeit unterrichtet er kreatives Schreiben und englische Literatur an der University of East Anglia. Bisher hat er drei Romane und einen Band mit Erzählungen veröffentlicht. Den Protagonisten des Romans *Does It Show?* begegnet man in dieser Geschichte wieder: *Nackt zum Mond* (*Nude on the Moon*, © 1998 Paul Magrs) wurde ins Deutsche übertragen von Susanne Engelhardt.

YANN MARTEL wurde 1963 geboren und lebt in Montreal. Er hat außer einer Sammlung mit Kurzgeschichten bisher einen Roman veröffentlicht, dem die hier abgedruckte Passage entnommen ist: *Selbst* (Abdruck mit freundlicher Genehmigung des Verlags Volk und Welt GmbH, Berlin 1997; deutsch von Nicole Cyr und Peter Kleinhempel).

JOYCE CAROL OATES lehrt an der Princeton University und gehört zu den großen Namen der amerikanischen Gegenwartsliteratur. Zu ihren bekanntesten Werken gehören u. a. *Bellefleur* (dtv 10473) und *Die Schwestern von Bloodsmoor* (dtv 11244). Unter dem Pseudonym Rosamond Smith schreibt sie Psychothriller von höchstem Niveau, so u. a. *Schlangenhaut* (dtv 20151) und *Das Frühlingsopfer* (dtv 20235).1970 machte sie die Erfahrung von Tagvisionen und außergewöhnlich realen Träumen. Sie begann Geschichten zu schreiben, die ihrem bisherigen Werk völlig unähnlich und in einem unbekannten Land, das sie als Portugal identifizierte, angesiedelt waren. Da sie das Gefühl hatte, diese Erzählungen seien ihr von einer anderen Person diktiert worden, veröffentlichte sie sie als »Werke von Fernandes, übersetzt von Joyce Carol Oates«. Die Geschichte *Der heimliche Spiegel* von Fernandes/Joyce Carol Oates (© 1997 The Ontario Review Inc., Erstveröffentlichung New York 1975) wurde übersetzt von Dietmar Hefendehl.

RUTH RENDELL hat zahlreiche Kriminalromane veröffentlicht und schreibt auch unter dem Pseudonym Barbara Vine. Die Erzählung *Die neue Freundin* (*The New Girlfriend*, © 1985 Kingsmarkham Enterprises Ltd.) ist dem gleichnamigen Band mit Kriminalstories entnommen (© 1986 Rowohlt Taschenbuch Verlag GmbH, Hamburg) und wurde übersetzt von Edith Walter.

NICHOLAS ROYLE, Jahrgang 1963, hat etwa hundert Kurzgeschichten sowie drei Romane geschrieben und mehrere Anthologien herausgegeben. Daneben arbeitet er für das Szenemagazin *Time Out* in London. Seine Erzählung *Jack* (© 1998 Nicholas Royle) wurde ins Deutsche übertragen von Thomas Bauer. – Die Begeisterung mancher Menschen für Sex kann mitunter darüber hinwegtäuschen, daß ihnen ihr Partner völlig gleichgültig ist. Auf sich selbst fixiert, verspüren sie – wie der narzißtische Künstler in *Jack* – kein sexuelles Verlangen im herkömmlichen Sinn.

GEOFF RYMAN stammt aus Kanada, er lebt und arbeitet in London und Oxfordshire. Er hat vier mehrfach ausgezeichnete Romane veröffentlicht, den letzten mit dem Titel *253* (auf deutsch bei dtv erschienen) zunächst im Internet und erst danach als konventionellen »print remix«. Seine Erzählung *Omnisexuell* (*Omnisexual*, © 1990 Geoff Ryman) wurde übersetzt von Christian Kennerknecht. – Mögen die Grenzen auch fließend sein, in der Vorstellung der meisten Menschen findet Sexualität ausschließlich zwischen zwei Geschlechtern statt, dem männlichen und dem weiblichen. Ein breiteres Spektrum von Möglichkeiten gibt es in der Welt der Science-fiction und den Spielen im Cyberspace oder existiert vielleicht in einer post- oder transhumanen Zukunft. In *Omnisexuell* schließen sexuelle Gefühle das ganze Universum mit ein. Der Autor nennt diese Erzählung »wohl die optimistischste, die ich je geschrieben habe, und, so hoffe ich, die erotischste«.

CECILIA TAN hat die Bücher *Black Feathers: Erotic Dreams* und *The Velderet* sowie Erzählungen in vielen Anthologien und Zeitschriften veröffentlicht. Außerdem ist sie Herausgeberin von Anthologien mit erotischen Science-fiction- und Fantasy-Ezählungen. Über *Juno* sagt sie: »In dieser Geschichte geht es eigentlich um die achtziger Jahre, die Zeit vor der militanten Schwulenbewegung und der starken Präsenz der Schwulen in den

Medien.« Die hier beschriebene Situation ist jedoch ebenso zeitlos wie die unergründlichen Wege der Anziehungskraft. *Juno* (© 1994 Cecilia Tan) wurde übersetzt von Katrin Ehmke.

SUE THOMAS, künstlerische Leiterin der trAce International Online Writing Community an der Nottingham Trent University, hat bisher zwei Romane geschrieben. Die hier abgedruckte Erzählung *Virtuelle Talente* (*The Talent for Virtuality*, © 1998 Sue Thomas), deutsch von Nicole Kruska, ist ein kleiner Vorgeschmack auf ihren dritten Roman mit dem Titel *The[+]Net[+]of [+]Desire*. – In der Virtualität (auch bekannt als Cyberspace) gibt es keine körperliche Realität, nur Worte, die, wie William Gibson es ausdrückt, eine *consensual hallucination* (von mehreren Sinnen wahrgenommene Halluzination) konstruieren. Den Bewohnern und Bewohnerinnen von Cyberspace steht es frei, sich selbst zu beschreiben, wie es ihnen gefällt. Dabei können sie nicht nur ihr Alter, ihr Geschlecht und ihr Aussehen verändern, sie können auch neue Geschlechter erfinden. Sue Thomas schreibt: »In der Virtualität ist man sich darüber einig, daß nichts real und doch alles glaubhaft ist. Daß die Welt um einen herum eine Lüge ist und man dennoch bewundert, wie kunstvoll sie aufgebaut ist. Daß die Körper darin erfunden sind und man sie trotzdem berühren kann … Und obwohl sich im körperlosen Cyberspace alles im Kopf abspielt, ist eins sicher – diese Welt ist unglaublich sinnlich.«

LUCY TAYLOR hat bisher vier Erzählungsbände veröffentlicht. Sie lebt mit sieben Katzen und ihrem Schäferhund-Rottweiler-Mischling in der Nähe von Boulder/Colorado. *Hyänenwinter* (*Hyena Winter*, © 1998 Lucy Taylor) wurde übersetzt von Helga Reimann. – Lucy Taylor schreibt dazu: »Ich hatte immer schon das Gefühl, daß jeder im Grunde bisexuell ist und daß Frieden wäre zwischen Männern und Frauen, wenn jeder von uns einmal mindestens sechs Monate in der Rolle des anderen Geschlechts leben müßte. Davon abgesehen finde ich es immer wieder erstaunlich, wie schwierig es ist, Erotika zu schreiben, auch wenn man, wie ich, erotische Abenteuer ganz unbeschwert und lustvoll genießen kann.«

LISA TUTTLE ist in Texas geboren und aufgewachsen und verbrachte die achtziger Jahre in London. Jetzt lebt sie in einem entlegenen Teil Schottlands. Neben sechs Romanen hat sie drei Erzählungsbände und diverse Sachbücher veröffentlicht. Die Einleitung zu der vorliegenden, von Lisa Tuttle herausgegebenen Anthologie wurde übersetzt von Julia Rabl.

Die Erzählung *Das Kleid* (*A Dress*, © 1998 Lisa Tuttle) entspringt einem Hirngespinst, das nie Wirklichkeit geworden ist. Aber sie enthält zwei durchaus wirkliche Kleider, auf höchst raffinierte Art verwoben mit einem Hauch Autobiographie und dem Stoff, aus dem die Träume sind. Ins Deutsche übertragen von Susanne Engelhardt.

FAY WELDON wurde mit zahlreichen feministisch ausgerichteten Romanen bekannt, in denen sie gern und oft die Beziehungen zwischen Mann und Frau polemisch kommentiert. Zu ihren berühmtesten Romanen gehören *Die Teufelin* (dtv 11132; verfilmt mit Meryl Streep) und *Die Klone der Joanna May* (dtv 11671). Die Erzählung *In der Klinik-Disko* (*Down the Clinical Disco*, © 1985 Fay Weldon) ist dem Band *Der Mond über Minneapolis* (© 1994 Hoffmann und Campe Verlag, Hamburg) entnommen und wurde übersetzt von Sabine Hedinger. – Was ist normal? Wenn man weder Psychiatern noch dem Gesetz in die Fänge gerät, kann man das selbst herausfinden. Ansonsten ist man vielleicht gezwungen, sein ganzes Leben lang eine Rolle zu spielen, die von muffigen alten Vorstellungen bestimmt wird.